上海全球城市研究院
SHANGHAI INSTITUTION FOR GLOBAL CITY

GLOBAL CITIES DEVELOPMENT REPORT 2019

全球城市发展报告2019
增强全球资源配置功能

Strengthening
the Function of Global
Resources Allocation

周振华 张广生 ◎ 主编

格致出版社 上海人民出版社

编写组成员

总策划　　康旭平　　燕　爽
主　编　　周振华　　张广生

总　论　　周振华
第1章　　权　衡　　周大鹏　　刘　芳　　罗海蓉　　陈鹏宇
第2章　　阮　青　　马海倩　　杨　波　　郑　睿　　卢　溪
第3章　　宁越敏　　王列辉　　李仙德　　张　凡　　张维阳　　康江江　　高　鹏
第4章　　于晓宇　　娄祝坤　　王家宝　　赵红丹　　卢超等
第5章　　张　敏　　毛海俊　　袁　月　　刘　佳
第6章　　周海蓉　　崔园园　　伏开宝　　姜乾之　　张云伟　　张　靓
第7章　　张　军　　刘　亮　　詹宇波　　谢露露　　石　烁　　崔海涛　　陈　晔　　张延人
第8章　　徐　剑　　刘　怡　　郑艳儒
第9章　　孙　玮　　潘　霁
第10章　　顾东辉　　高秋烨
第11章　　石庆玲　　曾　刚
第12章　　宋晓燕　　邢望望　　冯静茹　　蒋济泽　　苏　盼　　张军旗　　张鸣朝　　蔡元臻
第13章　　王桂新　　潘泽瀚　　李　刚　　陈　曦　　王靖涵
第14章　　林　坦　　杨　超

目录

i

4　科技创新与打响制造品牌

5　会展实力与国际会展之都建设

6　全球城市营商环境评估

CONTENTS

3 **Promotion of Global Mobility of Production Factors and Comprehensive Strengths Deployment**

4 **Technology Innovation and Promotion of Manufacturing Branding**

5 **Strength in Convention and Exhibition Industry and Its Development of an International Convention and Exhibition Capital**

6 Evaluation of Global City Business Environment

7 Benchmark and Upgrading Identifiers of the City's Soft Power

14 Building of a Global City of Excellence and Serving the Belt and Road Initiative

0

总　论

面向未来，面向全球，上海城市发展的战略目标取向将是迈向卓越的全球城市。这是全球化与信息化两大潮流交互作用发展趋势的必然要求，是中国在全球化进程中崛起为强国并引领全球化的客观需要，也是上海这座城市穿越历史与未来、走向辉煌之顶的必由之路。

0.1　迈向全球城市的基本逻辑

全球城市作为现代全球化的产物，是一种新型世界体系的空间表达。当前，世界城市网络体系是在全球经济"操作脚手架"，而全球城市则是这一网络体系中处于核心节点，通过多尺度空间广泛连接，实现全球资源流动与配置的城市。这样一种具有全球资源流动与配置特定功能的全球城市，在当今的世界经济、政治、文化、科技等发展中扮演着举足轻重的重要角色，在当今各地日益互联互通的网络世界中发挥着广泛而密集联结的重要作用，从而是最能代表国家参与全球竞争与合作的重要单元。这是过去历史上任何国际大都市都不具备的新特质、新功能及其重大作用。因此，全球城市作为城市发展的一种高级质态，是许多国家及城市所向往的追求。

上海迈向卓越的全球城市，本身也是一种目标追求，但并非单纯主观愿望设定，而是有其动态演化的基本逻辑，可谓具备"天时、地利、人和"之综合条件。

所谓"天时"，即在全球化进程不断深化的背景下，处于世界经济的重心地带或全球经济主要流经之地。当前，国际形势正发生前所未有之大变局，国际体系进入加速演变和深度调整时期，出现了许多新的重大变化。尽管目前逆全球化风潮兴起，贸易自由化受挑战，但展望未来30年，全球化进程仍将持续并不断深化，也许全球化进程的方式、构造、路径等会有所变化和调整。跨国公司通过基于模块化、集成化的分工细化将使全球价值链的"长度"进一步延伸，并将更多的创新活动转向和置于新兴经济体（逆向创新战略）。新兴经济体的跨国公司兴起，将形成双向互动的世界产业转移格局。全球化领域将不断拓展，越来越表现为"非物质化的全球化"，如新兴服务贸易的快速发展，全球跨境数据流通激增。随着人工智能、新能源等技术革命的到来，技术全球化也将有进一步发展并达到新的水平。这些都将导致更大规模的全球化贸易、资本流动、移民和信息交换，形成互联程度越来越强的世界和一个复杂且覆盖全世界的网络。这意味着为全球城市发展提供了巨大动力和空间，特别是新兴全球城市崛起的巨大潜在可能性。随着新旧力量的对比和更替，新兴经济体的群体性崛起，世界经济将呈现多极化增长格局。其中，伴随着世界经济重心继续东移，中国、印度、东盟等逐渐成为新一轮全球化的主要动力，连续十年来对全球经济增长的份额的贡献都在50%左右。这种潜力在未来还会进一步爆发，亚洲将成为世界经济增长最快的地区，全球最大的消费市场（构成一个价值约7万亿美元的零售市场），全球资本存量最高的地区（2050年之前将上升到占全球3/4）[①]。这意味着全球化中心转移或流经路线"改道"，西方领衔全球化的地位正在让位于东方。亚洲地区将有更多城市融入全球城市网络，并将崛起一批新兴全球城市。

所谓"地利"，即中国崛起而具有强大的综合实力，日益走近世界舞台中心。目前，中国已成为全球第二大经济体。如果按照汇率换算，2016年中国占全球GDP比重约为14.9%。中国已成为世界经济增长的新引擎。2008年世界金融危机以来，在全球经济放缓的大背景下，中国贡献了约1/3的全球经济增长。中国制造业发展迅速。2016年，中国制造业增加值占全球比例超过1/4，位居全球第一。在信息技术、电子支付等细分行业也形成了中国自己的核心竞争优势（详见第1章）。未来30年，中国不仅存在较大超常增长潜力，市场规模日益扩大，将继续保持全球经济增长引领地位，成为全球第一大经济体，而且随着构建现代化经济体系和走向高质量发展，科创能力将显著增强，一些关键领域取得重要突破，文化"软实力"不断增强，得到世界上更大认同。随着对外开放深化，加快"走出去"步伐，人民币成为国际储备货币之一，参与和引领全球化不断深入，国际话语权与影响力日益提升，国际地位不断提高。这迫切需要像上海这样的城市能够发展成为全球城市，代表国家参与全球竞争与合作。目前，国家也已赋予上海建设卓越全球城市的战略任务。

所谓"人和"，即上海具有独特的区位优势、优秀的城市基因及品格、良好的发展基础，以及自身对外部环境变化的积极反应等。上海具有沿江靠海、腹地纵深的优越地理位置，处于中国纵横两大主要经济发展带的交汇点上，形成独一无二的区位战略制高点。这里必将会成为变化中全球化流经渠道和路线的主要位置之一。上海城市发展在长期历史过程中留下两条重要遗传信息：一是作为中心城市的功能和地位始终未变；二是与全球化有天然联系。在这种城市特质的张力下，上海逐步形成了独特的城市文化、价值观和认知模式，并以一种不明确的记忆形式逐渐累积沉淀于城市系统中，塑造了独具魅力且一脉传承的"开放、创新、包容"的城市品格。这将使上海具有对选择环境作出积极反应的城市心智及能力。经过40年改革开放，上海已从传统的工商业城市逐步演化为以金融、贸易和航运为支撑的多功能国际经济中心城市，形成了以服务经济为主导，现代服务业与先进制造业为支撑，产业高度融合发展的现代产业体系；多层次市场体系

[①] 亚洲开发银行，《亚洲2050：实现亚洲世纪》，2011年5月。

以及各类基于网络化的功能性大平台；规模化、集约化、快捷高效的流量经济发展等现实基础（详见第 2 章）。这些都将预设上海城市发展的潜力，指引未来发展方向，并内化为建设卓越全球城市的目标追求。

0.2 基于最新版本的全球城市构架

全球城市处于动态演化之中，其内涵和外延不断变化与丰富。上海建设卓越的全球城市，要充分发挥后发优势，积极汲取全球城市最新发展成果，瞄准新标杆，立足高起点。

全球城市作为现代全球化的产物，从 20 世纪 70 年代开始兴起。当初，全球城市的形成，主要与跨国公司、国际资本市场、全球商务服务及投资贸易、全球航运等世界经济联系在一起。特别是全球城市作为跨国公司跨境经济活动的治理地点，扮演了跨国公司控制和协调新国际体系并对世界经济进行管理的新战略角色。不管是弗里德曼教授基于跨国公司总部所构建的世界城市框架还是沙森教授基于先进生产者服务公司所描述的全球城市，都是一种突出经济功能的特定角色。我们将其称为 1.0 版的全球城市。

20 世纪 90 年代以后，随着从事"跨国性质"工作的"跨国阶层"（特别是跨国公司和全球先进生产者服务公司的管理者及专业人士）日益增多带来了全球都市化，在全球城市中率先生成了新的文化结构和过程，不仅包含着文化的均质性、同步性和收敛性，也包含着文化的多元性、分化性和扩散性。同时，以现代信息技术和互联网为标志的新媒体发展，促进了全球文化交流以及流行文化迅速崛起，促进了全球文化的大众化和共享化，以及文化创意产业发展和全球文化市场的深度拓展。在此过程中，全球化所带来新的文化感受在这些全球城市中不断沉淀和累积，并物质化为相应的建筑风格、文化设施、文化团体、文化产业、文化市场等，也促进了文化资源的全球性配置。这些全球城市开始将文化作为城市保持活力与魅力的核心内容，纷纷制定了城市文化发展战略，日益成为全球文化传播、交往、融汇、创新的中心。因此，在 20 世纪末 21 世纪初，全球城市在继续巩固战略性经济功能的同时，大力发展和增强文化功能，实现经济与文化融为一体发展。我们将其称为 2.0 版的全球城市。

2008 年全球金融危机之后，一些金融中心的全球城市受到风险及波动性的严重冲击，从而深刻反思这一冲击影响，并寻求城市稳定性、可持续发展的路径。更主要的是，开始认识到新科技革命正给全球城市发展带来重大新的机遇。这一新的机遇就是现代信息技术革命、经济全球化进程深化，以及知识社会创建和知识经济发展的三大历史过程相互作用，催生了基于知识的城市，形成了以新知识生成和分布为特征的经济生产和管理的新形式。学术全球化兴起及全球知识流动，全球科技创新网络的形成及扩展，正在生成科技创新的动态中心。另外，基于IT的科技创新，如大数据、人工智能以及智能制造等，可以分散化地嵌入全球城市的街区、商务楼、创意园区之中，与其城市形态特征高度吻合。此外，全球城市还能得到有基础雄厚的高校、科研机构及专业人力资本的强大支撑，以及原有的金融、商务等综合配套的生产者服务有力支持。在此背景下，纽约、伦敦等全球城市开始在经济、文化功能的基础上纳入科技创新的功能，不约而同地制定了科创中心发展战略规划，要将其建设为全球创新网络的主要节点，从而使基于人力资本、知识和创新能力的高度集聚日益成为全球城市功能结构的重要部分，科技创新日益成为全球城市主要增长驱动力，生成和扩散新知识的能力以及科技创新能力日益成为其提升全球竞争力的一个关键组成部分。至此，全球城市进入经济、科技、文化融合发展的最新3.0版。

展望未来，全球城市还将继续发展演化，升级到新的版本。从今后新科技革命可能取得的重大突破，以及目前城市发展初露端倪的迹象来看，绿色智慧可能代表着全球城市发展的新趋势。

上海建设卓越的全球城市，目前主要瞄准是3.0版的全球城市。"五个中心"（经济、金融、贸易、航运、科技创新）和国际文化大都市建设，充分体现了经济、科技、文化的融合发展。这就要求上海全球城市建设必须立足于全球经济、文化、科技网络中的核心节点构建，健全和完善基于总部经济、平台经济、流量经济，基于国际文化交流、文化创意与传播，以及基于人力资本、知识和创新能力的高度集聚的功能结构，形成经济创新、文化创新和科技创新融为一体的增长动力，充分发挥基于全球网络的经济要素、文化资源、科技资源等交流、交互及其诱导有效配置的作用。今后，随着全球城市演化发展，上海全球城市建设将对标新的版本。

然而，不管全球城市的内涵与外延如何变化与发展，其作为全球网络中的核心节点，发挥着全球资源要素配置的战略性功能，是始终不变的本质属性。正因为如此，全球城市有不同于一般城市的特定构造，即自身的"四梁八柱"。综览世界上目前的全球城市，尽管其形成与发展由于面临的历史背景、现实基础及约束条件等差异而有不同模式和路径，但这一"四梁八柱"的构造是相同的。上海建设卓越的全球城市，对标最新版本，立足于这一"四梁八柱"的坚实打造，从而支撑起全球资源配置的特定功能。

1. 全球功能性机构（公司）不成比例的高度集聚。这些全球功能性机构（公司）是全球城市特定构造中的关键性主体。因为它们是世界城市网络的真正制造者，正是通过这些机构（公司）内部网络开展的全球业务活动，才实现了城市间网络连接。它们更是促进全球资源配置的主导者与推动者，正是通过其相互依赖和交互作用的日常业务活动及其操作，才控制、协调、引领全球资源流动及其配置。因此，这些全球功能性机构（公司）集聚的规模（数量）越大，其所在城市的全球网络连通性程度越高，发挥全球资源配置功能的作用越大。全球城市正是因为有这些全球功能性机构（公司）的高度集聚，才成为全球网络的核心节点，具有全球资源配置的特定功能。在较低版本的全球城市中，主要是跨国公司总部及全球先进生产者服务公司的高度集聚。特别是全球先进生产者服务公司高度集聚在全球城市中，不仅是因为其主要客户（跨国公司总部或地区总部）集中在全球城市，而且不同行业的生产者服务公司之间相互提供服务的集群需要。不管是由上游位置还是由下游位置的领头公司所构造和规定的不同类型价值链条，总是由核心种类生产要素来管控其他种类要素，在治理结构中处于主导地位。而且，它们对全球价值链的管控与治理还体现在具有强大的网络辐射功能，实现全球价值链之间的互补优化。因此这些跨国公司总部及全球先进生产者服务公司通过它们直接的或交叉的全球价值链治理，体现了对全球资源流动与配置的管控功能。随着全球城市版本升级，全球研发中心、全球学术性机构、国际文化交流机构、全球文化创意企业，以及国际组织等的高度集聚也越来越重要。这些功能性机构在全球创新网络、全球文化创意网络中扮演着重要角色，推动全球创新资源、文化创意资源的流动与配置，从而成为全球城市不可或缺的关键性主体。

2. 协同作用的网络化全球大平台。 全球功能性机构（公司）对全球价值链、创新链、文化创意链的管控与治理集中在基于核心要素的某些特定业务和活动上。这些全球性业务和活动必须依托协同作用的全球网络化运作平台。一是信息与知识大平台，如互联网、大数据、云计算等，其主要承载这些机构（公司）大量的信息沟通、决策指令、业务联系、知识管理、公司治理、信息发布等活动。二是产品与要素交易（交流）平台，如各种大型交易中心、金融市场、人才市场等，其主要承载这些机构（公司）大量的业务洽谈、合约缔结、交易交割、结算清算、融资投资、人力资源招聘与交流等活动。三是各类专业服务平台，如会计、律师、中介服务、金融服务等，其主要承载市场调研与广告策划、融资与账务管理、税务及人力资源管理、科技服务等活动。四是产品与要素移动的物理平台，如基于交通运输、信息传输等基础设施的大枢纽、大门户和大通道等，其主要承载人流、物流、信息流等活动。正是通过这些大平台实现了全球资源流动与配置，才使全球城市在世界事务中处于重要地位，从而成为全球城市构架中的重要组成部分。

3. 高频率、密集化的流量规模。 高度集聚的全球功能性机构（公司）对全球价值链、创新链、文化创意链的管控与治理主要集中在核心要素的专业化配置功能上，导致价值链、创新链、文化创意链中不同活动的区位多极化分布。这势必带来资金、商品、信息、服务、人才等资源要素通过全球城市这一核心节点在世界范围内大规模、高频率的流动。全球城市正是通过流经它的大规模流量来实现全球资源的有效配置，并从中获得控制和权力以及自身财富积累。这种大规模流量并非旨在促进城市内部的财富积累和资本沉淀，而是服务于全球资源的配置，因此这种流量规模与其自身系统的积累需求是不成比例的。

4. 基于国际惯例的标准交互作用模式。从事全球业务活动主要基于全球事务的信息，从而导致其所携带的知识体系日益全球化。这就要求更多运用全球知识体系的语境，包括语言。同时，必须遵循国际通用惯例，按照多边与双边投资贸易协定的标准处理各种事务，例如实行国民待遇、竞争中立、市场透明度、权益保护等规则。还有，比较普遍地采取共同参与、协商共治的方式，按照制度化的框架协调社会经济活动中的相互关系，充分发挥各类参与者的积极性和潜能。

5. 充满活力和创新的全球引领示范。全球城市为信息、知识和创造性贯穿于全球资源配置之中提供了巨大机会，并提供了一个有更多工作机会以及富裕程度提高可能性的令人兴奋的环境和多方面发展前景，从而带来旺盛的创新、创业活力。全球城市凭借广泛的网络连接，在与其他城市交流中不断输入新信息与能量，从而使其能够持续开发和凝聚创新力量，实现革命性的城市变革。全球城市具有较强综合与系统集成的比较优势，更容易形成创新集群及其迅速扩散，从而成为引领全球创新思想、创意行为、创业模式以及新型主导产业的主要策源地。

0.3 卓越全球城市的目标愿景

全球城市作为一个当代城市族群，虽然有统一城市特质的身份认同，但由于其在全球网络中连接的广度、密度与深度以及连接对象、重点、方式等不同，呈现不同的类型和层级，对资源要素流动与配置的作用不尽相同。按照类型学分类，有些是全球性的，有些是区域性的；有些是综合性的，有些是专业性的；有些是高流动性的，有些是高战略性的；有些是枢纽型的，有些是门户型的。全球城市的不同类型和层级，通常是由历史上形成和由特定条件塑造的。根据上海迈向卓越全球城市的基本逻辑，特别是按照国家战略需要和上海自身特质与潜能发挥的可能性，上海未来全球城市类型和层级的目标愿景，更可能像目前纽约、伦敦这样类型与层级的全球城市。

1. 全球性与综合性的全球城市。这是一种最广泛全球性网络连通覆盖面和最多样化网络连接种类的全球城市。在世界城市网络中，这是为数不多但具有强大全球影响力和控制力的全球城市。上海演化为这种类型的全球城市，从中国崛起为世界强国来说，有强烈的战略需求；从上海自身发展潜力来说，则存在较大可能性。

上海目前全球网络连通性的点度中心度（相连接的城市数量）已进入全球前

十位，今后还将可能进一步提高。但更为重要的，上海同时还具有较高水平的特征向量中心度[①]，更多与世界城市网络核心节点相连接，特别是与伦敦、纽约这些城市的连接相当紧密。从双城连接的主要地理分布来看，上海更趋向于广大美欧地区城市的连接。欧洲城市紧密连接上海的多达 13 个城市，美国前五大城市加上迈阿密（在美国排名第七）共 6 个城市偏好于连接上海。[②] 这种既有高水平的点度中心度，又有高水平的特征向量中心度的网络连接，恰恰是全球性取向的连接特征。从这一意义讲，上海具有网络连通全球性覆盖的潜在发展态势。

上海目前的网络连通性种类具有相对综合性。上海既有门类齐全的金融市场体系、各种贸易投资平台，又有大量跨国公司地区总部、外资投资性公司、外资研发中心，还有大量各种类型的专业服务公司等，因而经济方面的网络连通相对较强，多样性网络连接特征十分明显，更趋向于连接更多经济维度下的全球城市，显示了全球商务功能的战略地位。随着上海加快建设具有全球影响力的科技创新中心和国际文化大都市，在文化、艺术、科技、教育、城市治理等方面的国际交流和全球网络连接也有较快增长。除了正式外交网络外，越来越多的国外机构和国际非政府组织进入上海，增强了非正式外交网络的连通性。从这一意义讲，上海具有网络连接综合性发展的潜质及其态势。

2. 高流动性与高战略性的全球城市。全球城市的全球网络连接功能，还表现为网络的流动性程度和位置的战略性程度，前者决定了全球城市配置全球资源的规模；后者决定了全球城市配置全球资源的能级。高流动性和高战略性的全球城市，具有最强全球资源配置功能，并将通过城市网络全面融入区域、国家和全球经济的各个层面中。

上海目前网络连接比较广泛，已有较大的流量规模，特别是货物流、人流、资金流等。但还存在结构性缺陷，基于外来跨国公司和境外机构的网络流动性程度较高，基于本国公司及机构"走出去"的网络流动性程度较弱。今后，随着更多中国企业"走出去"设点和海外并购，将弥补和平衡这一结构性问题。

上海目前网络位置的战略性程度也有出色表现，一些实证研究表明，上海在战略性网络连接中排名第 11 位。如果进一步对战略网络连通性与全球网络连通性进行回归以及记录残差（被标准化，0 为平均值和 1 的标准差），上海排名第 19 位，在东京之前，处于平均值之上，属于战略性高连接。[③] 另一项战略性网络连接指标（"双联体"城市连接）也表明，在全球网络连通性前 20 名城市的前 40 个双联体中，上海有 8 个双联体城市伙伴，比排名第一的纽约少 2 个，比伦敦少

---

① 特征向量中心度表明该城市与外部联系紧密的那些城市是否也具有很高的连通性水平。

② Taylor et al.（2014），"City-Dyad Analyses of China's Integration into the World City Network"，*Urban Studies*，51（5），868—882.

③ Taylor，P.J.，Derudder，B.，Faulconbridge，J.，Hoyler，M.and Ni，P.（2014），"Advanced Producer Service Firms as Strategic Networks，Global Cities as Strategic Places"，*Economic Geography*，90（3），267—291.

1 个，与香港持平，排名第四。而且，在上海的双联体连接中，更多是全球网络连通性前 20 名的城市（11 个），包括与纽约和伦敦的连接呈不断增长态势。[1] 这表明上海趋向于融入网络中更具有战略性的地位。但上海目前更多的是跨国公司地区总部（而不是真正的公司总部），律师事务所、管理咨询公司等具有较大战略性功能的机构相对较弱。从未来发展态势看，随着跨国公司供应链"近岸"布局的重大调整，跨国公司地区总部的战略地位趋于增强，也将大幅度提升上海战略位置性程度。

3. 枢纽性与门户型的全球城市。枢纽性的全球城市表现为强大的集聚和扩散，具有较强的对外部网络分享资源的能力。门户型的全球城市由于其他城市资源流动须经由其方可进入世界市场，从而具有较强的对国外城市资源流动指挥和控制的能力。因此，同时具有枢纽性和门户型的全球城市，对全球资源配置的作用力更大。

上海目前已具有更多枢纽性的特征，有较大的集聚与扩散以及较强对外部网络分享资源的能力。从国内空间尺度看，上海门户城市的特征也比较明显，已成为国内城市连接世界经济的重要通道之一。但在全球空间尺度上，上海还不具有对国外城市资源流动的较大指挥和控制权。从未来发展态势看，上海除了继续保持枢纽性全球城市特征外，全球空间尺度上的门户型特征也将进一步提升。特别是随着上海成为国家"一带一路"建设中服务国内企业"走出去"的桥头堡，与这些国家原本连接并不顺畅的城市建立起新的连接，打造战略联系，将大大提升上海在关联结构中的高权力性，控制和影响网络中某些部分的要素流动，发挥全球门户的作用。

因此，上海建设卓越全球城市的目标愿景，应该成为具有全球资源流动与配置的广泛吸引力，从而影响和主导全球资源的流量及配置范围；具有全球资源流动与配置的内生创造力，从而影响和主导全球资源的流向及配置方式；具有全球资源配置的高效竞争力，从而影响和主导全球资源的流速及配置效率的全球城市。

0.4 面对新命题的行动方略

上海面向未来的发展目标：到 2035 年基本建成卓越的全球城市，到 2050 年全面建成卓越的全球城市。这将是一个肩负新使命、瞄准新目标、开辟新征程的时代新命题。它作为原先建成"四个中心"和现代化国际大都市基础上的一个升级版，有着特定的新内容，必须实现一系列根本性转变。

---

[1] Taylor et al.（2014），"City-Dyad Analyses of China's Integration into the World City Network"，*Urban Studies*，51（5），868—882.

1. 从国际中心城市转向全球网络核心节点城市。全球城市内生于世界城市网络之中，作为网络中的主要节点城市。这意味着基于"地点空间"（space of place）的中心地城市脱胎换骨为基于"流动空间"（space of flows）的网络节点城市。这种节点城市不仅具有连接物理性地域上有明显连续性的广大腹地，更是具有强大的非本地关系，表现为与其他城市更广泛、更密集、更顺畅的内部联系并持续的相互作用。因此，建设卓越的全球城市，主要是构建全球网络中的核心节点，强调城市间弹性与互补关系、水平通达性、双向流动、信息成本依赖等。

2. 从集散与生产等主要经济性功能转向全球资源配置的多元融合发展功能。全球城市是经济、政治、科技、文化等全球化的原因和结果，具有多重维度和多元功能，涉及经济、科技、文化诸多领域的全面建设。因此，在原有"四个中心"基础上，要增加建设具有全球影响力的科技创新中心，成为全球创新网络（GIN）的主要节点，增强全球科技创新策源功能，通过更广泛的对外交流与互动的平台，发挥其与外界创新资源交流、交互及其诱导有效配置的作用。另外，必须体现全球城市对"文化繁荣是发展的最高目标"的追求，并反映在其鲜明的文化特征以及文化品格共性上，增强全球文化融汇引领功能。更为主要的是，把经济、科技、文化融合发展集中于培育和增强基于网络流动与交互的全球资源配置功能上。这种配置功能并不是单纯作为"码头"的资源集散，更不是资源吸纳，而是对资源要素进行重新组合和创新。

3. 从低水平存量扩张模式转向流动型高配置增值模式。全球城市作为网络中的核心节点，其本质属性是外部网络连通性。从这一意义上讲，全球城市获得和积累财富、控制和权力，不是依靠它所拥有的（如独特的区位、各种基础设施、经济实力等），而是通过流经它的东西。全球城市也不是通过粗放型加工制造和配置，以物质资本及财富形式沉淀下来和实行积累，而是通过全球功能性机构集聚及其对全球价值链掌控，在基于网络的全球资源流动中实行有效配置，从中获取高附加值的收益，并在这一大规模流量循环中更多依靠科学技术研发、人力资源（教育与健康）改善、营商环境改善、精细化管理、人文环境和生态环境优化等软投入，从而带来边际产出收益递增效应，促进城市可持续发展（详见第7章）。这是一种高质量发展和高品质生活的全新模式。

4. 从中心地空间结构转向网络空间结构。全球城市通过城市网络全面融入区域、国家和全球经济的各个层面，正在改变与其国内及地区其他城市之间的关系，特别是寓于全球城市区域之中发展。因此，全球城市建设必须走出自身行政区划限制，并打破"中心—外围"等级空间结构，通过基于平等关系的网络空间结构，与周边地区形成一种"非零和"博弈的高度交流与合作，包括高度发达的资本、信息以及人力资源流动，并将其全部整合在全球经济体系之中。同时，全球城市通过区域"借用规模"效应，有效疏解非核心功能，优化核心功能，与区域内城市间形成水平分工协同，实现其空间扩展（全球城市区域或巨型城市区域）。

建设卓越的全球城市，其核心任务就是培育和发展全球资源配置功能。这是全球城市区别于一般城市的特定功能，是全球城市的核心功能。尽管全球城市通常有很高的站位，但绝不是叠加各种功能的全能城市或各个方面都优于别人的超能城市。全球城市有核心功能、核心辅助功能和一般功能以及非核心功能之分，即使其必备功能之间也有长短之差。且不说专业性全球城市，即便像纽约、伦敦、东京等综合性全球城市，也不是全能城市或超能城市，其周边城市的某些产业功能可能超越它们，其宜居性、环境等指标排名只是居中。因此，上海建设卓越的全球城市，尽管是高标准要求，但不能用基于"木桶"原理的补短板方式来达到"全能"或"超能"水平。这只会在补短板中迷失自我，并不能培育和发展出来全球城市的独特功能。从根本上讲，建设卓越的全球城市，必须聚焦其核心功能上的"拉长板"，即着力于构建全球城市的"四梁八柱"，力争把核心功能做大做强，做到极致，形成核心竞争力。当然，核心功能上的"拉长板"并不意味着其他功能不重要，可以置之不顾乃至削弱。城市作为一个有机体，其各项功能之间是内在关联，并协同作用的。对于全球城市来说，其全球资源配置的核心功能同样需要其他功能的配合与支撑。但这里有一个"度"的把握，即以是否影响和制约全球资源配置功能的发挥为标准。只有在其他城市功能影响和制约全球资源配置功能发挥的情况下，才需对其"补短板"。总之，要以全球城市核心功能"拉长板"为主导，协调和增强其他城市功能发展，而不能本末倒置。

这种全球城市核心功能的"拉长板"，并非随机性的，也不是权宜之计，而应该成为一种基本行动策略。（1）它有助于我们坚持发展方向，沿着增强全球城市核心功能的既定轨道不断向前推进，并集中有限资源用在最为关键的地方，解决最为核心的问题，获得收益最大化。（2）它有助于我们扬长避短，充分发挥比较优势，形成别人难以模仿复制的特色，并将其转化为别人无法替代的竞争优势。（3）它有助于我们较快形成和增强全球资源配置功能，适应和满足我国综合实力迅速崛起和日益走近世界舞台中心的战略需要，代表国家参与全球竞争与合作，在我国参与和引领全球化进程中发挥重大作用。

围绕全球城市核心功能"拉长板"开展各项工作，有一个新旧定位或新旧过程之间的过渡与衔接问题。卓越的全球城市并非凭空构造，有其路径依赖，需要从现有基础出发，并非重起炉灶。但又不能被路径依赖"锁定"，仍然停留在过去"四个中心"建设构架和层面上。这一新旧过程的过渡与衔接，要采取路径转换的更新方式。其含义有：（1）不是在原有基础上通过充分挖掘原有发展潜力的线性提升，而是通过动力变革、质量变革、效率变革的能级跃升。"五个中心"和国际文化大都市建设要普遍提升能级和核心竞争力。（2）不是在原有构架中通过结构性调整的修缮与优化，而是在转型基础上强化全球城市核心功能的构架再造与重塑。如果不对原有构架进行根本性改造，是难以凸显其全球资源配置的核心功能。（3）不是增添与叠加某些新功能，而是新旧功能的系统集成，构建一种促进经济、科技、文化融合发展的全新构架，统一内化在全球资源配置功能上。否则，就会出现"五个中心"和国际文化大都市建设各行其是，相互脱节，发展不平衡，难以形成增强全球资源配置功能的合力。

0.5 破题切入口

开启建设卓越全球城市的新征程，必须寻找到一个合适切入口来进行破题。这一切入口的选择标准：既能抓住关键性要害，又能牵一发而动全身。这一破题的切入口就是面向未来，面向全球，提升城市能级和核心竞争力。

1. 建设卓越的全球城市，关键在于增强全球资源配置的核心功能。"五个中心"和国际文化大都市建设就是在培育这一核心功能，并已有了相应的基础。现在的问题是：由于能级水平不高，致使这一核心功能发展不充分、核心竞争力不强。因此，围绕全球城市的核心功能，抓住提升城市能级和核心竞争力，才能增强全球资源配置能力，特别是增强高端资源配置能力。同时，抓住了提升城市能级和核心竞争力这个上海未来一个发展阶段的重点，才能纲举目张，使"五个中心"和国际文化大都市建设、自贸试验区新片区建设、优化营商环境、打响"四大品牌"、提高城市精细化管理、推进长三角更高质量一体化发展、服务"一带一路"建设等各项工作聚焦在一个共同点上，并上升到同一层面，从而对各项具体工作形成统一的标准要求，促进各项工作有机结合、融为一体。

2. 提升城市能级和核心竞争力，必须对原有经济体系加以再造和重塑。这是一项基础性的工程。这就迫切要求我们贯彻创新、协调、绿色、开放、共享的新发展理念，建设现代化经济体系，形成创新型生产、高效性流通、公平性分配、成熟型消费之间的高度协同，促进内生性、生态系和可持续有机发展，充分体现高质量发展和高品质生活。从"五个中心"和国际文化大都市建设来讲，随着人民币国际化进程加快及其人民币在国际支付中的地位迅速上升，增强人民币在岸、离岸金融功能，使人民币交易、结算、创新等功能越来越成为上海国际金融中心的核心内容；加强服务实体经济的金融产品、金融工具的创新，强化资本和财富管理功能；营造良好的金融生态环境，大力发展科技金融、绿色金融等新金融。随着世界投资贸易格局变动，制度设计上率先与国际接轨，进一步增加吸引外资的能力，特别是增强上海服务中国企业"走出去"桥头堡的功能；借助国际进口博览会的贸易大平台，加快国际会展之都建设，促进贸易发展（详见第5章）；继续深度开放服务领域，扩大服务贸易、技术贸易、信息与数据贸易的规模，促进服务贸易升级。随着世界航运格局变化，扩大航空运输容量，进一步开放航权，增强航空运输能力，加快航空枢纽建设；加大航运服务发展力度，创新和深化航运服务，提供更高质量、更多样化的新服务，强化全球航运资源配置能力；加快邮轮母港建设，开辟远洋邮轮航线，拓展邮轮服务经济（详见第3章）。随着全球价值链管理为主导的国际分工，产业深度融合发展，日益突出新型产业体系功能属性的新变化，加大集聚全球功能性机构，增强全球价值链掌控功能；更加突出基于信息化、智能化、物联化的产业融合发展，大力促进发展"四新"经济；打造各种功能性平台，培育发展供应集成商、资源集成商、创新集成商等机构，提升高效率与高附加值的高端功能，增强新技术、新业态和新型商业模式的引领功能，强化综合配套与系统集成的服务功能。建设具有全球影响力的科技创新中心，要作为全球科技创新网络的核心节点，以更为开放灵活的方式及路径实现动态化、空间跳跃式、模块化、并行式、交叉式的科技创新。要以价值链为纽带，高度聚集创新资源，形成创新集群化与扩散化态势，在空间分布上呈现"小集聚、大分散""交织型、嵌入式"格局，促进"大学校区、科技园区、公共社区、城市街区"融合、空间重合和功能综合的发展，构建以"硅巷""硅盘"为特色的创新城市模式（详见第4章）。建设国际文化大都市，要在基于全球文化网络并通过网络传递与扩散实现文化融汇引领功能，不仅要有自身的文化特色，还要在文化交流中提高自己的国际知名度，并最终成为重要的文化策源地（详见第8章）。

3. 提升城市能级和核心竞争力，必须优化营商环境。 国际经验表明，优质的营商环境是全球城市必备条件之一，是全球城市能级提升和迈向卓越的制胜法宝。优质的营商环境犹如一个强大的吸引场，能够承载大规模要素流动，吸引高端功能性机构（公司）落户；同时，构成激发创新创业活力，提高资源配置效率的肥沃土壤。上海要对标国际最高标准、最好水平，不断提升制度环境软实力，努力打造营商环境新高地。总体目标是要加快形成法治化、国际化、便利化的营商环境，成为贸易投资最便利、行政效率最高、服务管理最规范、法治体系最完善的城市之一。具体来讲，就是要形成高度规模化、开放化、联通度高的市场环境，高效率、透明化的制度环境，高端化、流动性强的要素环境，高度舒适性、优质性的人才环境，并保持动态更新的营商环境，不断实现自我完善和优化。上海近几年着力优化营商环境，开办企业的效率得到了较大提升，但在市场开放度、办理施工许可、缴纳税款、法治保护力度等方面存在明显的短板和瓶颈（详见第6章）。上海进一步优化营商环境，除了提高行政办事效率，为企业的开办及前期运作提供更大便利外，更重要的内容是从基于企业所有制的分类管理转向基于企业规模的分类管理，促进准入后的公平、高效、透明的规则及其有效实施，提高监管水平，加大对市场主体利益保护力度。特别是提高法治竞争力，不仅要求有完备的法律规范体系、高效透明的政府治理、公平公正的司法服务，而且更应当体现在对国际规则的对接遵从与形成参与、不同法系的交融适应，涉外法律服务的接受充盈及涉外法律服务机构的吸纳集聚等方面，真正起到激发创新创业活力的作用（详见第 12 章）。

4. 提升城市能级和核心竞争力，必须打造城市品牌，注重城市形象的建构，提高城市形象的国际传播效果。尽管全球城市本身就是一块响当当的"金字招牌"，具有很高知名度，但在提升城市能级和核心竞争力中仍需要推出先进的城市品牌战略，让城市政策和城市发展与城市品牌保持一致，创造城市特质和良好形象。这代表着重要的无形资产，不仅折射出城市的魅力与吸引力，同时是城市影响力和辐射力的体现。因此在城市品牌打造中，城市形象的国际传播显得十分重要。伦敦、纽约、东京等以成功的城市形象传播彰显出城市的魅力和"磁力"，大大提升了它们在全球城市网络中的综合竞争实力和软实力。上海目前在主流纸质媒体、网络新闻媒体和社交媒体平台上的城市形象传播效果，以及城市形象片在视觉传播方面的效果，与纽约、伦敦、巴黎、东京等全球城市相比尚有较大差距，有进一步提高的空间（详见第 9 章）。另外，城市品牌并不仅仅用于城市营销，而是日益成为用于管理人们对一个城市的认同或城市发展中的机遇、优势、重点、特色等看法，凝聚人心和各种力量共建城市的治理策略。在此过程中，社会组织是参与现代化城市治理的重要力量，要通过积极扩大数量及类型、提升参与能力、强化伦理建设等实现社会组织的组织增能，切实基于治理理念进行多方主体的合作（详见第 10 章）。打响服务、制造、购物、文化"四大品牌"，是现阶段实施城市品牌战略的主要内容和具体抓手。这不是沿袭传统方式来重振老品牌雄风，而是按照国际标准和要求，挖掘上海现有的基础条件和比较优势，运用现代技术和智能化手段，依靠职业化和专业化精神，打造具有国际市场竞争力的新品牌。

5. 提升城市能级和核心竞争力，必须融入长三角更高质量一体化发展，并在其中发挥龙头带动作用。当今全球城市的发展，已不再是一个城市单元，而是作为一种地区现象，演化为全球城市区域或巨型城市区域。这意味着全球城市发展动力及战略空间从全球连接的单一性转向全球连接与地区功能连接的双重性，寓于地区一体化发展之中。在长三角地区更高质量一体化发展背景下，创新长三角区域合作模式、合作机制及其治理结构，拓展区域合作范围与领域，加强区域合作力度与强度，加快区域合作进度，将为上海建设卓越全球城市提供强有力的支撑。上海要在长三角地区一体化发展中找准功能专业化的比较优势，立足于长三角地区功能多中心结构中寻找自身功能定位，聚焦全球城市的网络节点、全球平台、门户枢纽、流量经济等核心功能，实现空间拓展，有效疏解非核心功能，在整合长三角地区并将其连接到世界城市网络过程中发挥重要作用。目前，长三角区域合作已逐步走向自觉、综合、长效的一体化发展，但仍然存在地区合作范围有限、层级不高、力度不够等问题（详见第 13 章）。推进长三角更高质量一体化发展，势必要求突破行政边界限制，消除优惠与保护性的政策竞争，在统一市场和公平竞争环境中促进区域内不同城市之间信息、思想、人员、资本等资源要素流动，包括由现代服务业日常活动引起的有形和无形流动，实现资源有效配置。

6. 提升城市能级和核心竞争力，必须服务国家"一带一路"建设，并发挥桥头堡的重要作用。 "一带一路"的推进实施将改变资源、要素、贸易以及资本、人才、信息等各种传统和战略要素的流动格局，对世界城市网络体系格局产生重大影响，即扩大世界城市网络的空间范围，改变世界城市网络的要素流向，完善世界城市网络的形成机制，增加世界城市网络的文化价值，重构世界城市网络的价值链分工，丰富世界城市网络的发展内涵。这将为上海实现全球深度连接进而配置更多战略要素资源，提升全球城市竞争力提供新的历史性机遇。上海应该在快速崛起的"一带一路"城市网络体系中扮演"'一带一路'流动空间的势能高地""新兴城市融入全球经济的门户接口""国内国外两个扇面的旋转中枢""新型全球治理体系的交流平台"等角色，深化与"一带一路"沿线城市合作交流，全面提升上海的全球城市能级（详见第14章）。

参│考│文│献 ───────────

［1］ Derudderb, B., Taylor, P.J., Ni, P., De Vosa, A., Hoyler, M., Hanssens, H., Bassens, D., Huang, J., Witlox, F., Shen, W. and Yang, X., 2010, "Pathways of Change: Shifting Connectivities in the World City Network, 2000—08", *Urban Studies*, 47（9）, 1861—1877.

［2］ Eshuis, J. and Klijn, E.H., 2012, *Branding in Governance and Public Management*, London: Routledge.

［3］ Friedmann, J., 1986, "The World City Hypothesis", *Development and Change*, 17, 69—83.

［4］ Lee, E.K.S., Zhao, S.X., Xie, Y., 2012, "Command and Control Cities in Global Space-Economy before and after 2008 Geo-Economic Transition", *Chinese Geographical Science*, 22（3）, 334—342.

［5］ Pereira, R.A.O., Derudder, B., 2010, "Determinants of Dynamics in the World City Network, 2000—2004", *Urban Studies*, 47（9）, 1949—1967.

［6］ Sassen, S., 1991, *The Global City: New York, London, Tokyo*, Princeton: Princeton University Press.

［7］ Scott, A., Soja, E., Agnew, J., 2001, *Global City-regions: Trends, Theory, Policy*, Oxford University Press, Oxford.

［8］ Taylor, P.J., et al., 2014, "City-Dyad Analyses of China's Integration into the World City Network", *Urban Studies*, 51（5）, 868—882.

［9］ Taylor, P.J., Derudder, B., Faulconbridge, J., Hoyler, M. and Ni, P., 2014, "Advanced Producer Service Firms as Strategic Networks, Global Cities as Strategic Places", *Economic Geography*, 90（3）, 267—291.

［10］ Yusuf, S. and Wu, W., 2002, "Pathways to a World City: Shanghai Rising in an Era of Globalisation", *Urban Studies*, 39, 1213—1240.

［11］ 亚洲开发银行，《亚洲2050：实现亚洲世纪》，2011年5月。

［12］ 周振华：《崛起中的全球城市：理论框架及中国模式研究》，格致出版社、上海人民出版社2007年版。

［13］ 周振华：《全球城市：演化原理与上海2050》，格致出版社、上海人民出版社2018年版。

1

外部环境
与内生性动力

上海确立了建设卓越全球城市的战略新目标。实现这一战略新目标，必须遵循全球城市发展的客观规律。不仅要深刻把握外部环境条件变化，抓住机遇，积极应对，而且要全面了解自身的现实基础条件及其比较与领先全球城市的差距。上海在建设卓越全球城市的过程中，关键是要培育与重塑内生性动力，为全球城市建设持续不断注入新的动能。

Shanghai has established the building of a global city of excellence as its strategic goal. Alignment with the natural development route of global city development is key to achieving this new strategic goal. An acute awareness of the external environment and its changes leads to timely identification of opportunities and proactive responses to challenges. Equally important is a full understanding of the reality of Shanghai's own basic conditions and the gap between Shanghai and leading global cities. In the process of building a global city of excellence, paramount is the reconstruction and cultivation of the city's endogenous forces, which is a continuing source of driving global city construction.

上海建设卓越的全球城市，所面临的外部环境以及自身的现实基础都是必不可少的重要。只有把这两方面条件很好结合起来，并注重自身内生性动力的培育和增强，才能保持全球城市动态发展的活力和可持续性。

1.1 面临的外部环境条件

全球城市的发展，总是在一定时点的外部环境条件下展开的。不同的外部环境条件会对全球城市发展产生特定的影响。上海建设卓越的全球城市，必须认清国际发展大环境和全国发展大格局，准确把握世界发展的大趋势，充分利用国内发展的有利契机，从而为未来发展打下坚实基础。

1.1.1 国际环境条件

当前，国际形势正发生前所未有之大变局，国际体系进入加速演变和深度调整时期，出现了许多新的重大变化。

1. **全球经济复苏明显，已走出上一轮经济危机阴影。**2017 年以来，世界经济复苏迹象明显，基本上已经走出 2008 年全球金融危机以来的持续低迷状况。根据世界银行《全球经济展望》统计数据，2015—2017 年全球 GDP 增长率分别为 2.8%、2.4%、3.1%，预计 2018—2020 年将延续 2017 年的强劲走势（世界银行预测未来三年全球增速为 2.9%—3.1%），经济发展整体比较乐观，增长率逐年略微下调，这与国际货币基金组织（IMF）对于全球经济的增长趋势判断基本一致（IMF 预测未来三年全球增速为 3.7%—3.9%）（见图 1.1）。全球经济增长风险主要在于发达经济体复苏向好后逐步退出货币刺激，加息会带来经济增长放缓；此外，在美国贸易保护抬头的大趋势下，2018 年以来土耳其、阿根廷、印度尼西亚、南非等国货币均出现大幅贬值，新兴经济体金融风险凸显，需要警惕金融危机与经济下行风险。

发达经济体中，近年来美国经济增长强劲，2015—2017 年间平均增长率超过 2.2%，2018 第二季度经济增长率更是高达 4.1%，成为 2014 年以来最高值，世界银行也在 2018 年 6 月上调了美国 2018 年和 2019 年 GDP 增长率预期值，从年初的 2.5%、2.2% 提升至 2.7%、2.5%（分别上调了 0.2 和 0.3 个百分点），高于美国 2017 年 GDP 增速（2.3%）。欧元区经济复苏趋势已经出现，2015—2017 年间平均增速约为 2.1%，世界银行和 IMF 均预计未来两年欧元区国家平均增长率都在 2% 左右，基本维持趋势。日本经济增长则趋缓，世界银行预测

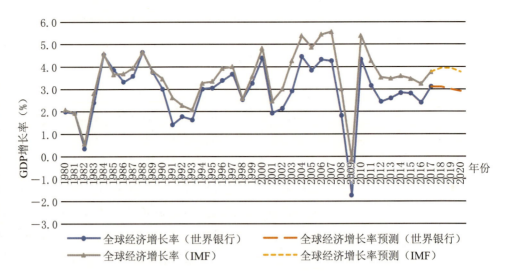

图 1.1
全球经济增长发展趋势
（1980—2020 年）

资料来源: 1980—2016 年世界银行数据来自 2017 年更新的 "世界发展指标数据库"（World Development Index），2017—2020 年世界银行经济预测值来自 2018 年 6 月更新的《全球经济展望》（Global Economic Prospects），1980—2020 年 IMF 统计和预测数据均来自 2018 年 4 月更新的 "世界经济展望数据库（World Economic Outlook）"。

2018—2020 年日本 GDP 增长率均低于 1% 水平（分别为 1.0%、0.8%、0.5%），远低于日本 2017 年同期 1.7% 的增长率，而且处于不断下滑趋势。

　　新兴经济体中，印度 GDP 维持了近年来高速增长趋势，世界银行和 IMF 均预计其未来 2—3 年内维持 7% 以上增长率，俄罗斯和巴西也走出了 2015—2016 年经济衰退（负增长）的阴影，经济反弹趋势明显。在国内严抓降杠杆、控风险的大背景下，预计未来中国经济增速仍将保持 "中高速" 发展的平稳态势，国际机构预测 2018—2020 年增速基本在 6.2%—6.6% 之间（表 1.1）。

　　总体来看，2018 年以来世界经济整体呈现复苏向好趋势，尤其是美、欧等发达经济体表现突出，虽然存在中美贸易摩擦、美联储加息等压力，但是全球经济形势好转整体上对中国经济仍具有拉动作用。

表 1.1
全球各经济体增长前景预测
（2015—2020 年）

资料来源: 世界银行数据来自 2018 年 6 月更新的《全球经济展望》报告，IMF 统计数据来自 2018 年 4 月更新的世界经济展望（WEO）数据库。

	世界银行（WorldBank）经济增长预测（%）						货币基金组织（IMF）经济增长预测（%）					
	2015	2016	2017	2018	2019	2020	2015	2016	2017	2018	2019	2020
世界	2.8	2.4	3.1	3.1	3.0	2.9	3.5	3.2	3.8	3.9	3.9	3.8
发达经济体	2.3	1.7	2.3	2.2	2.0	1.7	2.3	1.7	2.3	2.5	2.2	1.7
美国	2.9	1.5	2.3	2.7	2.5	2.0	2.9	1.5	2.3	2.9	2.7	1.9
欧元区	2.1	1.8	2.4	2.1	1.7	1.5	2.1	1.8	2.3	2.4	2.0	1.7
日本	1.4	1.0	1.7	1.0	0.8	0.5	1.4	1.0	1.7	1.2	0.9	0.3
新兴经济体	3.7	3.7	4.3	4.5	4.7	4.7	4.3	4.4	4.8	4.9	5.1	5.1
中国	6.9	6.7	6.9	6.5	6.3	6.2	6.9	6.7	6.9	6.6	6.4	6.3
印度	8.2	7.1	6.7	7.3	7.5	7.5	8.2	7.1	6.7	7.4	7.8	7.9
俄罗斯	−2.5	−0.2	1.5	1.5	1.8	1.8	−2.5	−0.2	1.5	1.7	1.5	1.5
巴西	−3.5	−3.5	1.0	2.4	2.5	2.7	−3.6	−3.5	1.0	2.3	2.5	2.2

2. 逆全球化风潮兴起，贸易自由化受挑战。 近年来，受到全球金融危机和经济复苏迟缓影响，世界各国纷纷采取包括提高贸易壁垒在内的各种手段刺激国内经济，这也导致经济全球化和贸易自由化出现逆向波动，民粹主义、孤立主义和贸易保护主义频频抬头，这一趋势在欧美等发达国家表现的更为明显。欧洲地区典型事件包括 2016 年 6 月英国公投退出欧盟、2016 年 12 月意大利修宪公投失败，民粹主义严重威胁欧洲一体化发展前景。

美国更是成为这一轮"逆全球化"风潮中的代表国家，在世界范围内推行贸易保护主义。2017 年 1 月美国总统特朗普在就职演讲就明确提出"美国优先"（America First），不仅强调"买美国货（Buy American）、雇美国人（Hire American）"，更表示贸易、税收、移民、外交等政策的制定都以美国利益为第一考虑。2017—2018 年间美国出台了大量贸易保护主义政策，涉及欧盟、加拿大、墨西哥、中国等多个经济体（见表 1.2），也引致了欧盟等对美国商品的关税报复行为，全球贸易自由化出现倒退。

除了加征关税之外，美国也表现出从多边贸易协定转向双边贸易协定的意图[①]，这将极大挑战以世界贸易组织（WTO）为主导的全球贸易规则。一方面美

表 1.2
美国关税变动情况
（2017—2018 年）

资料来源：根据公开资料整理。

关税影响经济体	主　要　事　件
墨西哥	2017 年 1 月，对进口产品征收 20% 边境税
	2018 年 3 月，对进口钢铁和铝分别征收 25% 和 10% 关税
加拿大	2017 年 4 月，对软木征收 20% 进口关税
	2017 年 9 月，初步裁定对该国 100—150 座大型民用客机征收 200% 关税
	2018 年 3 月，对进口钢铁和铝分别征收 25% 和 10% 的关税
澳大利亚	2017 年 10 月，初步裁定对硅金属征收 20.79% 的关税
巴西	2017 年 10 月，初步裁定对硅金属征收 56.78% 的关税
	2018 年 3 月，对进口钢铁和铝分别征收 25% 和 10% 的关税
挪威	2017 年 10 月，初步裁定对硅金属征收 134.92% 的关税
阿根廷	2017 年 10 月，初步裁定对豆制生物燃料征收 54.36%—70.05% 的关税
印度尼西亚	2017 年 10 月，初步裁定对棕榈油制生物燃料征收 50.71% 的关税
韩国	2018 年 3 月，对进口钢铁和铝分别征收 25% 和 10% 的关税
欧盟	2018 年 6 月，对从欧盟进口汽车征收 20% 的关税（暂未生效）
中国	2018 年 1 月，对进口太阳能组件和大型洗衣机实施首年征税，首年税率分别为 30% 和 20%
	2018 年 4 月，对中国进口 500 亿美元商品征收 25% 的关税
	2018 年 7 月，对从中国进口 2 000 亿美元商品征收 10% 的关税（暂未生效）

---

① 相关分析可参见中国银行国际金融研究所 2018 年 9 月 10 日发布的研究报告《特朗普行为背后的经济学逻辑分析》。

国主动退出或者要求重商原有的多边贸易协定,包括 2017 年 1 月美国退出跨太平洋贸易伙伴协定(TPP)、搁置跨大西洋贸易和投资伙伴关系协定(TTIP)谈判、2017 年 7 月重启北美自由贸易协定(NAFTA)谈判等,并且美国持续拖延 WTO 上诉机构大法官的推选,阻碍 WTO 机构运行;另一方面,美国积极推进双边贸易协定磋商,通过包括关税威胁在内等方式促使谈判达成,如 2018 年 7 月与欧盟就自由贸易协定达成共识(零关税、零贸易壁垒、非汽车工业零政府补贴),与日本的协商持续推进中。

美国经济政策转变趋势非常明显,意图重构以美国为主导的贸易规则,通过对外增加贸易壁垒、对内减税减负的方式促使制造业回流美国,这也是金融危机后美国收入差距扩大、民粹主义抬头的结果。贸易保护主义与反全球化的趋势将在未来对世界经济增长造成压力,也将带来包括美国在内全世界国家的福利损失,长期来看,不利于中国经济增长,打乱中国对外开放规划步伐,也将对上海建设卓越全球城市目标带来新压力、新挑战。

3. 人工智能、新能源等技术革命即将到来。 在当前全球人口老龄化的大背景下,人工智能(AI)成为各国政府、学校、科技企业的关注热点,新的技术突破不断涌现,其中 2016 年 3 月谷歌研发的人工智能软件 AlphaGo 战胜世界围棋冠军李世石更是成为标志性事件。近年来,人工智能技术已经在生活中得到广泛应用,包括在图像语音识别领域的各类智能助手(苹果 Siri、亚马逊 Alexa、谷歌 Assistant、微软 Cortana 等),各大科技公司正在积极研发推广的自动驾驶汽车(谷歌 waymo、特斯拉、通用汽车 Cruise 以及百度 Appolo 等),再到采用人工智能管理对冲基金等。[1] 人工智能的科技革命将对全球经济发展、行业周期、收入分配均产生深远影响,其中既有积极方面,也不乏负面影响。在经济增长方面,人工智能的引入无疑将大幅提高生产效率,并且缓解发达国家人口老龄化、生育意愿低下带来的劳动力短缺问题,将人类从低端重复性劳动中解脱出来。麦肯锡全球研究所(MGI)在报告中估计,到 2030 年人工智能技术将带来 13 万亿美元的额外经济产出,促使全球 GDP 每年多增长 1.2 个百分点。[2] 从对行业发展和收入分配的影响来看,人工智能一方面将导致部分行业岗位消亡、人类被 AI 取代(如自动驾驶技术成熟会导致卡车司机失业),另一方面也会创造新的岗位(AI 技术开发、机器维修、自动驾驶车辆环境规划等),[3] 在此过程中必然会带来中低技

---

[1] 根据广发证券 2018 年 9 月发布的研究报告《人工智能在资产管理行业的应用和展望》数据,2010 年以来人工智能对冲基金指数年化收益率为 8.44%,同期管理期货类对冲基金指数、趋势跟踪对冲基金指数和传统方法对冲基金指数的年化收益率分别为 2.62%、1.62% 和 4.27%,人工智能跑赢了其他类型基金。

[2] Mckinsey Global Institute(2018),"Notes from the Frontier: Modeling the Impact of AI on the World Economy"。

[3] 参见中金公司 2018 年 9 月研究报告《人工智能对经济影响以及中美比较》。

能劳动力失业①，以及财富向科技公司集中，造成收入差距扩大等转型阵痛问题。

新能源领域的技术革命则应对了当前环境污染、全球气候变暖、化石能源不可再生等诸多问题，其开发主要集中在能源生产（太阳能光伏产品、风力发电等）和能源应用（新能源汽车、能源储存、充电设备等）领域，通过技术革命不断提升新能源效率、减低使用成本，持续推广使用清洁低污染的新能源的应用场景，实现在全球范围内降低污染、改善人类生活环境的需求。

对中国乃至上海来说，人工智能技术将助力经济转向"高质量发展"，通过人工智能与传统产业（如医疗、教育、交通、制造、金融等）的互动合作升级，将促进生产效率、新产业萌发。新能源的应用也是提高居民满意度、改善上海整体居住环境的重要一环，需要通过政策和资金大力扶持新能源技术的研发和应用。

4. 中国更多参与全球治理，与美国贸易摩擦升级。改革放 40 多年来，中国经济高速增长，随着发展阶段进入"新常态"与"新时代"，中国面临的世界环境也出现了较大变化。首先是中国已超越日本成为全球第二大经济体，如果按照汇率换算，2016 年中国占全球 GDP 比重约为 14.9%（图 1.2），仅次于美国的 24.7%，同期日本占全球 GDP 比重为 6.5%。其次是中国成为世界经济增长的新引擎，世界金融危机以来，在全球经济放缓的大背景下，中国贡献了约 1/3 的全球经济增长（2012—2016 年间中国对世界经济增长的平均贡献率达到 30% 左右）②。再次是中国制造业发展迅速，中国企业充分利用开放前期的人口红利和低成本优势，不断进行技术追赶，到 2016 年时，中国制造业增加值占全球比例超过 1/4，位居全球第一③；此外，在信息技术、电子支付等细分行业也形成了中国自己的核心竞争优势。

2013 年以来，中国积极推动"一带一路"建设，鼓励中国企业"走出去"，更多参与国际基础设施建设、带动"一带一路"沿线国家就业增长与经济发展。截至 2018 年 9 月，与中国签署"一带一路"合作文件的国家已经多达 105 个④，亚投行（AIIB）成员国也增至 80 个以上。⑤据商务部统计⑥，2017 年中国企业共对"一带一路"沿线的 59 个国家非金融类直接投资 143.6 亿美元，占同期总额的

---

① 麦肯锡全球研究所（MGI）估计中国 51% 左右工作可以自动化（约 3.94 亿岗位），参见中金公司 2018 年 9 月研究报告《人工智能对经济影响以及中美比较》。

②③ 参见上海社会科学院世界经济研究所宏观经济分析小组 2018 年 1 月发布的《2018 年世界经济形势分析》报告。

④ 数据引自中国一带一路网 2018 年 9 月 8 日新闻《中国已与 105 个国家签署 123 份"一带一路"合作文件》，网址 https://www.yidaiyilu.gov.cn/xwzx/gnxw/66324.htm。

⑤ 数据引自北京日报新闻 2018 年 1 月 17 日新闻《亚投行两周年：成员增至 84 个，贷款总额超 42 亿美元》，转载自凤凰网，网址 http://news.ifeng.com/a/20180117/55192333_0.shtml。

⑥ 参见中国商务部网站 2018 年 1 月 16 日发布数据《2017 年我国对"一带一路"沿线国家投资合作情况》，网址 http://fec.mofcom.gov.cn/article/fwydyl/tjsj/201801/20180102699450.shtml。

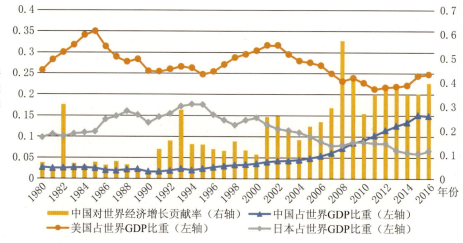

图 2
中国经济总量占世重比重变化
（1980—2016 年）

资料来源：上海社会科学院世界经济研究所《2018 年世界经济形势分析》，数据来自 Wind 数据库与 IMF 世界经济展望数据库（WEO）。

12%，较上年提升了 3.5 个百分点。

近年来，随着中国经济体量增长、技术不断赶超、参与全球治理的积极性提高，中美之间也开始频频出现贸易摩擦，而特朗普上台后这一趋势更为明显。2018 年美国总统特朗普发起对中国的 301 调查，宣称要扭转中美巨大的贸易逆差，并且在 3 月宣布对约 600 亿美元进口自中国的商品加征关税，在 4 月追加了 500 亿美元的中国进口产品征税清单，在 7 月宣称要继续对 2 000 亿美元中国商品征收额外关税。在当下全球投资、贸易联系日益紧密的前提下，中美贸易摩擦无疑将导致两败俱伤，对两国发展均有负面影响，美国贸易逆差的缓解需要包括美国在内世界各国共同协作。预计未来一段时期内，美国贸易保护主义倾向政策仍将持续，这对转型升级阵痛期中的中国也带来一定增长压力，2017 年美国仍是中国第一大出口国（据海关统计，当年中国对美出口额高达 2.91 万亿元，进口额约为 1.04 万亿元），未来 2—3 年内关税对中国进出口的影响将逐步体现。

1.1.2　国内环境条件

随着中国进入"新时代"，开启历史新征程，社会主要矛盾发生重大变化，发展阶段及发展方式正在发生重大转变。

1. 推进现代化经济体系建设，实现新旧动能转换。通过转换增长动力、重构产业体系、协调经济体制，充分发挥我国体制优势、变革能力和创新精神，是中国未来跨越"修昔底德陷阱""中等收入陷阱"的坚实基础和必要条件。

首先，要以效率为先，强调实体经济发展。从 2015 年以来，中央开始提出供给侧结构性改革，着力整治低效率、负利润、高污染的落后企业，通过加速企业市场竞争、落实末位淘汰，来实现实体经济提速转型，各地方政府也都根据"去产能、去库存、去杠杆、降成本、补短板"五大任务制定了符合自身特点的供给侧改革实施计划，包括上海提出的尤其是针对钢铁、煤炭等产能过剩产业。根据国家统计局数据，2016 年我国煤炭开采与洗选业利润总额为 1 159.5 亿元、黑色金属冶炼和延压加工业利润总额为 1 773.1 亿元，均较 2015 年大幅提升[①]，供给侧改革初见成效。

其次，要积极创新，推动产业协调发展。在人口红利逐渐消失、高投资难以持续的大背景下，中国一方面需要提升资源配置效率、充分发挥要素投入作用，另一方面需要提升生产效率和科技进步对经济增长的拉动作用。随着中国与前沿国家的技术差距不断能缩小，学习模仿带来的增长动力日益减小，未来中国只有通过自主创新，才能实现技术赶超。当前中国在航空航天、网络通信、基础设施建设、轨道交通、人工智能、互联网金融等领域均有一定技术优势，需要进一步鼓励中国高科技企业（如百度、阿里巴巴、腾讯、华为等）增加研发投入，提升科技水平，同时着力推动传统产业与新兴产业协调发展，互相促进。

再者，要加快完善社会主义市场经济体制，推动形成全面开放新格局。经济体制改革以完善产权制度和要素市场化配置为重点，强调"产权有效激励、要素自由流动、价格反应灵活、竞争公平有序、企业优胜劣汰"五个特点。这主要通过改革国有企业、打破市场垄断、健全市场监管、完善宏观调控、加强对外开放，进一步激发市场主体活力，发挥体制优越性，在实现政府监管透明、金融风险防范到位的基础上，吸引国内外投资者。

2. 从高速增长转向高质量发展。 随着中国经济进入"新常态"，GDP 增长速度放缓趋势明显，相比于 2007 年时高达两位数的 GDP 增长速度（14.2%），2010 年已经降至 10% 左右，2012 年降至 8% 以下，2015 年则不足 7%，根据国家统计局最新公布数据，2018 年上半年全国 GDP 增长率为 6.8%，大致与 2015—2017 年 6.7%—6.9% 的范围相当。导致近年来中国 GDP 增长放缓的原因有很多，外界原因包括如全球金融危机导致的世界经济复苏乏力、全球大宗商品价格波动，内在原因则包括中国人均 GDP 提升带来的增长收敛、劳动年龄人口下降、政府企业负债率过高以及政府发展思路转换等。

中国经济已经从高速增长阶段转向高质量发展阶段。事实上，中国传统的依靠高要素投入增长拉动的模式已经难以持续。从劳动要素来看，根据联合国 2017 年最新预测结果，中国劳动年龄人口已经在 2010—2015 年间达到了峰值（9.35 亿人），以后将步入快速下降通道，在 2015—2045 年间平均每年减少劳动人口数量约 591 万人。从资本要素来看，中国投资率过高问题也一直饱受诟病，在 2011 年最高曾达到过 48.0%，即接近一半的国内生产总值被用于投资，远超世界 22%

---

① 根据《中国统计年鉴》，2015 年我国煤炭开采与洗选业、黑色金属冶炼和延压加工业利润总额分别为 405.1 亿元、589.9 亿元。

的平均水平[1]，与此相对则是中国消费率过低，这也导致国内经济内需不足、居民不能充分享受发展成果。因此，转变增长模式、提高发展质量刻不容缓。

如果从各生产要素对中国经济贡献比重来看，改革开放以来资本对中国GDP增长贡献占比始终最高，根据作者测算结果，资本在各时间段内贡献率均在50%以上，劳动增长贡献率随时间段发展则不断降低（1978—1988年的12.7%下降至1998—2008年的3%），全要素生产率（TFP）增长的贡献则保持在30%左右，在1978—1988年、1988—1998年、1998—2008年间分别为31.5%、34.6%、27.2%，但是2008年金融危机以来，我国全要素生产率出现增长放缓、贡献下降的趋势，2008—2017年间平均增长率为0.9%、对经济增长贡献率仅为11.0%（图1.3）。未来我国如何进一步提升TFP对发展的贡献也是需要发力突破的方向。

图 1.3
中国经济增长贡献分解
（1978—2016 年）

资料来源：作者测算结果，资本存量根据陈昌兵（2014）采用永续盘存法递推，劳动采用当年就业人数；资本产出弹性为0.61，劳动产出弹性为0.39，全要素生产率为每年实际产出GDP扣除资本、劳动产出后的索洛残差（所有变量均为自然对数形式）；各要素对经济增长率的增长贡献采用各要素实际增长率乘以对应产出弹性计算得到。

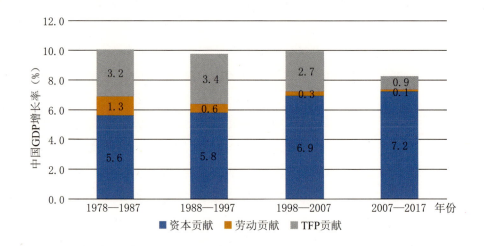

3. 社会主要矛盾变化带来新发展要求。 改革开放以来，中国经济快速发展，带来了人民收入水平快速提升。根据国家统计局数字，1978—2015年间，城镇人均可支配收入年均增长率约13.0%，农村居民家庭人均纯收入年增长率约12.8%。2015年，城镇、农村人均收入分别为28 844元、10 489元。与此同时，中国贫困率也大幅下降。如果按照每人每日1.9美元世界银行标准，中国农村贫困率从1981年的88.3%下降至2013年的1.9%[2]，占同期内世界总减贫人口的七成。

随着人民生活水平提升，社会主要矛盾从过去"人民日益增长的物质文化需要同落后的社会生产之间的矛盾"转为"人民日益增长的美好生活需要和不平衡不充分的发展之间的矛盾"。这充分反映中国发展进入新阶段，也是中国改革开放以来经济增长、社会发展带来的成果。

---

① 朱天、张军、刘芳：《中国的投资数据有多准确？》，《经济学季刊》，2017年第2期。

② 数据来源于世界银行数据库 Poverty & Equity Data Portal。

虽然中国经济建设成绩瞩目，但是仍需要注意到当前国内广泛存在的不平衡、不充分发展问题，包括：（1）居民收入分配不均衡，国家统计局公布的中国 2016 年居民收入基尼系数约为 0.465，虽然与 2008 年（0.491）相比呈现逐步下降趋势，但是这一数字仍然处于国际较高水平，高于 0.4 的国际警戒线。（2）城乡发展差距仍较大，如果简单以城乡居民收入比 [①] 来进行测度，可以发现中国城乡差距呈现波动式上升状态，1978 年时约为 2.57，2015 年时已提升至 2.73，而且城乡在养老社保、基础设施、教育医疗等公共服务均等化方面差距更为严峻。（3）地区间发展不平衡，比如东中西部地区人均 GDP 等经济指标差距仍然较大，2016 年时东部地区人均 GDP 约为西部地区的 2.7 倍，中部则位于两者之间，即使是东部地区内部，省、市之间发展不平衡也是亟待解决的问题。（4）此外存在经济中消费—投资结构失衡、增长动力失衡、居民商品需求与国内生产供给不匹配等问题，这些都对经济发展模式、产业结构等提出新要求，都需要国家持续推进解决。

4. 中国地区间发展差异仍大。受益于其地理区位优势和良好的产业基础，中国东部沿海地区在改革开放后率先实现经济腾飞，1978—2000 年间人均 GDP 增长率为 8.9%，远超同期中部地区的 7.7% 和西部地区的 7.6%，在 2000 年，东、中、西部地区人均 GDP 比值约为 3.31:1.23:1，也就是说东部地区人均 GDP 为西部地区平均值的 3 倍以上。随着东部人均 GDP 水平提高以及"西部大开发""中部崛起"等国家战略的提出，2000 年以后中西部地区增长率逐渐超过了东部地区，出现收敛趋势。2000—2016 年间，东部地区人均 GDP 增长率为 9.2%，中部和西部地区人均 GDP 增长率分别为 11.3% 和 10.6%。截至 2016 年，东、中、西部地区人均 GDP 比值约为 2.7:1.4:1。当前，国内各地区间发展不平衡问题仍然较为突出（图 1.4），未来地区经济差距可能会进一步缩减。

图 1.4
国内各地区间发展差距

资料来源：权衡等：《中国收入分配改革与发展 40 年：经验、理论与展望》，上海交通大学出版社 2018 年版。作者根据原文表格数据转换为图表形式。

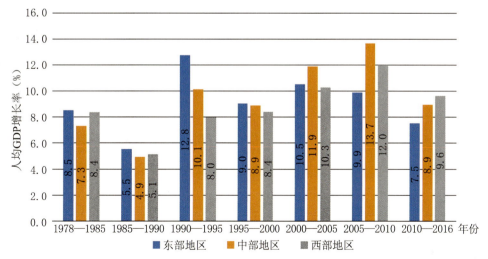

人均GDP增长率（%）

	1978—1985	1985—1990	1990—1995	1995—2000	2000—2005	2005—2010	2010—2016
东部地区	8.5	5.5	12.8	9.0	10.5	9.9	7.5
中部地区	7.3	4.9	10.1	8.9	11.9	13.7	8.9
西部地区	8.4	5.1	8.0	8.4	10.3	12.0	9.6

年份

■ 东部地区　■ 中部地区　■ 西部地区

---

① 分别采用城镇人均可支配收入、农村居民家庭人均纯收入。

需要认识到，虽然东部地区在国内经济发展水平较高，但是相比美国、欧洲、日本等发达国家的人均 GDP 水平仍然有较大差距。从 2016 年数据来看，北京人均 GDP 为 11.82 万元（折合 1.78 万美元）、上海为 11.66 万元（折合 1.75 万美元）、天津为 11.51 万元（折合 1.73 万美元），在中国东部省市中排行前三名。与此相对，美国 2016 年人均 GDP 为 5.78 万美元、英国为 3.97 万美元、日本为 3.84 万美元，即使挑选出东部地区发展最快的城市也距离发达国家全国平均水平有较大差距，因此东部地区省市仍需不断学习国外经验、加快自身发展步伐，同时将先进技术和理念输送至全国各地，实现东中西部地区均衡发展，最终实现对发达国家经济和技术的赶超。

5. 长三角区域合作重要性凸显。长三角一体化起源于 20 世纪 80 年代，从早期的核心区 16 个城市逐步拓展到两省一市（江浙沪）、三省一市（江浙沪皖）[1]，长三角城市群包括上海市、江苏省、浙江省、安徽省范围内的 26 个城市。[2] 截至 2017 年，长三角地区三省一市经济总量已经达到 19.53 万亿元，占全国比重为 23.6%，长三角城市群（26 市）经济总量为 16.52 万亿元，居世界六大城市群第五位（表 1.3）。[3]

表 1.3
长三角城市群与其他世界级
城市群比较（2014 年）

资料来源：国家发改委、住建部：《长江三角洲城市群发展规划》（2016 年）。

	中国长三角城市群	美国东北部大西洋沿岸城市群	北美五大湖城市群	日本太平洋沿岸城市群	欧洲西北部城市群	英国中南部城市群
面积（万平方公里）	21.2	13.8	24.5	3.5	14.5	4.5
人口（万人）	15 033	6 500	5 000	7 000	4 600	3 650
人均 GDP（美元/人）	20 652	40 320	33 600	33 820	21 000	20 186
地均 GDP（万美元/平方公里）	974	2 920	1 370	9 662	1 448	4 485

当前，长三角区域合作面临新机遇、新问题、新挑战。长江三角洲地区不仅是促进区域协调发展、建设现代化经济体系的重要组成部分，更是国家"一带一路"建设与"长江经济带"战略的交汇地带。近年来随着高铁、地铁、公路网、跨海大桥等基础设施发展，越来越多的城市进入距离上海 90 分钟经济圈，包括苏州（23 分钟）、无锡（28 分钟）、南京（67 分钟）、杭州（45 分钟）等核心城市[4]，这使得未来长三角各城市间联系将更加紧密、要素流动更为频繁。此外，长三角区域一体化面临更多层次合作，目前城市间产业机构相似度较高（上海与江

---

① ③ ④ 洪银兴、王振、曾刚等：《长三角一体化新趋势》，《上海经济》2018 年第 3 期。

② 包括上海市，江苏省的南京、无锡、常州、苏州、南通、盐城、扬州、镇江、泰州，浙江省的杭州、宁波、嘉兴、湖州、绍兴、金华、舟山、台州，安徽省的合肥、芜湖、马鞍山、铜陵、安庆、滁州、池州、宣城等 26 市。2014 年时国土面积、地区生产总值、总人口数量占全国比重分别为 2.2%、18.5%、11.0%。

苏、上海与浙江间产业结构相似系数为 0.65—0.9）[1]，应当通过市场与政府力量，发挥长三角各城市群的地区优势，打造特色产业，产生集聚效应，区域间产业合作推进，形成差别化竞争。

此外，长三角城市群的建设也是上海打造卓越全球城市的重要环节，上海具有创新以及经济规模、产业集聚优势，可以在金融、贸易、港口、科创等方面促进长三角城市群快速发展；另一方面，上海也迫切需要邻近城市合作发展来缓解近年来出现的交通拥堵、环境恶化、生产成本上涨、资源过度集中等问题，通过产业转移、人口流动等方式，提升长三角城市群整体生产效率、促进经济发展。这种资源互补、合作发展的模式能够促进上海更好建设全球城市，发挥自身潜力，从国际经验来看，纽约、伦敦、东京等全球城市的建设也是在大纽约、大伦敦、大东京都市圈发展的基础之上的[2]，不能脱离后者存在。目前，三省一市有关部门已经联合成立了"长三角区域合作办公室"，积极推进长三角协调发展、城市群建设。

1.2　自身的现实基础条件

建设卓越的全球城市，千里之行始于足下。我们必须对上海自身的现实基础条件有一个全面了解，并通过与伦敦、纽约等一流全球城市的比较和分析明确所存在的差距。

1.2.1　现状分析

上海自提出"五个中心"建设以来，在建设卓越全球城市进程中不断加力，目前已取得一定的阶段性成效。经济质量、技术创新能力、金融航运服务能力、生态环境等方面有了很大提升，各项指标位居国内前列，同时国际影响力和对国际资本的吸引力显著增强，但是和国际一流标准还有一定差距，改革效率和发展质量有待进一步增强。

1. 经济密度稳步提升，区域协同性有待增强。提高经济密度是上海国际经济中心建设的一个重要抓手。上海淡化 GDP，不是不要 GDP，而是追求更高质量的 GDP。提高经济密度正是追求高质量发展的新举措。上海经济质量近年来不断提升，全国领先。2017 年上海经济密度为 4.75 亿元／平方公里，全国排名第二，仅次于深圳。2017 年经济密度已是 2000 年的 6.3 倍左右。2000—2008 年是经济密度高速增长阶段，年均增速高达 15%，2008—2017 年是其结构调整期，增速

---

①② 洪银兴、王振、曾刚等：《长三角一体化新趋势》，《上海经济》2018 年第 3 期。

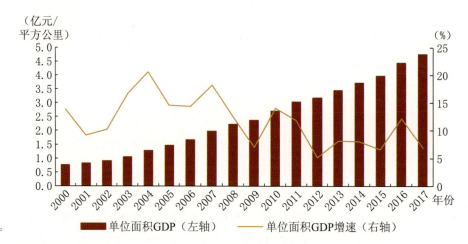

图 1.5
上海历年经济密度变化情况

资料来源：《上海统计年鉴》（2017）。

单位面积GDP（左轴）　——单位面积GDP增速（右轴）

放缓，年均增速下降到 8% 左右（图 1.5），此阶段上海开始产业转型，大力推进供给侧结构性改革，并不刻意追求增长速度。

从不同区域细分来看，2017 年上海国家级开发区每平方公里的工业产值高达 115 亿元，市级开发区为 71 亿元，但城镇工业用地只有 28.3 亿元，仅占国家级开发区的 24.61%。由此可看，虽然上海整体经济密度有了大幅增长，但不同区域差异较大，区域协同性有待增强。

2. 全员劳动生产率增长迅猛，第三产业成为主要推动力。劳动生产率是影响经济发展和产业转型的重要因素，也是衡量经济质量的重要指标。上海全员劳动生产率近年来高速增长，大幅领先于全国平均水平，2016 年上海全员劳动生产率为 206 401 元 / 人，是全国平均水平 94 825 元 / 人的 2.18 倍。2000 年到 2016年，上海全员劳动生产率从 58 443 元 / 人增加到 206 401 元 / 人，增长了 2.53 倍（图 1.6）。2000—2008 年，上海全员劳动生产率一直保持高速增长，年均增速在 10% 以上，2008 年以后，受金融危机和经济调结构的影响，增速持续下滑，直到 2014 年开始起稳回升，这表明产业转型升级的效果开始显现，新动能拉动经

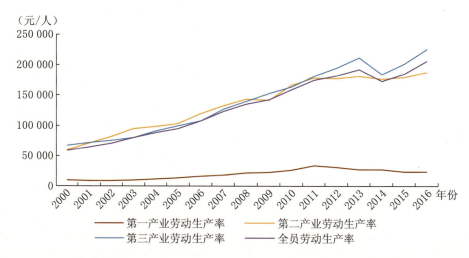

第一产业劳动生产率　——第二产业劳动生产率
第三产业劳动生产率　——全员劳动生产率

图 1.6
上海历年分产业劳动生产率
变化情况

资料来源：《上海统计年鉴》（2017）；
其中 2000—2013 年直接引用统计
年鉴数据，2014—2016 年为作者自
己测算。

济新一轮增长。

分产业来看，第一产业劳动生产率较低，第二产业与第三产业劳动生产率在2011年之前差异不大，2011年之后，第二产业劳动生产率基本保持稳定，而第三产业劳动生产率增长迅速。2017年，第二产业劳动生产率为187 431元/人，第三产业劳动生产率为225 675.72元/人，是第二产业的1.2倍。这表明以金融、信息技术为代表的现代服务业正逐渐成为上海经济发展的"火车头"。

3. 技术创新能力明显增长，科研产出和效率亟待提高。新一轮科技革命和工业革命正在重塑世界格局和产业结构，上海要想步入卓越全球城市行列，就必须在技术创新能力方面发挥全球性影响。科创中心建设事关上海未来，我们将从创新投入、创新产出衡量上海科技创新发展现状。

创新投入方面，上海近年来创新投入规模不断增加，无论研发资金还是人力资源都有了十足的进步，但投入强度和增速放缓。上海在国内城市科技创新能力中大概处于第二梯队，离北京、深圳还具有一定差距。2016年上海研发经费支出达1 049.32亿元，研发经费占GDP比重达到3.72%。研发经费占比自2010年以后开始迅猛增加，近三年增长趋势放缓，上海应进一步加大研发经费投入力度（图1.7）。细分来看，上海研发经费80%都用于试验发展，基础和应用研究分别只占7%、13%，基础研究经费投入亟待提高。上海市财政支持力度也在不断增加，2000—2016年，上海科技拨款由10.08亿增长到341.71亿，增长了近33倍，2016年科技拨款占财政支出比重达到4.9%。

图1.7
上海历年研发经费支出变化情况

资料来源：《上海统计年鉴》（2017）。

创新产出方面，近年来，上海科创中心建设效果初步显现，主要指标都大幅度提高，但近几年增速有放缓趋势，科创创新活力和产出效率应进一步提高。2004—2016年，上海每万人科技论文数量由28篇增至39.06篇，增速自2013年持续增加，但2016年增速有所下降，2016年每万人科技论文数与2015年基

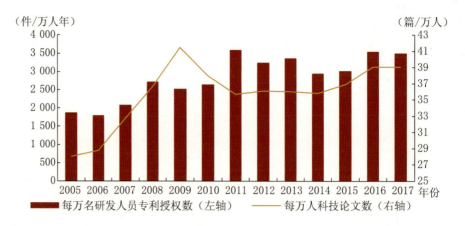

图 1.8
上海历年每万人科技论文数
和每万人研发人员专利授权
数变化情况

资料来源:《上海科技统计年鉴》
(2005—2017)。

本持平（图 1.8）。2004—2017 年，上海每万名研发人员专利授权数由 1 854 件增至 3 492 件，增长了 88.3%。自 2013 年以来，增速不断加快，2015 年增速更是高达 17.54%，但 2016 年增速有所下降。

4. 金融、航运资源配置能力显著增强，国内外贸易额增速放缓。上海近年来一直致力于上海国际金融中心建设，不断发展壮大金融业，上海已经基本确立了国内金融中心的地位，形成了中外资银行、证券、基金、信托、资产管理、保险、金融租赁、咨询和金融管理机构等多元化多层次金融发展体系（表 1.4）。上海已经集聚了像中债登上海总部、中国银联、城商行资金清算中心、中国外汇交易中心等一大批全国总部型金融机构，对全国金融资源的配置和控制能力显著增强。此外 2016 年上海外资金融机构达到 242 家，总部设在上海的外资法人银行、合资基金管理公司、外资法人财产公司占全国总数

表 1.4
上海金融市场体系

注：交易额一栏中，中国银联为网络转接交易额，城商行资金清算中心、上海清算所为全年清算资金总额，上海证券交易所、上海黄金交易所、上海期货交易所、中国金融期货交易所、银行间市场为全年总成交额。

资料来源:《上海金融年鉴》(2016)，《上海国民经济和社会发展情况公报》(2017)，各金融市场机构官方网站。

上海金融市场机构	名　称	成立时间	交易额（2017 年）
结算中心	中央国债登记结算有限责任公司上海总部	2017 年	—
	中国银联股份有限公司	2002 年	93.9 万亿元
	中国信托登记有限公司	2016 年	—
清算中心	城市商业银行资金清算中心	2002 年	5 030.7 亿元（2015 年）
	上海清算所	2009 年	265.1 万亿元
	跨境银行间支付清算（上海）有限责任公司	2015 年	—
	中国外汇交易中心暨全国银行间同业拆借中心	1994 年	—
交易所	上海证券交易所	1990 年	306.4 万亿元
	上海黄金交易所	2002 年	9.76 万亿元
	上海期货交易所	1995 年	89.93 万亿元
	中国金融期货交易所	2006 年	24.59 万亿元
	上海保险交易所	2016 年	—
	银行间市场	—	997.77 万亿元

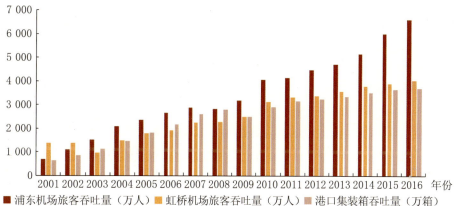

图 1.9
上海历年港口集装箱和航空旅客吞吐量变化情况

资料来源：中国民用航空局《民航机场生产统计公报》,《上海统计年鉴》(2017)。

■ 浦东机场旅客吞吐量（万人）　■ 虹桥机场旅客吞吐量（万人）　■ 港口集装箱吞吐量（万箱）

的 50%。

　　2017 年上海金融市场交易总额达到 1 430 万亿，较上年增长 5.3%，金融业占 GDP 比重超过 17%。细分来看，2010—2017 年，上海证券交易所交易额由 40 万亿增至 306.4 万亿，增长了 6.7 倍，总成交额和总市值均位居全球证券交易所第四名，上海期货交易所交易额由 123 万亿降至 90 万亿，但交易量位居全球首位。银行间市场总成交额由 180 万亿增至 998 万亿，同业拆借、债券回购、现券交易量同比均明显增长。2018 年上海推出金融扩大开放"一百条"，进一步放宽了外资准入限制，吸引了一大批外资金融机构进驻。随着上海沪港通、债券通深入推进，包括正在筹备的沪伦通，以及 CDR、MSCI 的启动，上海在全球金融资产配置能力逐步增强。

　　上海已成为国内规模最大的航运和贸易中心。2017 年，上海港口集装箱吞吐量在全球再次登顶，浦东机场旅客吞吐量位居全国第二，仅次于北京首都机场。2000—2016 年，上海港口集装箱吞吐量由 561 万箱增至 3 713 万箱，增长了 5.6 倍，但增速呈整体下滑趋势，2016 年增速仅为 1.63%。航空运输方面，2001—2017 年，浦东机场旅客吞吐量由 690 万增至 7 000 万，增长了 9 倍，虹桥机场由 1 376 万增至 4 188 万，增长了 2 倍，浦东机场增速近年明显高于虹桥机场（图 1.9）。两大机场国际旅客吞吐量占全国比例超过 1/3。

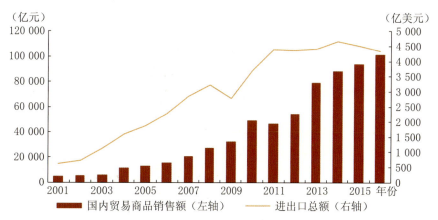

（亿元）　　　　　　　　　　　　　　　　　　　　（亿美元）

■ 国内贸易商品销售额（左轴）　—— 进出口总额（右轴）

图 1.10
上海历年国内外贸易情况

资料来源：《上海统计年鉴》(2017)。

国内外贸易方面，上海近年来一直走在对外改革开放的最前沿，国内外商品贸易的规模不断扩大，但近几年受国际经济形势影响有下滑趋势。2001—2016 年，批发零售贸易业商品销售额由 4 573 亿元增至 10.1 万亿元，增长了 21 倍，增长迅猛，但近三年增长势头放缓，2013 年增速高达 46.38%，2016 年增速只有 8.16%，这反映上海国内消费动力不足，应进一步刺激国内需求。对外贸易方面，进出口总额由 609 亿美元增至 4 338 亿美元，增长了 6 倍，增速自 2014 年以来持续下滑，2016 年增速为－3.97%，贸易额下行压力较大（图 1.10）。

5. 企业成本近年持续走高。 合理均衡的要素成本是构建一流营商环境的必要条件，全国上下大力推进供给侧结构性改革中去成本的内涵就是降低企业成本，减轻企业负担。企业成本主要是职工工资和土地租金。

近年来上海人力成本显著走高，位居全国高位且未来仍有进一步上升趋势。2000—2016 年，上海在职职工平均工资由 15 420 元 / 年增至 85 582 元 / 年，增长了 4.6 倍（图 1.11），人均工资位居全国第二，仅次于北京。2017 年上海平均

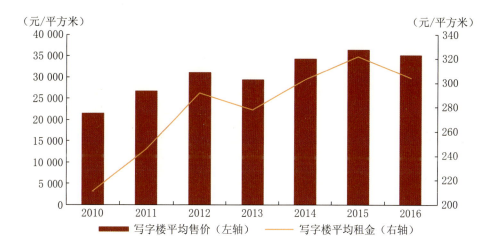

图 1.13
上海工业用地历年成交均价
情况

资料来源：中国写字楼研究中心
2010—2016 年《上海甲级写字楼年
度报告》。

工资高出全国城镇非私营单位人员平均工资 11 264 元 / 年。工资增速自 2013 年
以来持续上升，2016 年增速高达 9.7%。

　　用地成本是企业成本的重要部分，近年来上海无论是土地成交价格还是
写字楼租金都持续走高，尤其是商业服务用地价格涨势明显。2010 年到 2018
年 6 月，上海商业服务用地成交均价由 657 元 / 平方米增至 20 532 元 / 平方
米，增长了 30 倍（图 1.12），特别是 2018 年上半年，商服用地成交价格增速
为 105.53%，出现了半年内翻番的暴涨态势。上海工业用地由 315 元 / 平方米增
至 755 元 / 平方米，增长了 1.4 倍，近年增速比较稳定，上年年增速达 13.36%
（图 1.13）。

　　很多现代服务业企业会采取租赁写字楼的形式，2010—2016 年，上海写字
楼平均售价由 21 435 元 / 平方米增至 35 085 元 / 平方米，近年增速有所下滑，
2016 出现负增长，增速为 −3.43%。上海写字楼租金由 211 元 / 平方米增至 304
元 / 平方米，近年增速同样出现下降趋势，2016 年增速为 −5.59%。

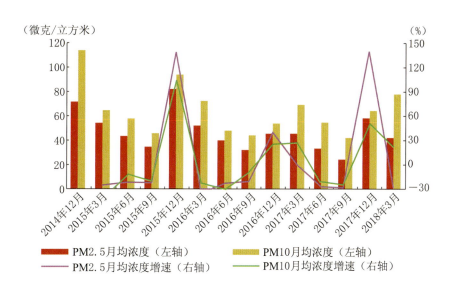

图 1.14
上海 PM2.5、PM10 浓度
历年变化情况

资料来源：中国环境监测总站《城
市空气质量状况报告》。

图 1.15
上海历年人均公共绿地面积变化情况

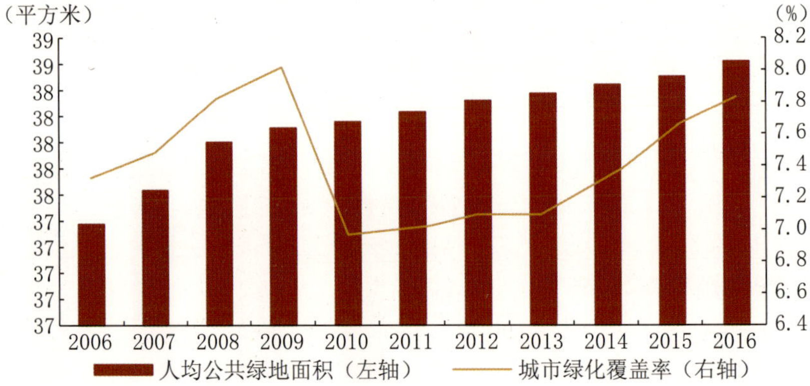

资料来源：《上海统计年鉴》（2017）。

6. 大气质量、绿地情况明显改善，河长制成效显著。 近年来上海高度重视生态环境建设与治理，环保资金投入大幅提高，生态环境有了明显改善。大气与水污染治理方面，PM2.5、PM10 浓度与 2014 年相比显著下降，但近两年出现了反弹趋势。2014 年到 2018 年 3 月，上海 PM2.5 浓度由 72 微克 / 立方米下降至 42 微克 / 立方米，下降 41.7%，PM10 浓度由 114 微克 / 立方米下降至 78 微克 / 立方米，下降 31.6%（图 1.14）。过去五年，水污染治理行动持续推进，河长制倒逼改革作用显著，列入整治计划的 1 864 条（段）共计 1 756 公里的城乡中小河道综合治理全面完成，中小河道已基本消除黑臭现象。

城市绿化方面，近年上海绿化和森林面积显著增加。2006—2016 年，上海人均公共绿地面积由 37.4 平方米增至 38.6 平方米，增长 3.21%，城市绿化覆盖率由 7.33% 增加到 7.83%，增长态势良好。过去五年，森林覆盖率从 13.1% 提高到 16.2%（图 1.15）。

1.2.2 基于比较的差距分析

作为中国最大的经济中心，上海的国际影响力和地位持续上升，但是纽约、伦敦、东京等成熟的全球城市仍在很多方面优于上海，上海与它们既有共性，又有自己独特之处。上海要建设卓越的全球城市，就必须找准与领先全球城市的差距，补齐短板，走出一条具有中国特色的发展之路。

上海位于全球城市的第二梯队——亚洲支柱城市（表 1.5），2017 年上海 GDP 为 4 410 亿美元，常住人口 2 418 万人，虽然人口已经远高于全球巨型枢纽城市的规模，但经济规模仅相当于全球巨型枢纽城市平均产值的 44%，亚洲支柱城市平均产值的 66%，离全球城市第一梯队还有较大差距。

1. 经济密度远低于国际一流城市。 上海经济密度与国际一流城市相比还具有较大差距，但有很大增长潜力。2017 年上海土地利用效益仅为 0.7 亿美元 / 平

类　型	城市名称	平均居民规模（万人）	平均经济产值（亿美元）
全球巨型枢纽	伦敦、洛杉矶、纽约、大阪—神户、巴黎、东京	1 940	10 000
亚洲支柱城市	北京、香港、莫斯科、首尔—仁川、上海、新加坡	1 610	6 680
新型门户城市	安卡拉、开普敦、重庆、德里、广州、约翰内斯堡		
知识中心	费城、旧金山、西雅图、苏黎世	420	2 830
国际中等城市	布鲁塞尔、鹿特丹、阿姆斯特丹、慕尼黑、悉尼	480	2 340
中国制造中心	东莞、佛山、福州、无锡、温州、郑州	800	2 050
美国中等都市	菲尼克斯、底特律、克利夫兰、迈阿密	300	1 490

表 1.5
全球城市主要七种类型

资料来源：屠启宇等：《国际城市发展报告（2018）丝路节点城市——识别撬动"一带一路"建设的支点》，社会科学文献出版社 2018 年版，第 55—58 页。

方公里，只相当于大伦敦地区的 21.5%。东京都地区的 16.2%，纽约的 6%（图 1.16）。不同于纽约、巴黎等国际城市，上海除了中心城区还有面积广阔的郊区，上海土地面积为 6 340 平方公里，远超纽约 789 平方公里、大伦敦 1 595 平方公里的土地面积，因此上海在提高经济密度方面大有可为，这更是贯彻高质量发展的重要举措。

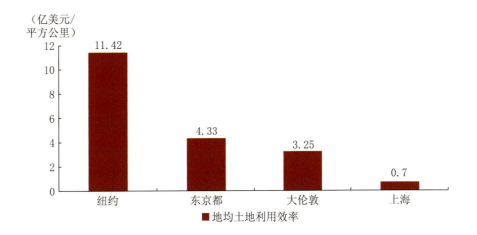

图 1.16
2017 年上海与全球三大城市土地利用效益比较

资料来源：《2018 年世界上最大的十个城市排名、城市 GDP 排名、城市面积排名及城市人口排名情况分析》（网络版）。

　　2. **技术创新投入和产出距国际一流城市差距较大。**创新投入方面，上海跨国公司研发中心实力与全球主要城市相比还具有较大差距（表 1.6）。上海 2017 年跨国公司研发中心数量为 73 家，虽然数量领先，但没有全球总部，基本以外资作为主导，而东京研发中心以全球总部为主，伦敦全球研发总部也占研发中心数量的 1/3，上海与国际一流城市相比，研发中心全球总部明显偏少，亟需在总部经济上下大力，做大文章。

表 1.6
上海与其他国际领先研发城市的对比

资料来源：黄亮、盛垒：《基于"世界城市"理论的国际研发城市判定研究》，《经济地理》2015 年第 8 期。

城市	高级跨国公司研发中心数量	主要特点
东京	91	外资与内资占比均衡，全球总部为主
上海	73	外资占比八成以上，增长活跃，但没有全球总部
伦敦	24	外资研发中心为主，全球总部约 1/3

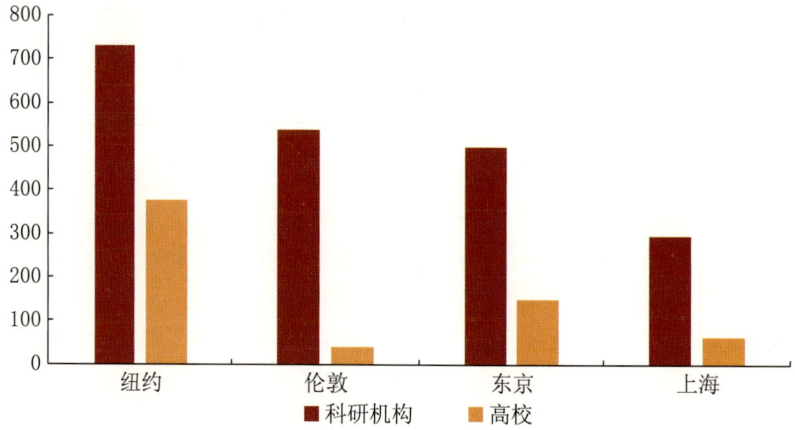

图 1.17
2016 年上海与其他全球城市高校及科研院所比较

资料来源：根据《财富》杂志、《世界银行数据库》、《上海统计年鉴》（2017）汇编整理。

上海科创中心建设必须有国际一流的大学集群。无论是规模还是创新能力，上海科研高校与国际一流城市的大学相比都有很大距离。2016 年上海拥有 296 家科研机构，64 家高校，而其他全球城市科研机构大都在 500 家以上，纽约更是拥有 730 家科研机构，376 家高等院校，分别为上海的 2.85 倍、5.61 倍（图 1.17）。2017 年四大权威机构大学排行榜显示，纽约有四所大学进入 200 强，伦敦在 200 强中占据 6 席，而上海仅有两所大学入围 200 强，分别是复旦大学和上海交通大学，这两所大学只有在 QS 排名中跻身前 100 名，在其他机构排名中均在 100 名开外（表 1.7）。

创新产出方面，上海近年来论文数量已达到国际领先水平，但论文质量和国际影响力仍需提高。上海 2015—2018 年间 SCI 论文数达到 15.1 万篇，超过东

表 1.7
上海与其他主要全球城市前 200 强大学对比

资料来源：the US NEWS 官网《2018 全球最佳大学排行榜》、THE 官网《2019 世界大学排名》、QS 官网《2019 世界大学排名》、ARWU 官网《2018 世界大学学术排名》。

城市	大学	USNEWS	THE	QS	ARWU
纽约	哥伦比亚大学	8	16	16	8
	纽约大学	28	27	43	32
	洛克菲勒大学	52	/	/	30
	纽约西奈山医学院	115	/	/	101—150
伦敦	帝国理工大学	17	9	8	24
	伦敦大学学院	22	14	10	17
	伦敦国王学院	41	38	31	56
	伦敦卫生及热带医学学院	75	/	/	151—200
	伦敦玛丽王后大学	116	130	119	151—200
	伦敦政治经济学院	244	26	38	151—200
东京	东京大学	57	42	23	22
	东京工业大学	281	251—300	58	151—200
上海	复旦大学	148	105	44	101—150
	上海交通大学	156	190	59	101—150

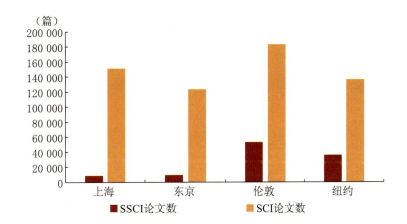

图 1.18
2015—2018 年上海与其他全球城市论文数比较

资料来源：Web of Science 数据库检索。

京（12.4 万篇）、纽约（13.6 万篇），与伦敦（18.3 万篇）相差不大，但上海在此期间发表 SSCI 论文数只有 8 563 篇，与其他全球城市差距较大，仅占纽约的 23.7%，伦敦 16.1%（图 1.18）。

专利成果方面，上海科研高校近年来 PCT 专利研发能力与全球大学第一梯队相比还有一定距离。2015—2017 年，上海交通大学近三年年均申请数量不足 50 件，而纽约哥伦比亚大学、东京大学都在 100 件以上（表 1.8）。

表 1.8
2015—2017 年全球主要城市中全球 PCT 专利申请数前 50 强大学

资料来源：世界知识产权组织《2018 年专利合作条约年鉴》。

城市	科研高校	PCT 专利申请数量		
		2015	2016	2017
纽约	哥伦比亚大学	80	67	107
伦敦	帝国理工大学	40	41	53
东京	东京大学	101	108	104
新加坡	南洋理工大学	63	64	67
上海	上海交通大学	32	30	48

3. **金融中心与一流国际城市差距较大，营商环境短板最大**。上海近年来一直致力于国际金融中心建设，在世界金融体系中发挥着越来越重要的作用，上海已经成为全球核心的国际金融城市。根据《全球金融中心指数》报告，上海自 2013 年以来全球金融中心指数排名持续增长，2018 年上海排名由 2013 年的 24 名上升至第 5 名，超过东京，但排名一直落后于伦敦、纽约、新加坡等国际金融中心城市，伦敦、纽约自指数发布起一直位居第一、二名，新加坡也一直位列前五名，上海与这些发达金融中心比还有较大差距（图 1.19）。

从细分领域来看，根据最新的全球金融中心指数分领域排名，上海在声誉和国际影响力方面与其他全球城市差距最大，排名第八，基础设施领域和金融综合发展水平与其他全球城市差距最小，排名第五，均高于东京，在人力资源和金融营商环境方面也有不小差距（图 1.20）。

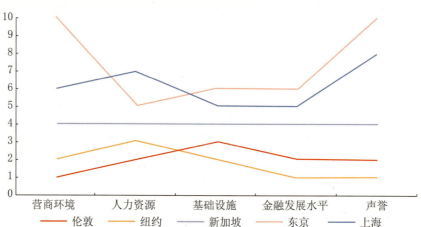

4. 上海航运吞吐量世界第一，但全球资源配置能力仍需加强。上海航运中心建设取得积极进展，上海港口基础设施全球领先，上海在全球航运业中发挥的作用和地位越来越高，但上海航运综合服务和全球航运资源配置能力仍需加强。上海港 2017 年集装箱吞吐量为 4 023 万箱，较上年增长 8.35%，位列世界首位，规模和增速均远高于其他全球城市（图 1.21）。但只以集装箱吞吐量作为航运的发

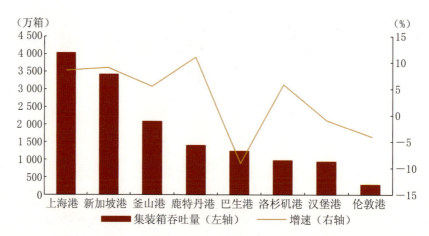

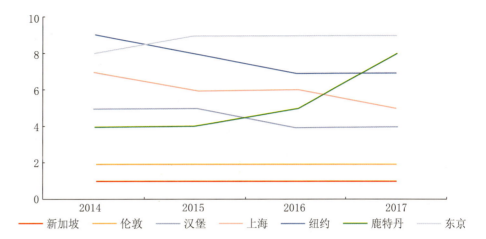

图 1.22
历届国际航运中心排名

资料来源：《2017 新华—波罗的海国际航运中心发展指数报告》。

展指标是远远不够的，2017 年国际航运中心排名中，上海排名全球第五，低于新加坡、伦敦、汉堡等城市（图 1.22），我们的航运经纪服务以及航运综合环境方面同其他全球城市相比还有较大差距。

5. 生态环境与其他全球城市仍有较大差距。 卓越的全球城市也一定是宜居城市，上海近年来生态环境持续改善，但距国际领先水平仍有一定距离。根据《机遇之都 7》报告显示，上海可持续自然环境指数仅有 89 分，而巴黎高达 143 分，东京为 108 分，上海宜居性指数也只有 89 分，伦敦高达 162 分，纽约为 165 分（图 1.23）。

上海空气质量和绿化面积与其他全球相比仍具有较大差距，仍需花大力气进一步提高。2017 年上海 PM2.5 浓度为 39 微克 / 立方米，仍高于巴黎（28 微克 / 立方米）、伦敦（22 微克 / 立方米）、纽约（16 微克 / 立方米）等城市，上海 PM10 浓度更是高达 55 微克 / 立方米，远高于其他全球城市，是纽约的 6 倍（图 1.24）。绿化方面，上海人均绿地面积远低于纽约、伦敦，仅略高于东京，森林覆盖率、绿化覆盖率均低于伦敦、东京等城市，有待进一步提高。

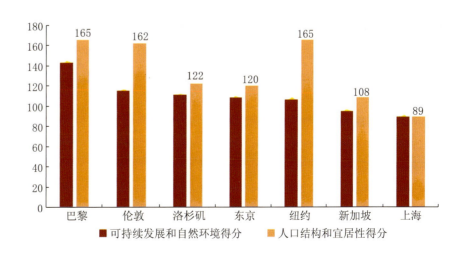

图 1.23
全球主要城市自然环境和宜居性指数

资料来源：普华永道 2016 世界城市评价报告《机遇之都 7》（Cities of Opportunity-7）。

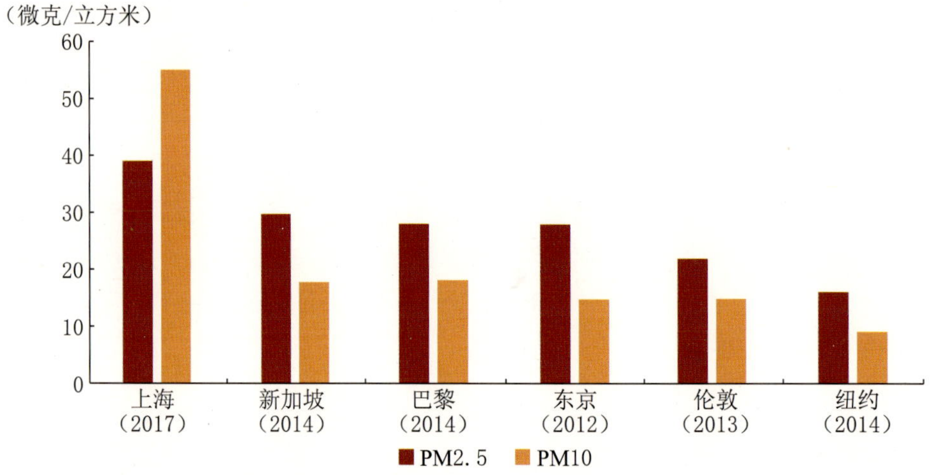

（微克/立方米）

图 1.24
上海与其他全球城市空气质量状况比较

资料来源：世界卫生组织《环境空气污染数据库》，2016 年 5 月。

■ PM2.5　■ PM10

综合来看，近年来上海"五个中心"建设取得积极进展，经济质量进一步提高，技术创新能力显著增强，金融、航运全球资源配置能力显著提升，势头良好，环境质量持续改善，但企业成本也明显上升，各项指标均在全国领先，在国际上排名也进一步提升，已经基本具备建设卓越全球城市的基础和能力，但是各方面同全球领先城市相比还有较大差距，我们创新成果的效率和影响力仍需提升，国际金融和航运中心的综合服务能力和辐射力仍需加强，生态环境距离国际标准还有一定距离，上海应进一步提高发展质量和国际影响力，稳步推进建设卓越全球城市的伟大征程。

1.3　内生性动力重塑与再造

上海在建设卓越全球城市过程中，关键是要注重内生性动力的重塑与再造，从而为全球城市建设注入持续不断的强劲动能。

1.3.1　高质量发展动力

自 20 世纪 90 年代以来，上海经济一直保持两位数以上的高速增长率，但是，从 2008 年金融危机开始，上海经济增速持续放缓。从统计数据来看，上海在 1998—2007 年间平均增速为 11.8%，2008—2017 年间已经降至 7.93% 左右，下滑约 4 个百分点。从上海经济增长动力变化来看，2008 年金融危机后资本要素增长对 GDP 增长贡献率进一步增加，而全要素生产率驱动作用下降非常明显。根据作者自行测算结果，1998—2007 年间上海全要素生产率年均增长率约为 3.6%、平均贡献率为 31.7%，到 2008—2016 年间增速已下降至 1.3%、对经济增长贡献率约为 25.5%，贡献率下滑约 6 个百分点。与此相对，上海资本投入贡献率上升了8个百分点。

为促进上海未来经济增长，提升发展质量，单纯的要素投入、经济刺激政策能够发挥的作用已经较为有限，技术进步才是未来支撑上海经济增长的重要动力。上海需要通过供给侧结构性改革，以改善资源配置效率为核心，充分发挥市场在配置资源方面的作用，促使从上海经济增长动力从主要依靠要素投入转为高质量配置要素上来，不断提升企业技术水平持续增长。根据上海社科院世界经济研究所测算显示[①]，如果能够实现要素配置最优化，则上海生产率和产出还有近1/3的潜在提升空间（图1.25）。

图1.25
上海供给侧增长动力贡献各时间段变化情况

资料来源：上海社科院世界经济研究所"改革开放40年：上海开放型经济体制建设的探索"课题，2008—2016年间取各要素贡献率平均值时已剔除2014年（从业人数增长出现异常值）。

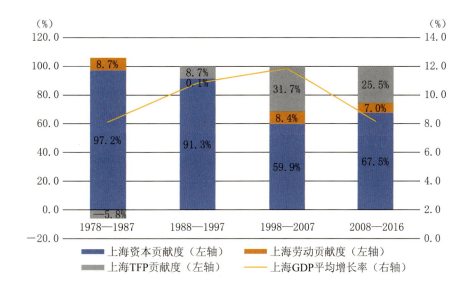

1.3.2　发挥战略优势与提升核心竞争力

面对激烈的全球竞争，上海要建设卓越的全球城市，提升国际竞争力和影响力，必须构筑具有强力支撑作用、难以被人取代的战略优势。

1. **彰显功能优势**。上海的使命并不只是体现在自身发展的水平上，更重要的是服务全国大局，集聚和配置全球要素资源，代表国家参与全球合作竞争。要抓住"五个中心"核心功能，全面提升整体水平，打造体现国际高端水平的新功能。要辐射带动区域经济发展，在长三角一体化发展中发挥积极作用，促进长三角区域整体竞争力提升，为全国经济发展增添强劲动力。

2. **增创先发优势**。要抓住优势形成的时间窗口期，赢得发展主动权。要强化创新驱动，在科技引领上按下"快进键"、跑出"加速度"，培育肥沃的创新土壤，让企业成长为"参天大树"。要深化改革攻坚，坚持先行先试、制度创新，破除各方面体制机制弊端，充分激发市场活力和社会创造力。要高度重视营商环

---

① 上海社科院世界经济研究所2016年"海经济增长的资源错配率、全要素生产率与供给侧结构性改革的新政策"项目研究报告。

境建设，在深化政府自身改革上下更大功夫，把优质政府服务和更好营造环境打造成为新的比较优势和核心竞争力。

3. **打造品牌优势**。立足新时代新需求，打造更多引领消费潮流、具有强烈时代气息和鲜明上海特色的新品牌。让充分体现城市记忆、文脉特色和鲜明特征的城市地标和论坛展会等平台，成为上海更加响亮的金字招牌。

4. **厚植人才优势**。营造众人青睐的人才发展生态，大力引进培育一批国际化高端人才，激发各类人才创新创业动力和活力，以人才优势引领上海竞争优势。

上海城市核心竞争力体现在资源要素配置能力、源头创新能力、文化软实力、公共治理能力、综合承载能力、国家战略响应能力等六个方面。研究表明，上海目前资源要素配置能力强，源头创新能力表现一般，城市文化软实力偏弱，城市治理能力较强，综合承载能力尚有不足，国家战略响应能力较强。[①] 因此，上海需要从上述六个方面着手努力提升城市核心竞争力。

1. **提升资源要素全球配置能力**。通过经济、贸易、金融、航运、科技中心建设，提高要素流入流出自由度。充分发挥自由贸易区平台效应，扩大对外开放。

2. **提升源头创新能力**。要把经济发展的重点放在提升经济密度和发展质量上。同时要努力营造勇于创新、勇于承担风险的社会环境。进一步提升上海的科教水平。

3. **提升上海文化软实力**。充分用好红色文化、海派文化、江南文化资源，激发上海文化的创新创造活力，加快建成更加开放包容、更具时代魅力的国际文化大都市。

4. **提升城市综合承载能力**。积极推进绿色生态技术在经济生产、建筑设施、社会生活、交通出行等诸多领域的应用。

5. **提升城市治理能力**。推进城市精细化管理，提升城市现代化治理水平。针对城市管理的综合性，推进顶层设计，制定综合性城市管理法规，提升城市管理工作地位。

6. **提升国家战略响应和担当能力**。上海要发挥地缘优势，努力打造服务国家"一带一路"建设的桥头堡，强化引领和辐射能力。

1.3.3　引领长三角地区高质量一体化发展

在全球城市发展日益寓于区域一体化之中的背景下，上海建设全球城市的内生性动力很大部分来自主动发挥好在推动长三角更高质量一体化发展中的龙头带

---

① 李健、屠启宇：《提升城市核心竞争力，上海需要重视六大能力建设》，上观新闻，https://www.jfdaily.com/news/detail?id=96763，2018-07-19。

动作用。

1. 积极发挥"五个中心"的城市功能，提高上海服务长三角和长江经济带的资源辐射和带动作用。上海"五个中心"建设作为国家战略，必须在加快建设中发挥对长三角地区的服务功能，发挥好上海国际金融中心、国际航运中心、国际贸易中心、国际经济中心和科创中心等具有的全球资源配置功能，为长三角一体化发展提供金融服务、航运服务、创新服务等，为长三角一体化发展中的产业升级、功能提升、技术创新等发挥积极的辐射和带动作用。这也是上海不断提高自身发展能力、拓展新的发展空间的重要选择。

2. 积极发挥"四大品牌"的支撑引领作用，为提升长三角地区高品质发展和世界一流城市群做出积极贡献。上海正在打造"上海服务""上海制造""上海购物""上海文化"等"四大品牌"；要发挥"四大品牌"效应在长三角高质量一体化发展的引领作用，特别是"上海服务"和"上海制造"等，更是对提升长三角地区服务经济发展品质、推动长三角地区制造业转型升级，更好地服务和满足长三角地区人民对美好生活的需要等具有积极的促进和带动作用。"四大品牌"效应，可以与长三角区域协同发展的效应有效对接，发挥"四大品牌"与建设长三角世界一流高品质城市群的叠加效应，有效提升和放大长三角区域一体化发展的内在品质和品牌影响，提高区域经济发展的国际竞争力和影响力。

3. 积极发挥在政府合作中的助推服务作用，为推动长三角地区各类对接、行动计划等作出积极贡献。上海作为长三角龙头城市，要积极主动融入和服务长三角一体化发展过程，要有效推动各类规划对接，推动政府合作，促使各类合作项目、行动计划迅速落地。目前，这方面的工作正在积极有效开展，如倡导组建长三角区域合作办公室，并在促进科技创新、人才共享、公共服务协同、综合环境治理等已产生了显著和积极的效果。下一步，要继续发挥上海龙头带动作用，在推动长三角空间规划发展一体化、现代市场经济制度一体化以及打造长三角地区世界级产业集群、建设具有区域特色的绿色发展的美丽家园等方面，能够有更深层次的突破和创新发展。

4. 发挥开放经济发展和先行先试的制度创新作用，为长三角一体化发展和更高层次的开放发展提供有效的可复制可推广的经验。要发挥上海自贸试验区建设和制度创新发展的先行先试作用，把在开放型经济发展先行先试的经验同步在长三角地区进行推广和复制，特别是在自贸试验区建设中，把推动金融开放等现代服务业开放发展、先进制造业发展、科技创新中心建设等先行先试的发展经验，与长三角地区高质量一体化发展有机融合，及时有效地在长三角地区进行率先复制和推广，加快推动长三角地区的体制机制创新、开放经济发展转型以及开放与创新互动发展，持续放大上海先行先试和制度创新的外溢效益，积极带动长三角地区率先成为新时代我国开放型经济高质量发展的新高地。

5. 发挥实施国家发展战略中的辐射和带头作用，为把长三角地区融入国家"一带一路"和长江经济带的发展作出积极贡献。长三角处在国家"一带一路"和长江经济带的空间交汇点，上海又是这个交汇点的龙头城市。因此，上海在长三角一体化发展中的辐射带动作用，还体现在要把长三角一体化发展与国家"一带一路"建设、长江经济带建设有效衔接，在服务这两大国家建设的历史进程中，带动长三角地区积极融入国家建设，更好地服务国家建设，这也是更好地发挥上海在长三角一体化发展中发挥辐射带动作用的重要体现。

1.4 对策思路

上海在国际环境纷扰复杂，国内经济转型的关键时刻，提出建设卓越的全球城市，不仅是上海深化改革开放进程的重要战略，也是实现经济结构改革的重要举措，更是转变经济发展动力的重要方式。通过建设卓越的全球城市，在提升经济开放水平和内生经济增长动力的同时，摆脱对外部环境的过度依赖，打造科创性智慧城市，发挥上海地区资源整合能力的优势，提升上海在区域性世界范围全球价值链的地位。为此，提出以下三方面的政策思路。

1.4.1 打造开放新高地与新格局

上海是全国对外开放程度最高、市场化程度最高的直辖市，在许多改革领域始终走在全国的最前沿。这不仅仅是上海市政府自身积极探索改革的结果，也是上海城市"海派文化"的显现，更是中央赋予上海改革开放排头兵的重要使命。上海建设全球卓越城市，需要对标国外的经济开放标准，真正实现全球意义上的海纳百川，博采众长。因此，上海应该进一步推动中国（上海）自由贸易试验区在体制机制改革深化中发挥更多的试验和示范作用，充分利用境内关外和先行先试的特殊政策和有利环境，借鉴和学习海外成熟有效的政府管理和市场监管方式和流程，推动国内体制机制改革步伐，提高上海经济对外开放程度。深化"放管服"改革措施力度，努力改善上海的营商环境，缩小与美国纽约、英国伦敦、法国巴黎和日本东京等现有"四大世界级城市"以及新加坡、中国香港地区等国际知名大都市之间的差距。特别是在当下保护主义思潮盛行，上海应当秉持改革开放的精神，妥善利用市长国际企业家咨询会的平台，提高政府行政效率，降低外资准入门槛和投资限制，用宽广的胸怀去吸引海外高端企业在沪投资设厂，使上海成为全国乃至亚洲最开放的地区，使上海成为全球跨国公司的首选投资目的地。

"一带一路"合作倡议是中国提出的国际经贸发展的重要合作平台，得到全球大量经济体的支持与参与，是上海跃升未来亚洲乃至全球重要经贸支点的重要机遇。一方面，上海应当充分发挥国际贸易中心、国际航运中心、国际金融中心的作用，加强与"一带一路"沿线重要节点城市合作，构建围绕上海功能的"一带一路"全球价值链网络。例如，上海作为全球领先的港口，不仅需要做好"一带一路"对外贸易的通港职能，还可以打好中国国际进口博览会和中国（上海）国际技术进出口博览会两张牌，使上海成为国际贸易的新增长点。另一方面，上海应当引领"一带一路"国内段的建设，与中西部等地区的"一带一路"轨交运输的支点城市形成合作关系，发挥上海产业服务技术、金融资源配置、大数据信息处理能力等方面的优势，加快国内相关配套设施和产业的建设进度，早日实现"一带一路"的建成，并实现上海在"一带一路"中发挥资源配置、金融服务、物流调度等核心支点作用。

1.4.2 增强创新活力和影响力

科技创新产业为主导的创新驱动将成为上海建设卓越的全球城市的重要承载动力。上海具有应用领域丰富、人才资源集聚等优势，是目前国内人工智能产业发展最早、最成熟的地区之一。上海市政府已经与阿里巴巴、华为、腾讯、京东等多家国内人工智能产业领军企业签订了战略合作协议，推动上海人工智能产业的建设。在世界人工智能大会上，一批全球人工智能创新项目也已签约落地上海。可预期在不久的将来，上海将形成多个人工智能创新中心集聚而成的人工智能产业集群。上海在积极引进领先企业的同时，需要注重改革和规范涉及技术创新的规章制度。一方面，人工智能等尖端科技的发展需要开放的创新环境和包容的规范制度，在鼓励企业和个人创新创业提高社会效率的同时，降低创新可能对社会就业、信息安全等造成的负面影响，即做好科技创新的收益与风险平衡工作；另一方面，人工智能是继互联网后重要的科技力量，是提升产业能力的重要途径，考虑到人工智能产的发展需要大量的资本投资用于技术研发，建议上海市政府给予研发设备关税减免等财政补贴政策。

除了科技创新外，还要注重经济、政治、社会、生态环境、理论学术等领域的创新，特别是具有全球影响力的重大创新及创新扩散与创新集群。上海除现有全力打造的国际航运中心发展指数、进口原油运价指数等围绕航运与金融领域的国际话语权外，还要通过金融创新、服务创新等进一步扩大国际经济领域话语权和影响力。上海除了要继续举办 F1、网球、马拉松等国际性知名体育赛事，电影、艺术、戏剧等国际性节庆，以及各种大型论坛外，还要争取通过更多一系列国际上具有重大影响力的事件与活动来不断提高上海在世界的知名度。

1.4.3　开创包容新发展

　　上海是全国的上海,世界的上海。海纳百川的包容,是上海发展的精髓之一。建设卓越的全球城市,更需要开创包容新发展。要在城市治理结构、顶层制度设计、基础设施建设、社会基层组织发展、公共服务供给等方面,更好体现包容的建设目标,将无障碍环境的系统性融入精细化的治理模式之中。要减少和消除各种不平等,实现社会服务的均等化,提高所有人的生活质量,推动城市发展成为一个更加平等、更加安全的包容性社会。尊重差异包容多样,寻求社会发展的最大公约数,让城市中的每个人,不论财富、性别、年龄、种族和宗教信仰,均得以利用城市所提供的机会参与到社会的生活和生产活动中去。要实施乡村振兴战略,探索大都市郊区农村发展模式的创新,形成农村围绕城市、城市反哺农村高质量一体化发展模式,实现城乡和谐包容发展。要进一步加强环境保持,提高生态建设水平,改善生态环境,提高宜居性,实现人与自然和谐发展。要推进区域更高质量一体化发展,实现基础设施互联互通以及公共信息和公共资源共享,促进资源要素流动,形成分工协同新格局。

参|考|文|献 ————————————————————————

［1］ Jacques Bughin, "Notes from the Frontier: Modeling the Impact of AI on the World Economy", Mckinsey Global Institute, 2018.

［2］ 普华永道会计师事务所:《机遇之都7》,2016年。

［3］ 陈昌兵:《可变折旧率估计及资本存量测算》,《经济研究》2014年第12期。

［4］ 洪银兴、王振、曾刚等:《长三角一体化新趋势》,《上海经济》2018年第3期。

［5］ 黄乐平:《人工智能对经济影响以及中美比较主要责任者》,中金公司研究部,2018年。

［6］ 黄亮、盛垒:《基于"世界城市"理论的国际研发城市判定研究》,《经济地理》2015年第8期。

［7］ 姜微、何欣荣、翟翔:《上海全力推进"一网通办"政务服务》,看看新闻网,http://www.kankanews.com/a/2018-04-12/0038402717.shtml,2018年4月12日。

［8］ 李健、屠启宇:《提升城市核心竞争力,上海需要重视六大能力建设》,上观新闻,https://www.jfdaily.com/news/detail?id=96763,2018年7月19日。

［9］ 联合国贸易和发展会议秘书处:《2018海运述评》,2018年。

［10］ 刘津含:《特朗普行为背后的经济学逻辑分析》,中国银行国际金融研究所,2018年。

［11］ 罗军:《人工智能在资产管理行业的应用和展望》,广发证券发展研究中心,2018年。

［12］ 权衡等:《复苏向好的世界经济:新格局、新动力与新风险——2018年世界经济分析报告》,格致出版社、上海人民出版社2018年版。

［13］ 全联房地产商会写字楼分会、中国写字楼研究中心:《2010—2016年上海甲级写字楼年度报告》,http://corc.funxun.com/page/zlxz.asp,2018年。

［14］ 上海社会科学院世界经济研究所宏观经济分析小组：《2019 年世界经济分析报告》，2019 年。

［15］ 上海市科学技术委员会、上海市统计局：《上海科技统计年鉴》（2005—2017），上海科学普及出版社 2006—2018 年版。

［16］ 上海市统计局、国家统计局上海调查总队：《上海统计年鉴》（2017），中国统计出版社 2018 年版。

［17］ 上海市统计局：《2017 年上海市国民经济和社会发展统计公报》。

［18］ 世界卫生组织：环境空气污染数据库。

［19］ 世界知识产权组织：《2018 年专利合作条约年鉴》，https://www.wipo.int/publications/en/details.jsp?id=4347&plang=EN，2018.

［20］ 屠启宇等：《国际城市发展报告（2018）丝路节点城市——识别撬动"一带一路"建设的支点》，社会科学文献出版社 2018 年版。

［21］ 王振营主编：《上海金融年鉴》（2016），上海人民出版社 2016 年版。

［22］ 吴星宝：《中国为什么要举办首个以进口为主题的国家级博览会》，上观新闻，https://www.jfdaily.com/news/detail?id=92140，2018 年 6 月 8 日。

［23］ 徐蒙、张煜：《解读备受关注的"上海扩大开放 100 条"，干货都在这里》，上观新闻，https://www.jfdaily.com/news/detail?id=96054，2018 年 7 月 11 日。

［24］ 中国产业信息网：《2018 年世界上最大的十个城市排名、城市 GDP 排名、城市面积排名及城市人口排名情况分析》，http://www.chyxx.com/industry/201801/601129.html，2018 年 1 月 18 日。

［25］ 中国环境监测总站：《2013 年 3 月—2018 年 3 月 7 日城市空气质量状况报告》，http://www.cnemc.cn/jcbg/kqzlzkbg/index.shtml，2018 年 4 月 17 日。

［26］ 中国经济信息社、波罗的海交易所：《2017 新华-波罗的海国际航运中心发展指数报告》，中国经济信息社指数中心，2017 年。

［27］ 钟山：《新时代　新平台　新实践　认真学习党的十九大精神　全面把握举办中国国际进口博览会的重大意义》，《人民日报》2017 年 11 月 6 日。

［28］ 朱天、张军、刘芳：《中国的投资数据有多准确？》，《经济学季刊》2017 年第 2 期。

2

潜在优势、应拉长板与特色创造

建设卓越的全球城市是上海承担新时代新使命的必然要求，也是应对城市激烈竞争的迫切需要。因此，要着眼于提升城市能级和核心竞争力，充分挖掘潜在的比较优势，注重在全球城市核心功能上"拉长板"，培育和形成具有显示度和识别度的特色功能。

Building a global city of excellence is an inevitable mission for Shanghai to undertake in the new era, and it is also an urgent task for Shanghai to deal with the fierce competition among global cities. In such a process of building a global city of excellence, it becomes a must to raise the level of comprehensive city strengths and core competitiveness, to fully exploit the potential comparative advantages, to focus on the solidification of existing strengths in the core city functions, and to cultivate and form outstanding and recognizable unique city features.

上海建设卓越的全球城市，有自身独特的潜在优势。充分挖掘这些潜在的比较优势，并把其转化为全球城市核心功能上"拉长板"，将走出一条独特的发展路径，并将形成自身鲜明特色。

2.1 潜在优势

由于历史背景与发展环境存在差异，在世界范围内，全球城市的演化路径与特征表现不尽相同。深入分析和理解自身的潜在优势，将有助于对上海建设全球城市产生更加清晰的认知，明确自身的发展路径。

2.1.1 国家崛起

全球城市是一个国家或区域参与国际政治、经济和社会分工的重要载体，其所在国家的综合实力，尤其是整体经济水平是全球城市发展不可或缺的重要基础和支撑。纵观伦敦、纽约、东京等全球城市兴起的历史进程，均伴随着所在国家在全球格局中地位的提升。自改革开放以来，中国坚持以经济建设为中心，锐意推进改革，全力扩大开放，全心全意谋发展，综合国力不断上升，创造了40年高速增长的奇迹。中国作为世界大国的崛起进程，为上海深度融入全球网络打开了广阔空间，为上海形成具有全球影响力的城市功能提供了强大动力，为上海提升在全球城市中的竞争地位带来无限的想象空间和真实机会，从而将成为上海迈向全球城市最为重要的潜在优势。

1. 综合实力实现飞跃。1978—2017年，中国GDP的年均名义增速高达14.5%，剔除通胀因素，年均实际增速达到9.3%，远高于同期世界经济2.9%左右的年均增速，成为世界经济增长当之无愧的引擎。中国经济总量占世界经济的比重由1978年的1.8%上升到2017年的16%，一跃成为仅次于美国的世界第二大经济体。从目前的发展态势看，中国仍将继续保持全球经济增长引领地位，有望在未来10年成长为全球第一大经济体。

2. 产业能级稳步提升。近年来中国产业规模持续扩张，产业体系不断完善，产业结构不断优化。农业基础地位更加稳固，实现了由单一以种植业为主的传统农业向农、林、牧、渔业全面发展的现代农业转变。制造业不断向中高端升级。经过几十年的快速发展，中国已成为世界制造业第一大国（制造业增加值在全球占比达到26%，连续八年稳居世界第一，在500余种主要工业产品中，有200多种产量位居世界第一）。在此基础上，近年来中国持续推进供给侧结构性改革，全力打造世界工厂"升级版"，加快向制造强国迈进。2017 年，高技术制造业和装备制造业增加值占规模以上工业增加值的比重分别达到 12.7% 和 32.7%。载人航天、载人深潜、大型飞机、北斗卫星导航、超级计算机、高铁装备、百万千瓦级发电装备、万米深海石油钻探设备等一批重大技术装备取得突破，形成了若干具有国际竞争力的优势产业和骨干企业。服务业撑起半壁江山。1978—2017 年，服务业占中国 GDP 的比重从 24.6% 上升至 51.6%，对国民经济增长的贡献率从 28.4% 上升至 58.8%，成为国民经济增长的主动力。互联网经济、数字经济、共享经济等新兴服务业高速发展，引领世界潮流，成为推动中国经济增长的新引擎。

3. **全球化水平不断提高**。进出口规模持续快速增长。2017 年，中国货物进出口总额达到 4.1 万亿美元，比 1978 年增长 197.9 倍，年均增长 14.5%，已成为世界第一大贸易国、第一大出口国和第二大进口国。吸引外资规模稳步扩大。2017 年，中国实际使用外商直接投资 1 310 亿美元，比 1984 年增长 91.3 倍，年均增长 14.7%。1979—2017 年，中国累计吸引外商直接投资达 18 966 亿美元，是吸引外商直接投资最多的发展中国家。国际话语权与影响力日益提升。2016 年，人民币加入国际货币基金组织（IMF）特别提款权（SDR）货币篮子，标志着人民币正式成为国际性货币。中国提出高度开放的"一带一路"倡议，打造陆海内外联动、东西双向开放的新格局，在广泛领域传播中国文明，通过推动亚投行、金砖银行、丝路基金以及承办 APEC 会议、欧亚经济论坛、举办奥运会和世博会等，彰显大国实力与影响力。

4. **科创能力显著增强**。近年来，中国科技创新能力显著提升，主要创新指标进入世界前列。2017 年，中国研发经费支出 1.76 万亿元，比 1991 年增长 122 倍，年均增长 20.3%，成为仅次于美国的世界第二大研发经费投入国家。研发支出占 GDP 比重为 2.15%，超过欧盟 15 国 2.1% 的平均水平，达到中等发达国家水平。国际科技论文发表总量和被引用量均位居世界第二，发明专利申请量和授权量居世界第一，有效发明专利保有量居世界第三。改革开放以来，中国在高温超导、纳米材料、古生物考古、生命科学、超级杂交水稻、高性能计算机等一些关键领域取得重要突破。近年来，又在载人航天、探月工程、量子科学、深海探测、超级计算、卫星导航等战略高技术领域取得重大原创性成果。创新驱动发展。近年来，中国抢抓新一轮世界科技革命和产业变革机遇，持续推进大众创业、万众创新，科技创新成果加快转变为经济发展新动能。高铁、移动支付、电子商务、共享单车等"新四大发明"闪耀全球。2017 年，中国"独角兽"企业数量仅次于美国，稳居全球第二。

5. **市场规模快速扩张**。随着经济快速增长，国民收入实现连续跨越式提升。2017 年，中国居民人均可支配收入达到 25 974 元，比 1978 年实际增长 22.8 倍，年均实际增长 8.5%。受益于此，我国消费市场规模不断扩大，内需拉动作用显著增强。2017年，中国居民人均消费支出18 322元，比1978年实际增长18.0倍，年均实际增长7.8%。2017年，最终消费支出对经济增长的平均贡献率达到58.8%，明显高于投资和出口。日益增长的市场容量已经成为中国吸引全球技术、创新、资本等的关键因素，为中国进一步崛起提供最为强大的"市场红利"。

2.1.2 城市区域

斯科特（Scott，2001）在世纪之交提出全球城市区域（Global City-Region）理论，认为动态演化中的全球城市区域是全球化与本地化交接融合的空间基础。大多数全球城市都处于城市区域的形态之中，以经济联系为基础，被一系列普通城市包围形成腹地，使得以全球城市为中心的区域既有强大的国际经济实力作为区域的核心竞争力，又有稳定的制造业发展和充足的本地消费市场作为维系全球城市运转的基础，以此在全球化竞争中保持强劲的、可持续的实力。综观纽约、伦敦、东京等全球城市，均与其周边腹地共同形成了全球城市区域作为参与国际竞争的基本单元。长三角地区是中国经济最具活力、开放程度最高、创新能力最强的区域之一，在国家现代化建设大局和全方位开放格局中具有举足轻重的战略地位，对上海建设全球城市发挥着重要的支撑作用，将会成为上海全球城市发展的重要潜在优势。

1. 经济最具活力。 长三角三省一市以占全国约3.7%的土地面积，集聚了全国约16.7%的常住人口，产出了全国约23.4%的经济总量。从总量看，近年来长三角地区经济总量持续攀升，2011年突破10万亿元的台阶，总量规模超过11万亿元，2016年突破17万亿元，占全国经济总量的比重基本稳定在23%以上（图2.1）。从增速看，尽管近年来长三角地区生产总值的增速呈逐渐下降趋势，但年均增速始终高于全国和世界（图2.2）。从产业看，长三角地区产业体系完备，配套能力强，产业集群优势明显，已基本形成以服务经济为主的产业结构

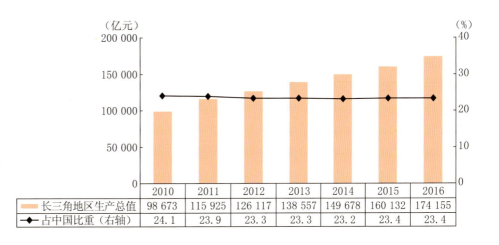

图2.1
2010—2016年长三角地区经济总量及占全国比重变化

资料来源：国家统计局，上海市、江苏省、浙江省、安徽省统计局。

（亿元）	2010	2011	2012	2013	2014	2015	2016
长三角地区生产总值	98 673	115 925	126 117	138 557	149 678	160 132	174 155
占中国比重（右轴）	24.1	23.9	23.3	23.3	23.2	23.4	23.4

图 2.2
2010—2016 年长三角地区
生产总值增速变化及全国比较

资料来源：国家统计局，上海市、江
苏省、浙江省、安徽省统计局，世界
银行。

	2010	2011	2012	2013	2014	2015	2016
长三角	12.4	10.4	9.4	9.0	8.1	8.0	7.7
中国	10.6	9.5	7.9	7.8	7.3	6.9	6.7
世界	4.3	3.2	2.4	2.6	2.8	2.7	2.4

（表 2.1）。

2. 开放程度最高。以上海为龙头的长三角地区，一直以来都是中国对外开放的前沿，外向型经济发展水平领先全国。从长三角城市群的数据看，26 座城市的货物进出口总额和实际利用外资总额分别占全国的 32% 和 55%。同时，长三角地区在开放型经济体制的探索方面也走在了全国前列，对外开放平台建设不断取得突破，中国（上海）自由贸易试验区成为全国首个自由贸易试验区，浦东新区和苏州工业园区也成为全国第一批构建开放型经济新体制综合试点试验地区。

3. 创新能力最强。从发展战略看，上海正加快建设具有全球影响力的科技创新中心，安徽获批为系统推进全面创新改革试验省，江苏在创建产业创新中心，浙江也正向创新型省份和"互联网 +"世界科技创新高地迈进。从创新资源看，长三角地区科教与创新资源丰富，26 个城市构成的城市群共拥有普通高等院校 300 多所，国家工程研究中心和工程实验室等创新平台近 300 家，年研发经费支出和有效发明专利数均约占全国 30%。从科创能力看，长三角已经在国内形成十分突出的创新优势。根据《2017 福布斯创新力最强的 30 个城市》（表 2.2），长三角有 15 个城市入围，包括上海、苏州、杭州、合肥、南京等城市，明显领先于国内其他城市群（珠三角只有 6 个城市，京津冀也只有 2 个城市）。从创新企业看，2018 年在科技部火炬中心发布的中国 164 家独角兽企业中，长三角地区共

表 2.1
2016 年长三角各省市三次产业结构与 2010 年比较

资料来源：国家统计局，上海市、江
苏省、浙江省、安徽省统计局。

地区	2010 年			2016 年		
	第一产业	第二产业	第三产业	第一产业	第二产业	第三产业
上海	0.7	42.0	57.3	0.4	29.1	70.5
江苏	6.1	52.5	41.4	5.4	44.5	50.1
浙江	4.9	51.1	44	4.2	44.2	51.6
安徽	14	52.1	33.9	10.6	48.4	41
长三角	5.8	50.3	43.9	5	42.5	52.5
全国	9.6	46.2	44.2	8.6	39.8	51.6

排名	城市	所属城市群	排名	城市	所属城市群
1	深圳	珠三角	16	宁波	长三角
2	北京	京津冀	17	天津	京津冀
3	上海	长三角	18	泉州	海峡西岸城市群
4	苏州	长三角	19	南京	长三角
5	广州	珠三角	20	东莞	珠三角
6	成都	成渝都市群	21	佛山	珠三角
7	芜湖	长三角	22	中山	珠三角
8	杭州	长三角	23	常熟	长三角
9	合肥	长三角	24	温州	长三角
10	重庆	成渝都市群	25	珠海	珠三角
11	绍兴	长三角	26	武汉	长江中游城市群
12	昆山	长三角	27	镇江	长三角
13	青岛	山东半岛	28	常州	长三角
14	无锡	长三角	29	郑州	中原城市群
15	西安	关中平原城市群	30	诸暨	长三角

表 2.2
中国内地最具创新力的 30 个城市

资料来源：《2017 福布斯创新力最强的 30 个城市》。

有 61 家（其中上海 36 家、浙江 18 家、江苏 7 家），占总数的 37.2%，也已经形成了明显的集团优势。

4. 协同基础最好。 经过多年区域合作实践，长三角逐步形成政府推动和市场主导相结合、规划协调和要素合作齐头并进的良好局面，区域协调机制日益制度化和规范化，为更高质量一体化发展打下坚实基础。

2008 年起，长三角政府层面实行决策层、协调层和执行层"三级运作"的区域合作机制（表 2.3）。确立了"主要领导座谈会明确任务方向、联席会议协调推进、联席会议办公室和重点专题组具体落实"的机制框架。长三角区域合作采取轮值制度，每年由一个省（市）作为轮值方。在此基础上，2018 年 1 月，由上海牵头、三省一市共同组建的长三角区域合作办公室在上海正式设立，成为长三角一体化进程中第一个跨行政区划的官方常设机构。

2010 年，由上海漕河泾开发区、苏州工业园区、无锡国家高新区、合肥国家高新区等 30 余家园区和大型企业集团联合发起的长三角园区共建联盟正式成立，成为了长三角城市产业合作的重要平台。2018 年，浙沪苏皖九个城市共同审议发布了《G60 科创走廊总体发展规划 3.0 版》，共同打造长三角产业创新协同发展的新载体。

2018 年 6 月 1 日，长三角区域主要领导座谈会在上海召开，三省一市联合发布《长三角地区一体化发展三年行动计划（2018—2020 年）》。行动计划覆盖了交通能源、科创、产业、信息化、信用、环保、公共服务、商务金融等 12 个合作专题，并聚焦交通互联互通、能源互济互保、产业协同创新、信息网络高速

层级	载体	参与人员	主要任务
决策层	长三角地区主要领导座谈会	沪苏浙皖三省一市省（市）委书记、省（市）长出席，三省一市常务副省（市）长、党委和政府秘书长、党委和政府研究室主任、发展改革委主任和副主任列席	决定长三角合作的方向、原则、目标与重点等重大问题
协调层	长三角地区合作与发展联席会议	沪苏浙皖三省一市常务副省（市）长	落实主要领导座谈会部署，协调推进区域重大合作事项
执行层	联席会议办公室	沪苏浙皖三省一市分别在发展改革委（或合作交流办）设立"联席会议办公室"，分管副主任兼联席办主任	具体推动长三角区域合作工作
	重点合作专题组	目前设立了交通、能源、信息、科技、环保、信用、社保、金融、涉外服务、城市合作、产业、食品安全12个重点合作专题。城市合作专题固定由上海市牵头，上海市政府合作交流办具体负责；其他专题由当年轮值方牵头	负责各专题合作事项推进工作

表 2.3
长三角政府层面"三级运作"区域合作机制

资料来源：课题组根据公开资料整理。

泛在、环境整治联防联控、公共服务普惠便利、市场开放有序等7个重点领域，形成了一批项目化、可实施的工作任务，为长三角更高质量一体化发展明确了任务书、时间表和路线图。

2.1.3 上海产业基础

全球城市作为城市发展的高级阶段，其功能演变与产业发展密切关联，两者相辅相成。相较于其他全球城市服务经济一家独大的产业结构而言，上海的产业体系更具均衡性与多样性。尽管近年来城市工业增加值占GDP的比重处于下降趋势，但上海的制造业功能并未弱化，在国民经济中仍然发挥着重要作用。相对而言，上海具有门类更为完整的工业体系，具备更为强大的产业配套能力。制造业和服务业共同成为上海产业体系的基石，形成先进制造业与现代服务业融合发展的"双轮驱动"格局。这种综合集成的产业结构为上海建设卓越的全球城市奠定了坚实基础。

1. 双轮驱动产业格局基本形成。从产业结构看，一方面，现代服务业快速发

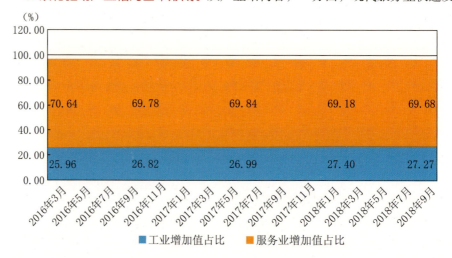

图 2.3
2016—2018年上海工业和服务业增加值占GDP比重

资料来源：上海市统计局。

图 2.4
上海和全球城市的第三产业
比重对比

资料来源：课题组根据公开资料整
理。

展，金融、贸易、航运、信息服务等产业已逐渐成长为经济发展的主要动力。另
一方面，深厚的制造业底蕴长期促进着城市的内在实力增长和功能拓展，始终是
城市经济发展的稳定剂。汽车、电子信息、石化、钢铁等六大传统重点行业对经
济增长贡献巨大，仍然在上海的发展中扮演着不可替代的重要角色。近年来上海
工业和服务业占地区生产总值的比重基本保持在 25 ∶ 70 左右（图 2.3），产业结
构相对稳定。和纽约、伦敦、东京等知名全球城市相比，上海的工业增加值比重
明显较高，可以为经济的整体稳定、科技创新发展和生产性服务业发展等多方面
提供更有力的支撑，更有利于保持产业体系的韧性（图 2.4）。从贡献率看，服务
业已经成为上海经济增长的第一动力，经济增长贡献率超过 70%。同时，工业对
经济增长仍然保持较强的支撑作用。以 2018 年第一季度数据为例，工业增加值对
经济增长贡献率达到 27.0%，比上年同期提高 4.2 个百分点，其中成套设备、生物
医药、烟草制品的贡献率有所提高，战略性新兴产业也有不俗表现（图 2.5）。

图 2.5
2017—2018 年上海主要产业经济增长贡献率

注：工业分行业数据根据各行业规上总产值和增加值率估算，增加值率根据 2012 年投入产出表计算；2018 年第一季度有提高为红色，下降为绿色。
资料来源：Wind 资讯、上海市统计局。

2. 经济增长新旧动能加快转化。 长期以来，上海始终坚持培育各类新兴产业，着力发展经济新动能。近期以战略性新兴产业为主要代表的新兴产业呈现加速态势，有望成为经济增长和动力转换的有效支撑。

2018 年上半年上海战略性新兴产业产值增长 8.1%（图 2.6），高于全市规模以上工业总产值增速 2.9 个百分点；上半年贡献率达 8.7%，高于汽车制造业 0.7 个百分点。其中，新能源汽车、生物医药、新一代信息技术产值均实现两位数增长。

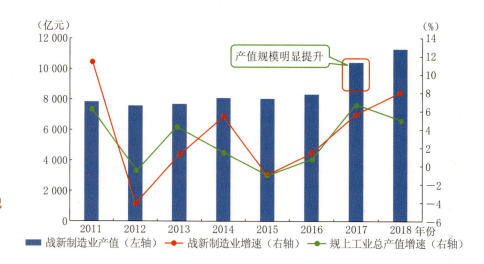

图 2.6
上海战略性新兴产业发展情况

注：2018 年为课题组预计值。
资料来源：上海市经信委。

3. 亮点不断显现。 互联网教育领域，上海拥有互联网教育企业近 150 家，"沪江网"等知名企业注册会员突破 1 亿人，实现经营收入超亿元。网络视听领域，增速远超全国网络视听产业和全市信息服务产业，占据全国市场约 1/4 份额，咪咕视讯、天翼视讯等一批龙头企业项目先后落户，东方明珠等企业开始拓展 VR 产业。车联网领域，产业规模占国内市场的 30%。博泰成为国内最大的自主车联网产业与服务提供商。机器人领域，新时达在工控和工业机器人市场的份额不断增加；微松公司自主研制的晶圆植球手机智能装备取得重大突破。3D 打印领域，先后在装备、软件、材料等领域进行了布局，积极推动增材制造技术在航空航天、汽车、模具、快速消费品等方面的示范应用，并形成了光韵达、曼恒数字、联泰科技等一批细分领域优势企业。人工智能领域，2018 世界人工智能大会在上海成功举办。在亿欧智库发布的 2017 年度《中国人工智能产业发展城市排行榜》中上海 AI 企业数排名全国第二。

2.1.4 开放基因与基础

全球城市融入全球化的深度和广度以及对全球的影响超越一般的国际大都

市，代表了一个国家或地区开放程度的最前沿和开放能级的最高水平。上海有着历史悠久的开放传统，在国家融入全球化的过程中，将凭借其独特的开放基因率先承担起引领国家开放前沿的作用，而争取到更多的开放红利和开放优势。未来，城市的开放基因和开放经济的雄厚基础，将为上海带来无法比拟的独特优势，推动上海加快建设全球城市。

1. 深厚的历史积淀。 自 19 世纪开埠通商以来，四面八方的移民为上海带来了先进的物质文明和管理理念。凭借独特的区位优势，上海通商口岸发展迅猛，在吸引跨国公司区域总部或分公司等分支机构落户的先发优势比较明显，成为远东地区金融中心、贸易中心、商业中心及信息枢纽。同时，多元文化在上海交融共存，形成了海纳百川、气度宽容的文化基因特质，上海成为西学东渐的桥头堡，以及中国近代文化的发源地和中心之一，成为海内外人士高度认可的国际大都市，其作为全球城市的形象初步显现。改革开放以后，尤其是 1990 年浦东开发开放以后，国家强有力的政策支持为上海的开放发展注入强劲动力。上海加快引进外资，诞生了多个"中国第一"：第一家外资保险公司（美国友邦保险公司）、第一家中外合资大型商业零售企业（第一八佰伴）、第一家外资银行（日本富士银行上海分行）相继开业，第一家中外合资基金、第一家中外合资展览中心等纷至沓来。

2. 完备的设施基础。 通达世界的设施枢纽是一个城市成为全球城市的重要基础，也是开放的重要依托。目前上海已拥有完善而发达的交通网络体系，港口、机场、轨道交通、城际铁路、高速公路等交通硬件基础设施水平已经达到国际一流城市水平，港口集装箱吞吐量和机场航空货运量居全球前列，显现出世界级基础设施的特征。《世界城市综合实力排名》报告显示，上海在"交通"维度中进步最快且表现最佳，排名全球第 3 位，仅次于巴黎和伦敦，和榜首巴黎仅相差 21.3 分，有机会冲击"全球最佳交通城市"桂冠。

3. 庞大的外资规模。 根据国际机构的调查，上海是仅次于伦敦的最受外资欢迎的投资首选地之一。多年来上海利用外资规模稳居全国各城市之首，截至 2018 年 3 月底，累计实到外资超过 2 200 亿美元，累计引进跨国公司地区总部 634 家，其中亚太区总部 72 家，投资性公司 350 家，研发中心 430 家，是中国内地吸引跨国公司地区总部最多的城市。

4. 强大的制度基础。 上海在构建开放型经济体制、率先扩大开放等方面一直以来都走在全国前列。2013 年，国家在上海设立了全国第一个自贸试验区，在投资管理、贸易监管、金融开放等领域率先推进制度创新，在金融、航运、商贸、文化及社会服务等领域率先扩大开放，建设成为服务国家"一带一路"建设、推动市场主体走出去的桥头堡。多年以来，上海积极对接国际通行规则，持续推进开放型经济体制创新，为进一步扩大开放和融入全球化积累了强大的制度基础。

2.1.5 城市核心功能

作为中国的经济龙头城市，上海肩负着代表国家应对经济全球化挑战、参与国际竞争的重大战略使命。这就要求上海必须形成支撑中国深度参与经济全球化的全球资源配置能力和服务功能，具备在全球范围内配置核心资源的能力和效率。上海在融入全球化的过程中，一直致力于塑造可以发挥辐射带动作用的城市核心功能，全力发展资源配置型和功能型产业，在国际经济、金融、贸易、航运和科技创新等"五个中心"功能上已初步形成了一定优势。

1. 金融中心功能。目前，上海已集聚了包括股票、债券、货币、外汇、票据、期货、黄金、保险等各类金融要素市场，成为国际上金融市场体系最为完备、最为集中的城市之一。2017年上海金融市场交易总额约1 430万亿元，股票、债券、期货、黄金等主要金融市场国际排名显著提升，多个品种交易量位居全球前列，影响力不断扩大。金融机构体系更加健全。上海积极引进和培育各类金融机构，形成了中外资金融机构共同发展的格局。截至2017年年底，上海拥有持牌金融机构1 537家，成为中外金融机构的重要集聚地。金融对外开放持续扩大。上海在全国率先推出外资股权投资企业试点（QFLP）和合格境内有限合伙人试点（QDLP），股票"沪港通"、黄金"沪港通"、人民币合格境外机构投资者（RQFII）境内证券投资、跨境ETF等顺利启动，银行间债券、外汇、货币市场扩大开放，"熊猫债"发行加快，发行主体更加多元。国际影响力不断提升。随着建设国际金融中心的进程不断推进，上海在全球金融中心中的排名也在稳步上升。在2018年9月英国智库Z/Yen集团发布的第24期"全球金融中心指数"（GFCI24）报告中，上海金融中心评分大幅上升，排名首次进入前五，紧随新加坡，与纽约、伦敦两大顶级金融中心的差距也持续缩小（见专栏2.1），这表明了上海近年来在国际金融中心中的竞争力的确在显著上升。

2. 贸易中心功能。上海口岸贸易占全国的28.3%，占全球的3%以上，规模已超越香港、新加坡等传统国际贸易中心城市。商品销售总额突破10万亿元，规模居全国中心城市首位。全球零售商集聚度达55.3%，在全球城市中排名第二。资源配置功能上，石油天然气、矿产、棉花等面向国际的大宗商品交易中心相继成立，钢铁价格指数、有色金属现货价格指数等被国际市场采纳，上海钢联"中国大宗商品价格指数""中国铁矿石价格指数"成为国内外市场风向标。首届中国国际进口博览会成功举办，为上海打造了"6+365"永不落幕的国际贸易交易中心和服务平台。贸易创新功能上，跨境电子商务综合试验区建设提速，开展通关服务、外汇支付、零售出口等业务试点。外贸综合服务企业、平行进口汽车、国际中转集拼、保税维修、保税展示交易、保税融资租赁等外贸新业态、新

　　反映全球最具权威的国际金融中心地位的"全球金融中心指数"（GFCI）自2007 年起由英国智库 Z/Yen 集团编制，该指数对全球范围内的金融中心进行评估，以营商环境、金融业发展水平、基础设施、人力资本和声誉五大特征指标作为指标。近年来，上海在历期 GFCI 中的排名稳步上升。在 2018 年 9 月的最新一期GFCI24 榜单中，上海金融中心评分大幅上升，排名首次进入前五，紧随新加坡，与纽约、伦敦两大顶级金融中心的差距也持续缩小。

GFCI 综合竞争力排名

排名	GFCI20	GFCI21	GFCI22	GFCI23	GFCI24
1	伦敦	伦敦	伦敦	伦敦	纽约
2	纽约	纽约	纽约	纽约	伦敦
3	新加坡	新加坡	新加坡	新加坡	香港
4	香港	香港	香港	香港	新加坡
5	东京	东京	东京	东京	上海（5）
6	旧金山	旧金山	上海（6）	上海（6）	东京
7	波士顿	芝加哥	多伦多	多伦多	悉尼
8	芝加哥	悉尼	悉尼	旧金山	北京
9	苏黎世	波士顿	苏黎世	悉尼	苏黎世
10	华盛顿	多伦多	北京	波士顿	法兰克福
11	悉尼	苏黎世	法兰克福	北京	多伦多
12	卢森堡	华盛顿	迪拜	墨尔本	深圳
13	多伦多	上海（13）	蒙特利尔	蒙特利尔	波士顿
14	首尔	蒙特利尔	墨尔本	芝加哥	旧金山
15	蒙特利尔	大阪	卢森堡	温哥华	迪拜
16	上海（16）	北京	日内瓦	苏黎世	洛杉矶
17	大阪	温哥华	旧金山	洛杉矶	芝加哥
18	迪拜	卢森堡	温哥华	深圳	温哥华
19	法兰克福	洛杉矶	波士顿	迪拜	广州
20	温哥华	日内瓦	深圳	法兰克福	墨尔本

资料来源：GFCI。

模式进展顺利。

　　3. 航运中心功能。波罗的海国际航运中心发展指数的综合评价结果显示，上海国际航运中心的综合实力已跃升至全球第五位，发展成果显著。近年来上海海空国际枢纽地位进一步巩固，2017 年上海港集装箱吞吐量完成 4 023 万标准箱，自 2010 年起连续八年居世界首位。邮轮码头及配套设施日益完善，成为全球第四大邮轮港。2017 年上海两机场旅客总吞吐量达到近 1.12 亿人次，在国内持续领跑。年航空货量突破 400 万吨，成为继中国香港、美国孟菲斯后，全球第三个年航空货量 400 万吨以上的城市。此外，航运基础设施不断优化。2017 年 12 月 10 日，全球最大的集装箱自动化码头洋山四期开港试运营。此外，航运服务功能不断增强。2017 年 7 月 7 日，上海航运交易所旗下的"上海航运指数"商标注册成功，"上海航运指数"至今已经覆盖 17 大类、200 余个价格指标，成为航运市场的"晴雨表"和"风向标"。中国首家航运自保公司在沪成立，航运保险形成完整产业链。

4. 科技中心功能。2014 年，习近平总书记对上海提出了加快建设具有全球影响力的科技创新中心的战略要求。据此，上海发布了《关于加快建设具有全球影响力的科技创新中心的意见》，明确了"建设成为综合性开放型科技创新中心，成为全球创新网络的重要枢纽和国际性重大科学发展、原创技术和高新科技产业的重要策源地之一，跻身全球重要的创新城市行列"等科技创新方面的发展目标。上海着力推进张江综合性国家科学中心建设，打造超强超短激光用户装置、软 X 射线自由电子激光用户装置、活细胞结构和功能成像平台、上海光源线站工程等一批大科学装置，构建李政道研究所、国际人类表型组创新中心等世界级科学实验室和研究所。从总体上看，上海在科技咨询、技术要素流动与配置、合作交流、成果转化与技术转移等方面已形成了创新服务专业化机构体系（表 2.4），创新服务水平逐步提高，为上海的科技创新与产业发展提供了加速动力。同时，上海不断增强创业服务能力，截至 2017 年底，上海全市众创空间已超过 500 家，其中创业苗圃超过 100 家、孵化器 183 家、加速器 13 家，创客空间等新型创新创业组织 200 余家，初步构建了一体化的科技创业孵化体系。

表 2.4
上海市科技服务典型机构

资料来源：课题组根据公开资料整理。

机 构 类 别	服 务 内 容	典 型 机 构
科技咨询	为科技创新、先进技术预见提供咨询服务	上海市中国工程院士咨询与学术活动中心 上海市科学学研究院
技术要素流动和配置	为科技创新要素的流动与配置提供服务	上海市研发公共服务平台 上海市知识产权服务中心 上海市科技人才开发交流中心
合作交流与展示	承担与国外政府、地区间科技交流与合作，策划组织科技成果宣传展览	上海科学技术开发交流中心 上海市对外科学技术交流中心 上海科技会展有限公司
成果转化与技术转移	根据市场的需求与政策的导向，为科技成果的转化、转移提供全程服务	上海市科技创业中心 上海市中小企业服务中心 上海新能源科技成果转化与产业促进中心 国家技术转移东部中心

2.2 应拉长板

上海卓越全球城市建设要在全球城市理论框架下，结合新的时代背景，围绕核心功能找优势、聚焦核心竞争力"拉长板"，建设一个更具可持续性、更适合在全球化经济发展中具有"未来竞争力"的城市。以下从持续创新、资源配置、营商环境、全球链接、文化魅力等方面展开讨论，挖掘上海的应拉长板。

2.2.1 持续创新

持续创新能力始终是推动城市发展和转型、融入全球城市网络的决定性力量，也是国际大都市发展动力自我更新、城市功能自我升级、竞争优势不断塑造的核心标志，日益成为城市竞争力的重要因素。从目前的情况看，尽管近年来上海建设具有全球影响力的科创中心已取得显著的成效，但和国际先进水平相比，在创新要素集聚、技术创新策源和企业创新活力等方面仍存在明显的差距，相对薄弱的持续创新能力已经成为上海在全球城市建设中亟待突破的重要瓶颈之一。

1. 创新要素集聚能力。 对全球创新人才的吸引力相对较低。在日本森纪念财团都市研究所出版的《世界城市综合实力排名 2017》报告中，由科研工作者评选的"心目中的创新城市"排名，上海在全球 44 个城市中仅排名第 28 位，远低于纽约（第 1 位）、伦敦（第 2 位）、东京（第 3 位）和北京（第 9 位）。在科尔尼发布的《全球城市指数》报告中，上海的"人力资本"维度评分仅位列全球第 15 位（共 25 个城市参与评选，见图 2.7），而排名前两位的是公认的全球城市纽约和伦敦。

此外，在普华永道《机遇之都》报告中，上海在"智力资本与创新"指标中，仅排名第 19 位（共 30 个城市参与排名，见图 2.8），尤其是在"受过高等

图 2.7
科尔尼《全球城市指数 2018》
"人力资本"维度排名

资料来源：Kearney(2018)。

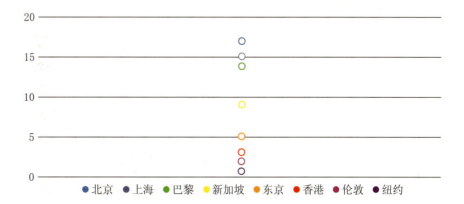

图2.8
普华永道《机遇之都 2016》
"智力资本和创新"维度排名

资料来源：PwC (2016)。

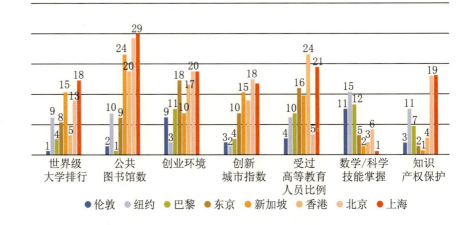

● 伦敦　● 纽约　● 巴黎　● 东京　● 新加坡　● 香港　● 北京　● 上海

教育人员比例"等指标上，和纽约、伦敦等全球城市差距明显。在汤森路透集团评选的 2017 年全球"高被引"科学家 3 538 人次中，中国入选 300 人次，其中上海入选 25 人次（以所属第一机构为准），仅相当于北京的 1/3，也低于香港。

金融资本集聚度不高。在上海市信息中心发布的《2017 全球科技创新中心评估报告》中，上海在"PE 募资额"指数上仅位列全球第 15 位（图 2.9），明显低于纽约（第 1 位）、伦敦（第 2 位）。而在"风险投资种子融资"指数中，上海仅位列第 40 位，不仅低于纽约（第 2 位）和伦敦（第 3 位），甚至远低于杭州（第 5 位）。

2. 技术创新策源能力。研发能力不强。《世界城市综合实力排名》报告的"研发"维度评分中，纽约、伦敦和东京常年占据前三位，上海虽然近年来取得较大的进步，但目前在 44 座城市中仍仅仅排名第 18 位（图 2.10），得分仅为榜首纽约的 33.6%，落后于北京（第 14 位）。

图2.9
《2017 全球科技创新中心
评估报告》"PE 募资额"前
20 强

资料来源：上海市信息中心。

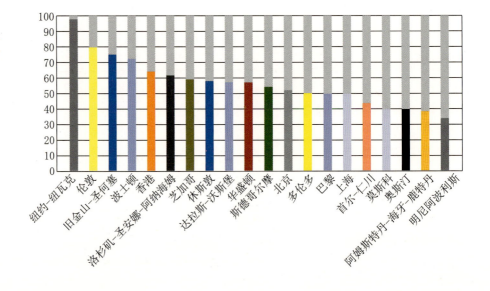

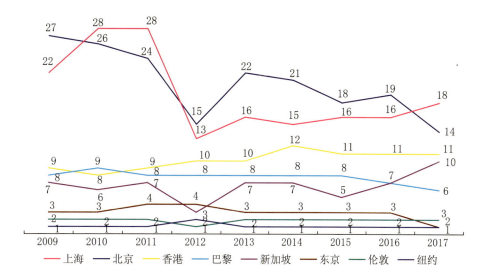

图 2.10
森纪念财团《世界城市综合实力排名》研发维度评分变动

资料来源：森纪念财团都市战略研究所 (2009—2017)。

技术成熟度不高。在《机遇之都》报告的"技术成熟度"维度中，上海仅排名第 17 位（图 2.11），尤其是在"通信技术使用得分"和"数字安全"两个指标上，排名在 20 名以后。

研发成果较少。在中国社会科学院发布的《全球城市竞争力报告 2017—2018》中，上海在"专利"指数中并未进前 10 名，落后于深圳（第 3 位）。同时，根据联合国世界知识产权组织（WIPO）等联合发布的 2018 年全球创新指数排行榜，上海的专利数量及出版物数量也在各大全球城市中处于落后的位置（表 2.5）。

3. 企业主体创新活力。相对而言，上海创新型企业缺乏，领袖型创新企业更是凤毛麟角。德勤以企业过去三年的收入增长率、企业必需拥有自主知识产权或专有技术、在最近三个财年中的第一年营业收入不少于 100 万元人民币且营业至少三年为参选条件，评选出 2017 高科技高成长中国 50 强，上海仅 1 家企业上榜，与广州（13 家）、北京（9 家）、武汉（6 家）存在显著差距。此外，2017 年我国发明专利授权十强本土企业中，上海也仅有中芯国际一家入围。

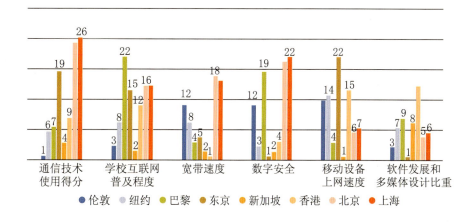

图 2.11
普华永道《机遇之都 2016》"技术成熟度"维度排名

资料来源：PwC(2016)。

城市	专利数量排名	出版物数量排名
纽约	11	4
伦敦	30	7
东京	1	2
上海	17	8

表 2.5
全球创新指数 (GII 2018)
排名

资料来源：全球创新指数（GII 2018）。

2.2.2 资源配置能力

资源配置能力是指城市在全球范围内吸纳、凝聚、配置和激活城市经济社会发展所需的战略资源的能力，反映的是在全球范围内进行资源配置的规模、质量和效率，是取得经济社会发展的决定性因素，也是发挥全球影响力与控制力的重要体现。从目前的情况看，尽管通过持续推进"五个中心"建设，上海已初步具备了一定的全球资源配置能力，但在全球经济控制力和影响力方面与国际上成熟的全球城市相比仍然有较为明显的差距，全球链条整合能力和要素市场交易配置能力还有待加强。

1. 全球链条整合能力。 虽然上海目前已经成为中国内地吸引跨国公司地区总部最多的城市，未来仍具备集聚跨国总部的吸引力和巨大潜力，但在总部集聚方面仍然存在一系列问题：总部集聚规模相对不足。跨国公司地区总部数量上，上海（634家）和新加坡（4 200家）、香港（1 389家）等国际城市相比，仍有较大的提升空间。高能级总部少，相对而言上海的全球性、亚太区总部少，目前只有亚太总部72家，仅占集聚总数的约11%。同时全球500强企业总部上海仅为7家，远远低于东京、伦敦、纽约（图2.12）；高端功能型总部少，尤其缺乏资金中心、结算中心、利润中心等核心功能型总部；总部业务拓展受限，例如，强生公司健康产业的市场准入受到限制，华特迪士尼公司的电视、电影等影视制作业务在乐园区域之外受到限制等。总体上看，上海的总部经济竞争力与知名国际大都市相比仍有差距。未来上海需要继续提升总部能级、发挥总部功能，拓展跨

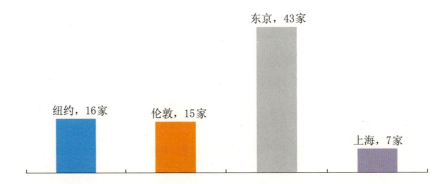

图 2.12
世界 500 强总部分布情况

资料来源：《财富》（2018）世界500强企业排行榜。

表 2.6
上海要素市场全球排名情况

资料来源：《上海国际经济、金融、贸易、航运中心发展报告》。

交 易 所	排 名	定 价 权
上海证券交易所	股票交易额亚洲第二、全球第四	• Shibor 成为国内货币市场的基准利率
上海期货交易所	商品期货与期权交易全球第四	• 铜期货的"上海价格"正成为全球铜产品定价的重要参考
	螺纹钢、铜、天然橡胶和线材全球第一	
能源、债券类、利率类、汇率类、指数类合约排名前十中都没有上海交易所		• 其他领域均缺乏定价权，上海自贸试验区为争取原油期货、黄金等交易定价权带来机遇

国公司新型业务总部，进一步发展壮大总部经济，以更高层面的开放格局吸引国外跨国公司总部及其他功能性机构落户上海，使之成为上海全球城市实现资源配置的市场载体。

2. 要素市场配置能力。部分交易市场规模继续位居全球前列，但定价权还不足（表 2.6）；在债券市场、汇率市场、利率市场、金融衍生品交易等领域与全球领先的交易所差距悬殊，如年均外汇交易额仅为 200 亿美元（伦敦和纽约分别为 1 864 亿美元和 904 亿美元），占全球外汇交易份额仅为 0.86%（伦敦和纽约分别为 12.88% 和 84.85%）（图 2.13），可见上海要素市场交易配置能力还有所欠缺，缺乏定价权与话语权。未来需牢牢把握中国成长为消费大国的良好机遇，进一步拓展要素交易市场的深度和广度，提高要素市场的国际化程度，不断增加定价权和话语权。

2.2.3 营商环境

国际营商环境的实质是行政监管和制度体系的开放度和对于经贸活动的便利影响，具体包括市场准入、市场监管、政府服务效率等环节，是全球城市吸引高端要素资源、功能性主体集聚的重要影响因素，在本质上反映出全球城市的市场化、现代化及文明进步的程度。转型阶段的上海，需要依靠独具特色的国际营商环境激发活力，吸引高附加值人才与企业进入，为城市创造更高价值的财富。总

图 2.13
世界主要城市外汇交易情况

资料来源：干杏娣：《"十三五"实现上海基本建成国际金融中心目标的重点难点问题研究》。

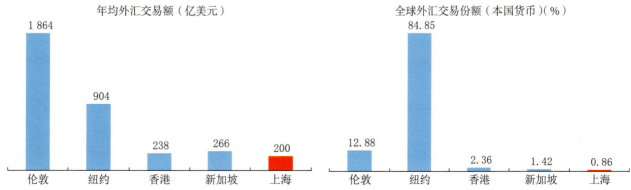

年均外汇交易额（亿美元）

伦敦	纽约	香港	新加坡	上海
1 864	904	238	266	200

全球外汇交易份额（本国货币）（%）

伦敦	纽约	香港	新加坡	上海
12.88	84.85	2.36	1.42	0.86

主题指标	新加坡	伦敦	纽约	香港	上海	
					得分	较上年
开办企业	98.23	94.58	91.61	98.15	93.37	↑ 7.67
办理施工许可	84.73	80.29	76.78	88.24	67.71	↑ 21.83
获得电力	91.33	96.45	91.23	99.34	92.01	↑ 21.5
登记财产	83.14	75.34	76.74	73.55	79.68	↑ 4.36
获得信贷	75.00	75.00	95.00	75.00	60.00	→
保护少数投资者	80.00	75.00	63.33	78.33	60.00	↑ 11.67
纳税	91.58	87.14	83.25	99.71	66.30	↑ 3.32
跨境贸易	89.57	93.76	92.01	95.04	83.06	↑ 11.72
执行合同	84.53	68.69	79.06	69.13	78.85	↓ 0.92
办理破产	74.33	80.27	90.91	65.69	55.82	→

表 2.7
《全球营商环境报告(2019)》部分全球城市营商环境指标比较

资料来源：世界银行《全球营商环境报告（2019）》。

体而言，尽管近年来上海优化营商环境的推进力度较大，在全国保持领先，自贸试验区设立之后更实现较大提升，但总体上离建设贸易投资最便利、行政效率最高、服务管理最规范、法治体系最完善的城市这一目标仍存在较大距离。

当今全球范围内评价营商环境最权威的世界银行《全球营商环境报告》的评价对象覆盖 190 个经济体，评价指标分为 10 项，包括开办企业、办理施工许可、获得电力、登记财产、获得信贷、保护少数投资者、纳税、跨境贸易、执行合同、办理破产等。从最新的《全球营商环境报告（2019）》（表 2.7）中可以看到，上海与排名靠前的新加坡等国际一流水平城市相比仍存在较大差距（图 2.14）。在十个指标中，办理施工许可、保护少数投资者、获得信贷、纳税、办理破产五个指标得分较低，均低于 70。其中，办理施工许可、纳税两项指标排名靠后，处于 190 个经济体排名的后 40%。

此外，普华永道《机遇之都》系列报告对全球 30 个商业中心城市的经济和社会发展进行全面考察，多维度衡量城市表现。"宜商环境"维度的指标显示，上海存在明显的上升空间（图 2.15）。上海由 2012 年版的最后一名上升至 2014

图 2.14
《全球营商环境报告（2019）》中上海和新加坡各维度得分对比

资料来源：世界银行《全球营商环境报告（2019）》。

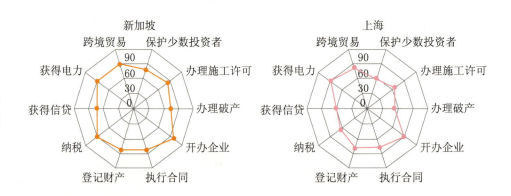

指　　标	伦敦	纽约	巴黎	东京	新加坡	香港	上海
创业便利性	11	16	8	21	2	4	24
破产清算效率	10	3	14	1	13	16	22
出入境便利性：豁免签证国家数量	6	20	17	16	2	3	28
外国大使馆或领事馆数量	1	12	2	4	13	10	23
小股东权益保障能力	3	12	8	17	2	1	29
企业运营风险评估	11	6	13	13	2	1	22
员工管理风险	4	1	13	15	2	6	20
税务效率	8	20	10	27	3	2	15

表 2.8
《机遇之都 2016》宜商环境
指标排名

资料来源：PwC（2016）。

版的第 25 名，又在 2016 版中下滑至第 27 名。上海在"宜商环境"维度的所有变量中的排名普遍较低，尤其在"创业便利性"（第 24 名）、"出入境便利性"（第 28 名）和"股东保护"三方面（第 29 名）。

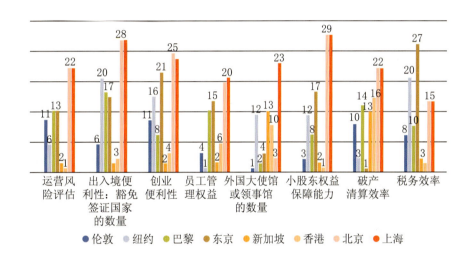

图 2.15
《机遇之都 2016》"宜商环
境"维度排名

资料来源：PwC(2016)。

2.2.4　全球链接

全球链接能力主要是指城市的全球网络链接程度和枢纽功能。随着经济全球化逐渐走向网络化，城市的全球网络链接能力越发重要，成为全球城市融入全球竞争与合作、获取战略资源、占据网络节点位置的重要支撑，是发挥影响力和辐射力的重要路径。近年来，开放优势和国际化特征支撑了上海较高的国际国内经济联系和交流程度，上海对外产生的全球性联系度日益提升，在全球城市网络中的地位不断强化（根据 GaWC 研究小组基于 175 个高端生产性服务业跨国企业的年度全球商务网络数据分析研究，2000—2017 年上海的网络关联度由 31 位上升至第 6 位，稳居 Alpha+ 层级），但上海全球链接能力的发展受制于国内整体开放进程，在各种要素流自由进出方面还有诸多限制，枢纽功能还未有效发挥，仍存在明显的提升空间。

1. 信息枢纽功能。 在麦肯锡发布的《数字时代的全球流量》报告中，上海信息枢纽功能未进入前20名排名。在《全球城市指数》报告的"信息交流"维度中，上海排在25个参选城市的最后一名（图2.16）。基础设施相对落后。根据宽带发展联盟发布的报告，2018年第二季度，上海网络平均可用下载速率为24.90 Mbps，高于全国平均的21.31 Mbps，但仍落后于新加坡（55.13 Mbps）、香港（27.16 Mbps）等全球城市。信息连通性不足。上海与国际互联网的接入存在障碍，商业数据与跨国传输的顺畅程度欠缺，国际连通性有待加强。企业平台不强。上海缺乏具有全球影响力的资讯、传媒机构以及移动互联网等新媒体平台领域的领军企业（如百度、腾讯、阿里等），与国内与北京、深圳、杭州等城市差距明显，一定程度上也影响了上海的数据信息枢纽功能。信息安全能力不强。上海信息安全体系尚未形成，监管和服务手段相对薄弱，技术产业基础支撑能力有限，资源投入与需求无法适应，这些方面也在一定程度上制约了上海与全球的信息链接。

图 2.16
《全球城市指数 2018》"信息交流"维度排名

资料来源：Kearney（2018）。

2. 空港枢纽功能。 上海的港口货物流枢纽功能地位突出，在各大国际大都市中处于首位，但空港的枢纽地位还有待加强。在《数字时代的全球流量》报告中，上海空港枢纽功能处于20位左右的排名（表2.9）。具体而言，上海空港的货物流、服务流、人员流的枢纽地位还不够，尤其是客货运中转规模较小，航班波密度、航空快递、航空货物运输等能力还不足。在《全球城市竞争力报告2017—2018》中，航空线指数，上海未进入前十。《机遇之都》报告显示，上海在"机场"指标排名中仅列第12位，机场航线数（尤其是国际航线）排名第9位。

3. 国际交流能级。 上海在国际文化交流、国际体育赛事、国际会议、国际展览等方面形成了一定的知名度和影响力，但国际交流的层次、能级和品牌需进一步提升。国际会议次数不多、能级不高。《机遇之都》报告评分显示，上

功能	港口枢纽	空港枢纽	金融枢纽	移民枢纽	信息枢纽
流量	货物流	货物、服务、人员流	资金流	人员流	数据、通信和信息流
1	上海	亚特兰大	伦敦	纽约	法兰克福
2	新加坡	北京	纽约	洛杉矶	伦敦
3	香港	伦敦	香港	香港	阿姆斯特丹
4	深圳	芝加哥	新加坡	多伦多	巴黎
5	釜山	洛杉矶	东京	迈阿密	纽约
6	宁波	迪拜	苏黎世	伦敦	洛杉矶
7	广州	巴黎	波士顿	芝加哥	斯德哥尔摩
8	青岛	达拉斯沃斯堡	日内瓦	悉尼	旧金山
9	迪拜	雅加达	法兰克福	旧金山	迈阿密
10	鹿特丹	香港	首尔	莫斯科	东京
11	天津 / 北京	法兰克福	多伦多	休斯敦	新加坡
12	高雄	新加坡	旧金山	巴黎	米兰
13	吉隆坡	阿姆斯特丹	卢森堡	迪拜	香港
14	汉堡	丹佛	芝加哥	利雅得	莫斯科
15	布鲁塞尔	广州	悉尼	华盛顿	汉堡
16	洛杉矶	曼谷	上海	达拉斯	马德里
17	丹绒柏乐巴斯（马来西亚）	伊斯坦布尔	华盛顿	墨尔本	华盛顿
18	厦门	纽约	蒙特尔	新加坡	维也纳
19	大连	吉隆坡	温哥华	吉达	布鲁塞尔
20	长滩	上海	维也纳	—	布拉格
21	不来梅	旧金山	卡尔加里	—	哥本哈根
22	林查班（泰国）	夏洛特	吉隆坡	—	华沙
23	雅加达	旧金山	摩纳哥	—	布达佩斯
24	纽约	拉斯维加斯	卡塔尔	—	北京
25	东京	首尔（仁川）	迪拜	—	台北

表 2.9
国际大都市网络枢纽功能比较

资料来源：麦肯锡《数字时代的全球流量》。

海举办的国际会议次数仅排名第 14 位。国际游客数量相对较少。根据万事达卡（MasterCard）发布的全球目的地城市指数报告，2016 年上海国际过夜游客数量排名第 19 位（表 2.10），为 612 万人，远低于伦敦（1 988 万）、巴黎（1 803 万）、纽约（1 275 万）、东京（1 170 万）等全球大都市，也落后于曼谷（2 147 万）、迪拜（1 527 万）、新加坡（1 211 万）等旅游目的地城市。外籍人口比重相对偏低。目前上海国际人才占常住人口比重仅为 0.73%，远低于纽约的 36%、新加坡的 33%，也低于世界一般国家 3.3% 及发达国家 10% 的平均水平。

2016 年排名	目的地城市	国际过夜游客（百万）				
		2012 年	2013 年	2014 年	2015 年	2016 年
1	曼谷	15.82	17.47	17.03	19.59	21.47
2	伦敦	15.46	16.81	17.40	18.58	19.88
3	巴黎	15.76	17.20	17.19	17.66	18.03
4	迪拜	10.95	12.19	13.21	14.20	15.27
5	纽约	10.92	11.38	12.02	12.37	12.75
6	新加坡	11.10	11.90	11.86	11.63	12.11
7	科伦坡	9.63	9.89	11.69	11.19	12.02
8	伊斯坦布尔	8.82	9.87	11.27	11.91	11.95
9	东京	4.89	5.40	7.68	10.43	11.70
10	首尔	7.51	8.03	9.84	9.26	10.20
11	香港	8.37	8.26	8.36	8.35	8.37
12	巴塞罗那	6.91	7.18	7.42	7.70	8.20
13	阿姆斯特丹	6.10	6.65	7.35	7.78	8.00
14	米兰	6.88	6.99	7.30	7.51	7.65
15	台北	4.70	5.83	6.38	6.85	7.35
16	罗马	6.66	6.66	6.76	6.95	7.12
17	大阪	2.41	3.32	4.22	6.19	7.02
18	维也纳	5.38	5.55	5.85	6.23	6.69
19	上海	6.04	5.71	5.89	5.74	6.12
20	布拉格	4.92	5.05	5.32	5.73	5.81

表 2.10
全球目的地城市前 20 强的国际游客数量

资料来源：Global Destination Cities Index by Mastercard。

2.2.5 文化魅力

　　文化是体现城市影响力和软实力的关键因素，在全球城市竞争力塑造中的作用愈发突出，是打造全球城市魅力和创新力、挖掘和延展城市底蕴的有效载体，文化软实力更是已经成为全球城市话语权的重要标志之一。伦敦、纽约、东京等全球城市均具有强大的文化影响力，是享誉全球的文化中心和全球知名国际文化交流活动的汇集地。上海具有深厚的文化底蕴，是国际人士高度认可的国际大都市。但从建设全球城市的角度看，上海的文化软实力与国际先进相比仍有一定的差距，文化的国际影响力和辐射力仍有待提升。

　　1. 文化体验度。《全球城市指数》报告显示，上海在"文化体验"维度中仅排在第 19 位（共 25 个城市参与排名，图 2.17），表明上海在文化场馆资源和文化活动方面，与伦敦（第 1 位）、纽约（第 3 位）等仍有不小的差距。

图 2.17
《全球城市指数 2018》"文化
体验"维度排名

资料来源: Kearney（2018）。

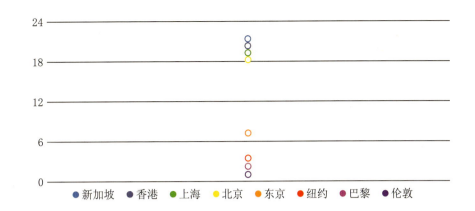

2. **文化影响力。**《世界城市综合实力排名》报告中的"文化与交流"维度主要评估的是城市在文化领域的国际影响力和资源配置能力。上海在参选的 44 座城市中仅排名第 17 位（图 2.18），得分仅有榜首城市伦敦的 37.2%，表明文化影响力、辐射力和全球顶尖城市相比仍有很大差距。此外，由艺术工作者评选的"心目中的艺术殿堂"排名中，上海仅位列第 21 位，显示出城市的艺术影响力和吸引力相对薄弱。

图 2.18
《世界城市综合实力排名》文
化交流维度评分变动

资料来源: 森纪念财团都市战略研
究所（2009—2017）。

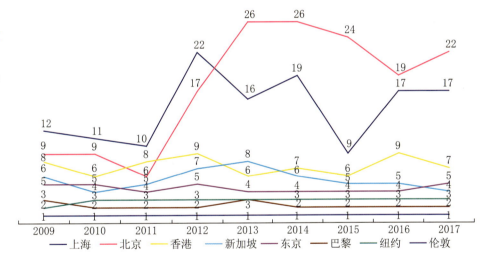

2.3 特色创造

上海全球城市建设要面向未来，破除思维定式和路径依赖，应对新变局、辨识新变量、注入新元素，在动态发展中创造上海特色优势。为将潜在优势转化为显性竞争力，上海迫切需要抓机遇、配资源、找到关键突破口，明确上海在卓越全球城市建设中应培育和形成的、具有显示度和识别度的城市特色。以下从提高吸引力、凸显创新力、增强辐射力、提升竞争力四方面提出上海特色创造的基本思路和对策。

2.3.1 提高吸引力：建设"有温度的城市"

城市吸引力来自优越的城市环境，包括良好的物质空间环境和制度软环境。全方位地改善城市环境能够使上海成为吸引各类要素的"磁极"，整体性地提高城市在全球范围内的竞争能力。

1. **提升空间品质。** 物质空间环境是城市形象和城市特色中最容易被感知的部分，也是全球城市塑造国际形象的关键要素。随着城镇化进程的不断推进，上海城市人口激增，城市建设用地紧张，公共空间品质降低。近年来，尽管上海已建成不少城市公共空间，但与其他全球城市相比，上海的公共空间仍然存在数量偏少、品质不高、总面积偏低、布局不均衡、可达性较差等短板。

未来应充分发挥场所营造的效应，通过对上海城市特色及文脉的提炼和重新组织，建设高品质的城市公共空间和设施，融合当代文化要素和商业手段，创造独具吸引力的城市风貌。聚焦历史保护与城市更新，以人文精神、前瞻眼光把握城市开发与历史保护的平衡点和节奏感，着力规划、营造一大批空间大小不一的活力宜人的公共空间，主旨是要与城市更新紧密结合、与郊区新城建设结合，从增量上开发一批新的公共空间，从存量资源的文化创意产业园区、传统工业园区、商业设施中改造、转化一部分空间，特别是注重历史建筑和历史文化风貌区特色公共空间的打造，使上海公共空间中流动着的文化色彩和文化符号触目皆是、举手可及，使更新后的地区集聚能够符合全球经济参与者要求的生活居住设施及娱乐、文化、时尚等各类公共服务设施，同时为创新创意提供利于交流的场所，提升城市凝聚力。

2. **优化营商环境。** 营建更为优势的法治化、国际化、便利化的国际营商环境，关乎上海的发展全局，是上海提升全球城市吸引力的重要方面。如何在经济高质量发展阶段实现营商环境的新突破，打造更具优势的法治化、国际化、便利化营商环境，不断提升制度环境软实力以增强吸引力、创造力和竞争力，关乎这一历史性转型的成效，关乎本市未来的改革发展全局。上海唯有拿出"改革开放再出发"的决心和勇气，对标国际最高标准、最好水平，围绕效率优先、创新优先等进行积极探索，打造营商环境不可替代的新亮点、新标识、新高地，才能形成强大的"引力场"，不断提升全球城市的比较优势和核心竞争力。

为此，上海应充分发挥上海自贸试验区示范引领作用，聚焦"证照分离"改革试点、行政审批制度改革"互联网＋政务服务"和事中事后监管等重点领域，持续深化"放管服"改革，使市场在资源配置中起决定性作用，更好发挥政府作用，努力做到审批更简、监管更强、服务更优，不断激发市场活力和社会创造力。该放的权要放得更彻底、更到位，把经济管理权放到离市场最近的地方，把社会管理权放到离老百姓最近的地方；该管的要管得更科学、更到位、更高效，以事中事后监管为原则，事前审批为特例；服务要更精准、更贴心，政府公务员要强化服务意识，当好服务企业的"店小二"，做到有求必应、无事不扰。

2.3.2 凸显创新力：培育"创新生态绿洲"

不安于现状、不因循守旧、勇于推陈出新，对世界发展的新趋势、新思潮、新动向保持着敏锐的洞察力、识时达变，这些是上海一直以来的优良特质。同时，创新能力已经成为当前国际经中心城市自我更、自我变革，保持持续竞争优势的内在动力和根本要求。全球城市只有具备较强的创新能力，才能在全球创新网络中发挥重要作用，引领全球产业创新发展。因此，保持城市一贯的特质并与时俱进凸显城市创新力理应成为上海建设全球城市的重要特色。未来，上海将以建设具有全球影响力的科创中心为引领，从应用场景、创新主体和创新生态几方面着手，全面增强创新驱动能力。

1. 强化应用场景。创新不是打造盆景，而是要做成苗圃，要培育成森林。新技术、新模式不能仅仅停留在实验室，只有真正进入现实市场中去，落到实际的产业发展上，才能真正转化为推动经济社会快速发展的新动能。从实践中看，除了资金、人才以外，贴近市场需求的应用场景也是支撑创新走向成功不可替代的关键。只有在实际应用中不断试错，历经过市场的"大浪淘沙"，创新才能真正找到通往蓝海和成功的准确途径。

国家经济实力的快速上升和民众收入水平的不断上涨，为上海培育出了规模庞大、需求多样的居民消费市场。完备的产业体系和多元化的产业结构，也为上海创造了存在无限可能的企业需求市场。这种无可比拟的市场空间，可以为创新提供丰富多彩的应用场景，可以成为创新的"试验田"和"试金石"，也可以为创新成果进行中试和产业化提供"足够肥沃的土壤"。

因此，上海应该充分把握这样的"市场红利"，主动张开怀抱，为各式各样的创新开放相关的应用场景，为创新提供匹配现实市场需求的"培养皿"。一方面，可以在政府管理和公共服务领域，率先使用新技术、新模式，为创新提供宽广的"表演舞台"。另一方面，也要在法律法规允许的前提下，尽可能地向市场开放更多的数据和资料，为创新探寻各种应用场景提供有力的"炮弹"。

2. 激活创新主体。（1）发挥市场机制在创新中的主导作用，充分调动创新主体的积极性，重视保持创新主体、创新模式、创新组织的开放性、多样性和竞争性，让更多主体参与其中以释放全社会创新潜能。（2）培育多元化的创新主体。上海科技创新不能仅仅依靠国有企业、体制内科研院所，应更多发挥各类市场主体的作用，尤其是推动能够充分整合市场创新力量的新型研发组织的发展（专栏2.2），把技术创新、风险投资、产业应用有机整合起来。（3）形成市场化的激励机制。发挥多元创新主体的作用，需要市场化激励机制的大力推动，创新火花需要利益之油才能形成燎原之势，要把创新成果分配与创新人才的激励培养有机结合起来，在职务发明人权益保障、国有技术类无形资产评估、扩大股权激励试点及健全国资国企考核评价体系等方面，形成一整套符合创新内在规律、与市场化接轨的有效办法。（4）推动营造专业化的服务环境。专业服务是多元创新主体不断发挥作用的强有力支撑，要充分依托上海"五个中心"综合服务功能，优化科技基础设施体系，完善研发公共服务平台，优化知识产权服务体系，优化科技中介服务体系，打造支持创新活动的全生命周期服务链，推动创新生态的形成。

3. 优化创新生态。上海要提升全球城市的持续创新能力，就必须要提高"创

专栏2.2　新型研发组织的主要特点

新型研发组织被俗称为"四不像"研发组织，即具备企业、研究机构、事业单位、民办非企业的特点，但又不完全属于其中的任何一类，其以资源配置市场化、投资主体多元化、管理机制企业化、政产学研资创新一体化为特征，开创了一种跨越式提升源头创新能力并且快速实现产业化的新型科技研发模式。

一是新型研发组织举办主体多元，形态多样，体制灵活。新型研发组织往往是由政府、大学、研究院所以及企业共同参与形成的，有不同的组合方式，没有固定模式。比如先进研究院是由深圳市政府、中科院、香港中文大学共建；光启研究院由自创团队发起设立；中物研究院则是由研究院所和企业共同组建。

二是新型研发组织内部功能不局限于科学研究，而是涵盖研究、研发、转化、投资等多种功能，具备强大的自主生长扩张能力。新型研发组织本身是一个开放式的创新资源集聚平台，可以不断引入新的投资主体、并购新的发展资源、打造新的研发链条，在较短时期内实现快速发展。比如光启研究院以自创科研团队起步，之后设立光启创新技术有限公司，引入外部投资者，下属产业化公司借壳上市，购买国外公司并在海外上市。

三是新型研发组织以产业化为目的，以市场需求为驱动，以市场机制为依托，着力解决科技创新链条中的"转化"短板。在创新链条上，传统研发组织的技术成果与产业化应用距离大，企业的技术创新又往往缺乏前沿性和开创性，新型研发组织则定位于传统科研机构和企业创新组织的中间地带，从事最接近产业化的创新和转化。

四是新型研发组织的研究重点不是传统领域，而是具有颠覆性的技术创新和应用，能够形成新的产业集群。而新型研发组织设立初衷就是对传统领域的颠覆，在传统研发组织的空白点找到自身发展的空间。比如光启研究院的超材料研究、华大基因的高通量基因数据挖掘等在国际上处于顶尖水平，能够代表国家参与国际间的科技竞争。

资料来源：深圳市发改委。

新浓度"，努力营造充满生机活力的创新生态，提升创新的多样性、协同性和包容性。（1）鼓励多样性。欢迎来自五湖四海的人才、来自全球各地的机构、来自不同所有制的企业主体，采用多种多样的方式开展创新，充分激发市场创新活力，形成"百家争鸣""百花齐放"的多元化创新格局。（2）扩大协同性。鼓励各类创新主体用开放的方式开展创新活动，促进跨领域的创新融合，鼓励企业、高校、科研机构广泛深入开展合作研究，推动城市创新要素的自由流动，提升上海开放创新的能级与水平。构建协同联动的城市创新环境，逐渐建立起相互学习的、紧密的网络连接，推动各类创新主体在协同中打破各种壁垒、构建创新网络（可参考专栏 2.3 中的硅谷经验）。（3）增强包容性。对待创新要多一份宽容，少

　　硅谷创新体系的形成是各种创新主体、要素与创新环境良性互动的结果，其中世界一流的研究型大学、"引擎"企业、奋发有为的政府是硅谷形成的主要驱动因素，密集的风险投资、专业服务机构、各种行业协会和非正式社交网络为重要的支撑要素并催化各类创新活动的产生，完善的基础设施和开放包容的文化环境孕育了持续创新的土壤。

　　硅谷形成了由政府部门、大学教师及学生、科研机构研究人员、企业家、风险投资家以及各类中间机构、非正式社区组织等创新要素构成的两个层次的复杂社会经济网络：一是由企业、大学、政府等创新主体及其形成的创新群落构筑的创新核心网络层；二是由创新基础设施、创新文化、专业性服务机构、风险资本、各种行业协会和非正式社交网络构成的创新环境支撑层。

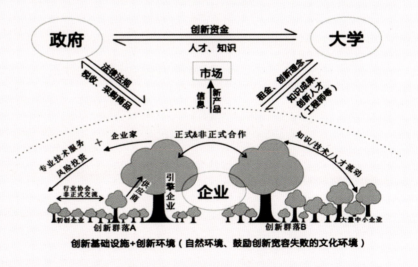

资料来源：杜德斌、胡曙红：《硅谷是如何炼成全球科创中心的》，三思派公众号，2016 年 8 月。

一些苛求。要努力营造出宽松、自由的创新环境，倡导创新文化，让创新创业者安心定心。要全力营造勇于探索、鼓励创新、宽容失败的良好氛围，最大限度激发各类人才创新创业的蓬勃热情。

2.3.3　增强辐射力：带动内外"两个扇面"

城市能级和核心竞争力既体现在内部效益上，也体现在外部效益上。上海建设全球城市，既要把自身功能做强，更要有效利用国内外市场和资源，增强面向国际国内"两个扇面"的集聚和辐射能力。

1. 联通国内：推动长三角地区实现更高质量一体化发展。长三角地区拥有领先全国的雄厚经济实力和广阔消费市场，可以为上海提供强有力的腹地支撑。经过多年努力，长三角一体化在构建区域合作机制、推进重点专题项目、拓展区域合作范围等方面都取得了丰硕而务实的成果，形成了良好的区域协同基础。这个优势互补、紧密合作的"朋友圈"，将为上海"打造人无我有、人有我优、人优我特"的核心竞争力提供无限可能，将助力上海在全球城市版图上赢得更大话语权和更强竞争力。由此可见，上海增强面向国内的影响力和辐射力最为重要的路径就是进一步发挥龙头带动作用，推动长三角地区实现更高质量　体化发展。

未来上海应对长三角更高质量一体化发展进行再谋划、再深化，推动长三角协同发展的质量变革、效率变革、动力变革，把上海大都市圈框架打开、空间做实、功能做强，更好地推进上海全球城市功能和长三角世界级城市群竞争力。促进要素自由流动。探索破除行政区域分割，促进人才、技术及企业主体等各类要素跨区域自由流动的制度安排，共创有序透明的市场环境，促进长三角地区市场无缝对接。推动产业协同发展。结合区域产业基础和资源禀赋，以产业转型升级、科技和模式创新需求为导向，健全协同创新机制，加强区域间的产业合作，推动长三角重点产业的优化布局和统筹发展，着力培育世界级产业集群。实现区域协同治理。有效落实三年行动计划，推进政府管理和公共服务领域的协作同一，率先实现"规划一张图、交通一张网、环保一根线、治理一个章、市民服务一张卡"的落地。

2. 辐射全球：进一步提升国际枢纽功能和资源配置能力。中国融入全球化的进程和国家战略崛起的进程，为上海建设全球城市提供了强大动力。对于上海而言，把握和释放开放红利的关键就是要营造更加开放、更加自由的环境，营造要素自由流动、自由进出的环境，增强链接全球网络的能力；同时，融入国家大的开放战略和开放通道，在服务国家战略中推动自身发展，不断提升面向国际的辐射力，加快向全球城市目标迈进。

为此，上海要进一步扩大开放，主动融入全球进程、参与全球竞争，集聚高端资源、发挥高端功能，不断增强全球影响力。提升国际网络枢纽功能。构建面向全球的立体化、高效能联通网络，优化空中、海上、陆上、网上"四位一体"的通道体系，打造立足国内、辐射亚太、联通全球的国际网络枢纽。加快5G引领，布局建设软件化、知识化、智能化的新一代信息基础设施，探索打造全球数据港，建立全球数据枢纽平台。进一步拓展会计、法律、咨询等专业服务网络，为更多市场主体参与全球经济活动提供便利。构筑起全球城市区域、链接国内国际市场战略通道为支撑的开放格局，继续引领我国对外开放，成为代表中国参与全球竞争的核心城市和开放前沿。增强全球资源配置能力。围绕关键要素、战略主体、功能平台、国际通道，进行顶层设计，加强前瞻布局，积极融入全球价值链战略环节和关键环节，增强话语权和主导权。加快提升上海作为全球城市的链条整合能力（产业链、价值链、供应链、创新链）、交易配置能力（各类要素市场的定价权和话语权）、规则主导能力（全球性标准、规则的参与度）和综合服务功能（金融、贸易、航运），在全球经济体系中形成控制力与影响力，成为全球城市网络中的资源配置中心。

2.3.4　提升竞争力：打响上海"四大品牌"

品牌是一座城市最具识别度的标识，是城市综合实力和城市竞争力的集中体现。面对激烈的全球竞争，上海要构筑具有强力支撑作用、难以被人取代的战略优势，就必须结合自身的资源禀赋和潜在优势，打造独具特色、享誉全球的"上海品牌"。

1. 打响享誉全球的"上海制造"品牌。继承发扬老品牌，做大做强新品牌，加快提升制造业的能级和竞争力，不断提升"上海制造"的产品品质、知名度和美誉度，重振"上海制造雄风"。

加快推进制造业转型升级。主动适应全球新一轮科技革命和产业变革重塑制造业生态体系的新趋势，深入推进供给侧结构性改革，紧密结合科创中心建设，大力发展高端制造、品质制造、智能制造、绿色制造，超前布局未来前沿产业，加快培育战略性新兴产业，改造提升传统优势产业，推动"上海制造"成为引领制造强国建设的新标杆，形成一批具有国际竞争力的产业集群和制造品牌。

加快迈向全球产业链、价值链高端。以提高产品品质为重点强化质量、标准、研发、设计和管理，推动上海制造产业链、创新链、价值链深度重构。加快建设世界级制造品牌汇聚地，不断提升"上海制造"参与全球价值链分工的能力水平，围绕消费品改善供给、高端装备自主突破、智能产品迭代升级、新材料首批次应用等领域打造一批名品，聚焦世界一流企业、"独角兽"企业、"隐形冠军"企业三层梯队培育一批名企，培育以卓越科学家引领、卓越企业家运营、精工巧匠支撑的名家队伍，以世界级品牌园区、特色产业基地为重点塑造一批名园。

2. 打响优质高端的"上海服务"品牌。瞄准国际最高标准，推动服务功能、服务经济、服务民生和服务环境强品质、重效率、上水平，扩大服务半径和辐射范围，增强经济中心城市辐射带动能力。

提高服务经济能级。围绕城市的辐射带动能力，着力提升国际经济、金融、贸易、航运、科技创新中心核心功能，全面提高服务企业提供解决方案、开展国际业务、运作全球市场的能力，提高全球资源配置能力和服务国家战略能力。大力发展现代服务业，推动生产性服务业向专业化和高端化拓展，加快培育服务经济新动能，形成一批具有国际影响力的服务业品牌企业和特色集聚区。

提升服务质量水平。推动生活服务业向精细化和高品质提升，以服务水平领先度、服务功能辐射度、服务对象感受度、服务品牌美誉度为衡量标准，弘扬追求卓越的服务理念，坚守公平普惠的服务取向，强化改革创新的服务意识，倡导开放包容的服务精神，着力提升服务对象、消费者和市场主体对上海服务的感受度和获得感，推动"上海服务"成为优质服务、高端服务的代名词。

3. 打响时尚繁荣的"上海购物"品牌。主动顺应消费升级大趋势，提升消费供给质量，打造面向全球的消费市场，创造更加便利的购物消费环境，汇聚更加丰富的全球高端品牌，不断提升上海消费的集聚度、繁荣度、便利度，把上海建成人人向往的购物天堂和世界知名的国际消费城市。

培育知名消费品牌，注重以新供给引领新消费，支持新兴消费品牌蓬勃发展，促进传统消费品牌提质升级，加快老字号改革创新发展，培育一批具有国际影响力的"上海购物"品牌，着力打造全球新品首发地、高端品牌首选地、原创品牌集聚地。

打造消费集散平台。充分发挥中国国际进口博览会的溢出效应和放大效应，着眼"买全球、卖全球"，建设一批具有全球知名度的国际消费品集散功能平台，建设国际高端知名品牌"引进来"和本土自主品牌"走出去"的桥头堡。

优化消费服务环境，以创造便利的消费环境、打造特色的知名商圈为抓手，营造具有国际竞争力的"上海购物"环境，繁荣都市商业，优化消费体验，更好满足需求、创造需求、引领需求，加快建成具有全球影响力的国际消费城市。

4. 打响独具魅力的"上海文化"品牌。激活上海"文化码头"的集聚和辐射作用，激发上海"文化源头"的创新创造能力，擦亮"上海文化"金名片，建设更加开放包容、更具时代魅力的国际文化大都市。

打造知名文化品牌。充分利用上海丰富的红色文化、海派文化、江南文化资源，精心塑造一批海派特色突出、城市特质彰显、内涵价值丰富、感知识别度高的国际国内知名文化品牌。

推动文创产业发展。推动影视、演艺、网络文化等重点领域创新突破，加快建设全球影视创制中心、全球动漫游戏原创中心、国际艺术品交易中心和亚洲演艺之都，促进文化与科技、金融、教育、旅游、体育等产业融合发展，提升上海文创产业的原创力、辐射力、影响力。

完善公共文化服务。进一步强化公共文化设施建设，扩大优质公共文化供给，让市民共享高品质文化服务，全面提升市民精神气质和文明素养，不断满足人民群众精神文化需求。

参 | 考 | 文 | 献

［1］ Batten, D. F., 1995, "Network Cities: Creative Urban Agglomerations for the 21st Century", *Urban Studies*, 32.2:313—327.

［2］ Castells, Manuel, 2008, "The New Public Sphere: Global Civil Society, Communication Networks, and Global Governance", *Annals of the American Academy of Political & Social Science*, 616.1:78—93.

［3］ Friedmann, John, and G. Wolff, 1928, "World City Formation: An Agenda for Research and Action", *International Journal of Urban & Regional Research*, 6.3:309—344.

［4］ Friedmann, 1995, *A Decade of World City Research—World Cities in a World System*, UK: Cambridge University Press.

［5］ Hall, Peter, 1998, *Cities in Civilization: Culture, Innovation, and Urban Order*, Pantheon.

［6］ Moss, Mitchell, 2014, "Telecommunications, World Cities, and Urban Policy", *Urban Studies*, 24.6:534—546.

［7］ Pluijm, Rogier Van Der, and J. Melissen, （2007）, "City Diplomacy: The Expanding Role of Cities in International Politics", *European Journal of Political Economy*, 11.3:599—601.

［8］ Sassen, Saskia, 2013, "The Global City: New York, London, Tokyo", *Political Science Quarterly*, 107.2:501—502.

［9］ Scott, Allenj, 2001, *Global City—Regions: Trends, Theory, Policy*, Oxford University Press.

［10］ A.T. Kearney, 2017, Global Cities 2017: Leaders in a World of Disruptive Innovation.

［11］ PwC, 2017, Cities of Opportunity 7.

［12］ 日本森纪念财团都市研究所：《世界城市综合实力排名 2017》，2017 年。

［13］ 中国社科院、联合国人居署：《全球城市竞争力报告（2017—2018）》，2017 年。

［14］ 上海市信息中心：《全球科技创新中心评估报告》，2017。

［15］ 上海财经大学课题组：《未来 30 年上海全球城市资源配置能力研究：趋势与制约》，《科学发展》2016 年第 8 期。

［16］ 唐子来、李粲：《迈向全球城市的战略思考》，《国际城市规划》2015 年第 4 期。

［17］ 仝德、戴筱颖、李贵才：《打造全球城市——区域的国际经验与借鉴》，《国际城市规划》2014 年第 2 期。

［18］ 周振华：《上海未来 30 年城市发展战略目标取向》，《科学发展》2014 年第 12 期。

［19］ 周振华：《上海迈向全球城市：战略与行动》，上海人民出版社 2012 年版。

3

全球要素流动
及其配置能级

上海建设卓越的全球城市，其关键在于加快提升城市能级和核心竞争力，特别是提升集聚和配置全球高端资源要素的能力，成为全球要素流动的重要枢纽节点。从全球航空、海运、金融、创新等视角来看，上海在全球城市网络要素流动中的节点地位，既有比较优势，也存在明显的薄弱环节，需要采取针对性措施，提升全球要素流动及其配置能级。

The key to building a global city of excellence is to accelerate the consolidation of the city comprehensive strengths and core competitiveness of Shanghai, especially to enhance the ability to cluster and deploy high-end resources, and thus to become a key hub of global production factor mobility. From the perspectives of global aviation, maritime transport, finance, and innovation, Shanghai has obvious comparative strengths and weaknesses in the global network of production factor mobility hub building. Thus, it is necessary to take pertinent measures to improve its ability in global production factor circulation and comprehensive strengths deployment.

为了更全面地刻画全球城市网络中要素流动的特征及上海在网络中的节点地位，我们从全球航空、海运、金融、创新等视角研究全球城市网络，同时运用关联数据和属性数据，通过有效叠加和整合，重点刻画各类全球要素流的基本特征，分析上海在各类全球要素流中的节点地位，进而提出增强上海全球要素流动与配置能力的对策建议。

3.1　全球航空网络中的上海

在全球化、信息化和网络化的时代，航空流在全球城市的交流中扮演着越来越重要的角色，成为连接全球城市的物质纽带。对于上海而言，提升全球城市能级的一个重要基础就是要强化对全球航空流的配置能力，培育立足国内、辐射亚太、联通全球的国际航空枢纽，打通空中网络通道，提速增效，互联互通，构建面向全球的立体化、高效能航空网络，建设全球城市体系高端节点。

3.1.1　全球航空网络的基本格局

随着经济全球化和区域一体化进程的加速，航空运输在国际（城市）交流中扮演着越来越重要的角色。基林（Keeling，1995）认为航空联系之所以能成为衡量世界城市间的关系指标主要有以下五点原因：（1）全球航空流是鲜有的能衡量跨国城市之间连通性的指标；（2）航空网络及其结构具备很好的可视化程度，能最好地表征世界城市之间关联；（3）在信息革命的背景下，人与人之间面对面的交流仍然是必须的，航空运输作为国际人员流动的最主要载体具有很重要的意义；（4）航空运输承担高端跨国的资本、人员、技术和高附加值货物的运输职能，是经济全球化进程的重要载体；（5）城市对外航空联系是反映其在世界城市网络中地位的重要指标。为此，基于航空联系的航空网络近几十年来形成两大研究热点：一是利用航空运输数据分析航空网络的拓扑结构特征，进而讨论这种网络结构的空间特性，可以定义为国际（区域）航空网络研究（Shin & Timberlake，2002；Matsumoto，2007；Jin et al.，2008）；二是以城市间的航空旅客数量来反映城市间联系，考察世界城市网络的空间结构特征（Smith & Timberlake，2001；Derudder et al.，2007）。前者强调抽象化认识航空网络的基本结构和特性；后者重点探讨城市间关系网络。

我们尝试将两个视角相结合，统一到一个研究框架内，从航空联系的视角对世界城市网络内城市间的连接性进行分析。在此选取社会网络分析中三项关于中心度的基本指标①来考核航空网络中中心城市的情况，采用城市间航班数据来反映城市之间的联系（张凡、宁越敏，2015）。数据来源自飞友网航班时刻表，选择的数据时间节点为2015年7月。样本城市选择参考了GaWC发布的"The World According to GaWC 2012"中Alpha级的45个世界城市。这45个城市基本囊括了全球化水平最高的城市，它们之间的航空联系占据世界跨国航空联系最主要的一部分。数据类型采用每周航班数来测量城市间的关系。本研究只统计以国际航班为主的国际机场的相关数据，而以国内航班为主的机场数据不包括在内。例如纽约有三个机场，其中肯尼迪机场是主要的国际机场，因此以肯尼迪机场与其他世界城市国际机场之间的航班数来衡量纽约与其他全球城市之间的联系。

根据网络分析维度的观点，我们对45个城市基于世界航空的网络中心度进行了计算和分析（表3.1）。

表 3.1
基于世界航空的城市网络中心度

资料来源：张凡、宁越敏：《基于全球航班流数据的世界城市网络连接性分析》，《南京社会科学》2015年第1期。

排名	城　市	节点中心度	城　市	中间中心度	城　市	权力指数
1	巴黎	95.46	巴黎	5.10	伦敦	2 763
2	法兰克福	93.18	法兰克福	4.54	巴黎	1 972
3	伦敦	88.64	迪拜	4.44	法兰克福	1 755
4	阿姆斯特丹	88.64	阿姆斯特丹	4.25	纽约	1 622
5	纽约	86.36	纽约	3.88	阿姆斯特丹	1 373
6	迪拜	86.36	伦敦	3.87	香港	1 272
7	北京	75.00	北京	2.60	东京	1 218
8	东京	72.73	东京	2.17	慕尼黑	1 162
9	多伦多	65.91	多伦多	1.71	上海	1 152
10	慕尼黑	65.91	洛杉矶	1.33	新加坡	1 114

---

① 节点中心度。这是衡量某一行动者在网络中的权力，即其他行动者对其依赖性的指标。具体而言，网络中城市的中心度可以量化为与其直接相连的城市的个数：

$$C_D(n_i) = \sum_j x_{ij}$$

在本研究中，城市的中心度定义为与该城市直接相连的城市个数之和，表示该城市在网络中对其他城市的控制能力。

中间中心度。这一概念在于测量一个城市在多大程度上位于其他城市的"中间"，在一定程度上体现了城市在网络中的"中介"作用。城市 i 在网络中的中间中心度 C_{RBi} 可以表述为：

$$C_{RBi} = \frac{2C_D(n_i)}{n^2 - 3n + 2}$$

权力指数。它在中心度测量的基础上，考虑对城市间关系加以赋值。本研究将城市间的航班数量作为赋值，得到城市 i 的权力指数：

$$C_i = \sum_j r_{ij} c_j$$

这里 r_{ij} 是连接城市 i 和城市 j 之间关系赋值。c_j 是点 j 的中心度。

排名	城　市	节点中心度	城　市	中间中心度	城　市	权力指数
11	香港	63.64	慕尼黑	1.32	洛杉矶	1 073
12	首尔	61.36	香港	1.32	巴塞罗那	994
13	新加坡	59.09	首尔	1.20	北京	972
14	上海	59.09	马德里	1.17	马德里	963
15	马德里	59.09	新加坡	1.14	亚特兰大	945
16	洛杉矶	59.09	亚特兰大	1.03	芝加哥	939
17	曼谷	54.55	上海	0.96	迪拜	873
18	伊斯坦布尔	54.55	曼谷	0.81	首尔	841
19	亚特兰大	54.55	伊斯坦布尔	0.77	波士顿	812
20	维也纳	52.27	巴塞罗那	0.70	米兰	787
21	华盛顿	52.27	吉隆坡	0.70	多伦多	781
22	米兰	47.73	华盛顿	0.64	台北	776
23	吉隆坡	47.73	悉尼	0.59	华盛顿	749
24	苏黎世	47.73	维也纳	0.56	维也纳	746
25	巴塞罗那	47.73	苏黎世	0.52	苏黎世	662
26	莫斯科	45.46	米兰	0.49	曼谷	653
27	芝加哥	45.46	迈阿密	0.47	迈阿密	651
28	悉尼	40.91	芝加哥	0.42	新德里	629
29	布鲁塞尔	40.91	莫斯科	0.40	悉尼	615
30	华沙	40.91	布鲁塞尔	0.32	吉隆坡	596
31	台北	40.91	新德里	0.22	孟买	579
32	迈阿密	40.91	布宜诺斯艾利斯	0.20	伊斯坦布尔	551
33	新德里	36.64	圣保罗	0.19	布鲁塞尔	529
34	圣保罗	36.36	台北	0.19	都柏林	513
35	布达佩斯	36.36	华沙	0.16	墨尔本	511
36	波士顿	36.36	波士顿	0.14	莫斯科	498
37	孟买	31.82	布达佩斯	0.09	雅加达	438
38	布拉格	31.82	孟买	0.08	华沙	433
39	墨西哥城	27.27	布拉格	0.06	布达佩斯	421
40	雅加达	27.27	墨西哥城	0.05	布拉格	368
41	都柏林	27.27	约翰内斯堡	0.03	斯德哥尔摩	335
42	布宜诺斯艾利斯	25.00	都柏林	0.02	墨西哥城	329
43	约翰内斯堡	22.73	雅加达	0.01	圣保罗	299
44	墨尔本	22.73	斯德哥尔摩	0.01	布宜诺斯艾利斯	231
45	斯德哥尔摩	20.46	墨尔本	0.01	约翰内斯堡	133

（1）节点中心度。巴黎、法兰克福、伦敦、阿姆斯特丹、纽约、迪拜等六个城市较高，均在 86 以上，表明它们与样本中 86% 以上的城市有直接联系。东京和北京的节点中心度均超过了 70，表明它们与 70% 以上的城市直接相连。接下来多伦多、慕尼黑、香港和首尔四个城市的节点中心度超过了 60，而新加坡、上海等城市的节点中心度相同，均为 59，排在 13—16 位。在样本中占大多数的欧洲城市和美国城市，例如芝加哥、华盛顿、波士顿等中心度不高，均低于 50，表明缺乏真正全球性的跨区域联系，对整个网络控制力不强。

（2）中间中心度。巴黎、阿姆斯特丹和迪拜位居前三位。其中迪拜取代了纽约进入了前三。迪拜与纽约拥有相同的节点中心度，但其中间中心度却比纽约高，体现了在世界航空网络中具有更强的中转功能。这是因为迪拜具备更好的地理区位，地处亚洲、欧洲、非洲三大洲的几何中心，更适合建立直接的航空联系。而纽约虽然与东亚和欧洲联系紧密，但由于与东南亚、澳洲距离过远，不适合建立直接的跨区域联系，因此中转功能不如迪拜。此外，中间中心度大于中心度的城市还有洛杉矶和亚特兰大。洛杉矶是美国西海岸的重要航空枢纽，承担了与亚洲地区的航空中转功能；而亚特兰大则是东海岸次于纽约的另一大航空枢纽，与欧洲和拉美有很好的连接性。相比而言，芝加哥在美国的国际航线中的地理位置不如洛杉矶和亚特兰大优越，因此中转功能不够强，中间中心度也就不高。上海排在第 17 位，低于在节点中心度中的排名，说明中转功能相对较弱。

（3）权力指数。尽管伦敦的节点中心度和中间中心度均不是最高的，但其权利指数却遥遥领先，达到 2 763，远超第二名的巴黎。这是因为伦敦航班覆盖面虽不及巴黎等城市，但与主要全球城市之间存在高强度的航空联系，例如伦敦与纽约之间每周有 182 个国际航班，因此显示出很高的权力指数。上海也是如此。尽管中心度不高、中转作用也不强，但上海的权力指数急剧上升，表明它与数量有限的联系对象保持了很大的联系强度，从而提升了自身在航空网络中的地位。

中心度的分析揭示了世界城市网络的连接性特征，通过 Netdraw 软件，可形成表现城市间的网络联系图（图 3.1）。其中，以节点大小来区分城市中心度的高低，以线条粗细来区分联系强度的强弱，从而显示出世界城市网络大致的结构特征。

（1）第一层次的航空网络中心城市。图 3.1 显示，中心度最高一级的巴黎、纽约、伦敦、法兰克福、阿姆斯特丹、迪拜等城市构成网络中的中心城市。这些城市拥有最广的联系范围，处于网络中心地带，直接相连的城市数量最多，联系的密度和强度都很大。

（2）第二层次的区域中心城市。以东京、北京为首的中心度大于 45 的城市组成了第二梯队。第二层次的城市与第一层次的中心城市之间有着紧密的垂直联系，而第二层次之间的横向联系以区域内联系为主，跨区域的联系偏弱。

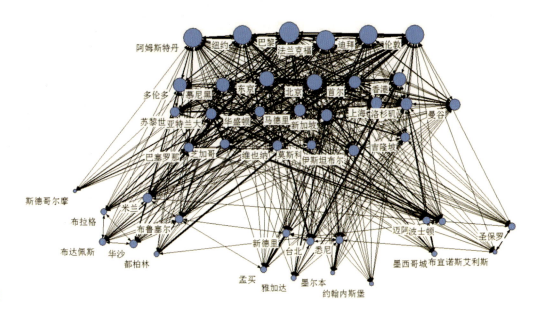

图 3.1
世界城市网络中心度

（3）第三层次的边缘城市。剩下的中心度低于 45 的城市组成了第三层次，处于网络的边缘地位。它们主要与第一层次的网络中心城市和第二层次的所在区域中心城市发生垂直联系，同层次的边缘城市之间横向联系偏少，而且主要存在于区域内部，例如美洲圣保罗、墨西哥城、布宜诺斯艾利斯之间，以及欧洲的布拉格、布达佩斯、华沙之间都存在一定的联系。

3.1.2　上海国际航运发展特征

经过改革开放 40 年的发展，上海已逐步发展成为中国对外航空联系的主要门户之一和具有一定区域影响力的亚太航空枢纽，但上海国际航空客流无论是广度还是强度都与顶级全球城市存在明显的差距。

1. 国际航空客运增长势头迅猛，与顶级全球城市差距依然显著。20 世纪 80 年代以来，上海航空客运的国际化水平取得了长足的进步（表 3.2）。国际航线数量从 1985 年的 4 条增长至 2015 年的 117 条，国际旅客吞吐量也从 1985 年的 18 万人增长至 2015 年的 2 507 万人，增幅显著。从航线开拓和客流增长的历程来看，90 年代中期以前上海国际航空运输发展较为缓慢，无论是航线还是国际旅客数量都极其有限。例如，1995 年上海仅与 13 个国际城市有航班联系，运送的旅客数量也仅有 83 万人，当年上海航空旅客总量达到 567 万人。由此可见，90 年代中期上海国际客流的比重仅有 15% 上下，国际化程度偏低。进入 21 世纪以后，上海国际客流开始进入快速增长阶段。2005 年，上海国际航线数量增长至 80 条，运送的旅客数量也猛涨至 1 034 万人，相对于 1995 年增长了 12 倍多。至 2015 年，上海国际航线总数已突破 117 条，国际旅客总量也超过 2 500 万吨，同年上海航空旅客总量为 9 900 万吨，国际客流比重达到 25%。与香港和北京相比，上海国际客运发展的基础较为薄弱，但发展势头更为迅猛。长期以来，依托首都的政治中心优势，北京在国际航空客运领域的发展一直领先于上海。近十多年来，上海呈现反超北京的态势，2015 年国际航空旅客总量已显著高于北京。与香港相比，上海无论是国际航线数量还是国际旅客总量都存在明显的不足，但这种差距在 2005 年以来也呈现出缩小的趋势。

与其他顶级全球城市相比，上海在国际航空客流的强度和广度上与国际一流水平相距较远。伦敦 2015 年国际航线数量已达到 370 条，运送的旅客总量达到 9 768 万人。上海 2015 年国际航线和国际旅客的数量仍然无法与伦敦 1985 年时的发展水平相比。作为发展势头同样迅猛的迪拜，2005 年以来国际航线数量和旅客总量分别从 138 条和 1 910 万人增长至 241 条和 7 406 万人，分别增长了 74%和 287%，增幅远远超过了上海。

表 3.2
主要全球城市国际航空运输发展情况

资料来源：根据国际民航组织（ICAO）国际航空客运 OD 数据整理。

城市	1985 年		1995 年		2005 年		2015 年	
	航线（条）	旅客（万人）	航线（条）	旅客（万人）	航线（条）	旅客（万人）	航线（条）	旅客（万人）
上海	4	18	13	83	80	1034	117	2 507
北京	20	36	34	164	69	783	128	1 917
香港	64	691	80	1 718	111	2 306	160	4 924
伦敦	211	2 710	235	4 783	293	7 412	370	9 768
纽约	129	1 451	136	2 127	181	2 622	191	3 550
巴黎	203	1 543	234	2 573	268	6 153	347	7 587
新加坡	75	795	104	1 562	136	2 557	135	3 920
东京	84	1 063	99	2 229	114	2 636	123	3 048
首尔	40	354	88	1 235	125	2 311	186	4 321
迪拜	58	147	70	458	138	1 910	241	7 406

2. 上海国际航空客流以就近拓展为主，洲际航线相对匮乏。从 1985 年至 2015 年，上海国际航空客流的空间分布也产生了巨大的变化（见图 3.2），覆盖的区域越来越广。1985 年，上海国际航空客流全部集中的亚洲区域；1995 年，上海的洲际客流开始浮现，上海通过与欧洲城市建立国际航班联系，产生了占客流总量 1.96%的欧洲客流；接着在 2005 年，伴随着上海国际航空客流突飞猛进式的发展，客流空间分布也越发丰富，与亚洲、北美洲、欧洲和大洋洲部分城市产生了客流，亚洲客流所占比重开始显著下降；2015 年，上海国际航空客流的空间分布进一步均衡化，亚洲客流所占比重持续下降，除去与南美洲没有直接的航空客流之外，上海与其他所有大洲都建立了航班联系。从 2015 年客流的空间分布特征来看，上海最主要的国际客流依然是与亚洲地区城市联系所产生的客流，比重

图 3.2
上海国际客流空间
分布演变
资料来源：根据国际民航
组织（ICAO）国际航空
客运 OD 数据整理所得。

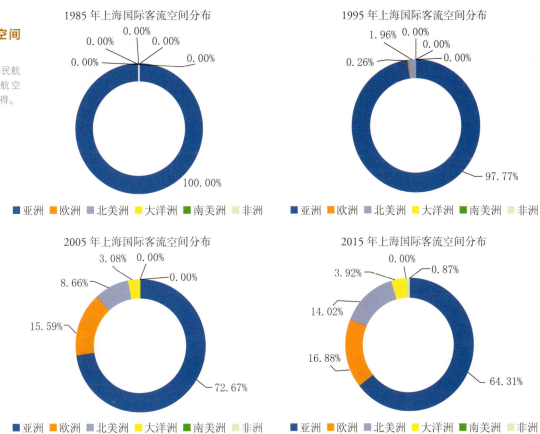

依然高达 64.31%。与此对应的是上海洲际航线相对匮乏，非洲客流所占比重仅 0.87%，南美洲客流依然缺失。

与上海联系最紧密的亚洲城市，依然以临近的东亚和东南亚城市为主。例如，1995 年至 2015 年的 20 年间，东京、首尔、新加坡、曼谷和大阪一直是上海国际客流强度最大的前五位城市。在 2015 年上海与这五个城市之间的航空客流均超过了 100 万人，其中，与首尔之间的航空客流最高，达到了 246 万人。从客流强度较高的国际城市演变来看，上海国际客流依然以就近拓展为主，以与顶级全球城市洲际联系为辅。例如，2005 年以来，上海进一步开拓了更多的东亚和东南亚国际航班，名古屋和吉隆坡也跻身于上海联系最为紧密的前十位城市。此外，上海对外联系的拓展还体现在与一些顶级全球城市联系的强化。例如，2015 年上海与巴黎和洛杉矶之间的航空客流分别达到了 75 万人和 53 万人，位列全部城市客流强度排名的第六位和第八位。

3. **基地航空实力不强，缺乏远程航线开拓能力**。全球主要枢纽机场都有其主要基地航空公司。基地航空公司是枢纽机场建设的主导力量，枢纽机场的发展最终是航空公司的航线布局和战略选择的结果。一般而言，枢纽机场必然依托一家以该机场为基地的航空公司，基地航空公司在该机场的市场份额往往能达到 50%

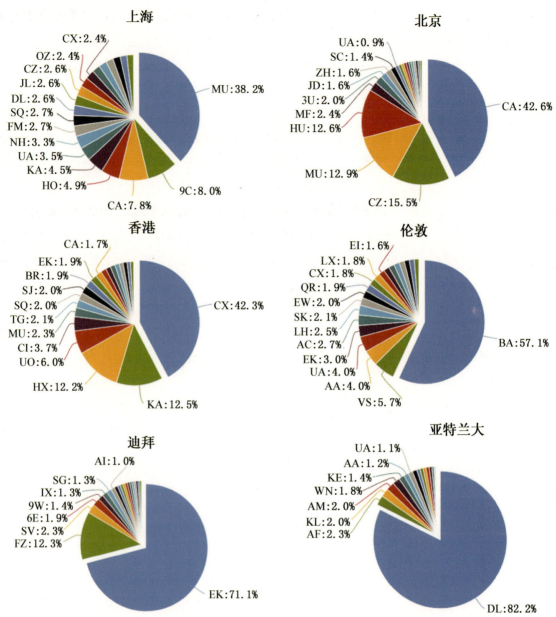

上海

CX: 2.4%
OZ: 2.4%
CZ: 2.6%
JL: 2.6%
DL: 2.6%
SQ: 2.7%
FM: 2.7%
NH: 3.3%
UA: 3.5%
KA: 4.5%
HO: 4.9%
CA: 7.8%
9C: 8.0%
MU: 38.2%

北京

UA: 0.9%
SC: 1.4%
ZH: 1.6%
JD: 1.6%
3U: 2.0%
MF: 2.4%
HU: 12.6%
MU: 12.9%
CZ: 15.5%
CA: 42.6%

香港

CA: 1.7%
EK: 1.9%
BR: 1.9%
SJ: 2.0%
SQ: 2.0%
TG: 2.1%
MU: 2.3%
CI: 3.7%
UO: 6.0%
HX: 12.2%
KA: 12.5%
CX: 42.3%

伦敦

EI: 1.6%
LX: 1.8%
CX: 1.8%
QR: 1.9%
EW: 2.0%
SK: 2.1%
LH: 2.5%
AC: 2.7%
EK: 3.0%
UA: 4.0%
AA: 4.0%
VS: 5.7%
BA: 57.1%

迪拜

AI: 1.0%
SG: 1.3%
IX: 1.3%
9W: 1.4%
6E: 1.9%
SV: 2.3%
FZ: 12.3%
EK: 71.1%

亚特兰大

UA: 1.1%
AA: 1.2%
KE: 1.4%
WN: 1.8%
AM: 2.0%
KL: 2.0%
AF: 2.3%
DL: 82.2%

图 3.3
六大机场国际客流市场份额分配情况

资料来源：根据 OAG 公司航班运力数据整理。

以上。继续对比上海浦东机场与上述五个城市机场在国际客流份额的分配特点（图 3.3），可以看出浦东机场的基地航空公司中国东方航空市场份额仅有 38.2%，比上述五个城市都低。亚特兰大机场的基地航空公司达美航空垄断了 82.2% 的国际客流；迪拜机场的基地航空公司阿联酋航空也占据了机场 71.1% 的国际客流；伦敦希斯罗机场基地航空公司英国航空占据了 57% 的国际旅客份额；香港机场基地航空公司国泰航空占据了 42.3% 的国际客流份额。

表 3.3 显示，作为上海浦东机场的主基地航空公司中国东方航空还存在宽体客机数量不足，比重过低的特点，这严重限制了中国东方航空远程国际航线的开拓能力。具体来看，中国东方航空目前仅拥有 82 架宽体客机，占机队总量的

12.87%。远程国际航线需要大型宽体客机的支撑，东航机队中宽体客机的数量和比重均显著落后于对标的基地航空公司。总体而言，这六大航空公司而言可以分为三类。第一类，国泰航空和阿联酋航空所在国家或地区均没有国内航线的需求，因此，两家航空公司具有全宽体机机队的特点，发展的全是远程国际航线，这也是香港和迪拜成为国际航空枢纽的基础。第二类，英国航空没有太多国内航线的需求，主要是服务于远程国际航线和近程的欧洲航线。因此英国航空的机队配置大致是宽体客机与窄体客机各一半。第三类就是中国和美国的三家航空公司。相对而言，中国和美国均是国土面积广阔，人口众多的大国，航空公司相对更多数量的窄体客机满足国内民航运输的需求。因此中国东方航空、中国国际航空和达美航空宽体机比重均不高。但是中国国际航空和达美航空的宽体客机绝对数量都要远超中国东方航空，尤其是达美航空的宽体客机数量达到 150 架，接近中国东方航空公司的两倍。

表 3.3
六大机场基地航空公司机队情况（截至 2017 年底）

资料来源：各航空公司年报。

航空公司名称	客机总量	窄体机数量	宽体机数量	宽体机比重
中国东方航空	637	555	82	12.87%
中国国际航空	634	519	115	18.14%
国泰航空	128	0	128	100.00%
英国航空	276	139	137	49.64%
阿联酋航空	253	0	253	100.00%
达美航空	883	733	150	16.99%

　　4. 国际航空客流中转率偏低，中转便利程度不高。枢纽机场的本质是中转。枢纽机场的功能就是通过对客货运的中转，将航空网络中的不同节点连接成一个完整的航线网络。选取北京、香港、伦敦、迪拜和亚特兰大五个城市作为上海的对标城市（图 3.4），可以发现 2017 年上海国际航空客流的中转率依然偏低，只有 14.32%，仅仅高于北京的 11.31%。香港作为亚太地区最重要的国际航空枢纽之一，凭借其区位优势成为连接欧洲与亚太地区航线的重要中转点，2017 年旅客中转率达到 24.66%。伦敦在全球性的航空网络中除了提供丰富的本地客源，也很大程度上发挥了希斯罗机场国际中转枢纽的功能，2017 年旅客中转率达到 28.17%。迪拜和亚特兰大是全球范围内以中转能力著称的顶级航空枢纽。迪拜凭借其地处亚非欧三个大陆中心的区位优势，近十几年来一举跃升为全球性的航空枢纽，旅客中转率达到 46.35%。亚特兰大机场是全球旅客吞吐量最高的机场，也是全球第一大枢纽机场，旅客中转率达到惊人的 60.24%。上海偏低的旅客中转率表明当前上海主要发挥的还是本地及邻近江浙地区客源的优势，未来随着本地客源逐渐饱和，进一步提升上海国际航空枢纽的能级必然需要依托更高的中转率，吸引全国乃至邻近东亚、东南亚地区的旅客在上海进行中转换乘，拓展上海

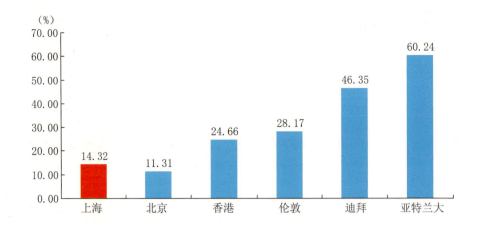

图 3.4
2017 年上海与主要全球城市旅客中转率对比

资料来源：根据 OAG 公司全球客流数据整理。

国际航空枢纽服务的腹地范围。

　　航班最短中转衔接时间（MCT）反映了一个机场中转的便利程度。与全球主要枢纽机场相比，上海浦东机场国际中转的便利程度有显著的不足（见图 3.5）。浦东机场国内航班衔接的最短时间是 20 分钟，但无论是国内到国际的中转还是国际到国际的中转，需要的最短衔接时间都达到 120 分钟。香港、伦敦、迪拜和亚特兰大这些国际航空枢纽的国内到国际最短中转时间都只要 60 分钟，国际到国际的中转时间也不超过 90 分钟。同时，北京首都机场虽然在中转率上不如浦东机场，但航班最短中转衔接时间上相对浦东机场具有不小的优势。首都机场的国际到国际中转的最短时间仅有 60 分钟，达到了主要国际航空枢纽的水平。过长的国际中转时间反映了浦东机场目前仅仅是一个国内中转枢纽，距离国际中转枢纽还有较大的差距。

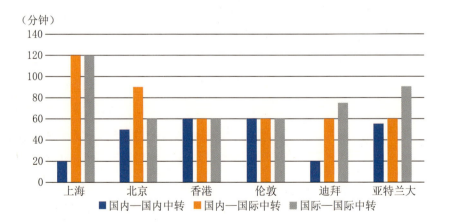

图 3.5
六大机场航班最短中转衔接时间

资料来源：根据 OAG 公司航班运力数据整理。

3.1.3　提升国际航空枢纽能级的对策建议

　　上海建设卓越的全球城市，一个世界级国际航空枢纽是必不可少的。为了提升上海全球城市能级，应当进一步挖掘上海国际航空客流潜力。民航枢纽机场不仅是航空交通的关键载体，更是所在国家和城市战略发展的重要工具。枢纽机场的发展方向与其基地航空公司发展战略密切相关。机场和航空公司是航空运输价值链上密切相连的两个环节。二者之间密切协作，才能真正形成辐射功能强大的航空枢纽机场。因此需要从航空公司和机场两个方面探讨提升上海国际航空枢纽能级的有效对策。

1. 高效配置航权资源，拓展国际航线网络。 当前上海浦东机场主基地航空公司中国东方航空所占份额并不高，航线网络也不够完善，大型宽体客机的缺乏导致远程国际航线开拓能力的不足。

从国外发展枢纽机场的经验看，向中枢辐射航线网络结构的转变，必将伴随着航权开放的问题（朱新华，2009）。航权，按国际惯例被称为"空中自由"，源于1944年"芝加哥会议"确立的《芝加哥公约》，以及《国际航班过境协定》和《国际航空运输协定》，最终形成了五大航权：领空飞越权、技术经停权、目的地下客货权、目的地上客货权和经停第三国境内某点上下客货权。后来，航权又发展出第六、七、八、九航权。其中，第五航权和第六航权对于目前上海构建国际航线网络有着至关重要的作用。第五航权是中间点权或延远权，指一国或地区的航空公司在其登记国或地区以外的两国或地区间载运客货，但其班机的起点与终点必须为其登记国或地区。以上海浦东机场为例，中国东方航空开通上海至洛杉矶的国际航线，获得美国第五航权以后可以在中途第三点（例如东京）经停并上下客货，也可以到达洛杉矶以后进一步延伸前往拉丁美洲的城市（例如墨西哥城）并上下客货。第六航权，又被称为桥梁权，是指某一国家或地区的航空公司在境外其他两国或地区间运输客货且中途经停其登记国或地区的权利。例如，中国东方航空可以开通新加坡—上海—洛杉矶的航线，以上海为桥梁将新加坡与洛杉矶连接起来。总之，第五航权的有效行使，可以搭建起优质的航线网络，而丰富的航线网络可以带来更充沛的客流；第六航权的充分利用，可以将枢纽机场的作用最大化。

（1）充分发挥第五和第六航权的效用，提升基地航空的国际化水平。国际化是中国东方航空公司发展的主要战略之一，也是上海进一步对外开放的重要支撑条件。为解除中国东方航空公司在运力和航权配置上受到的双重限制。一方面应加速引进新型宽体客机，加强航空联盟内的合作和联合经营；另一方面应充分开发第五航权和第六航权的经济属性和商业价值。第五航权的开发上进一步发挥经停权和延伸权的作用，例如欧洲航线上开辟新的中途经停点加强与"一带一路"沿线国家和城市的联系，或者北美航线上考虑进一步延伸至拉丁美洲地区，弥补上海远程国际航线的空白。第六航权的开发意味着市场资源成倍的放大，有助于进一步巩固和加强枢纽机场和基地航空公司的地位（吕宽庆，2016）。例如，可以加开东南亚和澳大利亚经上海中转前往北美和欧洲的航线，扩大上海国际航空枢纽辐射的腹地范围。

（2）优化国际航权分配，鼓励多元化的航空公司参与市场竞争。一直以来，上海出发的国际客运航线大多数是民航局限定的二类航线，有着严格的市场准入制度，航权匹配条件较为严格，一般一条航线只能一家航空公司运营。2018 年 5 月 2 日，民航局印发《国际航权资源配置与使用管理办法》，正式打破一条国际航线只能一家航空公司的承运的限制。这一政策利好可以弥补上海浦东机场基地航空能力不足的劣势，在一些经济效益高的航线上可以鼓励国内地方性的航空公司甚至廉价航空公司参与，通过加密航班频次提升重点市场的运力水平。

（3）依托自贸试验区建设，推动国际航空货运的发展。全货运航线的航权不受航权管理规定的限制，处于全面市场开放的状态。事实上，上海浦东机场从 2008 年开始就是世界第三大货运机场，2017 年航空货运吞吐量达到 370 万吨。因此，应当充分考虑航空货运的优势，同时通过自贸试验区的建设，促进上海国际航空枢纽的发展。上海自贸试验区的建立使得临空经济的高度外向性、高端性和网络创新性三大特性在浦东机场周边得以巨大释放，机场的磁吸效应极大地促进了临空偏好型企业在机场周边聚集（柏蓓，2013）。同时，自贸试验区较低的物流仓储成本、高效的转口和报关以及便捷的贸易设施，吸引了大量全球性物流集成商进驻，金融业开放与免税自由港也进一步吸引了高端制造业企业进驻，从而带来更多的航空货源在上海中转，进一步巩固和强化浦东机场的全球航空货运枢纽地位。

2. 强化机场中转功能，完善服务设施配套。 中转旅客流程设计对于中枢机场建设是一个关键因素，与机场航班波的操作、最短衔接时间、旅客中转效率等都有密切关系。中转旅客的流量一定程度体现了机场的枢纽能力。针对上海浦东机场国际中转衔接能力偏弱的特点，应从三个方面着手予以提升。（1）完备的中转设施。这些设施分散在行李分拣、地面运输、值机手续、航显系统、旅客服务等各个方面。（2）简化枢纽运作的业务流程。为了简化中转流程，应建立和完善中转与联程旅客、行李的无缝隙服务，在保证航班安全的前提下，加快旅客和货物的流转效率。（3）构建稳定、协调的部门协作关系。航空枢纽的运营涉及机场、基地航空公司、海关、边检、检疫、公安、国家行业管理部门、地方政府等各个部门。航空枢纽的建设需要各部门密切协作关系，通过高效的协同合作营造"多赢"的局面。

此外，机场也应以最大限度地满足航空公司运营需要为出发点，在机场规划、功能设计、基础设施保障等方面广泛征求航空公司尤其是基地航空公司的意见，按照航空枢纽的要求适时进行必要的调整。同时，机场应确立以为航空公司服务为核心的战略定位，探索特色服务，丰富增值服务，细化服务标准，规范服务行为，兑现服务承诺，保证为客户提供高品位服务。

3.2　全球海运网络中的上海

上海是典型的以港兴贸、以贸兴市发展起来的城市，港口在上海的发展过程中发挥了巨大的作用。上海国际航运中心建设取得显著成效。2017年上海港的集装箱吞吐量首次突破4 000万标箱，连续八年名列全球第一位。2018新华·波罗的海国际航运中心发展指数显示，新加坡、香港、伦敦位列国际航运中心三甲，上海排名由2014年的第七位提升至第四位，进步非常明显。但这一指数的样本范围和数量都是由专家确定，带有较强的人为因素；同时这一指数更多地是比较不同航运中心的排名和等级，没有涉及航运中心之间的联系与协同。我们以实体的全球集装箱航运网络和虚体的航运服务业网络为研究对象，揭示上海在这两张网络中的节点地位和联系方向。

3.2.1　上海在全球集装箱航运网络中地位

在全球集装箱航运网络的研究中，我们以全球排名前列的18家主要集装箱班轮公司为样本，包括马士基、地中海、达飞、中国远洋海运等。这些班轮公司拥有全球约84.8%以上的集装箱航运运力，可充分反映全球集装箱运输的组织格局。上述这些班轮公司挂靠160个国家和地区的599个港口。具体选取各船公司2017年5月的航线和航班，原始数据均源自各企业网站。我们建立以班轮周期表为基础的拓扑网络结构，通过复杂网络软件GEPHI进行网络运算，得出航运网络中各个节点的属性指标以及边的联系权重，识别全球航运网络空间系统，从而分析上海港在全球集装箱航运网络的地位。

全球集装箱航运网络形成层级分明的港口体系，高层级的枢纽港仅为少数港口，多数枢纽港的层级较低，边缘港在全球航运体系中占比最大的部分。新加坡是唯一的一级枢纽港。其次，鹿特丹、釜山、深圳、上海、香港、高雄、宁波以及巴生和丹戎帕拉帕斯、阿尔赫西拉斯具有重要地位，是二级枢纽港（见表3.4）。尽管上海港集装箱吞吐量连续八年问鼎世界第一，但上海港在全球航运网络中的枢纽性地位落后于新加坡、鹿特丹、釜山和深圳。这一方面与新加坡等城市的地理区位条件优越有关，另一方面也与航运网络组织的特性有关。

在空间布局上，全球港口的集装箱航班组织具有明显的区域差异，呈现五大组团的格局：东亚、东南亚、西北欧、地中海和美东，这些地区集聚了大部分一级枢纽港、二级枢纽港和三级枢纽港，是世界各船公司航运网络组织的重点区域。上海港是东亚组团中的重要节点，具有引领性、支配性地位和作用。

通过对航运网络中的社团结构识别，划分了2个一级系统、26个二级系统以

港口等级	综合枢纽指数	港　　　　口	港口数
一级枢纽港	10.18	新加坡	1
二级枢纽港	3.65—6.09	釜山、巴生、深圳、上海、鹿特丹、香港、阿尔赫西拉斯、高雄、丹戎帕拉帕斯、宁波	10
三级枢纽港	1.22—2.95	杰贝阿里、科伦坡、丹吉尔、青岛、比雷埃夫斯、勒阿佛尔、吉达、金斯敦、卡塔赫纳、不来梅哈芬、曼萨尼约/巴拿马、纽约、东京、萨凡纳、厦门、安特卫普、汉堡、马尔萨什洛克、广州、洛杉矶、诺福克、瓦伦西亚、林查班、南安普顿、胡志明、马耳他、横滨、查尔斯顿、基隆、塞得港、桑托斯、奥克兰、马尼拉、费利克斯托、神户、新港	36
四级枢纽港	−0.07—1.14		158
网络边缘港	<−0.07		394

表 3.4
全球集装箱航运网络挂靠体系及其分布

资料来源：根据全球排名前 18 强的集装箱班轮公司船期表计算所得。

及其他若干个三级系统和支线系统。其中一级系统为新加坡和釜山系统，而上海港是釜山一级系统下的二级子系统。2017 年釜山港的集装箱吞吐量为 2 140 万标准箱，仅为上海港的 53%（上海港的集装箱吞吐量为 4 018 万标准箱），但从航运网络的角度看，位于东北亚经济区中心位置的釜山港形成了一级系统，上海、天津等港口是这一系统的子系统。上海港的货物经常要通过釜山港转运，所以上海港与釜山港之间既存在互补关系，也存在竞争关系。

3.2.2　上海在国际海运服务业中的地位

我们选取航运金融、航运保险、海事律所、货代物流、船舶代理、船舶修造等六种不同类型的航运服务业门类。针对上述名单中的公司进行数据的收集与整理，并对数据进行筛选，具体筛选标准为：（1）在研究区域内设有至少两个办事处；（2）公司官网提供的信息真实可靠，或通过查询行业协会网站能获取企业的办公地点信息。通过逐一查询企业官方网站，最终选取代表航运金融企业 13 家，航运保险企业 19 家，海事律所企业 27 家，货代物流的企业 15 家，船舶代理企业 11 家，船舶修造企业 7 家，总共所得企业 92 家。

在建立 103 家企业总部—分支数据库后，参照雅克布斯（Jacobs，2011）对高端航运服务业企业总部—分支机构的赋值方法，并进行适当调整，对所得企业总部—分支机构进行 0—5 的赋值。如果公司总部所在城市有 15 个以上分支机构，则公司总部赋值为 5，其分支机构赋值为 3；如果公司总部所在城市有 8—14 个分支机构，则公司总部赋值为 4，其分支机构赋值为 2；若公司总部所在城市有 2—7 个分支机构，则公司总部赋值为 3，其分支机构赋值为 1；若没有设置总部与分支机构，则赋值为 0。最终结果显示为 7 个生产性服务部门在 1 054 个城市的分布，形成 1 054（城市）×92（企业）的企业矩阵数据库。

通过比较六个不同类型航运服务业排名前 20 城市的相对网络联系度，发现六个不同类型的航运服务业的分布特征差异显著（图3.6）。航运金融、航运保险、海事律所等高端航运服务业依托于历史基础或政治资源，是可以和实体的航运物流业务及港口资源相分离的，货代物流、船舶代理、仓储服务、船舶修造等中低端的航运服务业大部分位于港口城市，与港口资源、航运物流结合较紧密。高端航运服务业主要集中在欧洲城市，其中8个欧洲城市位列航运金融前20强，12个欧洲城市分别跻身航运保险和海事律所前20强。伦敦在高端航运服务业中的地位最为重要，全球航运金融、航运保险、海事律所的中心均在伦敦（图3.6a，b，c）。伦敦在航运金融方面具有比较优势，其提供的船舶融资在全球占有较大比重；在航运保险方面占主导地位，劳合社、国际保险协会的子公司在全球各类航运保险市场上占据较大份额。亚洲的城市在高端航运服务业中也有重要地位，跻身航运金融、航运保险和海事律所前20强的分别有9个、5个和6个城市，但与欧洲城市相比，在城市数量和排名上还有一定差距。上海在海事律所方面表现优异，排名全球第四位（图3.6c）但在海运金融和航运保险方面并未跻身前20行列，与其他城市差距较大。

随着全球航运重心转移到亚洲，货代物流的重心也随之转移到亚洲，亚洲城市中有13个城市跻身货代物流前20强。上海排名第六位，在货代物流领域居于重要地位（图3.6d）。上海在船舶代理的排名中排名在第三位（图3.6e），在船舶修造排名第八位（图3.6f）。

图 3.6
不同类型航运服务业的前 20 强城市

资料来源：根据 103 家全球航运服务业企业总部—分支数据计算所得。

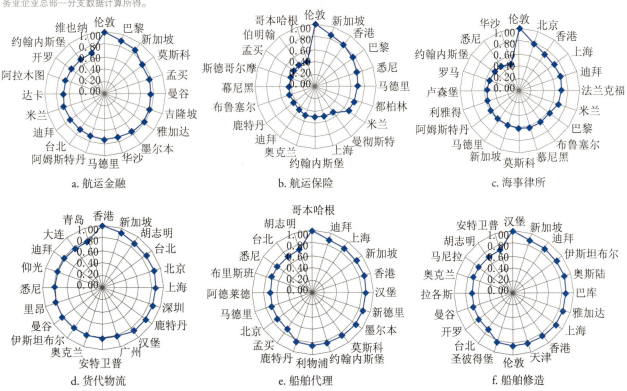

近年来，上海在高端航运服务业上不断发力，但成效还有限，还需要进一步开放，与国际规则接轨，利用全球实体物流向东亚转移的机会，大力发展高端航运服务业。

从城市间的联系看，伦敦—香港—新加坡之间形成航运服务业的大三角。基于城市相对联系度（Pa）和城市对之间的综合网络联系度两个方面综合分析，可以看出，"海上丝绸之路"东西两端的香港、新加坡、伦敦三个城市间的联系强度最大，中心地位也最为突出，联系度最大的双联体城市为伦敦—新加坡（567），香港—新加坡（547）、伦敦—香港（541），其网络联系强度远远高于其他双联体城市。可见，基于航运服务业的"海丝之路"沿线城市网络呈现出以香港、新加坡、伦敦为主的"三足鼎立"格局。上海与这三个城市之间的联系紧随其后，分别为上海—伦敦（496）、上海—香港（486）、上海—新加坡（481），可见上海在航运服务网络城市对联系中发挥着重要的关联作用。

在国内双联体城市中，航运服务业网络联系主要发生在上海、香港、北京之间，排名前三分别为上海—香港（486）、北京—香港（432）、北京—上海（424），占国内城市总联系度的13.3%。

3.2.3 提升上海国际海运能级的对策建议

上海建设卓越的全球城市，国际海运仍然是一个重要组成部分，但亟待提升其能级水平，提高上海港在全球集装箱航运网络中的地位，大力发展航运服务业。

1. 大力实施国际化发展战略。上海港要顺应全球经济贸易的发展格局，实行走出去战略，积极融入"海上丝绸之路"的建设，完善国际航运网络。上海港作为全球集装箱吞吐量第一的港口，并不缺码头运营经验，但到海外进行码头投资的经验不足，特别是缺乏复合型高素质人才和具有国际视野及经历的管理团队支撑。引入一些同上下游产业链相关或者是对今后"走出去"能提供帮助、对港口货物吞吐量有帮助的战略投资者，能弥补人才的不足，同时也能激发企业活力。港口企业与航运企业一体化能促进港口航运业务、物流业务、港航金融业务、航运服务业务等方面广泛的合作。在上海港"走出去"过程中，可以联合中远海运等企业，对东南亚等的重要港口进行投资，从而建立起持续而稳定的合作关系。

同时，上海要充分聚焦国家战略，代表国家参与国际竞争，积极发起成立"海上丝绸之路"国际港口联盟，定期在上海举办相关的会议和活动，吸引国际航运界的人士齐聚上海，搭建信息沟通和交流合作的平台，共同商讨解决区域合作中面临的重大事项，推进港口间业务合作、区域物流合作等事宜，逐渐向投资、贸易等合作方向演变，最终使各个港口之间形成互利互惠的合作机制；设立

"海上丝绸之路"航运教育发展基金，利用上海在航运教育特别是海员训练等方面的优势，努力把上海发展成为卓越的航运教育中心，吸引东南亚、中东、非洲等地的航运人才到上海进行培训学习、推动上海与"海上丝绸之路"沿线国家的人才交流与合作。

2. 推进长三角港口协同发展。上海必须与周边港口错位发展、协同发展。如上海港与宁波港要充分利用各自优势，有序开展货源竞争，上海港发展集装箱业务时应重点发挥资源配置中心的作用，发展高端航运服务业，如航运保险、航运金融、航运科技等，加快完善现代航运服务体系；而宁波则加快国际枢纽港建设，提高服务水平，推进港口转型，加强大宗散货业务运输，大力发展集装箱运输，向着综合性港口发展。如上海港可与江苏省的沿江港口合作，把资金、管理、人才等要素注入沿江港口，在做大江海中转平台、深化资本合作、加快对接上海自由贸易试验区等方面加强交流联动，加快推进长三角港口一体化步伐。

另外，要推动企业资产整合。近年来中国沿海各省都在推进港口整合。2015年，浙江省海港投资运营集团有限公司成立，同年，宁波舟山港并入其中；2016年，嘉兴、温州、台州和义乌相关港口资产相继整合注入上述集团；2017年5月，江苏省港口集团有限公司在南京成立，该集团公司将江苏省属的港航企业以及南京、连云港、苏州等沿江沿海八市国有港口企业纳入其中。上述港口整合无一例外都是各省对属地内的港口进行整合，而没有突破省级行政边界，这也加剧了跨省港口协同发展的难度。跨省港口协同发展需要推手，这一推手主要靠企业而不是政府，主要是航运企业而不是港口企业。作为江浙沪三地港口的共同战略合作伙伴，中国远洋海运集团可以在三地港口的协同发展中起到至关重要且无可替代的作用，即以资本为纽带，以港航一体化为抓手，结成互利合作的港口联盟。

3. 推进自贸试验区新片区建设。上海要直接对标香港、新加坡、迪拜港、巴拿马科隆港等全球最开放自由港的要求，在国家层面加强顶层设计，推进制度创新和管理创新，进一步增强枢纽港的地位，提高上海港在全球航运市场的能级和资源配置能力。积极推动新片区相关具体政策落地，在融资租赁、外汇流通、航运服务、贸易融资等贸易服务体系以及对航运企业或者港口企业税收政策方面、"一关三检"口岸环境等方面还需进一步完善。延伸航运产业链，加强航运行业金融要素配置，推动金融机构和航运专业机构合作，稳步推进上海出口集装箱运价衍生品的开发，从而增强上海在国际航运界的话语权和定价权（张页，2010）。

4. 高端航运服务业要有新突破。上海在航运金融等方面具有一定的基础，要依托建设全球海洋中心城市的契机，把建设国际航运中心与国际金融中心结合起来，在推进航运金融发展过程中要先行先试，在投融资、服务贸易、商务旅游等方面进一步提升对外开放水平和国际影响力，加大开放力度，放宽银行、证券、保险行业外资股比限制，加快保险行业开放进程，放宽外资金融机构设立限制，扩大外资金融机构在华业务范围，拓宽中外金融市场合作领域。

此外，上海应该向新加坡、挪威模式学习，把提升上海在全球航运网络中的能级与建设上海科创中心结合起来，推动航运业与先进制造业的融合发展。上海在海洋工程装备的基础研究、产品开发、建造技术方面具有国内其他地区无法比拟的研发优势，形成了上海独特的研发设计和开发能力。因此，在上海大力发展航运金融、海上保险等服务体系的同时，也要利用雄厚的制造业基础和技术创新能力，大力发展海洋研发，鼓励船舶技术转让、技术开发和与之相关的船舶技术咨询、技术服务等加快发展，在海洋技术上占据制高点，这可以成为上海加快推进高端航运服务业的另一路径。

3.3 国际金融中心体系及上海国际金融中心地位

上海国际金融中心建设的关键在于要增强全球金融资源配置能力，提高国际化程度。其中证券市场作为全球资本流动最重要的载体之一，其市场规模和对外开放程度是国际金融中心全球金融资源配置功能的最重要的体现。因此，我们在资本流动和金融一体化的视角下，主要从市场规模和对外开放程度两个维度，比较分析上海的证券市场在全球主要金融中心中的国际地位。

3.3.1 国际金融中心格局演变

"全球金融中心指数"（GFCI）系列报告显示[1]，近年来全球国际金融中心格局发生了重大的变化。

1. **国际金融中心数量大幅增加、区域分布更加广泛。**在 2007 年 3 月发布的首期 GFCI 调查中，被银行家、财富与资产管理专家普遍提及的国际金融中心共 46 个，而在 2018 年 3 月发布的第 23 期 GFCI 调查中，国际金融中心数量增至 96 个。虽然这 96 个国际金融中心中有很多并不具有国际意义，但该报告提供了一个国际金融中心研究的全景。从区域分布看，近期在东南亚、中东、南美和非洲等国家与地区都涌现出了许多新兴的国际金融中心，诸如吉隆坡、曼谷、卡塔尔、圣保罗、里约热内卢等，大大改变了以往主要集中于欧洲、美国、日本、中国香港、新加坡等发达国家与地区的局面。

2. **全球主要国际金融中心的竞争力明显提高。**从全球前 25 大国际金融中心竞争力变化趋势看（表 3.5），经过金融危机期间的大幅波动，近两年有较大提高

---

① https://www.longfinance.net/publications/long-finance-reports/.

中　心	2017年3月报告		2017年9月报告		2018年3月报告	
	排　名	得　分	排　名	得　分	排　名	得　分
伦敦	1	782	1	780	1	794
纽约	2	780	2	756	2	793
香港	4	755	3	744	3	781
新加坡	3	760	4	725	4	765
东京	5	740	5	711	5	749
上海	13	715	6	710	6	741
多伦多	10	719	7	693	7	728
旧金山	6	724	17	707	8	726
悉尼	8	721	8	690	9	724
波士顿	9	720	19	703	10	722
北京	16	710	10	696	11	721
墨尔本	21	702	13	697	12	720
蒙特利尔	14	713	12	683	13	719
芝加哥	7	723	24	692	14	718
温哥华	17	709	18	704	15	717
苏黎世	11	718	9	683	16	713
洛杉矶	19	705	23	689	17	710
深圳	22	701	20	691	18	709
迪拜	25	696	18	701	19	708
法兰克福	23	698	11	695	20	701
卢森堡	18	708	14	671	21	700
开曼群岛	31	670	31	688	22	692
大阪	15	712	21	680	23	687
巴黎	29	679	26	682	24	683
阿布扎比	28	680	25	694	25	679

表 3.5

全球主要国际金融中心排名与得分

资料来源："全球金融中心指数"报告［马克·耶恩德（Mark Yeandle）等，2017a；2017b；2018］。

且基本稳定。从不同区域看，中国香港和新加坡依旧引领亚洲金融中心地位，中国大陆金融中心还有很长的路需要追赶；在欧洲，伦敦、苏黎世地位稳定，许多金融中心竞争力受欧债危机的影响有所减弱；在美洲，纽约的国际竞争力依然强劲，北美其他国际金融中心也表现不俗；在中东和非洲，以迪拜和阿布扎比为代表的新兴国际金融中心也迅速涌现。

3. 伦敦、纽约、香港和新加坡在各类专业市场优势明显，其他国际金融中心与之有较大差距。从银行业、投资管理、保险业、专业服务、政府与监管等五类专业市场看，伦敦在五类分指标中有三项高居榜首，纽约在投资管理分类指标排名首位，在银行业、专业服务、政府与监管类指标上位列第二（表 3.6）。香港在

排名	银行业	投资管理	保险业	专业服务	政府与监管
1	伦敦	纽约	香港	伦敦	伦敦
2	纽约	香港	新加坡	纽约	纽约
3	香港	伦敦	伦敦	香港	香港
4	新加坡	新加坡	纽约	新加坡	新加坡
5	上海	东京	东京	苏黎世	苏黎世
6	东京	旧金山	上海	华盛顿	华盛顿
7	北京	多伦多	华盛顿	东京	旧金山
8	波士顿	华盛顿	波士顿	波士顿	多伦多
9	法兰克福	上海	苏黎世	多伦多	法兰克福
10	旧金山	波士顿	北京	旧金山	波士顿
11	悉尼	芝加哥	旧金山	芝加哥	芝加哥
12	芝加哥	北京	洛杉矶	悉尼	悉尼
13	多伦多	温哥华	深圳	法兰克福	日内瓦
14	洛杉矶	苏黎世	温哥华	上海	蒙特利尔
15	深圳	悉尼	多伦多	温哥华	都柏林

表 3.6
2018 年 3 月全球金融中心报告中各类专业市场排名

资料来源:"全球金融中心指数"（CFCI）报告。

保险业分类指标排名首位，其余四项分指标上位居世界前三，新加坡则在保险业分类指标上位列第二。另外，就上海而言，其在银行业、投资管理这两类专业市场上有相对优势，分别位列第五位和第九位，但在其他专业市场细分领域则没有优势。

3.3.2　上海与全球金融要素流动

由于金融网络流动是双向的，分析城市在金融流动网络中的节点性包括两个不同的维度：向外连接的总部职能和向内连接的门户职能（唐子来、李粲，2015）。跨国金融企业的总部集聚代表着城市金融资本的多寡，象征着对其他城市节点金融流动的控制能力，是判断一个全球城市"声誉"的主要方面。而城市的内向连接则代表跨国金融企业分支机构的集聚程度，是城市执行全球和区域/国家两个体系链接纽带能力的重要体现。我们从全球城市金融企业的总部集聚和网络连接入手，借助 2018《福布斯》杂志全球上市公司 2 000 强数据库和 2018《财富》杂志世界 500 强排行榜 [1]，并参考 GaWC 团队研究成果中关于金融企业网

---

[1] 本研究所选取的数据是 2018《福布斯》全球上市公司 2 000 强数据库和 2018《财富》世界 500 强排行榜。其中，《福布斯》数据库每年在综合评价全球上市公司企业销售额及利润、企业资产、股票实价总额等指标的基础上，评选出每年的全球企业 2 000 强。本研究选取了其中 425 家金融业相关企业（包括 19 家消费金融服务企业、88 家投资服务企业、65 家主要银行企业、250 家区域银行企业和 3 家储蓄与抵押贷款企业）。《财富》世界 500 强是衡量全球大型公司的著名榜单，提供了了解全球大型企业最新发展态势的直接信息，每年发布一次。本研究选取其中银行商业储蓄类别的 51 家主要银行进行分析。

排　名	城　市	总部数量		排　名	城　市	总部数量
1	东京	18		11	斯德哥尔摩	7
2	北京	16		12	吉隆坡	6
3	纽约	15		13	雅典	5
4	孟买	13		14	曼谷	5
5	台北	13		15	伊斯坦布尔	5
6	伦敦	10		16	马德里	5
7	首尔	9		17	深圳	5
8	利雅得	8		18	悉尼	5
9	香港	7		19	多伦多	5
10	上海	7		20	迪拜	4

表 3.7

基于《福布斯》全球上市公司排名的主要城市金融企业总部数量

资料来源：根据 2018《福布斯》全球上市公司 2000 强数据库整理，https://www.forbes.com/global2000/。

络的定量分析，分别分析上海市在全球金融要素流动中的"总部集聚"与对内连接的"门户职能"，并进行与其他城市的对比研究。

从《福布斯》425 家主要金融企业总部分布的全球前 20 位城市看（表 3.7），亚太地区占据了 12 个席位，其中东京、北京、孟买、首尔等城市的位置特别突出。上海的位次相对靠后，仅为 7 家公司的总部所在地，少于东京的 18 家和北京的 16 家，与香港类似。

《福布斯》的金融企业包含了较多区域银行和金融服务企业，因此放大了传统金融企业较为集聚的东京等城市的节点地位。而《财富》排行榜针对全球 51 家主要银行商业储蓄企业，可解析出主要城市作为重要跨国银行总部的主要职能。表 3.8 提供了《财富》排行榜中具有两家以上的重要银行企业总部的城市排名。上海只有两家银行总部，即交通银行和浦东发展银行两家银行，与承载了 6 家主要银行总部的北京相比，仍存在较大差距。

金融企业的总部数量相对忽视了企业的规模因素，而金融企业总市值和年利润从另一侧面反映出城市对全球金融要素的掌控和输出能力。基于《福布斯》425 家金融企业的年度财务数据，表 3.9 提供了金融企业市值和年利润最高的前 20 位城市及排名。北京排在第一位，这是因为它拥有中国工商银行、中国建设银行等四大国有银行，从而在世界金融城市中独占鳌头。上海在金融企业市值和年

表 3.8

基于《财富》全球 500 强企业排行榜的主要城市银行商业储蓄企业总部数量

资料来源：根据 2018《财富》世界 500 强排行榜整理，http://www.fortunechina.com/fortune500/c/2018-07/19/content_311046.htm。

排　名	城　市	总部数量		排　名	城　市	总部数量
1	北京	6		6	多伦多	3
2	巴黎	4		7	上海	2
3	纽约	4		8	苏黎世	2
4	伦敦	3		9	悉尼	2
5	东京	3		10	墨尔本	2

排名	城市	市值（亿美元）	城市	利润（亿美元）
1	北京	11 894	北京	1 752
2	纽约	10 626	纽约	467
3	旧金山	6 564	奥马哈	407
4	奥马哈	5 268	旧金山	333
5	伦敦	4 247	东京	295
6	东京	3 434	多伦多	267
7	夏洛特	3 135	上海	238
8	东京	3 118	夏洛特	203
9	孟买	2 921	悉尼	191
10	悉尼	2 219	伦敦	155
11	哈里森（纽约州）	2 019	斯德哥尔摩	137
12	上海	2 007	马德里	135
13	深圳	1 824	莫斯科	134
14	马德里	1 794	深圳	129
15	斯德哥尔摩	1 668	巴黎	128
16	巴黎	1 649	首尔	103
17	新加坡	1 390	新加坡	92
18	苏黎世	1 215	米兰	92
19	明尼阿波利斯	1 044	福州	88
20	利雅得	1 040	麦克莱恩（弗吉尼亚州）	88

表 3.9
《福布斯》主要金融企业市值和年利润最高的前 20 位城市

资料来源：根据 2018《福布斯》全球上市公司 2000 强数据库整理，https://www.forbes.com/global2000/。

利润中分别排名第 12 位和第 7 位。

表 3.10 列出了上海的标杆城市（纽约、伦敦）与主要竞争城市（东京、北京、香港、新加坡）的主要金融企业列表。如上分析，同传统基于金融网络联系的研究结论不同的是，纽约和伦敦在金融企业总部的数量和规模上并没有占据首位，而东京和北京的表现突出。通过横向对比发现，上海在主要金融企业总部布局与其他城市的差距主要表现在以下三个方面。第一，缺少国有银行等大型金融企业，使之与北京、东京的金融资源流动的话语权与全球资本交易竞争中处于劣势。第二，公司的规模相对较小。与纽约、伦敦及香港的主要投资集团和证券交易所相比，上海金融服务企业的体量仍差距较大。第三，企业多元化较弱。与其他城市相比，上海的主要金融企业仅限于银行和证券公司，而缺少较大的商业金融服务和投资管理机构等。在推进国际金融中心建设中，如何扶持这类现有企业的发展，特别是吸引著名的金融服务企业亚太乃至全球总部的布局，是提升上海在国际金融网络中节点性和总部职能的主要抓手之一。

为了进一步考察上海在全球金融流动中的网络连接与门户职能，我们基于

伦 敦	纽 约	东 京	北 京	香 港	上 海	新加坡
TP ICAP	Voya Financial	Japan Securities	China International Capital	First Pacific	Orient Securities	Frasers Centrepoint
Investec	INTL FCStone	Tokyo TY Financial Group	AVIC Capita	KWG Property Holding	Everbright Securities	United Overseas Bank
London Stock Exchange	CIT Group	Jaccs	China Galaxy Securities	China Jinmao	Haitong Securities	Oversea-Chinese Banking
Schroders	Signature Bank	Orient	Csc Financial	Shenzhen Investment	Guotai Junan Securities	DBS Group
Standard Chartered	E-Trade Financial	Aozora Bank	China Cinda Asset Management	Guoco Group	Bank of Communications	
Old Mutual	NASDAQ	Mebuki Financial Group	Bank of Beijing	Bank of East Asia	Bank of Shanghai	
3i Group	Ares Capital	SBI Holdings	Bank of China	Hong Kong Exchanges		
HSBC Holdings	New Residential Investment	Japan Exchange Group	Agricultural Bank of China			
Barclays	JPMorgan Chase	Shinsei Bank	Huaxia Bank			
Lloyds Banking Group	American Express	Concordia Financial Group	China Huarong Asset Management			
	Bank of New York Mellon	Daiwa Securities	China Construction Bank			
	Goldman Sachs Group	Sumitomo Mitsui Trust	China Everbright Bank			
	BlackRock	Nomura	ICBC			
	Citigroup	Resona Holdings	China Citic Bank			
	Morgan Stanley	Orix	China Minsheng Banking			
		Mizuho Financial	Postal Savings Bank of China			
		Sumitomo Mitsui Financial				
		Mitsubishi UFJ Financial				

表 3.10
基于《福布斯》全球上市公司排行的主要城市金融公司

注：由于国外公司中文翻译的多样性，此表统一采用企业的英文名称。

GaWC 公开的研究资料，研究着重分析了基于 75 家全球金融服务公司在全球主要城市的总部—分支布局所构建的全球金融联系网络中上海及其他主要城市的节点位置。关于 GaWC 世界城市网络的构建和数据收集的具体方法，请参考泰勒和戴鲁德（Taylor & Derudder，2016）。本部分只提供关于城市节点性与城市对连接强度的计算方法。

城市 a 与城市 b 间的连接性 CDC_{a-b} 的计算公式为：

$$CDC_{a-b} = \sum_j v_{aj} \times v_{bj}$$

其中，v_{aj}，v_{bj} 分别代表金融公司 j 在城市 a 和 b 中的能级值，级别较高（如总部等）的公司机构具有较高的能级值，往往能提供更大的城际潜在流动

城市 a 在网络中的节点性 CNC_a 等于城市 a 与其他所有城市连接性 CDC_{a-b} 的加和，计算公式为：

$$CNC_a = \sum_b CDC_{a-b} = \sum_{bj} v_{aj} \times v_{bj}$$

表 3.11 提供了 2010—2016 年全球金融网络连接中的前十位城市及其连接性。如表所示，纽约和伦敦在全球金融联系中的绝对主导位置一直没有改变，反映了这两个城市作为全球金融中心城市的地位在近期内仍很难被超越。同前两位的城市相比，香港、新加坡的三四名位次也并无变化。与它们在上述分析中总部数量和规模中位次不同，较高的网络连接性反映了它们作为亚太地区重要的门户职能。虽然香港和新加坡不像北京、东京等具有更多数量的本土金融企业，但其优势在于相对自由的资本交易与管理制度吸引了大批境外金融服务企业将亚太地区总部设在这两个城市。上海和北京在金融网络中相对位次的变化也与上述金融企业总部集聚度的分析存在差异。一方面，上海表现为更强的网络连接性，而北京具有更多的金融企业的总部集聚。这表明，上海的向外辐射度相对较低，而向内连接性较北京强，吸引了更多的国际金融企业的国内布局，从而承担着外国金融企业进入中国市场的门户职能。因此，外向辐射度的薄弱是上海建设国际金融中心不可回避的短板。

表 3.11
全球金融网络连接中的前十位城市及其连接性

资料来源：根据 GaWC 全球城市网络连接数据库（2010，2013，2016）测算。

排名	城市	2016 连接性（%）	城市	2013 连接性（%）	城市	2010 连接性（%）
1	纽约	100	伦敦	100	伦敦	100
2	伦敦	95	纽约	100	纽约	91
3	香港	90	香港	88	香港	79
4	新加坡	82	新加坡	77	新加坡	68
5	上海	77	东京	71	上海	64
6	北京	76	上海	66	东京	64
7	东京	70	法兰克福	62	巴黎	57
8	法兰克福	65	孟买	61	北京	55
9	悉尼	60	北京	59	悉尼	54
10	迪拜	58	巴黎	59	多伦多	53

排名	城　　　市	全球总部数量
1	纽约、北京	7
3	伦敦、多伦多	5
5	东京	4
6	巴黎、悉尼	3
8	阿姆斯特丹、墨尔本、圣保罗、首尔、上海、深圳、新加坡、斯德哥尔摩、苏黎世	2

为进一步对比上海与其他城市在全球金融网络中的总部集聚性和网络连接性，表 3.12 和 3.13 提供了主要城市拥有全球总部和区域总部的数量。可以发现，香港对于区域总部的吸引力非常明显：虽然在 GaWC 选择的 75 家最重要金融企业中，没有一家全球总部落户香港，而它却成为其中 17 家企业的亚太总部所在地。这与香港自由的贸易与金融制度，以及在历史上承担着连接全球与大陆市场的门户职能密切相关。与这一趋势类似，虽然上海的全球总部数量与北京相比没有优势，但对亚太区域总部的吸引力远远超过北京。因此，如何发挥并进一步扩大这一优势，吸引更多国际金融企业的亚太总部落户上海，应当作为上海提升金融网络中城市能级的主要努力方向。

通过分析上海与其他城市的连接性，进一步研究上海在全球金融网络中的连接能力与服务半径（表 3.14）。对比上海和北京与其他全球城市的对外联系发现，与其他城市不同，北京和上海的首位连接城市不是伦敦或纽约，而是香港。这一方面说明了香港在亚太地区的重要枢纽职能，同时反映出北京和上海的全球服务提供和链接能力仍较局限，更多的是服务于亚太地区的中心城市职能，离成为纽约和伦敦等全球资本的支配和服务职能的全球中心城市尚有距离。因此，建立更多的超越亚太以外的全球连接是迈向真正的全球金融中心城市的必走之路。

排名	城　　　市	区域总部数量
1	伦敦	23
2	香港	17
3	纽约	15
4	新加坡	13
5	上海、卢森堡	6
7	迪拜、法兰克福	4
9	北京、芝加哥、雅加达、迈阿密	3

城市	上海	伦敦	纽约	香港	东京	北京	新加坡
1	香港	纽约	伦敦	纽约	纽约	香港	伦敦
2	纽约	新加坡	香港	伦敦	伦敦	上海	香港
3	伦敦	香港	新加坡	新加坡	香港	纽约	纽约
4	新加坡	东京	东京	上海	新加坡	新加坡	上海
5	北京	上海	上海	北京	上海	伦敦	北京
6	东京	悉尼	悉尼	东京	北京	东京	东京
7	悉尼	法兰克福	北京	悉尼	法兰克福	悉尼	悉尼
8	法兰克福	巴黎	法兰克福	法兰克福	悉尼	首尔	首尔
9	首尔	北京	首尔	首尔	首尔	广州	法兰克福
10	广州	首尔	孟买	迪拜	迪拜	深圳	孟买

表 3.14
金融联系网络中主要城市的前十位城际连接

资料来源：根据 GaWC 全球城市网络连接数据库（2016）测算。

3.3.3 全球及上海证券、债券、外汇市场发展现状

鉴于金融要素市场对国际金融中心建设的基础性作用，我们主要对股票、债券、外汇市场进行分析。

1. 股票市场：规模居全球前列，市场开放度和稳定性不足。近年来，全球主要证券交易所排名较为稳定，纽约证券交易所、纳斯达克证券交易所稳居全球前两位，且市值远高于排名在其后的交易所（图 3.7）。截至 2017 年末，纽约证券交易所（22.08 万亿美元）和纳斯达克证券交易所（10.03 万亿美元）的总市值达 32.11 万亿美元，占全球股票市场总市值的 38.55%（图 3.7）。纽约证券交易所（14.54 万亿美元）和纳斯达克证券交易所（11.34 万亿美元）的总交易金额为 25.88 万亿美元，占全球股票市场总交易金额的 29.67%（图 3.8）。上海证券交易所自 2014 年以来上市公司市值稳居全球第四，2017 年市值达到 4.55 万亿美元，占到全球总市值的 6.1%；但交易金额波动性较大，2015 年交易金额排在全球主

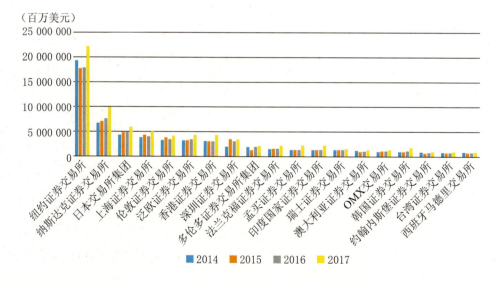

图 3.7
全球主要证券交易所交易市值

资料来源：世界交易所联合会（2015—2017）。

图 3.8
2017 年全球主要证券交易所交易市值及其占比

资料来源：世界交易所联合会（2017）。

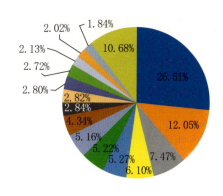

- 纽约证券交易所，市值：22 万亿美元
- 纳斯达克证券交易所，市值：10 万亿美元
- 日本交易所集团，市值：6.2 万亿美元
- 上海证券交易所，市值：5 万亿美元
- 泛欧证券交易所，市值：4.3 万亿美元
- 香港证券交易所，市值：4.3 万亿美元
- 伦敦证券交易所，市值：4.3 万亿美元
- 深圳证券交易所，市值：3.6 万亿美元
- 多伦多证券交易所集团，市值：2.3 万亿美元
- 印度国家证券交易所，市值：2.3 万亿美元
- 孟买证券交易所，市值：2.3 万亿美元
- 法兰克福证券交易所，市值：2.3 万亿美元
- 韩国证券交易所，市值：1.7 万亿美元
- 瑞士证券交易所，市值：1.5 万亿美元
- OMX 交易所，市值：1.5 万亿美元
- 其他证券交易所，市值：9.2 万亿美元

要证券交易所的第二位，而 2017 年降到第四位，且交易金额也随之下降，但仍达到 7.6 万亿美元的规模，占到全球总交易金额的 8.66%。

尽管上海证券交易所市场规模位居全球前列，但仍存在以下三个比较明显的问题。

（1）市场开放度远低于发达国家甚至其他新兴市场国家。纽约证券交易所和新加坡证券交易所海外公司占比均超过 20%，其他国家和地区证交所亦有海外上市公司，而上海和深圳两个证交所海外上市公司数量为零。2017 年，纽约、香港、澳大利亚三个证交所新上市海外公司数量分别为 36、32、16 个，而中国两个证交所在海外公司上市方面仍然未有突破（表 3.15）。

表 3.15
2017 年全球主要证券交易所上市公司情况

注：因数据可得性问题不包括伦敦证券交易所。

资料来源：世界交易所联合会（2017）。

全球主要证券交易所	上市公司总数	海外上市公司数量	海外上市公司占比	新上市公司数	海外新上市公司数量	海外新上市公司占比
纽约证券交易所	2 286	495	21.65%	131	36	27.48%
纳斯达克证券交易所	2 949	404	13.70%	89	0	0.00%
日本交易所集团	3 604	6	0.17%	104	1	0.96%
上海证券交易所	1 396	0	0.00%	215	0	0.00%
泛欧证券交易所	1 255	162	12.91%	26	5	19.23%
香港证券交易所	2 118	131	6.19%	174	32	18.39%
深圳证券交易所	2 089	0	0.00%	223	0	0.00%
多伦多证券交易所集团	3 328	50	1.50%	96	0	0.00%
法兰克福证券交易所	499	49	9.82%	0	0	0.00%
瑞士证券交易所	263	35	13.31%	4	0	0.00%
澳大利亚证券交易所	2 147	134	6.24%	122	16	13.11%
OMX 交易所	984	40	4.07%	105	2	1.90%
韩国证券交易所	2 134	20	0.94%	96	2	2.08%
约翰内斯堡证券交易所	366	72	19.67%	21	6	28.57%
西班牙马德里交易所	3 136	26	0.83%	33	0	0.00%
新加坡交易所	750	267	35.60%	24	6	25.00%

近年来，上海证券交易所主要通过两种途径提高股票市场开放程度。其一，"沪港通"①。"沪港通"机制的建立在中国证券市场开放和上海股票市场国际化方面有着里程碑意义。首先，"沪港通"事实上可以将内地与香港的金融资源进行有效的整合，以此扩大我国金融市场的国际影响力，提升上海国际金融中心的竞争力。其次，"沪港通"的推出可以给内地投资者提供一个跨境投资的渠道，在资本项目开放方面再进一步。再次，"沪港通"的推出加速了内地金融监管规则与国际标准接轨，有利于防范金融风险，促进上海国际金融中心建设。据统计，"沪港通"开通以来，两地往来累计资金额不断扩大。截至 2018 年 9 月 5 日，"沪港通"往来资金达到 8 402.42 亿元（表 3.16）。

表 3.16
"沪港通"资金监测

注：截至 2018 年 9 月 5 日。

资料来源：Wind。

	沪股通（北向）(亿元)	港股通（南向）(亿元)
最新	−24.22	9.29
本周合计	−17.39	8.42
本年合计	1 277.77	28.74
近三个月	539.67	−424.81
近六个月	1 199.75	−614.83
开通以来	3 233.61	5 168.81

其二，境外投资者可通过合格境外机构投资者（QFII）计划、人民币合格境外机构投资者（RQFII）计划②等渠道进入国内股票市场。QFII 和 RQFII 计划的推出有利于吸引境外资金，提高机构投资者比重，优化证券市场结构。从数量上看，QFII 和 RQFII 数量逐年增加，2017 年分别达到 307 家和 217 家（图 3.9），投资金额逐渐扩大。尽管如此，目前与境外资本市场进行交易连通的程度仍然非常低。即使 QFII、RQFII 以及沪股通额度全部用满，也只占沪市交易额的 1.8%。

（2）市场发展不稳定，且易受外部市场影响。根据相关研究报告显示，美国证券交易所个体散户日均成交量仅占总体成交量的 11%，其中超过一万股的大单中 90% 是在机构与机构投资者之间进行的。因此，美股是一个由机构投资者主宰的市场。由于机构投资者掌握的信息知识较多，使证券市场表现比较稳定。相比较而言，上海证券交易所股票市场的成交量近 90% 由散户贡献，机构投资者

① "沪港通"是指上海证券交易所和香港联合交易所允许两地投资者通过当地证券公司（或经纪商）买卖规定范围内的对方交易所上市的股票，是沪港股票市场交易互联互通机制。"沪港通"包括沪股通和港股通两部分：沪股通，是指投资者委托香港经纪商，经由香港联合交易所设立的证券交易服务公司，向上海证券交易所进行申报（买卖盘传递），买卖规定范围内的上海证券交易所上市的股票；港股通，是指投资者委托内地证券公司，经由上海证券交易所设立的证券交易服务公司，向香港联合交易所进行申报（买卖盘传递），买卖规定范围内的香港联合交易所上市的股票。

② QFII 指的是符合相关规定条件，经中国证监会批准投资于中国证券市场，并取得国家外汇管理局额度批准的中国境外基金管理机构、保险公司、证券公司、其他资产管理机构。RQFII 是指经主管部门审批的境内基金管理公司、证券公司的香港子公司，可以运用在香港募集的人民币资金开展境内证券市场投资业务的相关主体。

图 3.9
合格境外机构投资者（QFII）
和人民币合格境外机构投资者
（RQFII）数量统计

资料来源：Wind。

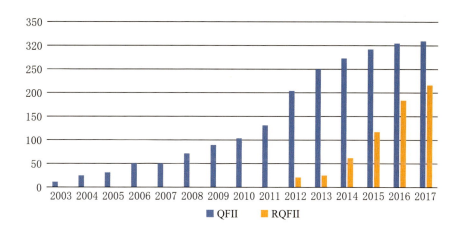

只占了 10% 左右，由此导致上海股票市场市场波动较大。根据世界交易所联合会（WFE）的统计数据，近十年来上海证券交易所上市公司市值和股票成交量均发生较大的波动，例如 2007 年上海证券交易所上市公司市值达到 26.98 万亿元，2008 年骤降至 9.73 万亿元，2009 年大幅升至 18.47 万亿元，接着连续两年下滑，2011 年降至 14.84 万亿元，2012—2014 年逐步上升，但 2015 年骤降，之后又逐步上升。

（3）中国股市的脆弱性还表现在易受外部市场的影响。2018 年 10 月 10 日，美股全线重挫，道指跌逾 800 点，纳指跌幅超 4%，标普 500 指数 11 大板块全部收跌。受美股影响，第二天即 10 月 11 日上证指数下挫 118.40 点，跌幅达 4.34%，报 2 607.44 点；深成指跌 5.19%，报 7 595.20 点；创业板指跌 5.39%，报 1 274.13 点（跌幅全球第一）。由此看出，美股的国际影响力非常大，其波动牵动着全球股市的神经。

2. 债券市场：近年来发展迅速，国际化程度与结构有待提升。2014 年以来，上海债券市场取得了突飞猛进的发展，上海证券交易所上市债券数量年均增长率达到 70.54%，由 2014 年的 2 094 只增至 2017 年的 10 386 只；债券市值波动剧烈，2015 年达到近年来的最高值即 189 304.68 亿美元，之后骤降为 2017 年的 45 425.41 亿美元。上海金融中心的债券市场与欧美等发达国际金融中心相比仍然差距巨大：2017 年卢森堡证券交易所上市证券 30 344 只，是上海证券交易所的近三倍（图 3.10）；2017 年法兰克福证券交易所上市证券市值为 405 677.67 亿美元，是上海证券交易所的近九倍（图 3.11）。

国际化方面，中国债券市场已成为国外央行、境外机构投资者资产配置的重要场所。从投资渠道看，境外投资者同样可以通过 QFII 计划、RQFII 计划等渠道进入国内债券市场。从投资额度看，境外中长期机构投资者投资银行间市场的限额已取消，QFII 和 RQFII 投资额度呈明显上升趋势。从实际债券投资规模看，境外机构持有的境内人民币债券余额大幅增加，截至 2017 年末达到 11 283.74 亿

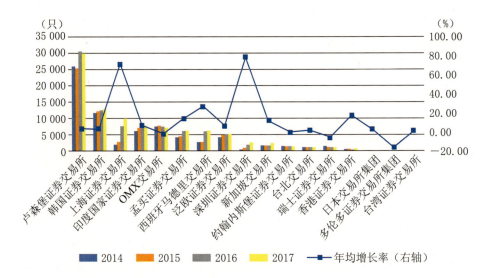

图 3.10
全球主要证券交易所上市债券数量

资料来源：世界交易所联合会（2015—2017）。

元人民币。就国内城市而言，根据证监会数据，2017 年在华设立代表机构外资机构（证券类机构）在上海的数量最多，达到 55 家，其余依次为北京（49 家）、深圳（6 家）、厦门（1 家）和沈阳（1 家）。上海证券交易所第一个启动了境外企业在交易所发行人民币债券（"熊猫债"）的试点工作。从 2015 年开展试点至 2017 年 8 月底，境外企业已在上交所合计发行 51 只熊猫债，发行规模达 900 亿元。对外投资方面，2006 年，中国推出合格境内机构投资者（QDII）制度，为境内机构和个人配置海外资产提供了渠道。2014 年，人民银行正式推出 RQDII 制度，允许具有 QDII 资质的金融机构自主发行人民币合格境内机构投资者（RQDII）产品投资离岸人民币市场。此外，各地也陆续开展境内资金海外投资的试点工作，其中上海、青岛、重庆推出了合格境内有限合伙人项目（QDLP），深圳推出了合格境内投资者境外投资项目（QDIE）。

　　然而，从"引进来"看，境外投资者在中国债券市场投融资比例还比较低。截至 2017 年底，境外投资者在中国债券市场投资的比例仅为 1.51%，该比

图 3.11
全球主要证券交易所上市债券市值

资料来源：世界交易所联合会（2015—2017）。

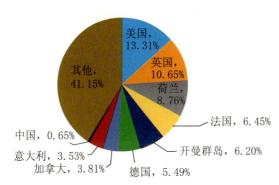

图 3.12
国际债券未清算余额中各国发行主体占比（截至 2017 年 6 月）

资料来源：国际清算银行。

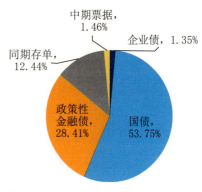

图 3.13
境外机构在境内银行间债券市场托管品种分布情况（截至 2017 年末）

资料来源：中国债券信息网（http://www.chinabond.com.cn/），上海清算所。

例远落后于美国债券市场（26.90%），即便在韩国、马来西亚和泰国等亚洲新兴经济体中，国际投资者在本国的债市占比均超过 10%。从"走出去"看，境内机构和个人对于境外债券市场的参与度仍然较低，人民币离岸债券市场与美元、欧元等国际货币离岸债市相比仍有较大差距。根据国际清算银行（BIS）的统计，截至 2017 年 6 月，全球国际债券与票据未清偿余额为 22.70 万亿美元。其中，中国占比为 0.65%，与主要经济体相比存在很大差距（图 3.12）。最后，就国际化结构而言：其一，中国债券国际化的主体类型较为集中，截至 2017 年末，共有 52 家境外发行人在中国债券市场上发行熊猫债，发行主体仅涉及 9 个国家（地区）的政府和国际机构，以及 7 个国家（地区）的企业，并且七成比例以上的债券发行主体为国内企业的海外分公司。其二，从债券品种来看，与境内可投融资的债券品种不断丰富、交易限制不断放松相比，境外投资者参与中国债券市场投融资品种仍比较单一，截至 2017 年末，境外机构共持有 1.13 万亿元境内债券，超八成以上为利率债，其中 6 064.92 亿元为国债，占境外机构持债规模的 53.75%；3 205.92 亿元为政策性金融债，占比达到 28.41%（图 3.13）。

　　3. 外汇交易市场活跃，但尚未与中国经济、贸易水平相匹配。上海是中国外汇交易中心总部所在地，中国加入 WTO 后特别是 2005 年 7 月新的人民币汇率形成机制实施后，外汇市场取得了突飞猛进的发展。根据国际清算银行（BIS）三年一次的调查数据（调查对象包括 52 个国家近 1 300 家银行及其他金融机构），1998 年 4 月，中国外汇市场日均交易额为 2.1 亿美元，全球占比仅为 0.01%。而 BIS 于 2016 年 9 月 1 日公布的当年 4 月的外汇市场交易数据显示，中国外汇市场日均交易额增加近 450 倍，达 941.6 亿美元，全球份额增至 0.15%。然而，与英国、美国、新加坡、日本等国的外汇市场相比，中国外汇交易市场的规模仍然很小。2016年4月中国外汇市场日均交易额全球排名第12位，仅为同期英国的3.38%、美国的7.1%，新加坡的17.36%。另外，结合世界银行公布的各国GDP和贸易额数据，可以计算出中国2016年外汇日交易额与GDP的比例和与贸易额的比例分别仅为2.1%和5.68%，该比例远远小于同期其他的主要国家和地区（表3.17）。例如，美国外汇日交易额占GDP的比例和占外贸额的比例分别为17.81%和66.99%；日本外汇日交易额占GDP的比例和占外贸额的比例分别为21.72%和69.47%。这说明，中国外汇市场的发育程度还比较低，与当前中国经济、贸易在全球所占份额不匹配，呈现明显的脱钩特征。

表 3.17
2016 年世界主要国家和地区外汇交易情况

资料来源：The Bank for International Settlements（https://www.bis.org），World Bank（https://data.worldbank.org.cn）。

国家和地区	日均外汇交易额（百万美元）	GDP（百万美元）	贸易额（百万美元）	外汇日交易额 / GDP	外汇日交易额 / 贸易额
英国	2 785 382.02	2 650 850.18	1 552 929.36	262.69	448.41
美国	1 326 540.00	18 624 475.00	4 950 371.00	17.81	66.99
新加坡	542 328.91	309 763.88	961 061.38	437.70	141.08
中国香港	466 212.43	320 881.18	1 192 740.55	363.23	97.72
日本	429 979.84	4 949 273.34	1 547 468.63	21.72	69.47
法国	187 992.14	2 465 134.30	1 506 909.36	19.07	31.19
瑞士	164 140.63	668 745.28	805 170.75	61.36	50.96
澳大利亚	137 374.74	1 208 039.02	492 535.30	28.43	69.73
德国	120 833.91	3 477 796.27	2 930 643.86	8.69	10.31
丹麦	102 202.17	306 899.65	309 889.23	83.25	82.45
加拿大	96 088.57	1 535 767.74	988 298.90	15.64	24.31
中国	94 156.68	11 190 992.55	4 144 451.67	2.10	5.68
荷兰	86 494.90	777 227.54	1 196 066.35	27.82	18.08
韩国	69 583.02	1 414 804.16	1 099 484.38	12.30	15.82
俄罗斯	56 942.17	1 284 727.60	2 779 269.01	11.08	5.12

3.3.4　提升上海国际金融中心能级的政策建议

金融功能在全球城市建设中具有举足轻重的地位。上海要在已有国际金融中心建设基础上进一步实行金融服务开放，提升金融中心的能级。

1. 推动国际金融企业总部基地建设，提升上海国际金融"枢纽"职能。上海

118　全球城市发展报告 2019：增强全球资源配置功能

与北京或亚太其他金融中心城市相比，最薄弱的环节是缺少金融企业总部，这在很大程度上限制了上海在国际金融资源流动网络中的话语权。因此，吸引更多的金融企业总部集聚，提升其对外辐射的枢纽职能，是提升上海金融中心能级的关键。上海应充分利用良好的区位和交通优势、雄厚的科教资源与人才资本、相对更开放的制度环境等优势，通过提供更适宜的优惠政策，吸引外国金融企业在上海设立主要办事机构，尤其是重点"一对一"推动更多的国际龙头金融企业在上海设立亚太地区或全球总部。通过整合现有金融企业布局，围绕陆家嘴建立金融企业总部基地，激发总部集聚效应，为国际金融企业的总部落户创造良好条件。

2. 发挥中国市场门户职能角色，扩展与亚太以外区域联系。背靠广阔的国内市场，吸引了更多的国际金融企业是上海相对于北京等其他城市的优势。应进一步借助长三角推进更高质量一体化和上海自贸试验区建设的机遇，扩大上海背后更广阔的腹地支撑，提升在沪国际金融企业的规模、数量与质量，进一步强化上海作为国际金融企业进入中国的主要门户职能。另一方面，鉴于上海的金融中心职能更多地局限在链接与服务亚太地区城市，今后的发展应着重提升面向全球的金融服务能力，提升其金融开放程度和离岸业务比重，增强与伦敦、纽约等全球性城市的金融联系。同时，积极配合人民币国际化进程，建设人民币全球定价、交易和清算中心，将人民币的跨境业务打造成提升上海在全球金融体系中影响力的重要抓手。

3. 推进资本交易与管理制度创新，打破限制金融要素自由流动的政策壁垒。虽然近年来上海在放宽金融管制、促进金融要素自由流动方面先行先试，取得长足进步；然而与香港、新加坡等亚太其他竞争性金融中心城市相比，限制较多的金融政策和制度壁垒仍是上海建设国际金融中心的最大障碍。上海应进一步在稳定国内宏观金融和外汇市场的基础上，以大力推进资本交易和管理制度创新为突破口，进一步推动离岸金融等关键领域的开放力度，以更务实的原则统筹金融监管和金融开放的关系。同时，提高政府行政效率与透明度，优化服务与支持金融企业成长环境，建立与国际通行的金融行业规则，也是提升上海国际金融中心能级的重要支撑条件。

4. 培育有潜力的金融创新企业，促进不同层次金融业的多元化发展。参考奥马哈和哈里森等小城市在全球金融体系承担关键节点的成功案例，培育本土有潜力的金融创新企业，鼓励国内信托、金融租赁、汽车金融、货币经纪、消费金融等领域的独角兽企业进沪发展。同时，激发在沪一般金融企业面向国际市场的活力，丰富金融服务和产品体系，建立健全内外资企业、大中小企业等不同层次协调发展的金融企业体系。

5. 进一步提升上海资本市场的国际化水平。上海是中国资本市场最重要的交易中心，但国际化程度相对较低，仍有较大提升空间。

（1）进一步完善内地与香港两地资本市场互联互通机制，扩大沪股通、港股通每日额度。此外，目前香港与内地的"债券通"只开放了"北向通"，还没有开通"南向通"①。未来应推进"南向通"的开通，为内投资者去投资香港以及香港之外的国际债券市场带来便利，增加上海与境外债券市场双向互联互通。

（2）在继续推进"沪港通"深入发展的基础上，拓展与全球重要交易所互联互通，近期重点做好"沪伦通"工作。作为A股和国外证券市场的第一个连通计划，"沪伦通"无疑是中国资本市场对外开放的又一里程碑事件，对于提升中国金融市场的深度、吸引更多海外投资者进入和加快推动A股市场国际化大有裨益。具体来说，"沪伦通"是沪伦两地满足一定条件的上市公司到对方市场上市交易存托凭证的模式。对投资者来说，差异体现在交易品种，即"沪港通""深港通"都是直接买卖股票，而"沪伦通"交易的是存托凭证。"沪伦通"存托凭证与基础股票间可以相互转换，利用基础股票和存托凭证之间的相互转换机制，打通两地市场的交易。形象地说，"沪深港通"是两地的投资者互相到对方市场直接买卖股票，"投资者"跨境，但产品仍在对方市场。而"沪伦通"是将对方市场的股票转换成为存托凭证到本地市场挂牌交易，"产品"跨境，但投资者仍在本地市场。因此，"沪伦通"标志着境外企业开始在上海证券市场挂牌交易。在推动"沪伦通"试点取得成功的基础上，进一步将该模式复制到沪伦债券市场，逐步扩大证券市场的连通度。有了"沪港通""沪伦通"的经验，还应积极为将来的"沪纽通"等做好充足准备。

（3）依托自贸试验区金融开放推进上海国际金融中心建设。上海自贸试验区的金融创新改革与上海国际金融中心建设二者之间存在着联动效应。要依托自贸试验区建设的政策优势，充分发挥人民银行上海总部统筹协调功能，扩大金融服务业的对外开放，逐步放宽对外资投资或入股银行、证券、保险公司等金融机构的股比限制，并争取在上海先行先试。吸引更多境外投资者参与，深化"黄金国际板"等面向国际的金融市场平台建设。充分发挥中国外汇交易中心总部功能，在自贸试验区内进行人民币资本项目可兑换的先行先试，逐步提高资本项下的各项目可兑换程度。及时把握住人民币的定价权，争取将上海打造成人民币汇率的定价中心，逐步吸引全球资金，形成全球资本的集聚效应。

（4）进一步优化金融生态环境。这是增强和提升国际金融中心综合竞争力的重要途径，对吸引国际金融人才和跨国金融机构进入、推动国内投资者海外投资等都起到非常大的促进作用。为此，应加强陆家嘴金融城和沿黄浦江金融集聚区联动发展，建设世界一流的国际金融中心功能区；吸引国家金融管理部门和国内

---

① 北向通，即境外投资者通过内地与香港债券市场基础设施的互联互通，投资于内地银行间证券市场的机制安排，也就是海外资金流入国内、往北流；南向通也就是国内的资金投资海外。

外金融机构在上海建设金融信息服务中心、金融综合服务平台；不断完善金融法制、税收、会计、信用、监管等制度体制；完善金融监管，有效防范区域性、系统性金融风险，健全跨行业、跨市场、跨境金融风险监管评估机制和风险防范制度，健全互联网金融风险安全防控和安全保障机制。

3.4 上海在全球创新网络中的地位

基于创新内涵（广义与狭义）、创新价值链构成、全球创新网络特征和研究路径等分析，将全球创新网络分解为三个层次：第一，全球知识网络，包括高校科研院所等力量为主体，以科学论文、专利获得、学术会议、人员访学、合作研究等为载体的知识流动层，主要面向知识原创和创意发展。第二，全球科技网络。由跨国公司为主导，以企业研发中心全球布局及其研发服务外包为主要介质的技术开发与产业发展层次，主要针对高科技产业发展领域。第三，全球创新服务网络，依托各类创新与创业载体（包括苗圃、孵化器、服务中心）及国际商务、创新融资（天使投资、风险投资、私募股权投资及众筹募资等）、国际联系、文化融合等影响因素，推进创新服务，主要面向科技创新和产业化发展的创新服务层。我们这里主要分析上海在全球知识网络与全科技网络中的地位。

3.4.1 上海在全球知识网络中的地位

知识经济时代，知识的生产对于地区的发展非常重要。知识生产的测度指标可以用发表论文的数量来衡量。ESI 数据库包括了 SCI 和 SSCI[①] 两个数据库的论文，在该数据库中的发文量可以综合反映一个国家或地区的知识生产能力与水平。

1. **全球知识生产中心的变化**。表 3.18 显示，美国、日本、英国、法国等主要的发达国家的 ESI 发文量较高，同时具有就较高的引用率。近年来，随着中国知识生产能力的提升，中国的科技论文的产量有了显著的增加，已经超过了德国、英国和日本成为了全球第二大论文生产大国。同时，论文引用率有了很大的提升。这都表明中国在全球知识生产中的地位得到了快速的提升。但论文的数量与美国相比依然存在较大差距。从发文的质量来看，引用率还相对较低。

从科学论文（SCI）发文量来看，2000 年以前，伦敦、东京—大阪、旧金山湾区等发达国家大都市区发表的论文数量最多，占据着核心地位。这一时期，尚

---

① SCI（Science Citation Index），主要发表自然科学类的论文。SSCI（Social Science Citation Index），主要发表社会科学类的论文。两个数据库都是美国科学引文索引数据库，在该数据库中发表科学论文的数量可以反映国家或地区的知识生产数量，是反映国家或地区知识生产能力的重要指标。

排名	1997—2007 年	论文数量（篇）	论文引用率（次 / 篇）	2005—2015 年	论文数量（篇）	论文引用率（次 / 篇）
1	美国	2 864 275	13.63	美国	3 687 391	17.12
2	日本	777 992	8.5	中国	1 742 926	8.55
3	德国	738 067	10.75	德国	968 336	15.57
4	英国	653 177	12.18	英国	878 899	17.07
5	法国	529 636	10.22	日本	807 599	11.64
6	中国	471 890	4.02	法国	682 356	14.80
7	加拿大	393 143	11.14	加拿大	597 641	15.42
8	意大利	371 205	9.68	意大利	577 054	14.00
9	俄罗斯	275 945	3.83	西班牙	496 241	12.94
10	西班牙	270 139	8.32	印度	478 250	7.76
11	澳大利亚	249 892	9.77	澳大利亚	467 675	14.02
12	荷兰	220 881	12.85	韩国	456 242	9.18
13	印度	215 847	4.15	巴西	352 455	7.51
14	韩国	192 361	5.22	荷兰	343 657	18.37
15	瑞典	168 574	12.18	俄罗斯	299 670	5.80

表 3.18
按 ESI 论文数量排序的前 15 个国家（地区）

资料来源：Essential Science Indicators（基本科学指标数据库）。

未有中国城市进入前列。2000 年以后，东京—大阪、纽约、洛杉矶等城市区域的 SCI 发文量增速明显，特别是东京—横滨取代伦敦成为第一。在这一时期，莫斯科 SCI 发文量明显下降，费城已被剔除；而北京、首尔等一些新的城市进入其中，但排名相对靠后。到 2010 年，城市排名发生重大变化，北京一跃成为全球 SCI 发文量最多的城市，发表数量超过 10 万篇，排名占据榜首。同时，上海开始进入 12 强，但发文数仅及排名第一的北京的 1/2（表 3.19）。

总体来看，全球知识生产中心主要集中在北大西洋两岸和北太平洋两岸，前者有伦敦、巴黎、阿姆斯特丹、纽约和波士顿；后者有北京、上海、东京—横滨、大阪—神户、首尔、旧金山湾区和洛杉矶。从科学中心所在国家看，美国有 4 个城市区域入选，显示了强大的科研能力，日本和中国分别有 2 个城市区域入选。

2. 北京和上海已经成为全球重要的科学中心城市。2018 年《自然》(Nature)增刊发布的《2018 自然指数——科研城市》，从知识生产的质量层面考察了全球主要城市或都市区在高质量知识生产体系中的地位。这一评价方法是基于城市 / 都市区内的所有高校在《自然》遴选的全球 82 个顶级期刊上发表的论文数量。①

---

① 2018 年《自然》增刊发布的《2018 自然指数——科研城市》，自然指数是基于城市 / 都市区内的所有高校在《自然》遴选的全球 82 个顶级期刊上的发表的论文数量，有两种表示方法：（1）论文数量，主要根据论文计数（article count/AC），不论一篇文章有一个还是多个作者，每位作者所在的国家或机构都获得 1 个 AC 分值。（2）自然指数，分数式计量（fractional count/FC），考虑了每位论文作者的相对贡献。一篇文章的 FC 总分值为 1，假定每位作者有相同的贡献，分值在所有作者中进行平均分配。例如，一篇论文有十个作者，则每位作者的 FC 得分为 0.1。最后通过汇总得出每一个国家 / 地区 / 城市 / 都市区的自然指数得分值。

排名	1996—1998 年	SCI 发文量	2002—2004 年	SCI 发文量	两期增长率（%）	2008—2010 年	SCI 发文量	两期增长率（%）
1	伦敦	69 303	东京—横滨	81 798	19.2	北京	100 835	140.0
2	东京—横滨	67 628	伦敦	73 403	5.9	伦敦	96 856	32.0
3	旧金山湾区	50 212	旧金山湾区	56 916	13.4	东京—横滨	94 043	15.0
4	巴黎	49 438	大阪—神户	54 300	12.5	巴黎	77 007	45.3
5	大阪—神户	48 272	巴黎	53 005	7.2	旧金山湾区	75 669	32.9
6	莫斯科	45 579	纽约	51 047	22.8	纽约	70 323	37.8
7	波士顿	42 454	波士顿	49 265	16.0	波士顿	69 250	40.6
8	纽约	41 566	洛杉矶	44 401	18.6	首尔	67 292	103.4
9	阿姆斯特丹	37 654	阿姆斯特丹	44 094	17.1	阿姆斯特丹	65 527	48.6
10	洛杉矶	37 437	北京	42 007	/	大阪—神户	60 615	11.6
11	费城	29 376	莫斯科	41 001	−10.0	洛杉矶	58 176	31.0
12	柏林	24 514	首尔	33 083	/	上海	50 597	/

表 3.19

世界十二大科学中心城市区域

资料来源: Andersson, D.E., Gunessee, S. Matthiessen C.W., et al., （2016）. "The Geography of Chinese Science" *Environment & Planning A*, 46（12）: 2950—2971。

整体来看，美国的东、西海岸地带、东亚地区以及西欧的北大西洋沿岸是全球知识生产的集聚地区，尤其是中、美两国的一些城市/都市区占据了全球科学中心城市中的核心地位。中国已经成为全球重要的科学中心，尤其是北京、上海、南京及武汉等城市已经成为全球重要的科学中心城市，并处于领先地位（图 3.14）。

　　具体来看，这些知识生产城市主要集中在科技水平较高的国家或城市群地区，美国和中国上榜的城市居多（表 3.20）。就中国而言，在全球前 20 大知识生产城市排名中，有四个城市上榜，即北京、上海、南京和武汉。北京是所有城市中高质量知识生产最多的城市，上海、南京和武汉紧随其后。在京津地区主要以北京—天津为核心，且北京独大。在长三角地区，主要形成了以上海为核心，南京、杭州和合肥为次核心的知识生产集聚区。从这些主要城市所生产的知识排名

图 3.14

2017 年全球科学中心城市分布

资料来源: https://www.natureindex.com/supplements/nature-index-2018-sciencecities/index.

排名	城市/都市区	国家	自然指数	发文数量	占该国自然指数比重（%）	合作发文数量占比(%)
1	北京	中国	2 142.53	4 396	23.5	80.3
2	纽约	美国	1 980.45	4 383	10.1	81.4
3	波士顿—剑桥—牛顿	美国	1 808.78	3 917	9.2	81.3
4	旧金山—圣何塞	美国	1 676.35	3 639	8.5	80.6
5	巴尔的摩—华盛顿	美国	1 295.67	3 342	6.6	84.9
6	东京	日本	1 194	2 601	39.1	79.0
7	上海	中国	1 041.04	2 178	11.4	80.5
8	巴黎	法国	938.59	2 469	42.9	88.2
9	洛杉矶—长滩—阿纳海姆	美国	847.1	2 072	4.3	83.7
10	芝加哥—内珀维尔—埃尔金	美国	759.71	1 852	3.9	83.0
11	首尔	韩国	725.04	1 434	56.4	76
12	南京	中国	704.03	1 476	7.7	80.4
13	京都—大阪—神户	日本	680.32	1 423	22.3	78.7
14	伦敦	英国	672.98	1 970	18.5	89.9
15	新加坡	新加坡	595.58	1 120	100.0	76.8
16	圣地亚哥—卡尔斯巴德	美国	570.71	1 326	2.9	82.7
17	剑桥	英国	560.68	1 451	15.5	86.8
18	苏黎世	瑞典	546.95	1 305	41.0	83.1
19	武汉	中国	490.54	1 019	5.4	81.1
20	柏林	德国	481.56	1 267	11.0	87.5

表 3.20
2017 年全球前二十知识生产城市自然指数排名

注：自然指数是根据城市/都市区内的不同高校在《自然》遴选的 82 个高质量期刊上的发文数计算得出。

来看，北京也仍旧排在首位，上海排在全球的第七位。上海、南京和杭州三个城市的知识产量与北京大致相当，这也表明北京在高质量的知识生产上优势明显。从上海自身而言，在长三角优势明显，然而却与北京存在较大差距，两种方法计算的上海得分仅为北京的一半。从对国家自然指数的贡献上来看，北京的自然指数占比最高达到 23.5%，而上海仅为 11.4%。从与外界的合作来看，北京和上海差异较小，与非本城市机构的合作数量均比较多。

从城市间的合作来看，全球知识生产的核心城市主要与本国内的城市合作为主，尤其核心城市与核心城市之间的合作的地位突出（图 3.15）。中国唯一产生国际合作的城市，主要是北京与纽约之间的合作，但是远远低于与其国内城市的联系。就中国而言，北京和上海之间的联系最强，主要形成了以北京为核心的紧密联系层，其余城市主要与北京联系。就上海来看，上海主要和北京展开知识合作，与南京的联系次之，与其他城市的联系更少。

3. **上海在全国知识生产中的地位**。从全国主要城市的 SCI 发文量位序—规模分布图可以看出（图 3.16），中国的知识生产主要集中在少数几个大城市，排名

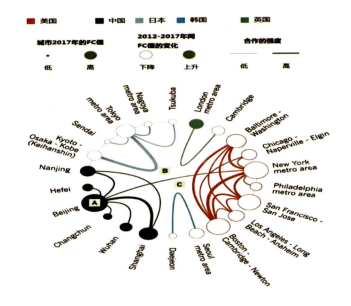

**图 3.15　2017 年全球知识
生产城市合作网络**

注：FC 为自然指数值。

前五的城市的发文量占到了全国总发文量的一半以上，即北京、上海、南京、武汉和广州在全国的知识生产中占据核心地位。更进一步，前五大城市又存在典型的内部差异性。北京发文量最多，数量是上海的两倍，是上海、南京、武汉三个城市发文量的总和，具有极高的首位度。上海在中国知识生产中占据重要地位，排在全国第二位，与北京之外的其他城市相比占据一定的优势。

根据全国主要城市的发文量以及作者合作状况，将其分为四类，并将合作较多的城市划分为一个紧密联系层（图 3.17）。可以发现，北京一家独大，其余城市处于不同位置，这与我国一流大学和一流学科大学分布有重要关系。长三角区域的城市主要处于第二等级、第三等级以及第四等级的分类当中。其中，上海、南京和杭州主要处于较高等级中，合肥次之，苏州和宁波地位最低。上海、南京、杭州等城市组成了一个联系紧密的科学城市合作圈，且核心城市的差异较小。其中，上海、南京和杭州处于领导地位，合肥、苏州、宁波处于边缘地位。

**图 3.16　2010 年中国主要
城市 SCI 论文发文量位序—
规模分布**

资料来源: Andersson, D.E., Gunessee,
S., Matthiessen, C.W., et al.,
（2016），"The Geography of Chinese
Science"，*Environment & Planning
A*, 46（12）: 2950—2971。

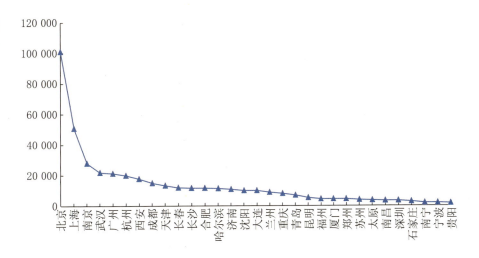

图 3.17
2010 年中国主要科学城市 SCI 论文分级与合作联系网络图

资料来源: Andersson, D.E., Gunessee, S., Matthiessen, C.W., et al., (2016), "The Geography of Chinese Science", *Environment & Planning A*, 46 (12): 2950—2971。

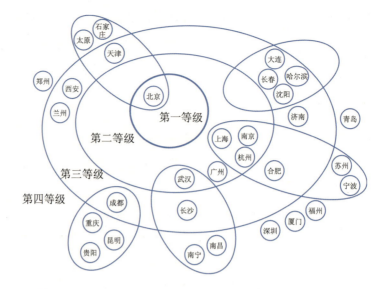

3.4.2　上海在全球研发网络中的地位

根据普华永道（PwC）的统计 [1]，1 000 强企业研发支出总额占到全球研发总支出的 40%，是全球科技创新的主体。我们首先开展基于国家尺度的衡量，分析全球研发网络中八大强国的发展情况，明确中国的比较优势以及包括上海在内的中国城市研发投入的未来方向；其次开展基于大都市区尺度的衡量，分析上海的比较优势以及与具有国际影响力的全球科技创新中心的差距。

1. 全球研发网络中八大强国的比较优势分析。美国的优势领域主要集中在医药、生物科技和生命科学，软件，半导体，通信设备，航空、航天和国防，互联网和直销购物，健康设备和服务行业等领域（图 3.18）。上述行业的研发经费支

图 3.18
世界研发八大强国比较优势分析

资料来源: 根据普华永道 2017 年全球研发 1000 强企业数据库整理计算。

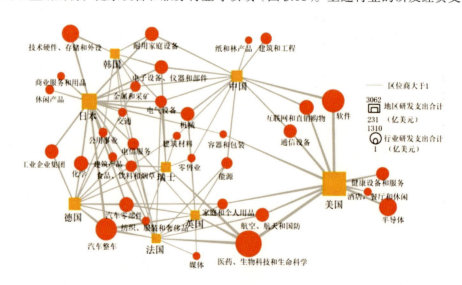

---

① 2017 年，普华永道（PwC）采集数据的对象包括 2016—2017 财政年度（截至 2017 年 6 月 30 日）的全球研发支出最高的 1 000 家上市公司。在数据采集时，若一家母公司拥有子公司 50% 以上的股权，并将其纳入合并财务报表的合并范围，则子公司不能上榜。

出占全球的比例分别为51.03%、75.96%、64.39%、53.00%、54.35%、89.89%，均位于世界首位。尽管美国在技术硬件、存储和外部设备，工业企业集团，机械、化学、电子设备，仪器和部件，汽车整车和零部件等领域研发经费支出也相对位于全球前列，但这些领域的区位商均小于1，并不具备比较优势。

以美国各个行业的研发支出为1，对主要国家各个行业的研发支出进行标准化处理，比较其相对美国的优势和劣势（表3.21）。日本在家庭耐用品、汽车零部件、电子设备仪器和零部件、化学、汽车整车、电气设备领域的研发经费支出超过美国，区位商分别为3.63、2.96、2.35、2.14、2.01、1.90。特别在汽车整车和零部件领域的研发支出很强。日本丰田、本田、日产、马自达等整车企业研发投入总计为252.73亿美元，占世界比例为30.76%，是美国福特、通用等整车企业研发投入的1.54倍；而日本电装、爱信精机等汽车零部件企业研发投入总计为101.49亿美元，占全世界比例为45.12%，是美国固特异、博格华纳等汽车零部件企业研发投入的5.72倍。汽车与汽车零部件合计研发投入占日本研发支出经费比例为33.13%，汽车产业也因此成为日本的支柱产业。除此之外，日本工业企业集团、机械、电气、家庭耐用品、食品等领域的区位商也大于1，具有比较优势。日本在通信设备以及航空、航天和国防领域、互联网和直销购物等领

表 3.21
世界主要国家各个行业研发投入相对美国的比值

资料来源：根据普华永道 2017 年全球研发 1000 强企业数据库整理计算。

行 业	日本	德国	中国	瑞士	韩国	法国	英国
医药、生物科技和生命科学	0.15	0.10	0.01	0.29	0.00	0.08	0.15
软件	0.04	0.05	0.12	0.00	0.02	0.02	0.02
汽车整车	1.54	1.44	0.30	0.00	0.15	0.28	0.21
半导体	0.08	0.03	0.01	0.04	0.05	0.00	0.01
技术硬件、存储和外设	0.43	0.00	0.14	0.01	0.72	0.00	0.00
化学	1.15	0.51	0.05	0.31	0.10	0.08	0.04
通信设备	0.00	0.00	0.19	0.00	0.00	0.00	0.01
汽车零部件	5.73	2.62	0.17	0.00	0.44	1.26	0.81
航空、航天和国防	0.00	0.00	0.02	0.00	0.01	0.17	0.13
工业企业集团	0.38	0.64	0.00	0.00	0.07	0.00	0.02
互联网和直销购物	0.00	0.00	0.11	0.00	0.00	0.00	0.00
机械	0.65	0.11	0.47	0.07	0.05	0.02	0.15
电子设备、仪器和部件	1.90	0.00	0.52	0.23	0.56	0.06	0.06
耐用家庭设备	9.07	0.00	2.21	0.41	2.71	0.09	0.00
健康设备和服务	0.11	0.11	0.00	0.01	0.00	0.05	0.04
电信	1.71	0.66	0.27	0.00	0.34	0.49	0.48
能源	0.10	0.00	0.93	0.05	0.04	0.35	0.17
电气设备	3.84	0.50	2.25	1.73	0.53	1.74	0.00
其他产业	0.95	0.27	1.23	0.25	0.16	0.41	0.07

域，则没有全球研发 1 000 强企业。此外，在医药、生物科技和生命科学，软件，半导体，技术硬件、存储和外设领域，日本的研究研发投入分别为美国的 14.99%、3.73%、7.97%、43.07%。总之，日本的优势集中在汽车等第二次产业革命的主导产品，而在医药、生物科技和生命科学以及信息等新兴产业上与美国有不小的差距。

相对于美国，德国的优势主要在汽车领域。德国汽车整车和汽车研发经费投入占全世界比例分别为 28.66%、20.68%，分别是美国的 1.44 和 2.62 倍，区位商分别为 3.71、2.68。德国汽车整车和零部件研发经费支出分别为日本的 93.5%、45.72%，与日本相比仍有较大的差距。值得注意的是，德国在医药、生物科技和生命科学、软件、半导体等领域仅分别为美国的 10%、5%、3%；在技术硬件、存储和外设、通信设备、电子设备、仪器和部件这三个电子信息产品制造业也没有全球 1 000 强研发企业。信息技术等新兴领域发展相对滞后成为德国产业升级面临较大挑战，德国开展"工业 4.0"项目的主要目的也是加强信息产业与德国汽车等机械领域的优势相融合。

中国在软件，通信设备，互联网和直销购物，机械，电子设备、仪器和部件，耐用家庭设备等领域的区位商大于 1。中国在软件和互联网等领域具有与美国竞争的实力，超过其他七个研发强国。此外，中国在耐用家庭设备、电气设备这两个相对传统的中低技术领域研发经费支出分别是美国的 2.21 倍、2.25 倍。然而，在医药、生物科技和生命科学，软件，汽车整车，半导体，技术硬件、存储和外设、化学、汽车零部件，航空、航天和国防，工业企业集团等重要领域，中国与美国相比存在较大差距（表 3.21）。尽管中国通信设备，技术硬件、存储和外设区位商分别为 1.59、0.10，但这两个行业的核心零部件半导体产业的区位商只有 0.10。中国 2017 年的半导体产业研发经费支出仅占世界的 0.60%，仅为美国的 1%。值得注意的是，中国汽车整车的区位商为 0.95，显示出中国汽车整车业研发投入有了一定的增长，但汽车零部件的区位商只有 0.22。换言之，中国在电子信息产品制造以及汽车制造商上，对境外的核心零部件均有较大的依赖。

瑞士在医药、生物科技和生命科学，电子设备、仪器和零部件、电气设备、食品，蔬菜和烟草、纺织、服装和奢侈品（钟表）、建筑材料领域的区位商超过了 1。瑞士在电气设备领域的研发支出是美国的 2.25 倍，其他领域的研发经费支出均小于美国。但值得注意是，瑞士凭借罗氏、诺华等跨国医药企业集聚的优势，在医药、生物科技和生命科学领域的研发支出占全国比例为 14.56%，超过了日本等国家，成为仅次于美国的全球第二大医药、生物科技和生命科学领域研发强国（表 3.21）。

韩国在技术硬件、存储和外设、电子设备、仪器和部件、耐用家庭设备等领域具有竞争优势，区位商超过了 1。与美国相比，韩国在耐用家庭设备领域的研发投资是美国的 2.71 倍。值得注意是，在三星电子集团的引领下，韩国技术硬件、存储和外设领域的研发经费支出占世界比例为 28.09%，分别是日本和德国的 1.67 倍、5.14 倍，成为了全球仅次于美国的技术硬件、存储和外设研发强国。

法国和英国在医药、生物科技和生命科学、汽车整车、零部件、航空航天国防和电气设备等领域的区位商大于 1，具有比较竞争优势。其中，英国在所有领域的研发经费支出均小于美国。英国在医药、生物科技和生命科学研发经费投入占全球比例为 7.55%，位居世界第四，具有相对优势。与美国相比，法国汽车零部件、电气设备领域的研发经费支出分别是美国的 1.26 倍、1.74 倍，优势较为明显。法国在食品蔬菜和烟草，纺织、服装和奢侈品（化妆品、服装、皮包等产品）等领域具有一定的竞争优势，区位商也大于 1。与日本相比，法国、英国在汽车整车研发领域的研发经费支出分别为日本的 18.18%、13.64%，汽车零部件领域研发经费支出分别为日本的 21.99%、14.13%，差距较大。

2. 上海在全球研发网络中的实力分析。 从全球来看，上海的研发支出排在全球第 30 名。与位列全球前三名的圣荷西大都市圈（硅谷）、东京和纽约相比，上海的研发支出仅分别为这三个城市的 5.23%、7.94%、8.90%，反映出与全球主要的科技创新中心相比仍然存在较大差距。与中国的北京、新竹、深圳相比，上海的研发投入仅分别是这三个城市的 25.81%、88.92%、92.86%。上海与同为全球汽车制造业生产基地的名古屋（丰田汽车总部所在地）、底特律（通用和福特总部所在地）、慕尼黑（宝马总部所在地）、斯图加特（保时捷、奔驰总部所在地）、沃尔夫斯堡（大众总部所在地）等城市相比，也有较大的差距（表 3.22）。

计算主要全球城市的产业研发区位商，计算结果如表 3.23 所示。上海区位商大于 1 的产业，包括汽车整车、建筑与工程、电气设备、互联网和直销零售。上海在全球研发强度较高的软件、生物医药、半导体等领域，区位商没有超过 1，并不具备全球竞争优势。

汽车产业是上海工业总产值最大的制造业。上海汽车集团也是上海研发支出金额最大的企业。进一步考察全球研发支出最强的 30 强企业的研发支出金额、营业收入和研发强度。上汽集团的研发支出金额为 13.55 亿元，分别为大众集团、丰田、通用的 11.15%、14.56%、16.73%，仍有较大差距。从营业收入来看，上汽集团营业收入为 1 076.27 亿元，分别为上述三大汽车制造企业的 46.93%、43.48%、64.69%。从研发强度来看，上汽集团的研发强度只有 1.26%，明显偏弱，而大众、丰田、通用汽车的研发强度分别为 5.30%、3.76%、4.87%

排名	城　　市	全球研发 1 000 强企业数量	企业数量比例 (%)	研发支出（亿美元）	研发支出比例（%）	营业收入（亿美元）	营业收入比例（%）
1	圣荷西（硅谷）	66	6.60	937.30	13.36	7 814.51	5.00
2	东京	102	10.20	617.15	8.80	16 963.82	10.85
3	纽约	40	4.00	550.71	7.85	7 728.83	4.94
4	西雅图	13	1.30	318.34	4.54	2 601.27	1.66
5	首尔	33	3.30	268.85	3.83	7 453.45	4.77
6	巴塞尔	5	0.50	225.75	3.22	1 238.18	0.79
7	巴黎	31	3.10	215.50	3.07	8 038.71	5.14
8	北京	36	3.60	189.95	2.71	11 953.63	7.64
9	伦敦	20	2.00	181.65	2.59	3 288.06	2.10
10	名古屋	14	1.40	177.24	2.53	4 088.93	2.61
11	波士顿	39	3.90	165.45	2.36	2 146.82	1.37
12	底特律	7	0.70	164.39	2.34	3 563.90	2.28
13	芝加哥	14	1.40	133.95	1.91	3 735.62	2.39
14	大阪	23	2.30	129.64	1.85	2 541.32	1.62
15	沃尔夫斯堡	1	0.10	121.49	1.73	2 293.54	1.47
16	慕尼黑	6	0.60	113.52	1.62	2 198.48	1.41
17	都柏林	14	1.40	107.60	1.53	2 015.91	1.29
18	旧金山	31	3.10	99.37	1.42	1 454.70	0.93
19	斯图加特	2	0.20	79.60	1.13	2 412.16	1.54
20	洛杉矶	11	1.10	65.86	0.94	460.27	0.29
21	斯德哥尔摩	10	1.00	61.68	0.88	875.94	0.56
22	阿姆斯特丹	3	0.30	56.61	0.81	1 638.89	1.05
23	圣地亚哥	4	0.40	56.11	0.80	246.21	0.16
24	新竹	8	0.80	55.13	0.79	625.34	0.40
25	深圳	9	0.90	52.79	0.75	747.78	0.48
26	印第安纳波利斯	1	0.10	52.44	0.75	212.22	0.14
27	勒沃库森	2	0.20	51.99	0.74	619.37	0.40
28	明尼阿波利斯	8	0.80	51.85	0.74	1 342.55	0.86
29	埃斯波	3	0.30	49.29	0.70	353.34	0.23
30	上海	11	1.10	49.02	0.70	1 870.05	1.20
	合计	567	56.70	5 400.25	76.97	102 523.82	65.55

表 3.22
全球研发支出前 30 强城市　　　（表 3.24）。

资料来源：同表 3.21。

值得注意的是，上海具有中国唯一一家进入全球研发 1 000 强企业名单的半导体企业——中芯国际，但该公司的研发支出仅为英特尔、高通、博通、台积电

产　　业	圣荷西	东京	纽约	首尔	巴黎	北京	伦敦	新竹	深圳	上海
航空航天与国防	0	0	0.2	0.2	1.8	0.4	0.5	0	0	0
汽车零部件	0	0.9	0	0.9	2.1	0	0	0	0	0
汽车整车	0.1	1.2	0	0.6	1.8	0.3	1.6	0	1.1	2.4
建筑产品	0	3	0	0	7	0	0	0	0	0
化学制品	0	3.3	0.1	0.7	0.7	0	0.4	0	0	0
商业服务和用品	0	9	2.7	0	0	0	0	0	0	0
通信设备	3	0	0	0	0	0	0	0	10.6	0
建筑与工程	0	0.3	0	0	0	31.1	0	0	0	12.9
建筑材料	0	0	0	0	0	13.1	0	0	0	0
容器和包装	0	5.6	0	0	0	0	0	0	0	0
电气设备	0	2.8	0	0.2	3.5	0	0	0	0	5.6
电子设备，仪器和组件	0.2	2.7	0	2.8	0.3	0.5	0	4.1	3.5	0.9
能源	0	0.3	0	0.3	3.2	9.2	0.3	0	0	0
食品，饮料和烟草	0	2.4	2.6	0.5	2.4	0	0.9	0	0	0
医疗保健设备和服务	0.2	0.6	1.6	0	0.5	0	0.9	0	0	0
家居和个人用品	0	1.1	1	0	4.6	0	0	0	0	0
家用耐用品	0	3	0	4.3	0	0	0	0	1.3	0
工业集团	0	1.8	1.4	0.8	0	0	0.3	0	0	0
互联网和直销零售	0.4	0	0	0	0	1.4	0	0	0	7.6
休闲产品	0	3.4	0	0	0	0	0	0	0	0
机械	0	1.3	0.1	0.4	0.2	3.3	1.9	0	0	2
媒体	0	0	0	0	18.1	0	17.2	0	0	0
金属和采矿	0	2.2	0	0.5	0	0	0	0	0	14
制药，生物技术和生命科学	0.3	0.5	3.5	0	1.3	0	2.8	0	0	0.1
零售	0	0	0	0	0	0	0	0	0	0
半导体和半导体设备	3	0.5	0	0.8	0	0	0	10.9	0	0.9
软件和服务	3.2	0.2	1.1	0.3	0.5	1.3	0.3	0	2.7	0
技术硬件，存储和外围设备	2.7	1.7	0	7.3	0	1.7	0	1	0.6	0
电信服务	0	2.9	0	1.3	2.4	1.5	2.8	0	0	0
纺织品，服装和奢侈品	0	0	0	0	8	0	0	0	0	0
运输	0	1.5	0	2.1	5.3	0	0	0	0	0
公用事业	0	0.8	0	6.1	10.5	0	0	0	0	0

表 3.23
主要全球城市的产业研发支出区位商

资料来源：同表 3.21。

的 2.5%、6.18%、11.9%、14.48%，规模明显偏小。

从企业的所有制来看，中国内地国有企业、民营企业的研发支出分别为 257.25 亿元、183.59 亿元，所占比例分别为 58.35%、41.65%。上海国有企业研

世界排名	企业名称	所在国家	成立年份	总部	研发支出（亿美元）	营业收入（亿美元）	研发强度（%）
5	大众集团	德国	1937 年	沃尔夫斯堡	121.49	2 293.54	5.30
11	丰田	日本	1937 年	名古屋	93.05	2 475.08	3.76
13	通用汽车	美国	1908 年	底特律	81.00	1 663.80	4.87
15	福特汽车	美国	1903 年	底特律	73.00	1 518.00	4.81
16	戴姆勒汽车	德国	1886 年	斯图加特	68.63	1 617.87	4.24
19	本田公司	日本	1948 年	东京	62.01	1 255.53	4.94
34	宝马	德国	1916 年	慕尼黑	45.33	994.01	4.56
37	日产	日本	1933 年	横滨	43.98	1 051.12	4.18
44	菲亚特	英国	2014 年	伦敦	34.56	1 171.94	2.95
55	雷诺	法国	1898 年	巴黎	25.02	540.94	4.63
68	标致	法国	1991 年	巴黎	20.22	570.36	3.54
77	现代	韩国	1967 年	首尔	17.90	777.89	2.30
112	上汽集团	中国	1958 年	上海	13.55	1 076.27	1.26
122	铃木	日本	1909 年	滨松	11.66	283.08	4.12
133	马自达	日本	1920 年	广岛	10.38	303.19	3.42
137	速霸陆	日本	1953 年	东京	10.24	298.30	3.43
171	特斯拉	美国	2003 年	硅谷	8.34	70.00	11.92
179	五十铃	日本	1916 年	东京	8.11	171.50	4.73
180	雅马哈	日本	1955 年	滨松	8.12	128.72	6.31
205	比亚迪	中国	1995 年	深圳	6.80	149.02	4.56
209	起亚	韩国	1989 年	釜山	6.58	437.86	1.50
212	法拉利	意大利	1939 年	马拉内罗	6.48	32.78	19.76
243	北京汽车	中国	1958 年	北京	5.49	167.35	3.28
252	塔塔汽车公司	印度	1945 年	孟买	5.27	416.22	1.27
254	三菱汽车	日本	1917 年	东京	5.17	171.00	3.03
279	长城汽车	中国	1984 年	保定	4.58	142.03	3.22
289	东风汽车	中国	1969 年	武汉	4.33	176.31	2.45
350	长安汽车	中国	1862 年	重庆	3.33	113.12	2.94
407	M&M 公司	印度	1945 年	孟买	2.75	117.48	2.34
430	江铃汽车	中国	1958 年	南昌	2.61	37.17	7.02

表 3.24
全球研发支出前 30 强的汽车制造企业

资料来源：同表 3.21。

发支出所占比例达到了 66.22%，民营企业研发支出所占比例仅为 33.78%。而深圳、杭州、广州民营企业研发支出所占比例分别为 60.69%、89.33%、76.45%。换言之，上海民间企业的科技创新与深圳、杭州等城市相比仍有比较大的差距（表 3.25）。

排名	城市	国有企业研发支出合计（亿美元）	国有企业研发支出比例（%）	民营企业研发支出合计（亿美元）	民营企业研发支出所占比例(%)	总额（亿美元）
1	北京	135.33	71.25	54.62	28.75	189.95
2	深圳	20.75	39.31	32.04	60.69	52.79
3	上海	32.46	66.22	16.56	33.78	49.02
4	杭州	3.50	10.67	29.35	89.33	32.85
5	广州	2.72	23.55	8.84	76.45	11.56
6	佛山	0	0.00	8.71	100.00	8.71
7	武汉	8.50	100.00	0	0.00	8.50
8	潍坊	5.52	78.92	1.47	21.08	6.99
9	青岛	1.66	25.78	4.79	74.22	6.45
10	总计	257.25	58.35	183.59	41.65	440.85

表 3.25
中国研发前九强城市研发支出

资料来源：同表 3.21。

3.4.3　提升上海全球创新中心能级的对策措施

上海可以从以下几个层面入手，进一步加强产业的创新能力，提升在全球创新网络中的地位。

1. **聚焦重点产业，推进产业融合，孵化新兴产业。** 高度重视制造业与生产者服务业等产业的发展，特别需要把握世界科技的发展趋势，加强占全球研发1 000强企业研发经费总额2/3的信息硬件、信息软件、医药和生命科学、汽车等关键领域的研发投入。特别是在上海具有一定竞争力的汽车领域，需要抓住当前新能源汽车、互联网汽车、自动驾驶汽车等新技术兴起的契机，加大研发强度，推动信息硬件、软件和汽车等机械产业的融合发展，抢占市场先机。

2. **与核心城市与核心企业组成战略联盟，推进技术学习。** 要进一步加强与美国、日本、德国等全球主要研发强国的网络联系，推动上海企业与这些国家的相关企业形成紧密的战略合作关系，积极融入全球创新网络。从全球来看，圣荷西（硅谷）、东京、纽约是全球研发支出最高的三个城市，上海在全球城市仅排在第31名。且上海在半导体、软件、医药等研发强度高的产业上并不具备全球竞争力。上海需要加强与世界主要科技创新中心的网络联系，发展以技术学习重点的城市网络。

3. **聚焦国有企业混合所有制改革，释放制度创新红利，激发民营企业创新能力。** 上海创新能力排名落后于北京和深圳，其中创新产业多样性明显落后于北京，民营企业的创新力与深圳与较大的差距。上海需要进一步通过制度创新加强国有企业的创新能力，加强对民营企业的支持，激发上海民间创新活力是上海迎头赶上的关键。

4. 聚焦长三级城市群,借助多中心发展优势,激发区域创新系统协同效应。要加强与长三角杭州、南京等科技创新中心的联系,服务于长三角世界工厂的转型升级。与京津唐地区相比,长三角科技多中心发展趋势较为明显。除上海外,杭州、南京等城市也是重要的科技创新中心。上海与杭州、南京等城市的产业具有一定的互补性,聚焦上海,打造多中心的长三角区域创新网络,有助于提升上海城市的创新能级。

5. 聚焦知识生产,提升上海在全球知识生产体系中的地位。进一步提升上海在全球重要期刊上的论文发文量,同时增强论文发表的质量与影响力,推动上海在全球知识生产体系中的地位;增强与全球顶级高校的知识联系,同时稳固上海与周边主要城市知识合作,缩小与北京之间的差距;增加对独角兽企业的支持力度,重点挖掘在互联网、人工智能等领域发展潜力较好的新创业公司,并给予相关的融资支持。

参 | 考 | 文 | 献

［1］ 柏蓓:《上海自贸区建设倒逼民航改革》,《中国民航报》,2013 年 11 月 11 日,第 5 版。

［2］ 桂浩明:《中国资本市场国际化探索》,《中国金融》,2015 年第 22 期,第 22—24 页。

［3］ 李健、宁越敏、汪明峰:《计算机产业全球生产网络分析——兼论其在中国大陆的发展》,《地理学报》2008 年第 4 期,第 437—448 页。

［4］ 李仙德:《测量上海产业网络的点入度和点出度——超越后工业化社会的迷思》,《地理研究》2016 年第 11 期,第 2185—2200 页。

［5］ 李迅雷等:《2020 年上海国际金融中心发展战略研究》,中国金融出版社 2016 年版。

［6］ 刘军:《社会网络分析导论》,社会科学文献出版社 2004 年版。

［7］ 吕宽庆:《郑州航空港发展第六航权问题刍议》,《经济管理》2016 年第 5 期,第 9—13 页。

［8］ 宁越敏、石崧:《从劳动空间分工到大都市区空间组织》,科学出版社 2011 年版。

［9］ 宁越敏:《未来 30 年世界城市体系发展趋势与上海的地位和作用》,《科学发展》2015 年第 3 期。

［10］ 商务部国际贸易经济合作研究院课题组:《中国(上海)自由贸易试验区与中国香港、新加坡自由港政策比较及借鉴研究》,《科学发展》2014 年总第 70 期。

［11］ 上海发展战略研究所课题组:《增强上海全球城市吸引力、创造力和竞争力研究》,《科学发展》2018 年总第 116 期。

［12］ 唐子来、李粲:《迈向全球城市的战略思考》,《国际城市规划》2015 年第 4 期,第 9—17 页。

［13］ 王列辉、宁越敏:《国际高端航运服务业发展趋势与宁波的策略》,《经济地理》2010 年第 2 期。

［14］ 王列辉:《高端航运服务业的不同模式及对上海的启示》,《上海经济研究》2009 年第 9 期。

［15］ 王列辉、朱艳:《上海港在"21 世纪海上丝绸之路"的地位及发展战略研究》,《人文地理》2018 年第 4 期。

［16］ 王颖、潘鑫、但波:《"全球城市"指标体系及上海实证研究》,《上海城市规划》2014 年第 12 期。

［17］ 应浩:《上港集团实施国际化战略思考》,《中国港口》2012 年第 6 期。

［18］ 余文凯:《未来 30 年互联网发展提升上海城市能级与智慧城市研究》,《科学发展》2016 年总第 96 期。

［19］ 张凡、宁越敏:《基于全球航班流数据的世界城市网络连接性分析》,《南京社会科学》2015 年第 1 期。

［20］ 张浩:《全面开放新格局下的中国债券市场国际化》,《债券》2018 年第 7 期。

［21］ 赵义怀：《提升上海城市能级和核心竞争力的若干思考》，《科学发展》2018 年总第 117 期。

［22］ 周振华：《论城市能级水平与现代服务业》，《社会科学》2005 年第 9 期。

［23］ 朱新华：《世界航空枢纽成功因素及对我国的启示》，《综合运输》2009 年第 5 期。

［24］ 陆海祜：《构建上海国际航运中心与航运服务中心双引擎发展模式》，《中国港口》2007 年第 12 期。

［25］ 张页：《上海国际航运中心应在集装箱运价权上有更大话语权》，《港口经济》2010 年第 9 期。

［26］ Andersson, D. E., Gunessee, S., Matthiessen, C.W., et al., 2016, "The Geography of Chinese Science", *Environment & Planning A*, 46（12）: 2950—2971.

［27］ Derudder, B., Devrieudt, L. & Witlox, F., 2007, "Flying Where You don't Want to Go: An Empirical Analysis of Hubs in th Global Airline Network", *Tijdschrift voor Economische en Sociale Geografie*, 98（3）: 307—324.

［28］ Friedmann, J. & G. Wolff, 1982, "World City Formation: An Agenda for Research and Action", *International Journal of Urban and Regional Research*, 6（3）: 309—344.

［29］ Friedmann, J., (1986), "The World City Hypothesis", *Development and Change*, 17: 69—83.

［30］ Jin, F., Wang, F. & Liu, Y., 2008, "Geography Patterns of Air Passenger Transport in China, 1980—1998: Imprints of Economic Growth, Regional Inequality, and Network Development", *The Professional Geographer*, (56) 4: 471—487.

［31］ Keeling, D. J., 1995, "Transport and the World City Paradigm", *World Cities in a World-system*, Cambridge: Cambridge University Press.

［32］ Matsumoto, H., 2004, "International Urban Systems and Air Passenger and Cargo Flows: Some Calculations", *Journal of Air Transport Management*, 10（4）: 239—247.

［33］ Rodrik, D., 2016, "Premature Deindustrialization", *Journal of Economic Growth*, 21（1）: 1—33.

［34］ Sassen, S., 1991, "*The Global City*, Princeton, NJ: Princeton University Press.

［35］ Shin, K.H., Timberlake, M.F., 2002, "World Cities in Asia: Cliques, Centrality and Connectedness", *Urban Studies*, 37（12）: 2257—2285.

［36］ Smith, D., Timberlake, M., 1993, "World Cities: A Political Economy/Global Network Approach", *Research in Urban Sociology*, 3: 181—207.

［37］ Smith, D., White, D., 1992, "Structure and Dynamics of the Global Economy: Network Analysis of International Trade, 1965—1980", *Social Forces*, 70（4）: 857—893.

［38］ Taylor, P. J., 2001, "Specification of the World City Network", *Geographical Analysis*, 33（2）: 181—194.

［39］ Taylor, P.J. & Derudder, B., 2016, *World City Network: A Global Urban Analysis*（2nd edition）, London: Routledge.

4

科技创新与
打响制造品牌

上海正在成为全球创新资源集聚的关键节点，科技创新也将成为促进上海崛起为卓越全球城市的关键动力。全球城市打造科技创新中心，以科技创新策源功能引领全球科技发展走向，配置全球创新资源，与建设全球卓越制造基地是紧密联系在一起的。打响基于科技创新的制造品牌，是上海建设卓越全球城市的重要内容之一，必须构建科技创新与打响制造品牌的联动机制。

Shanghai is becoming a key node in the agglomeration of global innovation resources, and technological innovation will also become a key driving force in Shanghai's development as a global city of excellence. Forging technology innovation centers in a global city, making use of technology innovation as a source function to lead technology development trends, and allocating global innovation resources, are closely linked with the construction of an excellent global manufacturing base. As a key element of Shanghai's plan to build a global city of excellence, developing technology innovation-oriented manufacturing branding renders it a must to forge a coordination mechanism between technology innovation and the manufacturing industry.

本研究从全球城市科技创新的核心特征出发，分析科技创新与打响制造品牌之间的关系。在此基础上，以上海3 874家制造业高新技术企业为样本，从创新活跃度、创新资源集聚、科技策源能力和科技成果转化四个方面分析上海科技创新的现状及其存在主要问题。并通过与国外典型全球城市的比较分析及借鉴，分析上海通过科技创新打响制造品牌面临的瓶颈，提出了科技创新主攻方向和重点以及构建打响制造品牌联动机制的对策建议。

4.1 科技创新与打响制造品牌的关系

上海科创中心建设固然要把握科技创新大方向，瞄准世界科技前沿领域和顶尖水平，在全球范围内配置和集聚创新资源，在关键核心技术领域取得突破，进而赢得创新的话语权，但与自身先进制造业发展以及打响制造品牌也有着密切的内在关联。

4.1.1 全球城市的科技创新中心

最近十年来，随着全球化的深入发展，尤其是中国的崛起，世界创新资源出现了一个系统性东移的趋势，上海正在成为全球创新资源集聚的关键节点，科技创新也将成为促进上海崛起为卓越全球城市的关键动力。

首先，科技创新是化解上海自身转型压力的重要出路。一方面，上海面临巨大的转型需求，但转型载体和转型动力仍相对缺失；另一方面，从工业化发展阶段向后工业化发展阶段，城市正在从"产业中心"走向"产业中心＋创新中心"，新兴产业与经济形态正迅速地向某些创新发展较快的区域集中。因此，上海要实现成功转型并进入更高等级发展阶段，需要进一步激发创新活力，而创新活力的激发需要策源功能予以支撑。

其次，科技创新是上海崛起为全球城市的战略支撑。一方面，随着全球化与信息化的不断深入，全球城市的崛起路径将从以往发达经济体经历的"在城市等级体系下崛起"演化为"在全球网络体系下崛起"，全球网络体系下各资本、科技、人才、信息等各类资源要素配置权的相辅相成、同步崛起路径将更为高效；另一方面，相对国内其他城市，上海已具备较好条件，同亚太地区其他新兴经济体城市共同角逐科技创新时机相对成熟。全球科技创新策源能力是卓越全球城市的新功能，上海只有成为全球影响力的科技创新中心，才可以引领全球创新及其资源有效配置。

国际经验表明，全球知名科技创新中心具备以下特征：大学、科研机构集聚，科技研发人才众多；通信设施高度发达；有大量金融机构与风险投资支持创新融资；科学合理的城市空间布局有效提升城市群创新力；生活环境优良；政府强有力的支持；高度开放的创新环境；鼓励和支持中小企业创新。尽管上海距离成为具有全球影响力科创中心尚有较大差距，目前还只是刚刚起步，但具备了相应的潜质。一方面，上海现阶段已拥有较为全面的创新要素，在创新资源方面已经形成了较为雄厚的基础和自身优势；另一方面，开放的传统使上海可以容纳多元创新主体，不断深化改革进一步营造一个规范而高效的营商环境将激发更多的社会创新活力，进而配置全球创新资源。

上海科创中心目标定位是全球创新资源配置中枢、全球科技创新策源地、国际科技创新竞合平台和中国企业全球化创新战略高地。传统的科创中心有明显的地域边界，而上海的全球科创中心更具全球化，强调科技创新策源功能的同时引领全球科技发展走向，具有配置全球人才流、信息流等关键资源的能力（周振华，2017）。因此，上海科技创新中心的主攻方向和重点任务是瞄准世界科技前沿，强化科技创新的前瞻布局和融通发展，努力成为全球学术新思想、科学新发现、技术新发明、产业新方向的重要策源地。创新策源能力就是一种原创能力，是创造新产品、新技术、新产业、新供应链和新商业模式的能力，也是科技创新中心的影响力之源，是一种真正的核心竞争力。

全球科技创新策源能力不仅是科技原创能力，还是策动全球科技创新活动，担当知识经济源头的能力。它不仅涵盖了传统的科技创新，还更多表现为策动科技创新的对外输出与扩散功能。从功能本质来讲，全球科技创新策源能力是对全球科技创新方向的前瞻性引领、全球科技创新资源的高效配置与全球科技创新活动的协调控制能力；从节点能级来看，全球科技策源能力的承担者是全球科技创新网络的中枢节点，处于创新网络的顶端，拥有全球科技创新的核心能力；从作用方式来看，全球科技创新策源能力主要是面向全球经济、社会、环境发展中的重大议题，以创新为纽带，通过引导全球科技创新发展方向和促进全球科技要素流动增值，着力加强各创新节点的分工协作和互联互动，合理实现全球创新系统的优化与知识的经济化（周振华、陶纪明等，2017）。

4.1.2　基于科技创新的"制造品牌"

科技创新虽然是广义的，不仅覆盖所有产业领域，而且也包括新技术运用带来的商业模式、业态等软科技创新，但与制造有着最紧密的联系。特别是当前的科技创新高度聚焦智能制造、人工智能、生命科学、新材料等领域，从而为全球城市建设科创中心提供了新的战略空间。上海本身还有相当部分的先进制造业存在，承担着国家工业化战略任务，争取成为全球卓越制造基地，因此科技创新与上海制造是完全融为一体的。

在新的国际形势和背景下，"上海制造"要积极顺应全球产业发展新趋势和国际分工新态势。从各国产业政策的新动向来看，世界主要经济体正在致力于打造"创新链—产业链—价值链"融合发展的创新模式。在这个新的产业发展模式背后，人们更加关注和重视的是由创新要素集聚、辐射与创新能力所决定的"创新链"。因为"创新链"在本质上决定了产业链和价值链的内在格局与发展态势。也正因如此，上海在新一轮发展中，应紧紧围绕建设科创中心、集聚创新资源、打响"上海制造"品牌，实际上也正是抓住全球产业调整、新一轮制造业布局与科技创新新态势的一种主动选择和积极作为。

"上海制造"是基于科技创新的高端先进制造，即拥有核心技术、掌控产业链关键环节、抢占价值链高端、引领业态和模式的创新。一方面，要服务服从国家战略，自主攻关核心技术，实现"从无到有"，主攻国家急需的关键领域，如中国芯等；另一方面，要坚定追求卓越的发展取向，发展高端、智能、绿色制造和高复杂高精密高集成制造，打造具有未来竞争力的产品。"上海制造"就是掌握产业链价值链核心环节的高端制造，满足市场多元化需求的品质制造，融合人工智能和互联网因子的智能制造，体现资源高效集约利用的绿色制造。

打响基于科技创新的制造品牌，要着力推进工业化和信息化深度融合。充分运用互联网、大数据、人工智能等信息技术，推动制造业研发设计、生产制造、营销服务等环节的创新变革，大力推进智能制造，让"上海制造"更智慧、更高效、更具竞争力。应发挥上海装备制造业门类齐全、综合配套能力较强的优势，集中资源和力量，突破装备成套能力、设计研发能力和大型装备加工能力，打造具有国际竞争力和国内领先水平的成套装备基地。其中，重点应是增强装备制造业的设计能力。以关键产品为突破，通过科技创新，在一批重点领域掌握核心技术，提高装备类产品的设计能力和集成能力。要聚焦重点领域，加强重大共性技术和关键核心技术攻关，力争在基础科技领域取得大的进展，在关键核心技术领域实现大的突破，集聚和带动一批相关产业链企业，推动制造业向中高端迈进。这个过程呈现的是推动创新资源集聚、打造"创新链、产业链和价值链"三链融合发展的高端制造业创新发展的新模式。要培育和发展具有中国特色、时代特征、上海特点以及全球知名度的制造产业，包括产业品牌体系、行业品牌体系、企业品牌体系和产品品牌体系。在新时代，上海制造的品牌故事将由无人驾驶汽车、抗癌抗肿瘤药物、集成电路芯片等具有世界领先水平的科技创新产品来续写。

4.2　上海科技创新的现状与问题

作为上海科技创新的重要载体，高新技术企业持续进行的研究开发与技术成果转化活动，反映了上海科技创新的现状。我们以上海 3 874 家制造业高新技术企业为样本，从创新活跃度、创新资源集聚、科技策源能力和科技成果转化四个方面来分析科技创新的现状，并在此基础上总结归纳出存在的主要问题。

4.2.1　上海科技创新现状分析

我们选择的上海 3 874 家制造业高新技术企业的样本，从高新技术领域（大类）分布来看（图 4.1），主要分布在先进制造与自动化领域和新材料领域，分别占比 41.25% 和 22.15%；其次是电子信息领域和生物与新医药领域，分别占比 13.73% 和 9.47%；航空航天领域制造业高企数量最少，仅占比 0.93%。从企业类型来看（图 4.2），以私营有限责任公司和其他有限责任公司为主，分别占高

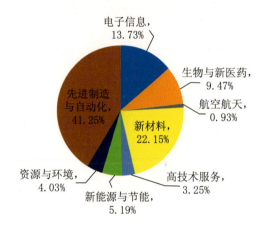

图 4.1
上海制造业高企领域分类

资料来源：根据科技部火炬中心数据绘制。

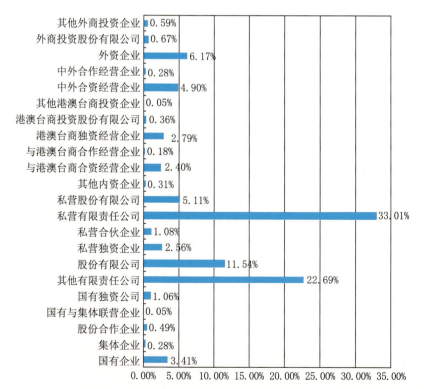

图 4.2
上海制造业高企登记注册类型情况

资料来源：同图 4.1。

图 4.3
上海制造业高企人员规模

资料来源：同图 4.1。

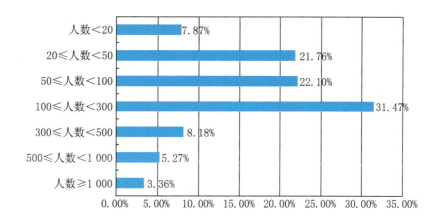

图 4.4
上海市制造业高企收入规模

资料来源：同图 4.1。

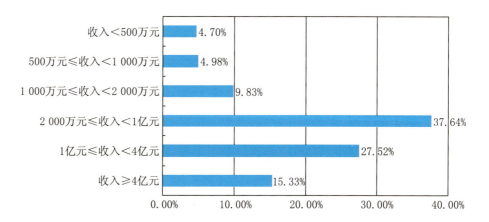

企总数的 33.01% 和 22.69%；其次是股份有限公司、外资企业、私营股份有限公司和中外合资经营企业，分别占比 11.54%、6.17%、5.11% 和 4.90%；其他各类型的企业占比较低，均低于 4%。从人员规模来看（图 4.3），以中小微型企业居多，其中员工人数小于 20 人的高企占比 7.87%，20—50 人的高企占比 21.76%，50—100 人的高企占比 22.10%；100—300 人的高企最多，占比 31.47%；人员规模在 1 000 人以上的高企最少，仅占比 3.36%。从收入规模来看（图 4.4），有 42.85% 的企业收入达到 1 亿元以上，其中 27.52% 的企业收入达到 1 亿元至 4 亿元，15.33% 的企业收入达到 4 亿元以上；此外，约半数的企业收入在 1 000 万元至 1 亿元之间，其余 9.68% 的企业收入均在 1 000 万以下。

我们从创新活跃度、创新资源集聚、科技策源能力和科技成果转化四个方面来分析这些制造业高新技术企业的科技创新现状。

1. 创新活跃度。这是对企业等创新主体参与创新活动的积极性和自主性的衡量（杨向阳等，2015）。我们从企业技术合同交易情况来分析创其新活跃度。如图 4.5 所示，从 2017 年认定登记的技术合同项数均值来看，航空航天领域最高，为 16.03 项，远超其他技术领域；其次是生物与新医药领域，为 4.534 项。从认定登记的技术合同成交金额均值看，航空航天领域最高，为 2 306.9 万元；其次

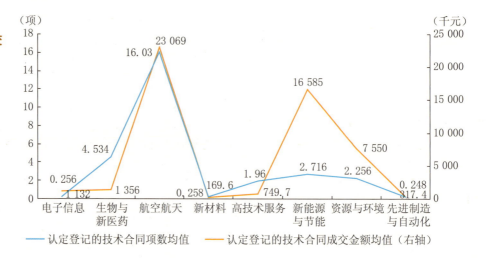

图 4.5
上海制造业高企技术合同交易情况

资料来源：同图 4.1。

认定登记的技术合同项数均值 ————— 认定登记的技术合同成交金额均值（右轴）

是新能源与节能领域，为 1 658.5 万元；其余几个领域的均值都比较低。由此，我们可以认为航空航天领域的创新活跃度最高，其次是新能源与节能领域和生物与新医药领域，创新活跃度相对较高。

2. 创新资源集聚。 这是指人力、资本、知识和技能等创新资源存量不断积累增加的静态过程，同时还包含创新资源在不同地区间不断优化配置、整合的动态过程（陈菲琼、任森，2011；焦继文、郭宝洁，2015）。目前相关研究中大多将创新资源分为财务资源和人力资源，并主要从创新资源的空间分布和集中程度来考察创新资源集聚程度。我们从科技活动经费支出和技术人员在八大技术领域的分布来分析创新资源集聚。

如图 4.6 所示，上海市制造业高企科技活动经费支出主要分布在先进制造与自动化领域（43.55%）、电子信息领域（17.41%）以及新材料领域（12.35%）；而来自政府部门的科技活动经费占科技活动经费总支出的 10.29%，其支出主要分布在航空航天领域（51.70%）、先进制造与自动化领域（24.45%）以及电子信息领域（13.29%）。

如图 4.7 所示，从上海制造业高企专业技术人员分布来看，专业技术人员

图 4.6
上海制造业高企科技经费支出分布

资料来源：同图 4.1。

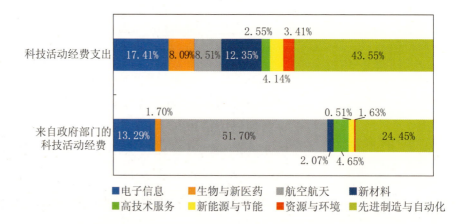

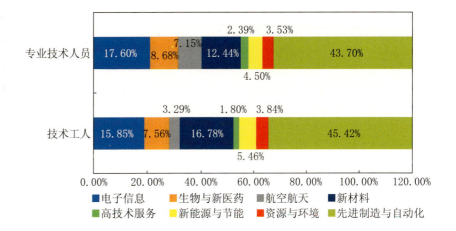

图 4.7
上海制造业高企技术人员
分布

资料来源：同图 4.1。

主要分布在先进制造与自动化领域，占比 43.70%；其次是电子信息领域，占比 17.60%；再次是新材料领域，占比 12.44%；最少的是高技术服务领域，仅占比 2.39%。技术工人也是主要分布在先进制造与自动化领域，占比 45.42%；其次是新材料领域，占比 16.78%；电子信息领域比新材料领域稍低，占比 15.85%；最少的是高技术服务领域，仅占比 1.8%。

总体来看，上海创新资源主要集聚在先进制造与自动化领域、电子信息领域以及新材料领域，但来自政府部门的创新资源主要集聚在航空航天领域。

3. 科技策源能力。 这是指一种有助于形成难以被模仿和替代的核心竞争力的原始创新能力，常常被视为创新中心的影响力之源，能够显著增强城市能级，推动城市经济高质量发展。我们以专利授权及有效数量、企业设立研发机构和研发机构人员情况、企业科研人员论文发表情况等来分析其科技策源能力及影响力。

如图 4.8 所示，从专利授权情况来看，2017 年上海制造业高企所处的八大技术领域中专利授权均值最高的是航空航天领域，达到 18 项，在数量上远超其他七个技术领域；其次是电子信息领域，为 10.74 项；先进制造与自动化领域为 6.45 项，位列第三；其余五个技术领域专利授权均值差别不大。

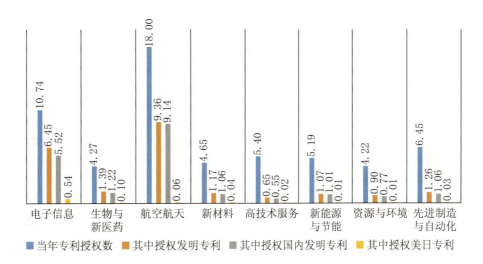

图 4.8
上海制造业高企专利授权情
况（均值）

资料来源：同图 4.1。

进一步区分发明专利、国内发明专利以及欧美日专利的授权情况，可以看出航空航天领域和电子信息领域的发明专利授权均值较高，均超过了专利授权均值的 50%；其余六个技术领域的发明专利授权占比都比较低。此外，各领域的欧美日专利授权均值非常小，除了电子信息领域和生物与新医药领域欧美日专利授权均值分别为 0.54 项和 0.1 项，其余六个技术领域均小于 0.1 项。

如图 4.9 所示，从有效专利情况来看，2017 年上海制造业高企所处的八大技术领域中有效专利均值最高的是航空航天领域，达到 85.69 项；其次是电子信息领域，为 57.82 项；其余六个技术领域的有效专利均值差别不是很大。

图 4.9
上海制造业高企有效专利情况（均值）

资料来源：同图 4.1。

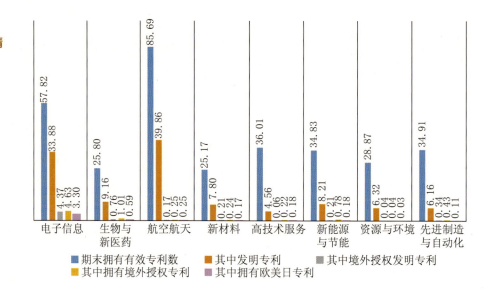

进一步区分有效发明专利、有效境外授权发明专利、拥有有效境外授权专利以及拥有有效欧美日专利，可以看出只有电子信息领域的有效发明专利均值占有效专利均值比例超过 50%。此外，除了电子信息领域的境外有效授权发明专利、拥有境外有效授权专利和拥有有效欧美日专利均值分别为 4.37 项、4.63 项和 3.30 项外，其他各领域在境外的有效专利均值都非常低。由此可见，上海市制造业高企专利的国际认可度较低，整体策源能力有待提升。

结合技术领域分布、授权均值以及有效专利均值情况，综合分析上海制造业高企的科技策源能力（表 4.1），我们可以发现：航空航天领域专利授权以及有效专利均值均远超其他技术领域，稳居第一，科技策源能力较为稳定，但该领域的制造业高企数量占比不足 1%，对整体科技策源能力的影响较小。先进制造与自动化领域企业规模最大，然而其专利授权和有效专利均值却远低于航空航天领域，这从侧面表明先进制造业与自动化领域策源能力还有待提高。此外，新材料领域高企数量占比排名第二，但是其专利产出排名却非常靠后，同样表明其策源能力较差，并且对整体科技策源能力影响较大。综合来看，在八大技术领域中，

技术领域	技术领域分布（%）	专利授权均值	专利授权排名	有效专利均值	有效专利排名
先进制造与自动化	41.25	6.45	3	34.91	4
电子信息	13.73	10.74	2	57.82	2
新材料	22.15	4.65	6	25.17	8
航空航天	0.93	18.00	1	85.99	1
生物与新医药	9.47	4.27	7	25.80	7
新能源与节能	5.19	5.19	5	34.83	5
资源与环境	4.03	4.22	8	28.87	6
高技术服务	3.25	5.40	4	36.01	3

表 4.1
上海制造业高企科技策源能力对比

资料来源：科技部火炬中心。

航空航天领域和电子信息领域的科技策源能力相对较强，生物与新医药领域、资源与环境领域以及新材料领域的科技策源能力均有待提升。

　　企业设立研发机构往往代表其高度重视研究与开发，并且可以更高效地集聚创新资源，因此在一定程度上分析企业研发机构及其科研人员情况可以看出企业的创新能力。如图 4.10 所示，从企业设立的研发机构数量（均值）情况来看，上海市制造业高企所处八大技术领域中研发机构均值相差不大，其中新能源与节能领域研发机构均值最大为 0.51 家，资源与环境领域研发机构均值最小为 0.37 家。进一步结合企业研发机构人员数量均值来看，航空航天领域研发机构人员数量均值最大，为 59.69 人，其余领域研发机构人员数量均值相差不大。以上数据同样表明了航空航天领域进行创新的基础相对较优，更能体现出其较强的策源能力。从机构研究人员和专业技术人员规模分析，我们发现制造业高企中机构科研人员相对较少，如果可以进一步提高机构研究人员数量，很有可能会促进高企的创

图 4.10　上海制造业高企研发机构及人员情况

资料来源：同图 4.1。

图 4.11
上海制造业高企发表科技论
文情况（均值）

资料来源：同图 4.1。

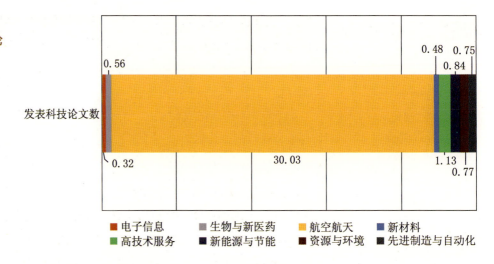

新，提高其科技策源能力。

企业科技论文发表情况在一定程度上可以反映出企业科技人员的研究成果。如图 4.11 所示，从上海制造业高企 2017 年科技论文发表情况（均值）来看，航空航天领域相关的科技论文数量最高，均值为 30.03 篇，远高于其他技术领域，电子信息领域科技论文发表最少，均值仅为 0.32 篇。

4. 科技成果转化。这往往被视为技术创新最为重要的环节，是科技进步支撑经济发展的关键所在（蔡跃洲，2015）。我们主要从创新投入、创新产出以及新产品产值和新产品销售收入情况来分析上海市科技成果转化现状。

如图 4.12 所示，从新产品产值和销售收入来看，2017 年上海制造业高企所处的八大技术领域中新产品产值和新产品销售收入均值最高的是新能源与节能领域，新产品产值均值为 20 230.6 万元，新产品销售收入均值为 20 317.8 万元；其

图 4.12
上海制造业高企新产品产值
及销售收入情况（均值）

资料来源：同图 4.1。

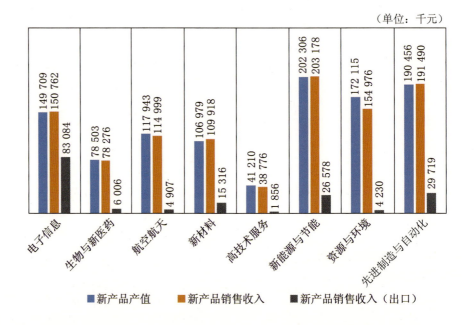

次是先进制造与自动化领域。从新产品出口销售收入均值来看，电子信息领域的出口销售收入均值最高为 8 308.4 万元，远高于其他领域，并且超过了该领域新产品总销售收入均值的 50%；资源与环境领域的新产品出口销售收入均值占总收入均值的比例是最低的，仅为 2.73%。

结合各技术领域创新投入和创新产出情况分析（表 4.2），我们发现，新能源与节能领域科技活动经费支出均值仅为 1 787.3 万元，排名第六，专利授权和有效专利均值也都较低，但该领域新产品产值均值高达 20 230.6 万元，稳居第一；而航空航天领域科技活动经费支出均值为 20 526.5 万元，远远超过其他技术领域，专利授权和有效专利均值也都最高，但该领域新产品产值均值却只有 11 794.3 万元，远低于新能源与节能领域和先进制造与自动化领域；此外，电子信息领域和生物与新医药领域的新产品产值均值所处水平较科技活动经费支出均值以及专利均值所处水平均有较大程度的降低。

表 4.2
上海制造业高企科技转化能力对比

资料来源：科技部火炬中心。

技术领域	科技活动经费支出均值（万元）	排名	新产品产值（万元）	排名	专利授权均值	排名	有效专利均值	排名
先进制造与自动化	2 367	3	19 045.6	2	6.45	3	34.91	4
电子信息	2 842.1	2	14 970.9	4	10.74	2	57.82	2
新材料	1 249.8	8	10 697.9	6	4.65	6	25.17	8
航空航天	20 526.5	1	11 794.3	5	18	1	85.99	1
生物与新医药	1 914.4	4	7 850.3	7	4.27	7	25.80	7
新能源与节能	1 787.3	6	20 230.6	1	5.19	5	34.83	5
资源与环境	1 896.3	5	17 211.5	3	4.22	8	28.87	6
高技术服务	1 755.3	7	4 121	8	5.4	4	36.01	3

由此可见，在八大技术领域中，新能源与节能领域的科技成果转化能力最强，航空航天领域的科技成果转化能力最差，电子信息领域和生物与新医药领域的科技成果转化能力相对较弱。

4.2.2 存在的主要问题

这些制造业高新技术企业在科技创新中所反映出来的主要问题，可以归纳如下。

1. **创新资源分布不平衡。**对于企业科技创新来说，起关键性作用的是创新资源的投入，包括人力和资本的投入。创新资源投入不足是抑制科技创新发展的重要原因之一。目前上海存在创新资源在各技术领域分布不均衡，部分战略性新兴产业科技创新投入不足，导致创新产出及科技成果转化效率较差的问题。上海"十三五"发展规划以及上海市政府出台的《关于创新驱动发展巩固提升实体经济能级的若干意见》中均提出要聚焦发展生物医药产业，加速提升上海在生物医药领域中的原创能力和产业转化率。但实际上2017年生物与新医药领域的专业技术人员均值及科技活动经费支出均值在八大技术领域中位列第四，仅处于中间水平，其中来自政府部门的科技活动经费均值更少，仅排名第六。由于生物与新医药领域的创新资源投入不足，该领域2017年的创新产出不佳，当年该领域新产品产值均值和专利授权均值均排名第七，并且2017年该领域获得国家一类新药证书均值仅0.0027项，国家一级中药保护品种0项。此外，新材料作为上海大力培育的一个战略性新兴产业，该领域的制造业高企数量占上海市制造业高企总数的22.15%，仅次于先进制造与自动化领域，位居第二，但其创新投入却最低，从而也导致了较低的创新产出和科技成果转化。

2. **科技成果转化不充分**。目前上海存在着制造业高企科技成果转化不积极，转化能力相对较弱的问题，部分领域拥有较高的研发投入和研发产出，但是科技成果转化率却比较低。例如，航空航天领域的研发投入和研发产出（专利授权和有效专利均值）均排第一，但是其新产品产值和新产品销售收入均值只排第五，科技成果转化能力较弱。电子信息领域也是有着较高的研发投入和研发产出，但科技成果转化率相对较低。高企数量较多的新材料领域同样存在科技成果转化不高的问题，并且该领域研发投入、研发产出和新产品产值均值均处于较低水平。

3. **科技创新质量不够高**。从创新产出（专利、科技论文发表）情况来看，航空航天领域和电子信息领域的科技策源能力较强，生物与新医药领域、资源与环境领域及新材料领域的科技策源能力还有待提升。企业在开展原始性创新活动过程中存在着一些难题，比如创新投入大、周期长、难度大等，因此在这一过程中政府的支持至关重要。以策源能力表现相对较好的航空航天领域来看，其创新能力较强的主要原因在于政府的支持，不论是从政府科技活动经费投入的总数还是均值来看，航空航天领域都远超于其他技术领域。

发明专利往往强调突破性、独创性，代表着某一技术方案的突破性升级或创造，更能够体现一个企业或者一个产业的创新能力和创新质量。上海目前正大力扶持知识产权发展，鼓励发明创造，促进技术创新，力图通过发挥发明专利的创新作用，促进上海建设具有全球影响力的科技创新中心的总体目标实现。但从专利授权以及有效专利均值情况来看，只有航空航天领域和电子信息领域的各类发明专利均值占全部专利均值的比例较高，其他六个领域的发明专利占比都很低。然而，航空航天领域和电子信息领域的制造业高企数量仅占上海市制造业高企总数的14.66%，对制造业高企整体创新能力及创新质量的提升作用较小。

4. **创新的知名度不够响**。从上海制造业高企2017年专利授权以及有效专利均值情况来看，各领域制造业高企的欧美日专利占比都非常低，个别领域2017年度甚至没有申请欧美日专利，由此可见上海市制造业高企专利的国际认可度较低。此外，从上海制造业高企2017年形成国际、国家或行业标准均值情况来看，上海制造业高企形成国际标准均值小于0.04项，并且航空航天、新能源与节能和资源与环境三个技术领域的均值为0，表明上海制造业高企整体国际影响力不足，各个领域在国际上的竞争优势明显较弱。

4.3　国际比较及借鉴

在2017全球城市实力指数（GPCI）报告中，伦敦、纽约、东京分别位列综合实力指数排名的前三名。三个城市经过了漫长的历史变迁和城市建设，成为如今举世闻名的全球城市。这些城市在建设全球城市以及科技创新中心方面的做法值得借鉴。

4.3.1　创新资源高度集聚

创新资源集聚是决定一国或地区创新能力关键因素之一（吴卫红等，2017）。学术界主要用人力资本和研发支出对其加以考量（黄昌富、李蓉，2015）。我们分别从人才、资金、技术、政策四个方面定义创新资源，评价伦敦、纽约、东京这三个城市的创新资源集聚状况。

在最新的GPCI（2017）的报告中，纽约作为世界顶尖的科技城市，在人才聚集、资本投入以及科技企业的迅猛发展方面有着超越其他城市，甚至其他国家的丰富性与尖端性，其资本投入与研发水平双双位列全球第一。[①]伦敦拥有欧洲创意之都的美誉，专注于营造创新文化氛围，以及与各地区各国家间的创新交流与整合，在资本投入经济发展及研发水平方面排名均全球第二。[②]东京是高等人才和科研机构的汇聚中心，拥有14所全球400强的高校。[③]东京的研发水平排名全球第三，资本投入位列全球第四。[④]

针对三大全球城市四方面创新资源聚集的具体情况，我们结合文献和国际报告中的详细数据进行了汇总整理，如表4.3所示。

总之，提高创新资源集聚能力，要在人才、资金、技术和政策四个方面共同促进：（1）积极落实引进人才策略；（2）加大对科研资金的投入以及吸引风投的注入；（3）建设科技园区，推动产业新技术的联动发展；（4）对税收、金融等方

[①②④]　Global Power City Index 2017.

[③]　QS世界大学排名：https://www.topuniversities.com。

全球城市	创新资源集聚	具 体 表 现
伦敦	高端人才资金集聚，打造欧洲创意之都	（1）人才：聚集英国 1/3 高等院校科研机构，毕业生约占全国的 40%； （2）资金：每年预算 20 亿英镑用于科技研发和创业转化； （3）技术：学术论文发表量占世界 9%，引用量达 12%； （4）政策：政府加强区域创新体系建设；"学校—产业—研究所"
纽约	顶尖研发集聚资本，催生科技生态圈	（1）人才：全美 10% 国家科学院院士；40 万科学家和工程师；人才优先引进； （2）资金：2017 年风投交易量 40 亿美元，风投资助企业数量增至 2015 年的 1 175 家； （3）技术：国际性研发机构 592 个，产业孵化机构 462 个； （4）政策："硅巷"，政府引进知名大学，建设企业孵化器
东京	政府跟进科研汇聚，带动科技创新建设	（1）人才：全日本 1/3 的研究和文化机构、30% 的高等院校； （2）资金：对高新技术企业提供金融信贷支持，发放 2.7% 年息的特别贷款； （3）技术：研发能力居亚洲第一，知识产权保护位于世界第二； （4）政策：减免税收政策；"官—产—学—研"体系；专款补贴"共同研究中心"

表 4.3
典型全球城市创新资源集聚情况

资料来源：根据相关资料汇总整理。

面的政策扶持以及对创业企业的关注。

4.3.2 创新活动高度活跃

创新活跃度是衡量城市区域内从事创新活动的重要指标，其在很大程度上反映了城市协同创新的发展水平（董恒敏、李柏洲，2017）。针对伦敦、纽约和东京这三个全球科技创新城市，分别从研发创新活跃度、企业创新活跃度、科技创新活跃度这三个方面进行对比与分析。

在研发创新活跃度方面，2017 全球城市实力排名中，纽约的研发能力居于世界第一，伦敦的研发能力位居第二，东京紧随其后位列第三。[①] 在企业创新活跃度方面，伦敦作为全球创新生态系统的城市之一，其创业成功率为 27%，年均增长率为 46%，位列世界第五。纽约有众多科技企业，如谷歌、IBM 等企业都在此投资驻扎，并有超过 40 个世界五百强企业的总部设立在纽约。[②] 在科睿唯安发布的 2017 全球百强创新机构榜单中，亚洲上榜创新机构中 23 家总部位于东京。[③] 在科技创新活跃度方面，在 2018 年的全球创新活跃指数中，英国位列第四，创新效率比率为 0.77；美国位列第六，创新效率比率为 0.76；日本位列第十三，创新效率比率为 0.68。[④]

针对三大全球城市创新活跃度的具体情况，本研究结合文献以及国际报告数据进行了汇总整理，如表 4.4 所示。

总之，提高创新活跃度，要在研发、企业和科技活跃度三个方面共同促进：（1）加大专利、知识产权、科学出版物的数量和研发投入金额；（2）提高企业创

[①] Global Power City Index 2017.

[②] Global Startup Ecosystem Report（GSER）2017.

[③] 《科睿唯安——2017 全球百强创新机构》。

[④] Global Innovation Index 2018.

全球城市	创新活跃度	具 体 表 现
伦敦	研发、企业、科技创新活跃度均位列世界前列	（1）研发创新活跃度：英国研发人员数量约 30 万；专利申请量 30 万；科技出版物 7.5 万； （2）企业创新活跃度：创业成功率 27%；企业数量占全英 16%；伦敦独角兽企业数量为欧洲城市之最；科技企业总资本 2017 年达 66 亿美元； （3）科技创新活跃度：创新效率比率 0.77；科技金融领域 20% 的风险投资注入伦敦；有超过 170 家科技金融企业；智力资本和创新、经济影响力分数位列世界第一
纽约	企业活跃度突出	（1）研发创新活跃度：2017 年有超过 326 000 个科技岗位；全美研发人员 150 万；专利申请量 30 万；科技出版物 22.5 万； （2）企业创新活跃度：超过 7 000 个创业企业，创新生态价值超 710 亿美元；超过 40 个世界五百强企业总部；科技企业投资额 2017 年达 130 亿美元； （3）科技创新活跃度：创新效率比率 0.76；3D 打印技术占全球市场份额 2.7%；智力资本与创新、经济影响力分数位列世界第二
东京	企业活跃度较为突出，研发活跃度较高	（1）研发创新活跃度：研发能力世界排名第三； （2）企业创新活跃度：35 家企业上榜财富五百强，23 家总部位于东京的企业上榜全球百强创新机构榜单； （3）科技创新活跃度：创新比率 0.68；智力资本与创新、技术成熟度低于其他三个城市，但仍位于世界前列

表 4.4
典型全球城市创新活跃度情况

资料来源：根据相关资料汇总整理。

业成功率，培养创业企业孵化园，积极引进人才就业；（3）提高创新比率，加大风险投资对科技的注入，建设多个创新平台、孵化器、加速器等。

4.3.3　科技成果高转化率

科技成果转化是指科技创新取得的成果在实际生产、生活中实现应用的过程。重视科技成果转化是世界竞争发展的需要，也是评估全球城市竞争指数的关键。伦敦、纽约和东京的科技创新成果转化率都比较高。伦敦建立"学校—产业—研究所"创新平台；纽约拓宽科技成果转化的投资渠道；东京完善科技成果转化法律法规（"官—产—学—研"一体的科技创新体系）等举措，可学习与借鉴。

针对三大全球城市科技成功转化的具体措施和详细情况，我们进行了汇总整理，如表 4.5 所示。

表 4.5
典型全球城市科技成果转化情况

资料来源：根据相关资料汇总整理。

全球城市	科技成果转化借鉴之处	具 体 做 法
伦敦	建立"产业—学校—研究所"创新平台	（1）提高大学、科研单位对商业企业创新支持效率和透明度； （2）增加孵化器的规模、种类和范围； （3）打破产学研合作壁垒，大幅提高大学、科研院所科学研究的相互协作水平
纽约	拓宽科技成果转化的投资渠道	（1）投入大量资源扶持新创公司社群； （2）向应用科学和工程学院的大学提供免费土地和高达 1 亿美元的基础设施资金； （3）纽约市引进知名大学，投资 20 亿美元建设大学园区和初创企业孵化器；
东京	完善科技成果转化法律法规（"官—产—学—研"一体的科技创新体系）	（1）制定实施了一系列法律法规和政策措施； （2）形成比较完善的法律政策体系及有利于成果转化的制度环境

总之，加强对科技成果的转化，要从以下五个方面进行促进：（1）积极引入各类资本；（2）高校科研导向与市场需求接轨；（3）建立科技成果转化机制；（4）政府在科技成果转化中发挥重要作用；（5）设立科技创新服务平台。

4.3.4 科技创新策源高能力

科技创新策源能力是当前国际领域内所追求的真正核心竞争力。伦敦、纽约和东京能够成长为三大公认"全球城市"，离不开对科技创新策源能力的集聚和培育，并形成了各自独具特色的创新策源能力。伦敦创新策源能力特色在于推进国际科技创新中心综合实力；纽约则在于引领新兴产业发展；东京则是促进智力资本和创新培育。

针对三大全球城市科技创新策源能力的具体情况，我们进行了汇总整理，如表4.6所示。

全球城市	科技策源能力	具 体 体 现
伦敦	推进国际科技创新中心综合实力	（1）聚集了来自全球的顶尖科技项目； （2）吸引了国际的资本投资伦敦，不断提升支配全球资源的能力； （3）伦敦科技城最核心区域人才密度全球第一
纽约	引领新兴产业发展	（1）位于曼哈顿的"硅巷"已呈现出适合互联网和移动通信技术初创企业成长的现代产业集群； （2）拥有科技大会和299个科技产业组织，涵盖生物医药、高端装备以及人工智能等各类新兴产业，建立起了创新企业集群，形成了良性的科技圈生态环境
东京	促进智力资本和创新培育	（1）日本在数学、物理、化学、生物等领域均曾摘取桂冠； （2）东京拥有130多所大学，多所世界著名学府； （3）东京在SCI、SSCI以及PCT国际专利申请方面成果颇丰

表4.6
典型全球城市科技策源能力情况

资料来源：根据相关资料汇总整理。

总之，提高科技创新策源能力，要在瞄准世界科技前沿的基础上，（1）强化科技创新的前瞻性；（2）加大相关研发投入力度，以实现原始性和开创性创新；（3）努力成为全球学术新思想、科学新发现、技术新发明、产业新方向的重要策源地。

4.4 打响制造品牌对策建议

国际经验表明，制造品牌的塑造是以科技创新为基础的，自主专利技术是制造品牌的灵魂。上海打响"制造品牌"，必须以科技中心建设为抓手，通过增强自主创新能力，发挥科技创新机制联动效应。

4.4.1 面临的瓶颈

上海必须抓住建设具有全球影响力的科创中心的战略机遇，以科技创新为抓手，打响"上海制造"品牌，但当前还面临着以下问题。

1. "卡脖子"技术自主研发能力较差。核心技术的研发与创新是影响"上海制造"品牌打造的关键因素。上海目前核心技术的自主研发水平较低，涉及关键核心技术的核心零部件和智能化高端软件产品相对滞后，尤其是智能制造重要基础技术仍主要依赖于进口。核心技术的自主研发水平较低的主要原因，是企业创新主体地位及其能力水平不足。大型国有企业虽然掌握较大创新资源，但缺乏创新活力；具有创新活力的民营中小企业，却缺乏创新资源。另外，受制于技术、资金、人才、信息等因素，企业难以有效开展制造核心技术自主研发创新。例如制造企业融资较难，企业研发投入比例较低，智能化改造率及转化成效较低，技术新要素的供给较少，缺乏高效的资源共享与合作平台，高端制造系统解决方案供给水平处于中游偏下，普遍存在具有智能化、数字化技术和制造业背景的"复合型"人才短缺等。

2. 科技创新成果转化成效不充分。创新科技成果的产业化和市场化是促进科技创新的关键，也是实现经济社会发展的主要推动力。虽然目前上海通过委托研发、产学合作、技术交易和人员交流等最重要的渠道进行创新成果转化，但目前制造业高企科技成果转化积极性还是不够高，转化能力也相对较弱。以技术转让指标为例，长三角地区科技创新水平全国领先，但技术转化不足。虽然长三角各省市的专利数量较多，但是技术转让占专利授权比例较低（表4.7）。

同时，面临市场需求不稳定的风险，产品容易脱离市场需求，工业成果难以转化为经济成果。尤其是经过技术改造升级的高新技术企业对组织利润和收入的实质性贡献较低。最近一项调研指出，一半以上的制造业企业智能改造对其利润贡献率和收入贡献率低于10%（周静，2018）。此外，上海对促进科技成果转化的制度体系也不够完善，缺乏综合反映科技成果转化情况的指标体系，削弱企业

表 4.7
长三角高校科技成果及技术转让情况

资料来源：中华人民共和国教育部科学技术司：《2017 年高等学校科技统计资料汇编》。

	专利申请数	专利授权数	技术转让数					技术转让 / 专利授权
			合计	国有企业	外资企业	民营企业	其他	
上海	10 774	6 210	438	57	3	333	45	7.1%
江苏	34 446	20 227	2 349	429	29	1 827	64	11.6%
浙江	17 900	12 121	455	19	17	414	5	3.8%
安徽	9 477	5 850	413	128	5	266	14	7.1%
全国	229 458	144 375	9 592	2 399	229	6 441	523	6.6%

创新活力，最终导致上海难以形成具有核心技术和自主知识产权的品牌产品。

3. 制造品牌建设保障机制欠完善。政府及企业对知识产权的保护，能够为品牌起到保驾护航的实质性作用。若是缺乏健全的保护制度与政策，产品一经投放市场就会被大量抄袭，企业创新的成果会被市场不当竞争者稀释，品牌难以被打造和打响。虽然目前上海颁布了一系列相关政策以加强知识专利保护，但目前商标、版权、专利等法规并不是十分完善。知识产权保护不到位，市场监管和依法打击侵犯知识产权和制售假冒伪劣商品行为的力度还是不够，为打响上海制造品牌设置了重重阻碍。

同时，上海制造的背后应该有上海标准、计量、检测、符合国际惯例的"上海品质"第三方品牌评价认证。然而，目前上海有关建设具有国际影响力的检测认证机构和示范区的工作还不是太完善，难以真正做到标准引领、对标国际以提高上海制造品牌的标准水平。此外，政府对于上海制造企业的扶持手段单一，缺乏多样性和灵活性。一方面缺乏对中小企业科技创新、品牌创新的资金支持；另一方面是社会资本对上海战略性新兴产业的支撑作用有限，目前投资制造业初创期的天使基金较少，知识产权质押、科技担保等发展也较为较慢。由此，目前上海的金融优势仍难以为"上海制造"品牌的建设与打响提供强有力的支撑与保障。

4.4.2 主攻方向和重点

上海科技创新的定位是努力成为全球学术新思想、科学新发现、技术新发明、产业新方向的重要策源地。上海通过科技创新打响"制造品牌"，必须增强创新策源能力，解决制造业"卡脖子"的关键核心技术、关键部件和关键材料问题。

1. 关键核心技术。关键核心技术是国之重器，对推动中国经济高质量发展、保障国家安全都具有十分重要的意义，也是上海制造品牌立身之本，保持品牌长久不衰的重要保证。上海必须切实提高关键核心技术创新能力，争取有新的突破，为制造品牌提供有力科技保障。上海在关键核心技术方面主攻方向和重点领域包括：

（1）新一代信息技术领域，聚焦发展物联网、大数据、人工智能、量子通信等关键技术，加强 5G 技术、高速光电芯片、通信芯片等领域的布局。

（2）生物医药领域，聚焦发展细胞治疗、基因编辑等前沿技术，加强免疫检查点抑制剂、抗体偶联药物、新型疫苗、蛋白及多肽类生物药等产品研发。

（3）高端装备领域，在工业机器人方面加强本体研发技术、操作系统、系统集成等核心技术的研发布局；在海洋工程装备方面发挥导管架、自升式、半潜式平台等技术优势，加强核心部件配套和高端深水装备建造技术布局。

（4）新能源汽车领域，加强高性能动力电池（石墨烯电池、燃料电池等）、永磁同步电机、电池管理系统、电机控制系统等核心技术的升级。

（5）航空航天器及设备制造业领域，加强航空发动机以及航电系统、电源系统、液压系统和燃油系统、飞行控制系统等核心机载设备的研发，以及先进复合材料的开发替代。

2. 关键部件。一般而言，加工制造产品所需的最重要的构成部件习惯上被称为关键部件。相比整体产品，零部件技术的专业性往往更强，更强调原创性的突破，这不是靠简单模仿就能起步的，其技术创新更加困难。上海在关键部件方面的主攻方向和重点领域包括：

（1）工业机器人：加强精密减速机、伺服电机和控制器的研发。

（2）大飞机：涡轮扇叶发动机、发动机罩含反推力装置、发动机排气系统、APU、发电和配电系统、启动发电机、油料惰化系统、油箱和惰化系统、液压系统、线传飞控系统、水平安定面配平系统、油料液压输送系统、整合式火警和防护系统、空气管理系统等。

（3）高端船舶和海洋工程装备：主吊机、升降系统、推进系统、主发电机组、动力定位系统、高效新型主机、双燃料储存及供气系统等，以及适应极地高寒环境条件的船舶部件，具备冰区拖航能力配置电伴热或防风墙等防冰措施的极地冰区半潜式钻井平台部件。

3. 关键材料。新材料是指新出现的具有优异性能或特殊功能的材料，或传统材料改进后性能明显提高或具有新功能的材料。因此，新材料往往是融入当代众多学科的先进成果，是高技术产业的发展先导和重要内涵，也成为上海科技创新重点突破的关键材料方向。上海在关键材料方面的主攻方向和重点领域包括：

（1）前沿新材料：重点研发创新第二代高温超导材料、石墨烯材料、3D打印材料、智能纤维等前沿新材料等。

（2）战略新材料：重点培育提升集成电路专用材料、新一代生物医用材料、航天航空材料、人工晶体和先进陶瓷、第三代半导体材料、新型显示材料、新能源汽车电池材料、稀土功能材料等关键战略领域材料。

（3）先进基础材料：加快基础材料工业转型升级，发展先进钢铁材料和先进石化材料。[①]

4.4.3 构建联动机制

在科技创新推动下，上海打响"制造品牌"要构建运行、保障、动力和服务等四大联动机制，并充分发挥其效应，促进上海制造高端化、品质化、智能化、

[①] 《上海促进新材料发展"十三五"规划》。

绿色化发展。

1. 运行机制。

（1）创建高端产业集群，实现高端制造。首先，上海应提升新兴产业发展引力，深化改造汽车制造等传统产业，大力发展生物医药等现代企业，加快培育民用航天等战略性产业，重塑现代工业品牌优势，形成高端产业集群，打造"智能制造、研发创新"为一体的现代化产业园区。其次，加强长三角产业集群联动，实现上海周边省市制造业协同互动，可为高端制造的发展增加助力。同时，上海也可搭建制造业核心城区—郊区—周边省市梯度发展布局，核心城区布局商务服务总部，郊区发展制造业技术转化、产业化孵化平台。最后，人才是高端制造的关键。政府加大向企业投入的科研经费，可以促使企业带动专业人才引入新一代信息技术，为高端产业集群的创建注入活力。

（2）攻克核心技术难关，优化品质制造。实现品质制造的根本在于拥有独立的核心技术和自主知识产权。上海应着力突破集成电路、航空发动机等领域"卡脖子"瓶颈，抢占产业制高点。在研究平台建设方面，上海应当聚力推进张江综合性国家科学中心建设；政府应以加强重大共性技术和关键核心技术攻关、打造世界一流实验室为着力点，搭建集聚全球顶尖科学家与科研机构的研发与转化功能型平台。在研发环境方面，政府应综合运用财政、税收奖励等体系为高新技术企业提供坚实的物质基础与政策支持，提高其进行关键核心技术探索的积极性；着力优化高层次创新人才发展环境，吸引国内外高精尖人才涌入，助推科研人员攻克技术壁垒；逐步规范合法权益保障制度，为核心技术的形成与运用保驾护航。

（3）构筑城市生态屏障，引领绿色制造。构筑城市生态屏障，绿色生态的升级是上海制造产业及城市实现可持续发展的关键所在。实现制造绿色化转型，首先应当聚焦于企业自身。上海制造业企业应当积极改变传统制造模式，采用新型材料及技术，推动资源高效集约利用的绿色制造业发展；实施制造业重大技术改造升级工程，瞄准国际同行业标杆，全面提高产品技术、能效环保等方面的水平。其次，宏观的引导也是实现绿色制造的积极手段。政府应当加大绿色制造转型的调整力度，减免通过技改向绿色制造转型的企业税收，提高企业技改积极性；积极构建跨区域生态协同战略区，协同建设长三角区域发展绿色新空间，实现区域共享、生态共保；采取以龙头企业为牵引，大企业带动小企业的"渐进式"推广策略；进一步对外开放绿色进口再制造和维修等领域，吸引重大产业项目落地。

2. 保障机制。

优化知识产权保护与转化环境，完善保障机制是打响"上海制造"品牌的重要一步。

在加强知识产权的保护方面，上海政府应当加快完善自主知识产权保护的相关法律法规，确保工业成果积极转化成商业成果。加强知识专利保护制度，能够切实保障科学发现者的权利，从而提高其科技创新积极性。

在优化成果转化环境方面，政府可以依托产学研平台的转化，建设"以企业为主体，以市场为导向，产学研相结合的技术创新体系"，汇聚创新集群，将高校、研究机构联合产生的原创科技成果推广至企业实践，推动最新的原创科技成果转化为现实生产力；搭建研发和转化功能型平台，立足企业发展需求，号召高等学校、科研院所承担企业重大项目，攻克重大技术、科学问题。同时，政府也可实行科技奖励制度，落实科技成果激励政策，优化知识产权转化环境。

3. 动力机制。

科技创新成果转化为实际生产力必须依托于市场需求，实现其商业价值。市场需求是科技成果转化的重要牵引力。政府应以市场为导向，建立健全产业融合发展机制，实现产学研一体化良性循环；积极引导高校科研方向与市场需求接轨。企业则需立足市场需求，整合上下游产业链，实现生产满足市场多元化需求的品质制造。

此外，"酒香也怕巷子深"，宣传推介是品牌打响的另一推动力。政府应当借助互联网等媒体全面宣传"上海制造"品牌建设的改革创新实践，邀请龙头企业参与"打响上海制造品牌"专题节目，积极推广打响上海"制造品牌"的成功经验和典型案例。

国际交流则为将"上海制造"品牌推广至国际提供了桥梁。政府应积极搭建为世界工业企业和技术提供展示、交流和交易的平台，借助此类国际化平台积极对外展示上海制造的最新科技创新成果和产品，进一步深化工业领域的开放合作；积极联合企业与高校，举办、承办创新与新兴产业发展国际会议、制造业国际合作论坛等专题活动，着力推进上海制造品牌驰名于国内外。

4. 服务机制。

政府要做好服务企业的"店小二"，深化"放管服"改革进一步转变政府职能，积极营造一流营商环境，为打响"上海制造"品牌创造良好的软环境。

首先，政府应强化制度和要素供给，牵头搭建研发与非研发两类功能型平台，支撑产业链创新、重大产品研发转化和创新创业。研发类功能型平台聚焦重大战略新兴产业，围绕创新能力提升，而非研发类功能型平台则面向新兴产业创新创业服务需求。政府还应当创新合作网络，努力将功能型平台打造成为国际化、跨区域创新合作网络的重要枢纽和节点不断提升行业影响力和区域辐射力。

其次，政府应当落实政府金融支持实体经济相关政策，深化产融合作，鼓励有条件的地方建立信贷风险补偿机制，促进战略性产业加快发展；大力吸引外资，创新长三角区域包容性发展、推动跨区域城市群间协调联动，加大全球资源配置力度；以金融管理部门的系统支持举措为支撑，引入担保公司等第三方机构，以投贷联动、政府联合金融机构风险担保等多种方式实现知识产权质押、科技担保，更好发挥政府引导资金的示范作用。

最后，政府还应当积极调整和优化科技人才队伍布局，形成各类人才衔接有序、梯次配备的人才队伍结构，促进科技创新活动地有序开展。政府可以开辟高质量人才落户绿色通道，加大对人才吸引力度，坚持引进和培育并举，提高人才资源总量；加强世界一流科学家、科技领军人才的培养，重点打造引领上海科技创新发展的"人才梦之队"；实施卓越制造人才计划，实行差异化量身定制政策，提高人才金字塔尖端数量；加大对优秀青年科技创新工作者的发现、培养和资助力度，建立适合青年科技创新人才成长的规则与制度，让上海制造企业更具活力，蓬勃发展。

参 | 考 | 文 | 献

［1］ Acuto，M.，2011，"Finding the Global City: An Analytical Journey through the 'Invisible College'"，*Urban Studies*，48（14）．

［2］ 周振华：《全球城市：演化原理与上海 2050》，格致出版社、上海人民出版社 2017 年版。

［3］ 周振华、陶纪明等：《上海战略研究（2050）：目标与功能定位》，格致出版社、上海人民出版社 2017 年版。

［4］ 周振华、徐珺等：《上海战略研究（2050）：资源、环境、驱动力》，格致出版社、上海人民出版社 2016 年版。

［5］ 杨向阳、刘备、陈凯华、童馨乐：《政府支持对 KIBS 企业创新活跃度的影响》，《科学学与科学技术管理》2015 年第 12 期。

［6］ 陈菲琼、任森：《创新资源集聚的主导因素研究：以浙江为例》，《科研管理》2011 年第 1 期。

［7］ 焦继文、郭宝洁：《区域科技资源集聚与经济增长之关系的实证分析》，《统计与决策》2015 年第 24 期。

［8］ 蔡跃洲：《科技成果转化的内涵边界与统计测度》，《科学学研究》2015 年第 1 期。

［9］ 吴卫红、杨婷、张爱美、刘安国：《创新资源集聚对区域创新绩效的溢出效应——高校与高技术产业对比研究》，《科技进步与对策》2017 年第 17 期。

［10］ 黄昌富、李蓉：《创新资源集聚、技术创新成果与企业成长——基于我国上市 IT 企业面板数据的实证研究》，《改革与战略》2015 年第 3 期。

［11］ Global Power City Index 2017.

［12］ 《QS 世界大学排名》，https://www.topuniversities.com。

［13］ Global Startup Ecosystem Report（GSER）2017.

［14］ 普华永道：《机遇之都 7》。

［15］ 董恒敏、李柏洲：《基于知识三角的科研院所协同创新活跃度研究》，《科研管理》2017 年第 5 期。

［16］ 《科睿唯安——2017 全球百强创新机构》。

［17］ Global Innovation Index 2018.

［18］ 《上海促进新材料发展十三五规划》。

［19］ 周静：《依托科创中心建设率先打响"上海制造"的思路与对策》，《科学发展》2018 年第 6 期。

5

会展实力与
国际会展之都建设

上海建设国际会展之都，将有助于增殖合作机遇，拓展专业引领话语权，促进全球资源要素流动与配置。上海要根据国际会展之都的构成要素、功能特点、运行机制和发展环境的要求，参照与借鉴国际经验，努力打造这一具有全球影响力的平台新高地，着力形成展览为主、会议跟进、会商旅文体联动、展会节事演繁荣的新格局。

Building an international convention and exhibition capital will help Shanghai to multiply opportunities for cooperation, to increase the power of discourse in various sectors, and to enhance the mobility and deployment of global resources. Shanghai needs to study the main elements, functions, mechanisms and environment building of other international capitals of convention and exhibition and to build on international experiences, and then strives to construct this new platform of global influence, so that a new exhibition-led, convention-supported international centre becomes possible, with a highly coordinated structure involving sectors of conventions, business, tourism, culture, sports, exhibitions and festivities.

国际会展通过对三次产业的前向关联及相关服务业的后向拉动双重效应发挥全局性作用，是全球城市配置全球资源要素的重要平台之一。本研究根据上海会展研究院（SMI）会展服务力指标体系评价模型，从展馆设施、展会项目、组展企业三大要素出发，分析世界会展城市的发展态势、综合实力和特色优势。通过对 55 个排位领先的世界会展城市的发展指数进行无量纲化，得到标准化的综合竞争力得分及相关排名，进而以上海会展业为主体，对标全球优秀会展城市，分析上海会展业发展的特长、不足、机遇和挑战，提出上海建设国际会展之都的路径与策略。

5.1　会展业及 SMI 会展指数构建

会展业作为促进全球资源要素流动与配置的重要平台，已成为全球城市发挥全球网络核心节点功能的重要组成部分。为了及时掌握国际会展业发展动态，进行国际比较及评估上海会展业发展状况，SMI 构建了会展指数综合评价体系。

5.1.1　会展业提供高能级发展平台

会展业是以有组织现场集聚为特征的交往沟通服务业，是建设现代市场体系和开放型经济的战略工具，市场主体全球化的高效平台。实践证明，其精准策划、定向邀请、专业集聚、现场沟通、供需互动功能强大，作用明显，对推动三次产业全球化，促进创新激励、品牌营销、关联建构、社会整合、文化认同乃至命运共同体建设效果显著，对交通通信、商贸物流、餐饮酒店、娱乐旅游、搭建设计、广告传媒等服务业成长拉动力强劲，成为全球城市综合竞争力的突出标志。

会展业作为生产性服务业，其作用机制在于协调供需矛盾、优化资源配置，通过驱动商品流、技术流、人才流、资金流、信息流等资源要素的周转流动，为其服务对象打造稳定可靠高效顺畅的供应链，进而提升其价值链地位。上海加快推进"五个中心""四大品牌"建设，努力建设卓越全球城市，大力推动全面开放新格局，在创新、创意与创造各方面实现全球化合作，争取经济、社会、文化与全球治理领域的规则制订权、标准发布权、价格发现权和发展话语权，重点建设发展平台新高地，通过有组织现场集聚形成资源要素优化配置大平台，为卓越全球城市提供国际化高规格全局性服务。

会展业作为现代服务业龙头引领产业，其核心功能体现为产业关联性，即通过现场集聚式供需互动，前向服务于本土产业全球化，后向拉动现场集聚服务业，从中表现出引人瞩目的高效率、低成本、精准化、全局性特征。据测算，会展业集聚资源要素、优化产业配置，实现价值链高端提升的推进乘数经验值；拉动现代服务业全面发展，包括交通通信、物流搭建、餐饮酒店、旅游文体等产业的拉动系数经验值均高达 1 : 9 左右。精准推动会展业前向与后向关联产业大发展，对推动形成全面开放新格局，构建开放型经济新体制将发挥难以估量的影响和催化作用，显著提升城市能级及核心竞争力。

5.1.2　SMI 会展指数设计及构成

会展指数是用于测定不同时期不同地区会展发展综合变化的一组相对数值，由反映会展业基本面的若干指标组成。会展指数作为产业评价综合指标，用以弥补单一指标的不足，能够反映会展业发展的总体状态，表达哪些方面需要提高，比较特定时段不同国家或城市间会展业发展的相对关系。

当前会展评价研究主要有：一是以波特的产业竞争力模型为理论基础，研究有关会展业发展的城市竞争力指标体系，形成了一种广义的会展评价；二是以会展业本身的指标为评价范畴，研究会展业评价指标体系，形成了一种狭义的会展评价。本研究属于后一路径。上海会展研究院（SMI）提出了评价会展业发展状态的三个维度——场馆、展会和展商，在此基础上提出了会展指数的构成。

在会展评价中，指标体系和权重的设计是关键。为了能够从众多反映会展发展状况的三维指标中选出有代表性的主要指标，我们采用了如下思路与方法：第一步，邀请业界相关专家采用头脑风暴法，选出三维指数系统指标群；第二步，采用群决策的 AHP 层次分析法，评价这一系列指标的重要性，并据此选出反映每一维度的代表性指标；第三步，经验证确认后形成衡量会展业发展三维指数系统指标群，见表 5.1。

表 5.1
会展指数系统指标群

资料来源：张敏：《中外会展业动态评估研究报告（2016）》，社会科学文献出版社 2016 年版，第 50 页。

三个维度	系统指标	备　　注
展馆维度	室内展馆面积	展馆展出能力的主要指标
	年办展面积	展馆的运营情况
展会维度	展会展览面积	展会的展出业绩
	国外参展商数量	展会所在行业国外号召力
	国内参展商数量	展会所在行业国内号召力
	展会观众数量	展会的品牌影响力
组展商维度	组展商营业额	组展商的经营业绩

其中，采用群决策 AHP 层次分析法，计算能够反映相关维度的代表性指标。进入群决策的业界专家共 10 位，来自会展业界、会展协会和管理机构、大学会展专业和研究机构，一定程度上具有全行业的代表性。通过 yaahp7.5 软件得出指标群的相对重要性如表 5.2。

表 5.2
会展指数系统指标群相对重要性

注：相关指标后括号数字为该指标的相对重要性程度。

资料来源：张敏：《中外会展业动态评估研究报告（2016）》，社会科学文献出版社版 2016 年版，第 51 页。

三个维度	指标群相对重要性
展馆维度（0.24）	室内展馆面积（0.15）
	年办展面积（0.09）
展会维度（0.49）	展会展览面积（0.22）
	国外参展商数量（0.12）
	国内参展商数量（0.07）
	展会观众数量（0.08）
组展商维度（0.27）	组展商营业额（0.20）
	年组展面积（0.07）

从上述会展指标群相对重要性表格中，可以看出"室内展馆面积"能够解释场馆发展指数的 0.15/（0.15 + 0.09）= 63%；"展会展览面积"能够解释展会发展指数的 45%；"组展商营业额"能够解释组展商发展指数的 74%。据此，"室内展馆面积""展会展览面积"和"组展商营业额"可确认为最能反映展馆、展会和组展商三个维度的指标，且相关数据便于搜集，结果可证实。这里，该指标体系同时满足了几个基本原则——数据可获取性、科学性、可比性以及一定的系统性。会展指数指标体系及二级指数权重见表 5.3。

表 5.3
会展指数指标体系及权重表

注：括号内数字为该指数的权重。

资料来源：张敏：《中外会展业动态评估研究报告（2016）》，社会科学文献出版社 2016 年版，第 52 页。

一级指数	二级指数及权重	具体指标
会展指数	场馆发展指数（0.24）	室内展馆面积
	展会发展指数（0.49）	展会展览面积
	组展商发展指数（0.27）	组展商营业额

5.1.3　会展指数评价模型

会展指数评价中二级指标有三个，分别为场馆发展指数、展会发展指数和组展商发展指数。进行会展指数评价的目标是设计一个总的模型，使三个指数的综合达到最优，因此该会展指数评价模型本质上是一个多目标优化模型。我们采用线性加权综合法来解决问题，即构建线性加权综合法，对会展指数进行综合评价。

会展指数的线性加权综合法有两个构成因素：一个是无量纲化的指标评价值 $f_i(\overline{X_i})$，即会展的二级指数——场馆发展指数、展会发展指数和组展商发展指数；

另一个因素则是权重。因此，线性加权综合法模型为：

$$U = \sum_{j=1}^{3} w_j f_i(\overline{X}_i)$$

上式中的 U 为会展指数，权重 $w_j \geq 0$（$j = 1, 2, 3$），且 $\sum_{j=1}^{3} w_j = 1$。

这里假设"室内展馆面积"为场馆发展指数的初始值，"展会展览面积"为展会发展指数的初始值，"组展商营业额 / 年组展面积"为组展商发展指数的初始值，综合评价模型中的无量纲化就是对这三个指标的无量纲化。目前常用的无量纲化方法主要有极值法、标准化法和均值法。在多指标评价中使用极值法时，当一个指标的最大值与最小值之差很大，该指标就会很小，相当于降低了该指标的权重；反之，则相当于提高了该指标的权重。因此，极值法会对指标的权重产生很大影响。标准化法在这三种方法中应用最多。标准化法在消除了量纲的同时，也会消除各指标变异程度上的差异，因此不能准确反映原始数据所包含的信息，会导致评价结果不准确。有学者经实证研究后指出，在多指标评价中，均值法相对来说是一种比较好的方法，因为它能够保留指标变异程度的相关信息。[1] 据此，本报告进行无量纲化的方法选用均值法。均值法模型是：

$$y_{ij}^* = \frac{x_{ij}}{\overline{x}_j}$$

其中，

$$\overline{x}_j = \sum_{j=1}^{n} x_{ij}/n$$

5.2 世界会展城市综合实力排名

通过考察世界各主要会展城市在场馆展能、展会规模、组展商实力方面的表现，对相关排名中出现的会展城市进行整理归纳，共得到世界会展城市 55 个，主要分布在欧洲（34 个）、亚洲（14 个）和北美洲（7 个），分别占比 61.82%、25.45%、12.73%，见表 5.4。

5.2.1 综合实力整体排名

这里运用会展指数综合评价模型，计算世界会展城市综合评价指数，对其实力进行综合评价，得分及排名见表 5.5。

---

[1]　叶宗裕：《关于多指标综合评价中指标正向化和无量纲化方法的选择》，《浙江统计》2003 年第 4 期。

表 5.4
世界会展城市一览表

资料来源：张敏：《中外会展业动态评估研究报告（2016）》，社会科学文献出版社2016年版，第70—71页。

地区	国家	城市
欧洲（34个）	德国（10个）	汉诺威、法兰克福、科隆、杜塞尔多夫、慕尼黑、纽伦堡、柏林、莱比锡、埃森、斯图加特
	意大利（7个）	米兰、博洛尼亚、维罗纳、巴里、罗马、里米尼、帕尔玛
	西班牙（4个）	巴塞罗那、瓦伦西亚、马德里、毕尔巴鄂
	英国（3个）	伯明翰、范堡罗、伦敦
	法国（2个）	巴黎、里昂
	荷兰（2个）	乌德勒支、阿姆斯特丹
	瑞士（2个）	巴塞尔、日内瓦
	俄罗斯（1个）	莫斯科
	比利时（1个）	布鲁塞尔
	波兰（1个）	波兹南
	捷克（1个）	布尔诺
亚洲（14个）	中国（10个）	香港、广州、重庆、上海、武汉、义乌、北京、沈阳、深圳、厦门
	日本（1个）	东京
	新加坡（1个）	新加坡
	泰国（1个）	曼谷
	韩国（1个）	首尔
北美洲（7个）	美国（7个）	芝加哥、奥兰多、拉斯维加斯、亚特兰大、休斯顿、新奥尔良、加利福尼亚

表 5.5
世界会展城市实力排名

资料来源：张敏：《中外会展业动态评估研究报告（2016）》，社会科学文献出版社2016年版，第77—78页。

排名	城市	国别	排名	城市	国别
1	巴黎	法国	15	拉斯维加斯	美国
2	法兰克福	德国	16	博洛尼亚	意大利
3	上海	中国	17	巴塞尔	瑞士
4	汉诺威	德国	18	纽伦堡	德国
5	伦敦	英国	19	芝加哥	美国
6	杜塞尔多夫	德国	20	瓦伦西亚	西班牙
7	科隆	德国	21	重庆	中国
8	米兰	意大利	22	伯明翰	英国
9	慕尼黑	德国	23	马德里	西班牙
10	广州	中国	24	奥兰多	美国
11	莫斯科	俄罗斯	25	莱比锡	德国
12	里昂	法国	26	北京	中国
13	柏林	德国	27	维罗纳	意大利
14	巴塞罗那	西班牙	28	武汉	中国

排 名	城 市	国 别	排 名	城 市	国 别
29	斯图加特	德国	43	毕尔巴鄂	西班牙
30	曼谷	泰国	44	日内瓦	瑞士
31	乌德勒支	荷兰	45	波兹南	波兰
32	亚特兰大	美国	46	沈阳	中国
33	里米尼	意大利	47	深圳	中国
34	布鲁诺	捷克	48	新奥尔良	美国
35	休斯顿	美国	49	帕尔玛	意大利
36	义乌	中国	50	香港	中国
37	巴里	意大利	51	加利福尼亚	美国
38	罗马	意大利	52	阿姆斯特丹	荷兰
39	布鲁塞尔	比利时	53	范堡罗	英国
40	埃森	德国	54	厦门	中国
41	新加坡	新加坡	55	布鲁塞尔	比利时
42	首尔	韩国			

5.2.2　分项指数排名

对 55 个世界会展城市的展馆、展会、组展商发展相关数据进行无量纲化，可以得到世界会展城市场馆发展指数及排名，详见表 5.6。

表 5.6
世界会展城市展馆评价得分及排名

注：场馆发展指数得分为 0 的城市没有进入该表。

资料来源：张敏《中外会展业动态评估研究报告（2016）》，社会科学文献出版社 2016 年版，第 72—73 页。

排 名	国 别	城 市	场馆发展指数
1	中国	上海	100.00
2	法国	巴黎	78.33
3	德国	汉诺威	77.21
4	德国	法兰克福	61.11
5	俄罗斯	莫斯科	59.85
6	意大利	米兰	57.50
7	中国	广州	56.67
8	德国	科隆	47.33
9	德国	杜塞尔多夫	43.70
10	美国	芝加哥	40.26
11	西班牙	巴塞罗那	40.00
12	西班牙	瓦伦西亚	38.47
13	中国	重庆	34.00
14	英国	伯明翰	33.61

排　名	国　别	城　市	场馆发展指数
15	西班牙	马德里	33.33
16	意大利	博罗尼亚	33.33
17	美国	奥兰多	31.81
18	美国	拉斯维加斯	30.74
19	德国	慕尼黑	30.00
20	德国	柏林	28.33
21	德国	纽伦堡	28.33
22	意大利	维罗纳	25.26
23	中国	武汉	25.00
24	瑞士	巴塞尔	23.50
25	泰国	曼谷	23.33
26	美国	亚特兰大	21.69
27	捷克	布鲁诺	20.22
28	美国	休斯顿	20.07
29	中国	义乌	20.00
30	意大利	巴里	20.00
31	意大利	罗马	19.82
32	比利时	布鲁塞尔	19.07
33	法国	里昂	19.05
34	德国	莱比锡	18.55
35	德国	埃森	18.33
36	新加坡	新加坡	18.20
37	意大利	里米尼	18.17
38	韩国	首尔	18.08
39	西班牙	毕尔巴鄂	18.00
40	瑞士	日内瓦	18.00
41	波兰	波兹南	17.94
42	中国	北京	17.80
43	中国	沈阳	17.53
44	德国	斯图加特	17.53
45	中国	深圳	17.50
46	美国	新奥尔良	17.04
47	意大利	帕尔玛	16.67

通过计算，标准化的世界会展城市展会发展指数得分及排名，详见表 5.7。

表 5.7
世界会展城市展会发展指数得分及排名

注：展会发展指数得分为 0 的城市没有进入该表。

资料来源：张敏：《中外会展业动态评估研究报告（2016）》，社会科学文献出版社 2016 年版，第 74 页。

排 名	国 别	城 市	展会发展指数
1	法国	巴黎	100.00
2	德国	法兰克福	34.12
3	德国	汉诺威	19.98
4	中国	上海	16.54
5	德国	科隆	15.16
6	德国	杜塞尔多夫	13.26
7	德国	慕尼黑	13.23
8	美国	拉斯维加斯	7.64
9	意大利	米兰	7.16
10	德国	柏林	6.40
11	德国	莱比锡	6.40
12	意大利	博罗尼亚	6.05
13	中国	北京	5.62
14	中国	广州	4.90
15	德国	纽伦堡	2.71
16	瑞士	巴塞尔	2.37
17	俄罗斯	莫斯科	2.34
18	西班牙	巴塞罗那	2.03
19	意大利	维罗纳	1.73
20	意大利	里米尼	1.37
21	美国	芝加哥	1.31
22	中国	香港	1.14
23	中国	重庆	1.10
24	中国	深圳	1.01

通过计算，标准化的世界会展城市组展商发展指数得分及排名，详见表 5.8。

表 5.8
世界会展城市组展商发展指数得分及排名

注：组展商发展指数得分为 0 的城市没有进入该表。

资料来源：张敏：《中外会展业动态评估研究报告（2016）》，社会科学文献出版社 2016 年版，第 75—76 页。

排 名	国 别	城 市	组展商发展指数
1	英国	伦敦	100.00
2	法国	里昂	38.40
3	德国	法兰克福	22.65
4	法国	巴黎	18.20
5	德国	杜塞尔多夫	16.82
6	瑞士	巴塞尔	15.27
7	德国	慕尼黑	12.65
8	德国	汉诺威	11.47

排　名	国　别	城　市	组展商发展指数
9	德国	柏林	11.01
10	意大利	米兰	10.04
11	德国	科隆	9.45
12	德国	纽伦堡	9.35
13	中国	香港	9.21
14	美国	加利福尼亚	9.21
15	西班牙	巴塞罗那	6.21
16	**中国**	**上海**	**6.21**
17	德国	斯图加特	5.60
18	荷兰	乌德勒支	5.38
19	意大利	博罗尼亚	4.91
20	荷兰	阿姆斯特丹	4.89

5.3　上海在国际对比中的现状评估

上海会展业目前在全球 55 个会展城市中，综合实力仅次于巴黎和法兰克福，位列世界第三，国内第一。当然，在其发展中也存在一些问题，比如会议业发展与城市地位不匹配、展览场馆未来发展有变数、组展企业实力与世界相比仍偏弱小、展会项目比肩世界一流仍有差距等，可能造成国际会展之都地位面临国内外会展城市的竞争威胁。

5.3.1　优势和潜力

1. 展馆排名全球领先，功能综合硬件完善。场馆基础设施室内展览面积 84.5 万平方米，位列世界城市第一（表 5.9）。就会展场馆的功能、软硬件配备、综合

表 5.9
世界会展城市展馆面积前十

资料来源：张敏：《中外会展业动态评估研究报告（2016）》，社会科学文献出版社 2016 年版，第 69—80 页。

排　名	城　市	展馆面积（平方米）
1	上海	845 000
2	巴黎	469 962
3	汉诺威	463 275
4	法兰克福	366 637
5	莫斯科	359 119
6	米兰	345 000
7	广州	340 000
8	科隆	284 000
9	杜塞尔多夫	262 218
10	芝加哥	241 549

实用性而言，上海会展场馆走在了世界前列，目前已形成以国家会展中心、新国际博览中心为主，世博展览馆、浦东展览馆、上海展览中心等场馆为辅的空间布局。其中，国家会展中心拥有 40 万平方米室内展厅和 10 万平方米室外展场，是目前世界上最大的单体建筑和会展综合体。

2. 展会数量全国领跑，展会质量稳步上升。据中国展览经济发展报告显示，2017 年上海共举办展会 767 场，占全国展览总量 7.4%，展出面积 1 689 万平方米，超过广州与北京的总和，其中国际展出业绩占比超过 75%，是全国唯一展览总面积超千万平方米的城市。近年来上海展会品质不断提升，培育出一批国际知名、国内领先的会展项目品牌，如中国工博会、上海技交会、华东交易会等国家级名展，上海汽车展、医药健康展、家具展、乐器展、自行车展等经贸类名展，上海艺术节、上海电影节、数码娱乐展、中国动漫展等文化类名展，上海科技节、上海旅游节、上海时装周、上海双年展等社会服务类名展，F1 大奖赛、国际田联钻石赛、上海马拉松、上海芭蕾舞、上海小提琴等重点文体赛事活动。品牌展会占比稳定增长，2017 年上海有 18 个展会通过 UFI 认证，见表 5.10。

表 5.10
2017 年上海区域 UFI 认证展会名录

资料来源：UFI 官网，https://www.ufi.org/membership/ufi-approved-events/search/?company=&organiser_city=76&organiser_country=&event_city=Shanghai&event_country=&event_title=&event_type=&sector=。

序号	展 会 名 称
1	国际制冷、空调、供暖、通风及食品冷冻加工展览会
2	中国国际农用化学品及植保展
3	中国（上海）国际家具博览会
4	中国国际医药工业展览会
5	中国国际线缆及线材展览会
6	中国国际管材展览会
7	中国国际全印展
8	中国电子展
9	中国国际模具技术和设备展览会
10	上海国际汽车工业博览会
11	中国国际染料工业展
12	上海国际广印展
13	上海国际建材展
14	中国照明展
15	中国国际工业博览会
16	亚洲宠物展
17	上海国际污水展
18	上海宝马展

3. 产业土壤根基深厚，集聚辐射能力强大。近年来，上海国际金融中心建设加速，金融市场体系逐步健全。陆家嘴金融城、外滩金融集聚带等金融集聚区承

载能力不断提升，为国际会展之都建设提供了强有力的金融支撑。此外，外资特别是总部经济、研发经济在上海已形成一定的集聚效应，其资源配置能力强大、产业带动效应明显。上海加快提升国际中心城市的服务功能，具备了商品流、资金流、技术流、人才流和信息流等要素的强大集聚辐射能力。自贸试验区制度优势凸显，经济环境开放度持续提升。

4. 城市保障健全，全员助力产业发展。上海不仅拥有"成功精彩"举办世界最大世博会的经验，而且曾举办 APEC 会议、特奥会、亚信峰会、上合组织峰会、亚行年会、二十国集团贸易部长会议等有全球影响力的会议活动。上海还是中国境内国际贸易促进服务机构最多最全的城市。全球 75 个国家在沪设立了驻沪领事机构，87 家官方贸易投资促进机构在沪设立了办事处。上海接待入境外国人能力已经达到国际中心城市水平。截至 2018 年 9 月，上海市会展企业认证总数为 1 258 家[①]，企业类型涉及主承办公司、策划公司、场馆供给公司、工程展示公司，其中既有东浩兰生、上海会展有限公司这样大体量综合型会展公司，也包括许多中小型专业供应商公司。在对外交流方面，上海市国际友好城市数量不断增加。截至 2016 年底，上海与世界上 56 个国家的 82 个城市建立了友好城市关系，并与 17 个"一带一路"沿线国家和地区的主要城市建立了经贸合作伙伴关系。除了传统的经济文化交流外，教育、基础设施建设、医疗服务等领域也在衍生更多合作机会。上海城市的对外交往活动和国际影响力为国际会展之都建设提供了公信力支撑。

5.3.2 存在的短板

根据 SMI 会展指数评价模型，着眼于展会、展商、展馆三大指数及外部环境，得出上海在世界会展城市竞争中存在的短板如下。

1. 展会资源利用不足，项目能级有待提升。根据《中外会展业动态评估研究报告（2016）》，世界会展城市展会发展指数得分及排名中，第一名法国巴黎 100分，第二名法兰克福 34.12 分，第三名汉诺威 19.98 分，上海得分 16.54 分，排名第四，距离老牌会展城市还有很大差距。主要是一流展会数量不多，国际化程度亟需提高。上海至今没有一个像拉斯维加斯电子消费品博览会、汉诺威工业博览会那样"一呼百应"的顶尖品牌展，更缺乏本土培育的品牌展会，国际品牌知名度、美誉度、认可度尚显不足。另外，展会同质化问题凸显，展会专业化程度有待加强。还有，局限于经贸类展会主导，范围不够宽广。上海目前大都是经贸

---

① 数据根据上海市会展产业协会会员信息统计整理而得，上海市会展产业协会会员，http://www.sceia.org/association/Memorabilia.php?p = 1&tid = 4&。

表 5.11
上海组展商前十强

资料来源：张敏：《中外会展业动态评估研究报告（2016）》，社会科学文献出版社 2016 年版，第 181 页。

排名	企 业 名 称	组展面积（万平方米）	
		2013 年	2015 年
1	上海博华国际展览有限公司	66.5	102.6
2	汉诺威米兰展览（上海）有限公司	24.7	67.1
3	法兰克福展览（上海）有限公司	42.2	47.4
4	上海市国际展览有限公司	53.9	40.8
5	上海现代国际展览有限公司	42.7	53.1
6	上海新格雷展览服务有限公司	—	33.6
7	中国国际贸易促进委员会纺织行业分会	45.4	32.7
8	亚洲博闻有限公司	—	31.8
9	上海国际展览服务有限公司	—	29.7
10	上海环球展览有限公司	21.7	29.0

类为主的会展，缺少消费类、文化类、全球治理类会展活动的举办，服务范围有待进一步扩大。

2. 组展商主体竞争力不强，面临严峻挑战。 上海组展商发展指数得分 6.21 分，与西班牙巴塞罗那并列排名第 15 位，虽然进入全球 20 强，但是与老牌世界会展城市差距较大。上海组展商由国企、外资、合资和民营企业构成。数量上，本土组展商是主要力量。但从排名来看，合资组展企业、外资企业仍是上海会展市场格局的主导力量（表 5.11）。近年来会展大鳄纷纷抢滩上海，并购重组，对组展商的冲击较大（表 5.12）。

表 5.12
入世以来外资并购中国会展企业情况

资料来源：根据各展会官网整理。

时 间	并 购 过 程
2001 年	荷兰皇家展览公司并购上海企龙展览公司，成立万耀企龙展览有限公司
2005 年 2 月	锦江国际（集团）公司与日本株式会社 JTB 合资组建"锦江国际 JTB 会展有限公司"
2005 年 7 月	美国国际消费电子协会 (CEA) 参与 2005 中国国际消费电子博览会全面合作
2005 年 9 月	英国励展博览集团收购中国医药集团下属公司"国药展览有限责任公司"50% 的股份，该公司更名为"国药励展展览有限公司"
2005 年 10 月	广州光亚展览贸易有限公司和法兰克福展览公司共同参股的"广州光亚法兰克福展览公司"成立，双方各占 50% 股份
2006 年 3 月	亚洲博闻有限公司联手意大利博尼亚集团收购了广州国际美容美发化妆用品进出口博览会的主要股份
2006 年 6 月	中国机床总公司和北京国机展览中心与英国励展博览集团签订了共同发展"中国国际机械装备展览会"与"中国机床工具商品展览会"的长期合约
2007 年 6 月	英国励展博览集团与深圳市华博展览有限公司成立合资企业"励展华博展览（深圳）有限公司"
2007 年 11 月	新加坡 MP International 集团收购上海中贸国际展览有限公司"中国国际电子设备和技术展"50% 的股权，共同出资成立"上海新中贸国际展览有限公司"
2007 年 11 月	纽伦堡中国公司收购上海环球展览有限公司的国际粉体工业 / 散装技术展览会
2010 年 3 月	亚洲博闻有限公司与信亚展览服务有限公司组成合资企业"广州闻信展览服务有限公司"，共同发展"广东国际广告展"项目
2010 年 8 月	亚洲博闻有限公司收购上海国际儿童、婴儿、孕妇产品博览会 (CBME) 及相关资产

3. 除专业场馆外，会议等其他场馆供需矛盾较突出。 目前大型会议举办日趋增多，场馆需求旺盛，而上海现有会议场馆不能满足市场需求，更不用说举办大型国际性会议。大型会议场馆不足，导致高端会议流失。上海近年来举办大型会议和国际会议的数量远不如北京、杭州、深圳、青岛等国内城市。目前，除了国家会展中心外，其他展馆虽各具特色，但大多存在面积不够、功能单一等问题，难以独立承办大型品牌会展活动。还有，节庆活动专业场馆缺位，导致公众参与难以形成规模，标志性品牌活动长期停留在碎片化、游击化、临时化状态，制约了上海现有节庆活动冲击世界一流顶级品牌的步伐。以上海艺术节为例，虽贵为世界十大节庆，但开幕式始终借址上海大剧院。问题在于，大剧院仅有1 631个座位，开幕式参与率不到万分之一，远不能满足"人民大众的节日"定位需求，尽管该节庆周期性长期举办，仍无法在世界范围内生产出众望所归的上海形象。

4. 外部环境有待优化，会展管理碎片化问题突出。 经贸类、文化类、体育类、社会类、全球治理类会展活动，其行政隶属和体制机制各不相同，缺乏总体战略、一致眼光和协同机制，无法形成有城市识别度的整体效应、集聚效应和品牌效应，致使面对已经来到家门口的国际竞争，难以有效集聚城市实力，形成围绕上海品牌的比较优势、先发优势和战略优势。政策扶持力度不足，产业链整体成本上升。除单一的财政补贴形式外，缺乏更具市场活力的资金扶持政策，缺乏具体措施鼓励中小场馆向专业化转型；行业配套方面，缺少服务国内外展会需要的保险险种，担保机构对展览企业的融资支持力度不足。近年来随着竞争加剧，税费增加，原材料和人力成本上涨，营收与成本双向挤压导致中小会展企业经营艰难，尤其是搭建服务等配套企业，被迫出走远郊乃至邻省，导致产业链整体成本上升。

5.4　国际经验借鉴

上海会展业的综合实力尽管目前名列全国首位，但是在世界范围内，尚有巴黎、法兰克福等国际会展大都市有待赶超。在展会、组展商等分项发展指数上，与国外一些城市也有较大差距。因此，必须很好参照与借鉴国际经验，弥补不足。

5.4.1　汉诺威经验

被誉为"世界会展之都"的汉诺威，拥有世界最大展览场馆——汉诺威展览中心，每年仅展览创利即超过数百亿美元。汉诺威结合城市产业基础，打造大型国际品牌展会，"博览会城"是其城市主题和特色。

1. 产贸互动，依托优势产业共生发展。 一方面，先进的工业技术使得制造业展览具备产业基础，打造了诸如"世界工业发展晴雨表"的汉诺威工博会等知名

表 5.13
汉诺威品牌展会及举办周期

资料来源：根据汉诺威展览公司官网整理。

展 会 名 称	展 会 周 期
汉诺威工业博览	一年一届
汉诺威消费电子、信息及通信博览会（CEBIT）	一年一届
汉诺威国际地面铺装展览会	一年一届
汉诺威国际商用汽车展览会	两年一届（双数年）
汉诺威国际林业木工展览会	两年一届（单数年）
汉诺威国际物流展览会	三年一届
汉诺威国际机床展览会	四年一届

展会（表 5.13）；另一方面，品牌展会对区域产业形成反哺，极大地促进了经济发展和城市更新，整个城市 2/3 的市民直接或间接服务于会展经济。

2. 管理专业、协同高效的交通枢纽网络。 汉诺威会展场馆由政府出资兴建，政府、行业协会共同管理。每逢大型展会，整个城市切换到"会展模式"，50 万人口的城市从交通、通信到餐饮、酒店倾力为会展业提供全方位服务。汉诺威会展业受德国会展协会（AUMA）统一管理。

汉诺威在欧洲交通网络中占据着枢纽地位，海陆空交通便捷。城市公共交通拥有 10 条城郊线和 6 条快速城郊线、14 条轨道交通线以及 100 多条公共汽车线路。展览中心周边交通设施先进便利，专用火车、电车和四通八达的通行道路，连接机场和中心火车站，客商可直达展览场馆。

专栏 5.1　德国模式——打造与特定产业领域相融合的世界级品牌展会

20 世纪 50 年代中后期，德国一批展会城市如柏林、法兰克福、汉诺威、杜塞尔多夫等发展成为国际会展中心城市，其中汉诺威被称为"国际会展之都"。德国城市在打造国际会展中心城市的进程中，主要策略是结合城市产业基础，打造大型国际品牌展会，不追求每年的展会数量，更重视规模和品质；不追求主办或承办各类展会的公司数量，更重视能力和体量。在德国 70 多个会展城市中，专业会展公司竟然只不过 100 多家。

2016 德国自动化展

图片来源：Fairso，2016 德国自动化展会举办地点预告。

展 会 名 称	发 展 程 度
法兰克福国际家用及室内纺织品展（Heimtextil）	该领域最大规模、国际化程度最高的展会，现已在上海、孟买、东京、莫斯科以及拉斯维加斯相继举办了同品牌全球展
法兰克福国际时尚消费品展（Ambiente）	现已在日本、韩国、俄罗斯、美国和阿根廷五个国家举办了品牌展
法兰克福国际圣诞礼品世界展（Chrismasworld）	节庆礼品行业领域内最为重要的贸易盛会
法兰克福国际车展（Automechanika）	全球最负盛名的五大国际车展之一，全球三大汽车配件展之一
法兰克福国际肉类食品加工设备展（IFFA）	肉类食品加工领域内的世界顶级盛会，展品几乎涵盖了该行业包括的所有环节
法兰克福书展（FBF）	全球最大规模、最享盛誉的书展，被誉为"世界出版人的奥运会"

表 5.14

法兰克福展览有限公司品牌展会概览

资料来源：张敏：《中外会展业动态评估研究报告（2016）》，社会科学文献出版社 2016 年版，第 190 页。

5.4.2 法兰克福经验

法兰克福作为欧洲最重要的工商、金融、交通中心之一，是德国又一知名会展城市。在全球组展商营业额（超过一亿欧元）排名[①] 中，法兰克福展览公司 Messe Frankfurt 位列第四，营业额 5.54 亿欧元（表 5.14）。主要经验可概括为以下两点。

1. 重视国际化发展，打造一流品牌项目。法兰克福国际展览项目的境外参展商占比始终保持在 60% 以上，境外观众保持在 20% 以上。国际化水平高是其展览业的重要特征，也是其成功的关键因素。

2. 发展友好城市，资源要素优化配置。作为欧洲最重要的会展城市之一，法兰克福充分利用友好城市体系展开城市交往产业合作，并通过固定合作项目和其他城市建立起长期合作的伙伴关系，尤其重视国家间的资源互通。这些友好城市与合作伙伴为法兰克福会展业的国际化发展提供了桥梁与资源，见表 5.15 所示。

表 5.15

法兰克福友好城市概览

资料来源：李永宁：《国际大都市的辐射效应研究——法兰克福都市区发展案例》，《城市观察》2013 年第 5 期，第 75 页。

缔结时间	友 好 城 市
1960 年	法国里昂
1966 年	英国伯明翰
1971 年	意大利米兰
1979 年	埃及开罗
1980 年	以色列特拉维夫
1988 年	中国广州
1989 年	加拿大多伦多
1990 年	捷克布拉格
1991 年	德国莱比锡
1991 年	尼加拉瓜格拉纳达
2005 年	阿联酋迪拜
2011 年	日本横滨

---

① 数据来源：AUMA. German Trade Fair Industry: Review 2014，Key figures，p.65。

5.4.3 伦敦经验

梳理会展业海外扩张之路，伦敦提供了范本：通过培育大型组展商，以项目收购和股权并购为主要战略，实施国际化、专业化运营，谋取利益最大化。

1. 培育输出品牌组展商，发展模式多元化。 作为老牌会展强国，英国通过世界知名组展商培育特色展会，实现会展企业品牌输出，在海外占据了巨大的市场份额。通过买入所在城市的基础设施股份，利用政府、协会和当地资源，并购当地企业或展会项目。

2. 合资并购融入本土，发展战略因地制宜。 国际化资本扩张与本土化运营管理和谐共生，成为伦敦会展业的成熟做法。以世界最大会展业跨国集团励展公司为例，其"全球思维、立足本土"，强调跨国公司与本土公司合作是励展在中国发展的诀窍。相关公司受益于励展的国际资源与支援项目。目前励展在中国的合资企业已多达9个，均为UFI成员，服务于国内12个专业领域（表5.16）。

表 5.16
励展公司在中国的发展情况

资料来源：根据励展博览集团大中华区官网整理。

公 司 名 称	合 作 单 位	知 名 展 会	领 域
北京励德展览有限公司	外国法人独资		经济技术
国药励展展览有限责任公司	中国医药集团总公司（央企医药集团）		医药健康
励展华博展览（深圳）有限公司	深圳市华博展览有限公司	中国礼品家具展（深圳）、中国国际礼品、赠品及家庭用品展览会（北京）、成都家居、休闲用品及礼品展览会（成都）	礼品行业
北京励展华群展览有限公司	群学展览	北京礼品家居展	礼品家居
上海励欣展览有限公司		中国国际机床工具展览会	机械和金属加工
北京励展光合展览有限公司	原中国国际高尔夫球博览会的主办方	中国国际高尔夫球博览会、亚洲国际高尔夫球博览会	休闲体育
励展华百展览（北京）有限公司	中百会展（北京）股份有限公司	中国日用百货商品交易会暨中国现代家庭用品博览会	家庭日用品和百货
河南励展宏达展览有限公司	郑州鑫达实业有限公司（宏达会展）	中国汽车内外饰博览会（Auto Deco China）	汽车后市场
上海励扩展览有限公司	上海扩展展览服务有限公司（策划公司）	中国国际触摸屏展览会（全触展，C-TOUCH）、中国国际高性能薄膜制造技术展览会（FILMEXPO）、中国国际胶粘带、保护膜及光学膜展览会（APFOEXPO）、3D打印技术展览会暨研讨会（3D Printing）	国际触摸屏和3D打印

5.4.4 巴黎经验

巴黎会展业起步早、发展快、质量高，总体看会议业表现最为突出。据国际会议协会（ICCA）公布的排名，巴黎从2013年起，已经连续四年获得全球最佳

表 5.17

2016 年 ICCA 全球会议城市排名前十

资料来源：王青道：《2016 年 ICCA 国际会议市场分析报告》，https://mp.weixin.qq.com/s/sQqWlN6hi0irOGEDVKZBJg。

排　名	城　市	会　议　数　量
1	巴黎	196
2	维也纳	186
3	巴塞罗那	181
4	柏林	176
5	伦敦	153
6	新加坡	151
7	阿姆斯特丹	144
8	新德里	144
9	里斯木	138
10	首尔	137

会议城市头衔（表 5.17）。

巴黎作为世界顶尖会展城市，会议业多以国际性高端会议为主（见表 5.18），展览业多国际品牌重大项目。在品牌会议和展览背后，是巴黎城市基础设施和会展服务诸多产业长期形成的综合实力，是公共设施、会展服务与文化影响力多方面作用的结果。

1. 会议场馆专业多样，满足举办方不同需求。巴黎专业会议场馆数量多、类型全，共建有五个大型会议场馆，可容纳 11 000 人次（表 5.19）。此外，巴黎尚普雷展览馆、巴黎勒维莱特科学城等场馆也备受欢迎。会议场馆的专业化与多样性，很大程度上满足了会议举办方的不同需求。

2. 旅游及服务产业完备，助推文化影响力提升。巴黎丰富的旅游资源，吸

表 5.18

2015 年巴黎部分国际会议

资料来源：根据各展会官网整理。

举　办　时　间	会　议　名　称
6 月 1 日—6 月 5 日	世界瓦斯大会
6 月 21 日—6 月 25 日	欧洲临床化学和检验学大会
7 月 7 日—7 月 10 日	联合国可持续发展大会
8 月 26 日—8 月 29 日	世界睡眠学大会
11 月 30 日—12 月 11 日	世界气候大会

表 5.19

巴黎五大会议场馆

资料来源：佟岳：《浪漫会都——巴黎会议业速览》，《中国会展》2015 年第 8 期，第 45—52 页。

序　号	会议场馆名称	与会人员总容量
1	巴黎凡尔赛门国际展览中心	
2	巴黎北勒维班特展览中心	
3	巴黎热布尔歇展览中心	1.1 万人
4	巴黎会议中心	
5	巴黎拉德芳斯会展中心	

引了众多海外会奖团体将其作为旅游目的地。酒店、餐饮、交通、通信等服务业完备，部分酒店自设会议场馆，为主办方和与会人员提供了极大便利（表 5.20）。巴黎特有的历史文化内涵及其专业化服务，成为会议业繁荣的显著根源。

表 5.20
巴黎部分酒店情况

资料来源：佟岳：《浪漫会都——巴黎会议业速览》，《中国会展》2015年第 8 期，第 45—52 页。

酒 店 名 称	酒 店 配 置
巴黎左岸万豪国际酒店	面积达 4 800 平方米，最大可容纳 2 000 人
马莱花园酒店	236 间客房，具有设计感极强的私家花园
巴黎歌剧院千禧酒店	210 间教室式会议室，235 间剧院式会议室
巴黎勒格朗洲际酒店	430 间客房，70 间套房，23 个会议室
书记员酒店	213 间豪华套房及客房，卢米埃尔兄弟发明电影的地点

5.4.5 拉斯维加斯经验

拉斯维加斯连续 22 年获评世界第一大贸易会展目的地，巅峰时期知名会展项目 200 强中即有 44 个在拉斯维加斯举行。[1] 展会期间，每位客商平均消费 933 美元，间接消费 1 543 美元。电子消费品展、春秋季服装博览会、国际美容美发展等一大批展会，成为拉斯维加斯金光闪闪的城市名片。其会展业主要特点如下三点。

1. **从单一向多元转型，优势产业催生会展新业态**。拉斯维加斯以世界博彩娱乐之都闻名于世。为加快会展业发展，当地政府着手建造了功能综合、实用性高的会展场馆（表 5.21）。同时对部分原有酒店、赌场进行改造，为会展业提供高品质配套服务；发挥产业多元优势，实现了会展业与旅游业、娱乐业的高度融合，促进了城市转型，从单一化转向多元化经营。

表 5.21
拉斯维加斯会展场馆面积排名前三场馆

资料来源：《拉斯维加斯：从"世界赌城"到"会展之都"》，中国经济网，http://expo.ce.cn/gd/201704/11/t20170411_21879289.shtml。

排 名	场 馆 名 称	场馆面积（万平方米）
1	金沙会展中心	20.2
2	拉斯维加斯会议中心	18
3	曼德勒海湾会议中心	13.5

2. **聚合行业资源，高端展会增强品牌辐射力**。拉斯维加斯娱乐业每年吸引约 3 100 万游客前往，市场基础、设施条件以及品质服务吸引了国际知名展会相继到来（表 5.22）。拉斯维加斯会议观光局在全球十几个国家设立代表处，推介世界娱乐之都和会议之都的品牌形象。

3. **推进市场化运作，政府提供财政支持**。拉斯维加斯展会活动多由企业及协会主导，政府除去合理的财政支持外不做过多干预。充分自由竞争的市场，使组

---

[1] 《拉斯维加斯：从"世界赌城"到"会展之都"》，中国经济网，http://expo.ce.cn/gd/201704/11/t20170411_21879289.shtml。

展 会 名 称	展 会 情 况
拉斯维加斯国际消费类电子产品展览会（CES）	世界规模最大、影响力最广的消费类电子产品展
拉斯维加斯国际消费品及礼品博览会	全球包含消费品、礼品种类最多，美国最著名的展会，至今已举办171届
拉斯维加斯国际美容美发展	创始于1904年，是目前美国最大的美容专业展会
拉斯维加斯工程建设机械博览会（CONEXPO-CON/AGG）	全世界规模最大的三个会展之一
拉斯维加斯国际动力传动展（IFPE）	行业内世界一流国际博览会
拉斯维加斯全美广播电视展（NAB Show）	全球电子传媒界最负盛名的展览会之一

表 5.22
拉斯维加斯大型展会介绍

资料来源：根据各展会官网整理。

展商凭实力和服务质量赢得信誉。财政支撑方面，客房税收的40%归拉斯维加斯会展及观光局所有，以便开展场馆运营和城市推广工作。此外，政府还从当地税收中提取8%，用于补助场馆建设，鼓励与会参展，降低企业参与成本，提高场馆运营维护的积极性。[①]

5.4.6　新加坡经验

新加坡作为亚洲地区的老牌会展国家，会展业起步早、劲头足、成绩佳。总体来看，呈现出品牌化、专业化特征，与旅游等产业融合度好，会展旅游产业比重高。主要经验如下两点。

1. 展会专业化战略保障服务质量。新加坡坚持走专业化道路，包括展会内容专业化和会展人才专业化。大而全的博览会仅保留少量几个，专业化展览占多数（表 5.23）。部分综合性展览也被不同程度地细化为若干专业展，如新加坡工业博览会就是由多个专业展联合组成。在人才培养方面，新加坡南洋理工大学、东亚管理学院、新加坡管理发展学院等均设有会展及相关专业，为产业发展储备了充足的后备力量。

表 5.23
2015 年新加坡部分专业化展会一览

资料来源：根据新加坡会展署整理，https://www.singaporeexpo.com.sg。

展 会 名 称	举 办 地
国际机场设备、技术设计与服务展会	新加坡博览中心
新加坡智能卡及支付展	新加坡国际会议与展览中心（新建）
亚洲国际国土安全展会	新加坡金沙会展中心
国际家居装饰展会	新加坡金沙会展中心
国际软料家具和家居装饰用品贸易展会	新加坡博览中心
亚太临床实验室设备展	新加坡金沙会展中心
国际工业自动化展	新加坡博览中心
国际工具与模具技术展会	新加坡博览中心
亚洲海事展	新加坡博览中心
亚洲绿色建筑展	新达成新加坡国际会议与展览中心

---

① 《拉斯维加斯：从"世界赌城"到"会展之都"》，中国经济网，http://expo.ce.cn/gd/201704/11/t20170411_21879289.shtml。

2. 品牌化战略打造展会品牌。 新加坡会展业极具品牌意识，成熟的市场经验和运营理念受到业界欢迎。经过多年运营与发展，会展市场基本形成"七雄争霸"竞争格局和五大品牌会展中心（表5.24）。品牌会展公司与品牌展会共生，两者相得益彰、互相促进。

场馆名称	面积及空间分布	举 办 展 会
新加坡博览中心	12.3万平方米，10个展厅，32个会议室	亚洲通信展等八个UFI认证展会
樟宜展览中心	10万平方米，3个大型展厅，7个宴会厅	新加坡家具展、新加坡航展（已迁移至中国香港）
新加坡国家会议展览中心（新建）	4.2万平方米	新加坡医疗展等五个UFI认证展会
金沙会展中心	3.4万平方米，拥有东南亚最大宴会餐厅，可容纳11 000人	亚洲海事展等八个UFI认证展会
莱佛士会议中心	0.3万平方米	亚太医疗技术论坛

5.5　建设国际会展之都对策建议

上海要面向未来，面向全球，提升城市能级和核心竞争力，加快推进国际会展之都建设，形成促进全球资源要素流动与配置的高能级平台。

5.5.1　办好进口博览会

中国国际进口博览会（以下简称进博会）是建设开放型经济的重大行动，推动全球包容互惠发展的公共产品，构建人类命运共同体的中国方案，促进供给侧结构性改革的有效措施，满足人民美好生活需要的主动作为。

1. 聚焦虹桥会展商务功能，放大进博会带动溢出效应。 把大虹桥地区建设成为集会议展览、保税贸易、旅游购物、总部经济、航空服务、文化传媒、科技创新等复合功能于一体的"大商务功能平台"，逐步朝向"长三角城市群联动发展新引擎"和"世界一流水准商务区"发展目标推进。[1]

大力发展高端会议、国际展览和配套服务业，形成多层次、宽领域、全产业链的会展管理组织体系，打造世界一流的基地型会展商务综合体，形成"以展带商、以商优展、商展结合、协调发展"新格局（表5.25）。

发挥总部经济带动效应。虹桥商务区作为上海区域板块中的新增长极，近年

---

[1]《[大虹桥]聚焦"三大功能"打造世界一流水准》，搜狐网，2017年5月15日，http://www.sohu.com/a/140805168_776574。

表 5.25
上海虹桥商务区商业配套情况

资料来源：根据上海虹桥商务区网站整理。

商业购物	虹桥天地购物中心、新华联购物中心、龙湖虹桥天街
文化影视	已有三家影院投入运营，共有影厅 22 个，座位数达 3 060 个
酒店配套	核心区共两家五星级酒店：国家会展中心上海洲际酒店、上海新华联索菲特大酒店；其他尚有虹桥康得思酒店、凯悦嘉轩酒店、凯悦嘉寓酒店

来成为"总部经济"新焦点，吸引更多优质企业入驻，自觉利用本土企业国际化大平台。在重点布局中实现各片区错位发展。将虹桥商务区打造成为上海建设国际会展之都的核心承载区、功能集聚区和发展示范区。

2. 建设进口商品国别（地区）馆，搭建 365 天永不落幕新平台。 抓紧并放大进博会机遇，让更多优质商品进入中国市场，打造 365 天"永不落幕"的进博会。扩大进口商品国别（地区）馆，使之成为展示国家形象的"窗口"，展贸互动的平台，"大进大出""优进优出"的基地。

开展多渠道精准对接，组建分类采购商联盟。为参展商和实体零售商、跨境电商、贸易代理商、交易中心等提供对接服务，为参展国家特别是"一带一路"沿线国家，提供商品常年展示贸易服务。

推进跨境电子商务示范园区建设，实现国别（地区）馆与进口商品直销中心线上线下互联互通。推进参展商和采购商信息线上精准对接，实时掌握全年化、季节性、"一单式"等多种供需信息，提供常态化交易服务。

5.5.2 打造品牌展会项目

1. 布局世界一流会展项目，打造发展平台新高地。 整合现有展会资源，建立以"核心会展项目为龙头、优质会展项目为支撑、带动相关产业快速发展"的梯度发展新格局，建立"引进来"与"走出去"相结合的会展国际化拓展机制。一方面提升当前已有展会能级，加强对外推广。重点抓好上海知名会展项目

展览	中国国际进口博览会
	中国自主品牌博览会
	中国国际工业博览会
	世界人工智能大会
	中国（上海）国际进出口交易会
	上海广印展
节庆	上海国际品牌周
	上海国际电影电视节
	上海国际艺术节
	上海时装周
赛事	上海马拉松

（表 5.26），对标全球该领域龙头品牌展会，制定国际化发展目标和策略；另一方面大力拓展会展业国际化合作渠道，进一步加强同国际大会、会议协会（ICCA）、国际展览业协会（UFI）等国际专业会展组织的深层次合作。

2. 培育特色会展项目，聚焦战略性新兴产业。 积极发挥战略性新兴产业的方向性作用，建立产业导向的会展品牌培育机制。扶持各领域专业展会，以展会带产业，推动三二一产业融合发展。形成"现代服务业为主体、战略性新兴产业为引领、先进制造业为支撑"的现代会展项目体系。

3. 建设世界级品牌园区，打造区域化品牌化专业载体。 通过建设品牌园区，做大做优做强会展板块，吸引主承办会展机构、会展高端研发机构、会展服务机构入驻。一是要加快培育会展园区开发运营商。政府应着力搭建专业园区开发运营商输出管理平台，培育一批有开发经验和资金实力、能够承担全市各类园区整合联动重任的品牌化专业园区开发运营商。二是要依托园区强大的资源整合能力和集聚优势，推动园区与周边社区业态融合，实现"园区带动商区、商区服务园区"的联动发展效应，打造活力片区，形成"园区资源生展、展会赋能园区"的良性循环互动。三是要构建会展园区公共服务信息平台。鼓励大型园区开发主体联合参与公共平台建设，定期发布园区开发资讯、运营租金指导价格、招商信息、招聘信息、培训信息等，促进园区资源优化整合。

5.5.3　做强做大龙头市场主体

1. 支持本土组展商做大做强，打造专业化配套服务企业。 加快培育会展市场主体，鼓励国内外相关企业来上海投资创办会展企业或设立分支机构，鼓励中小型会展主体跨地区、跨部门战略重组，鼓励国内外资金参与上海会展业资产重组和股份制改造。力争形成"以国际组展商公司为龙头、大中型专业会展企业为支撑、相关会展服务机构为辅助"的梯次化金字塔型会展主体结构布局。鼓励注册成立"一站式"服务公司，将上海实力雄厚的服务企业吸纳为会展行业配套合作单位（表 5.27）。为参展商和采购商提供物流、金融、营销、现场、检验检测、咨询、商旅、公共关系等八大类服务。

表 5.27
会展配套重点合作的上海企业名单

资料来源：《数千企业抢驻大虹桥，总部经济推动板块持续升温》，搜狐网，http://www.sohu.com/a/210098091_100022233。

企　业　排　名	企　业　名　称
2017《财富》世界 500 强	上汽集团、浦发银行、中国太保、绿地集团
全球行业前五	上港集团、申通集团、机场集团、锦江国际集团
2017 中国企业 500 强	上汽集团、浦发银行、中国太保、绿地集团、光明食品集团、上海建工、东浩兰生集团、上海医药、上海电气、百联集团、华谊集团、隧道股份、上海纺织、上海仪电、老凤祥、申能集团、上港集团、上海农商银行等 18 家企业

图 5.1
上海会展集团输出路径

全球

"一带一路"
沿线国家

长三角

上海

2. **组建跨国会展集团公司，实现品牌化会展管理输出。**"政府引导、企业参与、市场运作"是当今会展业发展的主流模式。在发展加速期，通过资本运营组建大型会展集团进军海外市场，逐步实现品牌化会展管理输出。上海会展业集团化品牌化海外发展模式见图 5.1、图 5.2、图 5.3 所示。

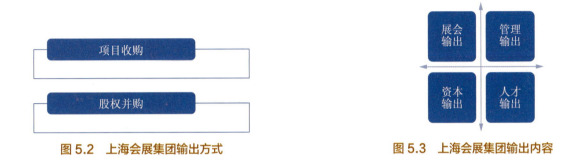

图 5.2　上海会展集团输出方式

图 5.3　上海会展集团输出内容

第一阶段——立足上海发展实际，建立大型会展集团，整合会展资源。第二阶段——延伸至长三角。在发挥核心城市极化效应的同时，整合长三角区域会展资源，引领业态发展新模式。第三阶段——扩散至"一带一路"沿线国家。根据需求开展海外股权并购，强化品牌经营战略。第四阶段——将触角伸向全球。项目并购与股权并购双向发力。

5.5.4　建立国际会展之都新地标

1. **规划论证青浦淀山湖、临港滴水湖两大国际会议中心。**加快青浦淀山湖和临港滴水湖大型会议综合体规划论证，逐步实现上海会议产业"双轮驱动"新业态，打造国际会展之都新地标，形成上海会展业的"会议两翼"，助力上海会议业腾飞。

（1）淀山湖国际会议中心。虹桥国际贸易论坛期间将有数十位国家元首到会，接待规格高，对会场、礼仪、酒店、安保均有特殊要求。作为周期性举办的世界级高峰论坛，建议选址青浦淀山湖作为永久会址，论证建设具有专业承载能力的淀山湖国际会议中心，服务全球治理类会议、长三角一体化类会议和公共服务类会议。

（2）滴水湖国际会议中心。通过国际会议中心着力发展会议产业，集聚人气、培育文化，致力于建设长三角地区具有海港特色的综合性现代旅游目的地。建议选址浦东滴水湖，规划论证滴水湖国际会议中心，主要服务企业年会、协会会议和学术会议。

2. 规划新建浦东国际展览大型场馆。在明确市场需求及展馆特色的基础上，着手解决城区拓展导致新国博身陷重围引发的问题，规划并论证新建浦东国际展览超大场馆，准备替代新国博带动浦东区域包括自贸试验区百尺竿头再进一步，联手浦西打造"东西呼应、错位竞争"的良性会展市场大格局。建议在新国博合同到期考虑拆迁之前，在浦东机场路上另寻新址，论证建设一座室内展览面积 40 万平方米的大型场馆，维护上海会展之都的设施优势，准备二次申办世博会，确保上海国际贸易中心和国际会展之都的全球地位。

3. 论证新建有全球影响力的著名节庆活动专业场馆。在上海演出场馆规划布局基础上，着眼于节庆活动的专业化需要，以世界一流、上海标志为目标，重点建设一处堪比爱丁堡、里约和林肯中心的新型专业场馆。功能定位在适于行进表演和大众观看，规模定位在十万观众座席，形式定位在通道式演出区与看台式两侧分布，配以膜式顶覆盖晴雨无阻，彻底解决上海大型活动按国际标准观众参与度不足问题。具体选址可根据城市规划与城区再开发需要科学决策民主决策，可考虑兼通浦东机场和滴水湖方向 Y 型分叉前。

5.5.5 优化会展业生态环境

会展业促进与规范的工作重点，主要是优化生态环境，推动会展业高质量发展。具体包括但不限于如下内容：完善会展业的上海立法、上海认证、上海统计，推进会展业的上海评估、上海研发，构建绿色、低碳的会展产业生态系统。具体工作可以从以下五个方面发力。

1. 加快会展业立法。会展业行政审批制改革后，亟须建立产业促进与规范新模式，解决市场化改革后，由"审批制"走向"备案制"，"放管服"所面临的新问题，进而探索市场监管和产业促进新模式。尤其是在进博会背景下，上海有责任先行先试，为高水平开放和高质量发展提供法律框架。在某种意义上，上海会展业立法已刻不容缓。

建议比照进口博览局，考虑建立统一的会展业管理机构或部门，负责制定规划、优化政策、协调各方、对外联络，解决会展业发展碎片化问题，持续扩大会展业这一上海发展的独有优势。

2. 实施会展业认证。根据融入世界形成特色优势原则，在引进基础上创立自主认证标准，形成品牌展会认证门槛，对上海市域范围内举办的会展活动实施本土认证、自主认证、开门认证、普遍认证、品牌认证。根据自主标准，赋予经认证项目以特定认证标志（logo）和城市推广权利。

3. 纳入上海统计。建议根据国民经济行业分类，将会展业纳入政府统计系统，确定统计调查对象类别和调查内容，形成统计报表审核制度，统计结果依法向全社会发布，为规划监管提供科学依据和权威标准。

根据国民经济行业分类代码表（GB/T 4754—2017），会展业属于"商务服务业"大类中的"会议、展览及相关服务"，含科技、旅游、体育、文化及其他会展服务；"娱乐业"大类中的"文化体育娱乐活动服务"，含文化、娱乐活动服务和体育表演活动服务。

4. 推广会展业评估。对场馆基础设施、会展企业队伍、品牌会展项目实施市场化科学化评估，努力提高会展评估的社会公信力。不断总结经验，系统改进完善，提高质量水平，推动上海会展不断走向世界一流。

5. 强化会展业研发。面对对象个性化、市场全球化、策划高端化、服务精细化、管理智能化、功能全局化等会展产业新变化，加大研发投入，针对性解决会展业核心竞争力问题，用知识生产推进知识应用，培养会展业中高端后备人才。

5.5.6 培育产业联动品牌项目

1. 建设青浦国家会展中心 4A 级景区。抓住进博会机遇，建设青浦国家会展中心 4A 级景区，重点加快旅游综合服务中心建设。围绕国展中心展馆，构建体验型服务圈，打造高端旅游产品，提升旅游产品的融入度感知力，实现消费升级换代；以"商务会展特色游"为主题，满足不同人群的旅游诉求，充分利用旅游资源、人流优势和时代创举新元素，扩大旅游消费，共同打造青浦国展中心 4A 级级景区。

2. 构建浦东会商旅文体融合新业态。创新会展产业发展理念，实现浦东会商旅文体产业融合，在展、会、节、事、演、主题公园等综合经营的基础上，实践"会展 +"理念，辐射产业联动。支持浦东将会展资源与浦江沿线空间载体、国际旅游度假区、国金中心等高端旅游、购物资源融合发展，形成消费新动能。

3. 建立长三角城市会展业区域合作促进机制。借助江苏实体经济基础、浙江市场活力与融资能力、安徽新技术后发优势，在"上海都市圈"范围内探索构建错落有致、梯度有序、协同互动的会展业区域创新体系，抱团参与国际合作与竞争，将有发展潜力的中小型展会项目推向区域会展大市场。支持本市重点会展企业在长三角中心城市举办系列展，提升产业带动能力。加快形成优势互补的会展产业连锁品牌，以及实力雄厚的整体营销、整体合作与竞争格局。

参│考│文│献

[1] 张敏：《中外会展业动态评估研究报告（2016）》，社会科学文献出版社2016年版。

[2] 佟岳：《浪漫会都——巴黎会议业速览》，《中国会展》2015年第8期。

[3] 李永宁：《国际大都市的辐射效应研究——法兰克福都市区发展案例》，《城市观察》2013年第5期。

[4] 马聪玲：《国际典型城市促进会展业发展的经验》，《中国经贸期刊》2014年第26期。

[5] 卢晓：《上海会展产业集群竞争力研究》，《学术论坛》2012年第5期。

[6] 梁锐：《政府职能在城市会展经济发展中的创新》，《人民论坛》2014年第11期。

[7] 黄玉妹：《新加坡会展业成功因素分析及经验借鉴》，《亚太经济》2015年第6期。

[8] 《香港：整合优质会展资源打造国际会展之都》，《中国社会组织》2018年第9期。

[9] AUMA，German Trade Fair Industry—Review 2015，http://www.auma.de/en/DownloadsPublications/Seiten/GermanTradeFairIndustry-Review.aspx.

[10] 上海市商务委：《1—7月本市展览业保持平稳增长》，2018年8月23日，http://www.scofcom.gov.cn/service/search/content.jsp?contentid = MjQ0OTQ1。

[11] 《聚焦国际会展之都建设：硬件已经全球数一数二，上海离"国际会展之都"还有几站？》，上观新闻，2017年5月2日，https://www.jfdaily.com/news/detail?id = 51921。

[12] 《上海自贸区建设总体达到三年预期目标》，上海政府网，http://www.shanghai.gov.cn/nw2/nw2314/nw2315/nw15343/u21aw1220352.html。

[13] 《拉斯维加斯：从"世界赌城"到"会展之都"》，中国经济网，http://expo.ce.cn/gd/201704/11/t20170411_21879289.shtml。

[14] 上海市商务委：《市政府新闻发布会介绍上海增强城市核心功能推进上海国际贸易中心建设进展情况》，2017年11月14日，http://www.scofcom.gov.cn/dtxw/243270.htm。

[15] 《举办进口博览会彰显中国开放决心》，《人民日报海外版》，2017年11月8日，http://paper.people.com.cn/rmrbhwb/html/2017-11/08/content_1815609.htm。

[16] 《大虹桥：聚焦"三大功能"打造世界一流水准CBD》，搜狐网，2017年5月15日，http://www.sohu.com/a/140805168_776574，2017-05-15。

[17] 《上海建设卓越全球城市，是要打造升级版而不是沿袭纽约、伦敦、东京的老路》，凤凰网，http://wemedia.ifeng.com/75622480/wemedia.shtml。

[18] 《青浦"一城两翼"建设发展规划》，青浦区政府网站，http://www.shqp.gov.cn/gb/content/2010-07-28/content_330203.htm。

[19] 上海市会展产业协会，http://www.sceia.org/association/Memorabilia.php?p = 1&tid = 4&。

[20] 国家会展中心官网，http://www.cecsh.com/index.aspx。

[21] 新国际博览中心官网，http://www.sniec.net/cn/organize_facilities.php。

[22] 中国会展经济研究会：《中国展览数据统计报告（2017）》。

6

全球城市
营商环境评估

全球城市所吸引和集聚的是各类跨国公司总部和高能级功能性机构，这些企业和机构对于营商环境的诉求显然不同于一般企业。上海建设卓越的全球城市，必须对标国际最高标准、最好水平，不断提升制度环境软实力，努力打造营商环境新高地。总体目标是要加快形成法治化、国际化、便利化的营商环境，成为贸易投资最便利、行政效率最高、服务管理最规范、法治体系最完善的城市之一。

A global city attracts and headquarters various transnational corporations and highly substantial functional institutions. These corporations and institutions have higher standards for business environments than ordinary enterprises. To build a global city of excellence, Shanghai must align itself with the highest international standards and best practices, continuously develop its soft power in institutional environment and cultivate a high-standard business environment. The aim is to build a law-binding, international and convenient business environment as soon as possible, and thus to create a city of convenience for trade and investment, efficiency in administration, standardization in service and management provision, and excellence in legal system.

本研究立足于全球城市的发展特性和功能定位，对其独特的营商环境形成机制和个性诉求进行分析，进而构建凸显全球城市特点的营商环境评估指标体系。通过对上海、伦敦、纽约等 11 个全球城市营商环境的比较分析，力求找出上海在营商环境建设中的优势和短板，进而优化与"卓越的全球城市"发展定位相契合的营商环境。

6.1　全球城市营商环境评价指标体系构建

目前，涉及营商环境评估的报告主要有三类：一是营商环境专项评估报告，如世界银行发布的《营商环境报告》、粤港澳大湾区研究院发布的《2017 世界（中国）城市营商环境报告》等，均较全面地分析评估了营商环境状态；二是主流全球城市竞争力报告中营商环境部分，如普华永道发布的《机遇之都》、日本MMF 基金会城市策略研究所发布的《全球实力城市指数》报告等，均对城市营商环境评估有所涉及；三是特定营商环节的评估报告，如 OECD 的《外国直接投资监管限制指数》报告、世界银行的《物流绩效指数》报告等，前者聚焦投资监管制度进行评估，后者聚焦物流效率进行评估。其中，最为权威和主流的是世界银行的《营商环境报告》(Doing Business)。其主要特点是侧重从法律环境和管制规则的角度评价政府的各种监管法规对企业行为所产生的影响，而且立足的主要是"中小企业"的视角。

然而，世界银行的营商环境评价指标体系用于对全球城市的评估存在一定的局限：一方面，难以反映全球城市所吸引的全球功能性机构和企业对于营商环境的个性化诉求；另一方面，对于营商环境评价的覆盖范围也较为有限，没有将高度开放的市场体系、高端生产性服务支撑、高能级公共服务体系等全球城市营商环境中的特色因素纳入评估范围。因此，我们将充分考虑全球城市营商环境的独特内涵和特定要求，同时借鉴世界银行营商环境评估体系中的关键要点，设定全球城市营商环境的评价指标体系，并对包括上海在内的 11 个全球城市营商环境进行全方位评估。

6.1.1　指标构建的理论支撑

现代意义上的全球城市是全球经济系统的中枢或世界城市网络体系中的组织节点，表现出区别于一般城市的发展特性与核心功能，主要表现为在全球网络节点上配置全球要素资源，从而也将吸引和集聚具有全球要素资源配置能力的跨国公司和功能性机构。全球城市营商环境的指标体系构建，既要考虑"营商环境"评估本身所需要考察的重要因素，同时更需要充分考虑全球城市的特性以及其所吸引的高能级功能性机构的诉求，从而构建一套"体现全球城市特点、具有全球城市特色"的营商环境评价指标体系。

图6.1
全球城市营商环境特点的分析路线图

由于全球城市的核心功能载体主要为跨国公司总部及其各类高能级的功能性机构，因此，全球城市在塑造和优化营商环境的过程中，要能够充分聚焦这些机构在进入市场、开展经营方面的诉求。与一般的城市相比，全球城市汇聚的核心功能载体对营商环境的诉求更体现为要素环境的高端性和流动性、资源配置的高效连通性和枢纽性、企业运行环境的高效率和透明性、全球城市区域的辐射性和引领性、人才环境的舒适性和优质性，以及营商环境的动态更新优化等。

1. **高度规模化、开放化、连通度高的市场环境。** 全球城市核心功能载体对全球范围内的资金、科技、人才、信息等资源的配置需要在高度开放化、且具有一定规模的市场环境基础上开展。第一，规模足够大、且增长快的市场是企业投资的先决条件。一个城市在全球网络中的层级越高，其经济规模、发展潜力往往也越大，也越容易成为企业投资的选择。全球城市的营商环境能够为企业发展提供更多的基于其在全球城市网络中的节点地位和在经济流动性中的资源配置功能的发展机遇。第二，市场开放是跨国公司在各城市和地区开展投资布局的前提条件。跨国公司及国际性组织开展全球业务需要高度开放化的市场投资环境。高度市场化的准入前国民待遇和准入后国民待遇是全球城市核心功能载体顺利开展及拓展业务的市场保障。第三，高度连通性的市场枢纽功能是全球城市核心功能载体在全球经济流动中实现资源配置功能的决胜条件。全球城市的营商环境能够为企业发展所提供的不仅仅是城市自身的功能，更多的发展机遇来自其在全球城市网络中的节点地位和在经济流动性中的资源配置功能。各类平台性机构是资源配置及高效连通性的关键所在，影响全球要素的高效流通。这就要求全球城市具备和发挥高度连通性的市场枢纽功能，实现全球资本、科技、人员、文化、信息等要素流在全球市场上的"无缝链接"。例如，随着全球化快速进入以信息、思想和创新扩散为特征的数据流驱动时代，企业能否快速、高效、无障碍地参与全球信息市场、获取全球信息就成为全球城市营商环境中的重要一环。

2. **高效率、透明化的制度环境。** 全球城市核心功能载体的高效运营需要高效率、透明化的制度环境保驾护航。因此，在市场开放度方面，全球城市核心功能载体对于尽可能低地降低交易费用、提高信息的对称性、增强市场主体行为的确定性有着更高的要求。全球城市代表着全球市场化最高水平的运行规则，市场信息高度发达导致各类企业行为成本下降，有利于营造良好的营商环境。在体制环境方面，跨国公司等全球高能级机构必然要求全球城市建立比较完善的市场经济体制和相应的法律法规体系，尤其是要在一些共同规则和通行惯例方面与国际市场相衔接，消除资源要素国际流动的体制障碍，以保证全球要素流的高效流动。在政府治理方面，跨国公司等全球高能级机构必然要求全球城市提供较高的办事效率、较完整的政策工具和较高透明度的政策体系。

3. **高端化、流动性强的要素环境。**一方面，全球城市核心功能载体要求全球城市汇聚丰富的高端资源要素。高能级的功能性机构和跨国企业占据价值链高端环节，需要在全球城市获取各种高端资源和要素，作为自身功能优化的要素载体。另一方面，全球城市核心功能机构需要通过全球要素的高效自由流通实现对全球资金、信息、人员等要素流的控制和协调。例如，伦敦、纽约等全球城市对于全球资金具有非常强的控制能力，成为全球资金流的重要门户，进而也成为吸引高端企业入驻的关键因素。

4. **全球城市区域发展的广泛辐射性和强劲影响力。**全球城市核心功能机构在全球城市这一强大的枢纽节点上的要素配置功能的发挥，主要依赖于对全球城市区域的广泛辐射性和强劲的影响力。全球城市通过高度的地区交流与合作，包括高度发达的资本、信息以及人力资源流动，与其毗邻的周边城市形成强大的内在联系，并融入区域、国家和全球经济的各个层次，形成层次更高、范围更广的全球城市区域。也就意味着，跨国公司、功能性平台、国际性组织等高能级机构对全球城市的需求并不仅仅在于全球城市本身，而在于全球城市对于所在区域的辐射性和引领性。因此，全球城市核心功能载体对于全球城市的营商环境诉求更在于"全球城市区域"的支撑。这些功能机构通过资源和要素在全球城市的汇聚以及全球城市区域的辐射，实现跨国公司等高能级机构的价值增值和能量倍增。例如，类似纽约、伦敦、东京这样的超级全球城市，所集聚的企业可以通过全球城市网络全面融入区域、国家和全球经济的各个层次中，包括依托高度发达的资本、信息及人力资源流动，与其毗邻的周边城市形成强大的内在联系，并且能够在新技术、新产业、新业态、新模式等方面对全球城市区域的发展形成引领和示范能力，形成要素高效流动、集成增值的功能。

5. **高度舒适性、优质性的人才环境。**企业活动的主体最终归结为"人才"。全球城市核心功能载体对于人才的要求更侧重其高端性和优质性。相应地，这些人才对于就业区位的选择更看重于城市发展的宜居性、便利性和舒适性。而丰沛活跃的文化氛围、舒适宜人的生态环境和高端优质的服务环境恰恰是全球城市营商环境中的重要组成部分。例如，顶尖全球城市通常有着经常化、高端、具备时尚性的教育、文化、体育等交流活动，成为国际最新潮流的风向标，进而对最高端人才产生强劲吸引力；生态环境更是成为影响企业区位黏性的重要因素之一，环境容量较小的城市、生态环境较差的城市无法对企业长期的可持续发展形成吸引作用，因此，生态质量优良、服务功能强大、生态特色鲜明的全球城市能够吸引更多优质企业入驻。

6. 保持动态更新的营商环境。随着全球化的日益深化以及全球科技和产业模式的不断创新，全球城市核心功能载体对于资源要素的配置和流通要求也与时俱进。因此，这些机构必然要求全球城市通过政府与企业的紧密互动、城市与企业的不断融合，进而实现营商环境的不断实现自我更新和优化，从而形成良性循环、持续优化的发展格局，以适应全球城市核心功能载体发展能级、引领效应、技术含量和附加值等级的不断提升。例如，跨国公司功能性机构会从功能总部逐步向地区总部和区域总部升级，所吸引的企业会逐步向价值链和创新链的高端环节演进。

6.1.2　指标体系的设计原则

为了更好地体现全球城市的营商环境特性，以及全球城市核心功能载体对于全球城市营商环境的诉求特征，同时考虑指标体系设计的可操作性等现实需求，本研究将遵循特色性、全面性、系统性、简洁性、可比性等原则，构建适合评价全球城市营商环境的指标体系框架。

1. 特色性。与一般城市营商环境"引资"的目标不同，全球城市的营商环境更注重引进跨国公司等核心功能载体，即在实现"引智"和"引功能"的前提下，进一步考察能够促进跨国公司等高能级机构实现能级提升和能量倍增的评价指标。具体来说，全球城市营商环境的特色性主要表现在战略视角、聚焦重点、吸引主体、开放程度和吸引能级方面的差异。

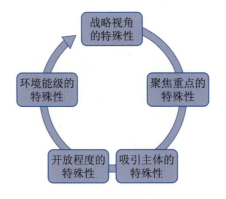

图 6.2
全球城市营商环境评估的特色性

（1）战略视角的特殊性。全球城市的营商环境塑造置身于"以跨国公司为核心的流动空间"这一独特视角，跨国公司及其分支机构所形成的全球生产、销售、研发、创新等网络是全球城市发挥要素配置功能的必要条件。因此，全球城市打造和优化营商环境的目的是为了能够在全球城市网络中占据枢纽和节点地位，从而吸引更多的跨国公司总部、全球生产者服务公司、国际投资与金融机构、全球研发中心、国际组织等功能性机构入驻。

（2）聚焦重点的特殊性。全球城市更为关注的是城市营商环境与全球城市网络的连通度，是否能够通过要素流量规模的增加、要素配置能力的增强来吸引更多企业的入驻，是否能够为各类企业和功能性机构接入和融入全球市场提供便捷的通道和发达的网络，这些因素成为全球城市能否吸引各种超级资源和顶尖要素汇聚的关键所在。

（3）吸引主体的特殊性。全球城市通常吸引的是各类跨国公司总部和高能级功能性机构。这些跨国公司和功能性机构可能所涉及的领域不同，但通常都占据价值链、创新链、创意链和服务链的高端环节和核心领域，具有一定的控制、协调和引领功能，从而赋予全球城市能够高效进行全球资源配置这一独特功能。

（4）开放程度的特殊性。在所有融入全球城市网络的城市中，全球城市表现出与其他城市相比较更为广泛、更为密集的相互作用，成为全球城市网络中具有举足轻重地位的战略节点。因此，全球城市的营商环境要求金融开放、市场透明、投资贸易开放等制度体系能够与国际准则实现高度对接，保持高度一致。

（5）环境能级的特殊性。全球城市对于各种设施、各种服务、各种要素的需求等级会更高。例如，伦敦就汇聚了全欧洲最高级的资本、知识和技术流，拥有国际商务劳动所需要的高级技术和具有多种语言和文化的专业化劳动力市场，同时拥有高质量的公共服务体系，是更适合于生活与居住的城市，也由此吸引了更多的高能级机构入驻，同时这些机构在区位上的高度集中，也形成了良好的集群效应。

2. 全面性。一方面，营商环境评价既要反映企业微观层面，也要反映宏观层面的经济社会发展情况，例如经济成长性、市场容量、信息便利程度、基础设施的优越性、要素的可获得性等。因此，应当主要从"中观"视角选取衡量营商环境的指标，同时兼顾"宏观"和"微观"因素。另一方面，对于营商环境的评估不仅要聚焦"看得见"的问题，更要关注"隐形障碍"。在现实的商业活动中，市场"玻璃门""弹簧门"依然存在，企业进入市场之后能否拥有公平竞争机会，能否通过其竞争力获得商机，能否通过市场透明度来实现合理预期，发生纠纷后能否及时有效得到解决等这些隐形障碍正日益成为决定营商环境优劣的重要因素。

3. 系统性。营商环境是由多种影响因素构成的有机整体和多层次的动态系统，受整体内外众多因素影响和制约。因此，在具体评价指标的选择上，要兼顾硬环境指标和软环境指标，总量指标、相对指标和平均指标，定性指标和定量指标等，以避免遗漏，保证从各层次衡量区域营商环境水平的高低，体现营商环境系统的整体状况。

4. 简洁性。营商环境的指标体系并非多多益善，过多地选择评价指标反而容易出现指标重复、数据处理难度增加等问题，并且容易使得对于营商环境的评估过于泛化。因此，在遴选营商环境指标时，应当尽量选择具有典型性和代表性的指标，排除关联性强的指标，用尽可能少但信息量尽可能大的指标反映出营商环境的整体面貌。

5. 可比性。根据国际惯例原则，选取的评价指标应当具有国际可比性。国际上有很多对于营商环境评价的研究，其中所涉及的部分指标也已经成为常用和固定指标，这在一定程度上可以为本研究所借鉴。同时，对于一些理论上具有可行性，但实践中并无可信数据来源或者缺少数据来源的数据，应当予以摈弃。

6.1.3　指标体系的基本架构

以全球城市营商环境的内涵和要求为逻辑起点，在综合国际上现有各种有关营商环境评价指标的基础上可以看出，营商环境指标体系的构建应当紧贴企业层面，紧扣企业维度，但是要跳出单纯的企业"生命周期"的维度。综合以上分析，本研究将立足市场化、便利化、法治化、国际化发展要求，按照企业准入前、准入中、准入后发展阶段，构建全球城市营商环境评价指标体系，包括12个一级指标、36个二级指标（表6.1）。

表 6.1
全球城市营商环境指标体系构架

阶　　段	一级指标	二级指标	单位 / 评估方式
准入前	市场开放度	外商直接投资限制	0—1
		关键国外人才限制	0—1
	基础设施连通性	机场连通度	排名
		港口集装箱吞吐量	万 TEU
		宽带速度	排名
	城市国际化程度	国际高技术人才吸引力	0—10
		全球 500 强总部数量	排名
		国际会议数量	排名
		国际组织数量	个
		QS1000 高校数量	个
准入中	开办企业	手续	个
		时间	天
		成本	占人均收入 %
	办理施工许可	手续	个
		时间	天
		成本	占库存价值 %

阶　　段	一级指标	二级指标	单位 / 评估方式
准入中	获得电力	手续	个
		时间	天
		成本	占人均收入 %
	登记财产	手续	个
		时间	天
		成本	占财产价值 %
	缴纳税款	缴税次数	次 / 每年
		时间	小时数 / 每年
		总税率	占商业利润的 %
准入后	跨境贸易便利化	出口过境审核时间	小时
		出口过境审核成本	美元
		进口过境审核时间	小时
		进口过境审核成本	美元
		关税税率	%
	生产性服务业能级	采用国际前 100 高级生产性服务企业分支机构 *	分
	法治保护力度	破产框架力度指数	0—16
		执行合同司法程序质量指标	0—18
		知识产权保护程度	排名
	公共服务环境	高能级公共文化设施数量	个
		PM2.5	微克每立方米

* 国际前 100 高级生产性服务企业在该城市设立公司总部，计 5 分；在该城市设立地区总部，如亚太总部，计 4 分；在该城市设立国家总部，如中国总部，计 3 分；在该城市设立独立的法人公司机构，计 2 分；在该城市设立办事处，没有独立的办公室只有合伙人，计 1 分；在该城市没有任何分支机构，计 0 分。

1. "准入前"阶段的评价指标。这通常是指企业尚未进入某一市场开展经营的前期阶段。这一阶段企业主要是通过评估市场化、国际化和便利化的发展程度，来决定是否进入该市场开展经营活动。因此，"准入前"阶段的评价指标主要聚焦企业在进入时所面临的硬性条件、软性环境及制度环境，这些因素会对企业是否选择进入产生比较大的影响。其中，制度环境主要考虑市场主体进入时所面临的制度性约束，例如，是否会受到外商直接投资限制和关键国外人才限制等，是否能够享有与国际准则高度一致的制度安排。硬性条件则主要考虑吸引企业进入的基础设施支撑，包括机场连通性的强弱、港口吞吐量的大小等。软性环境主要考虑企业进入时所面临的国际化环境，例如，是否拥有一定数量的全球500 强总部，是否定期或不定期举办一定数量的国际会议，是否拥有比较多的世界前 1000 名高校数量，这些因素在一定程度上决定了企业获取高能级要素和在全球范围内配置资源的能力。

2. "准入中"阶段的评价指标。这是指企业已经正式进入某一市场，为后续开展经营活动进行准备的阶段。此时，企业较为关注的是能否快捷、便利地完成企业开办的相关手续，从而可以尽快开展经营活动。因此，这一阶段的评价指标主要聚焦企业从"开始注册"到"正式运营"这一过程中所面临的政府服务环境，政府办事效率也就成为评价的核心所在。参照目前较为公认的、世界银行的营商环境评价体系，可以从开办企业、办理施工许可、获得电力、登记财产和纳税等五个环节，从办事手续、时间和成本这三个维度对政府服务环境进行评价。

3.**"准入后"阶段的评价指标**。这是指企业完成了开办、运营等相关手续，正式开始并持续开展经营的阶段。在这一阶段，企业较为关注的是进入市场开展经营之后，能否通过市场透明度获得公平的市场机会、高效的市场服务和有效的法律保障，能否可持续地在目标市场开展经营活动，如果无法为企业实现这些预期，就有可能导致企业进入市场的是短期行为。而且，在这一阶段对营商环境进行衡量时，更要注重消除许多看不见的壁垒和障碍，为企业提供更多高效、优质的服务，进而为企业的长久发展提供有力保障。例如，对于全球城市主要吸引的跨国公司等企业而言，对于跨境贸易的便利化、高能级生产性服务业的支撑等都有着较高的要求。因此，准入后阶段的评价主要包括跨国贸易便利化、生产性服务业能级、法治保护力度等三个维度。同时，在这一阶段，人文环境的塑造和生态环境的优化也显得极为重要，这些因素通常是企业能否留住人才的关键所在。因此，准入后评价应包括跨国贸易便利化、生产性服务业能级、法治保护力度、公共服务环境等四个一级指标及其二级评价指标。

本研究是在充分考虑全球城市营商环境的特殊性，并借鉴和吸收世界银行《营商环境报告》及其他营商环境相关指标体系的基础上而形成的。因此，与世界银行《营商环境报告》指标体系存在相应的联系和区别（表6.2）。

表6.2
全球城市营商环境指标体系与世界银行营商环境指标体系对比

阶段	全球城市的营商环境指标体系		阶段	世界银行的营商环境指标体系	
	一级指标	二级指标（36）		一级指标	二级指标（45）
准入前	市场开放度	外商直接投资限制（0—1）	创业阶段	开办企业	手续（个数）
		关键国外人才限制（0—1）			时间（天）
					成本（占人均收入%）
	基础设施连通性	机场连通度（排名）			最低实缴资本（人均收入%）
		港口集装箱吞吐量（万TEU）	获得场地阶段	办理施工许可	手续（个数）
		宽带速度（排名）			时间（天）
					成本（占仓库价值%）
	城市国际化程度	国际高技术人才吸引力（0—10）			建筑质量控制指数（0—15）

阶段	全球城市的营商环境指标体系		阶段	世界银行的营商环境指标体系	
	一级指标	二级指标（36）		一级指标	二级指标（45）
准入前	城市国际化程度	全球 500 强总部数量（排名）	获得场地阶段	获得电力	手续（个数）
		国际会议数量（排名）			时间（天）
		国际组织数量（个）			成本（占人均收入 %）
		QS1000 高校数量（个数）			供电可靠性和电费透明度指数（0—8）
准入中	开办企业	手续（个数）		登记财产	手续（个数）
		时间（天）			时间（天）
		成本（占人均收入 %）			成本（占财产价值 %）
	办理施工许可	手续（个数）			土地管理质量指数（0—30）
		时间（天）	获得融资阶段	获得信贷	合法权利力度指数（0—12）
		成本（占仓库价值 %）			信贷信息深度指数（0—8）
	获得电力	手续（个数）			信用局覆盖率（占成人 %）
		时间（天）			信贷登记机构覆盖率（占成人 %）
		成本（占人均收入 %）		保护少数投资者	披露程度指数（0—100）
	登记财产	手续（个数）			董事责任程度指数（0—10）
		时间（天）			股东诉讼便利度指数（0—10）
		成本（占财产价值 %）			股东权利指数（0—10）
	缴纳税款	缴税次数（每年）			所有权和管理控制指数（0—10）
		时间（小时数/每年）			公司透明度指数（0—10）
		总税率（占商业利润的 %）	日常运营阶段	缴纳税款	缴税次数（每年）
准入后	跨境贸易便利化	出口过境审核时间（小时）			时间（小时数/每年）
					总税率（占商业利润的 %）
		出口过境审核成本（美元）			报税后流程指数（0—100）
		进口过境审核时间（小时）		跨境贸易	出口单证合规时间（小时）
					出口边界合规时间（小时）
		进口过境审核成本（美元）			出口单证合规成本（美元）
					出口边界合规成本（美元）
		关税税率（%）			进口单证合规时间（小时）
					进口边界合规时间（小时）
	生产性服务业能级	采用国际前 100 高级生产性服务企业分支机构			进口单证合规成本（美元）
					进口边界合规成本（美元）
	法治保护力度	破产框架力度指数（0—16）	争端处理阶段	执行合同	时间（天数）
		执行合同司法程序质量指标（0—18）			成本（占索赔额 %）
		知识产权保护程度（排名）			司法程序质量指数（0—18）
	公共服务环境	高能级公共文化设施数量（个）		办理破产	时间（年数）
					成本（资产价值 %）
		PM2.5（微克每立方米）			回收率（%）
					破产框架力度指数（0—16）

1. 研究对象及划分阶段不同。与世界银行《营商环境报告》基于中小企业研究不同，本研究的出发点是基于全球城市核心功能载体的营商便利度。因此，本研究基于市场准入的视角对于企业所处的营商环境阶段进行了准入前、准入中和准入后的阶段划分。由于世界银行《营商环境报告》的考察对象是中小企业的营商环境，因此对于营商环境的阶段划分是从企业的成长周期视角出发，将营商环境划分为创业、获得场地、获得融资、日常运营以及争端处理等五个阶段。而本研究则是从全球城市营商环境的研究视角出发，考察全球城市核心功能载体在不同的市场准入阶段，全球城市能够为企业提供的营商便利化程度。

2. 本研究吸纳了世界银行《营商环境报告》在开办企业、办理施工许可、获得电力、登记财产、缴纳税款、跨境贸易便利化、法治等方面的指标。企业的运行过程中，开办企业、办理施工许可、获得电力、登记财产、缴纳税款、跨境贸易便利化、执行合同、办理破产等环节所需的时间、成本和手续个数是营商环境水平最为直接的反映。世界银行《营商环境报告》从 2003 年首次发布以来已获得了广泛的认可。因此，本研究充分吸收了世行报告中的这部分指标，用以反映全球城市核心功能载体在准入中和部分准入后的办事效率和运营成本。

3. 结合全球城市核心功能载体对于全球城市营商环境的基本诉求，本研究还引入了《机遇之都》等报告凸显全球城市特性的相关指标，丰富了全球城市营商环境的评价指标体系。体现全球城市核心功能载体对于全球城市营商环境诉求的指标包括市场开放度、基础设施连通性、城市国际化程度、公共服务环境水平等。全球城市在这些指标领域达到较高水准，就能够为全球城市核心功能载体提供广阔的市场前景、高效流动的要素环境、透明高效的制度环境和人才资本，从而发挥其在全球城市区域的辐射力和引领性，进而实现其全球资源配置功能。

6.1.4　样本城市的选择基准

为了对标和吸收全球城市营商环境建设的先进经验，全面找准上海营商环境"痛点"，从高标准、国际化、可比性角度考虑，本研究选取了纽约、洛杉矶、伦敦、新加坡、巴黎、阿姆斯特丹、香港、东京、迪拜、悉尼等十个全球城市与上海的营商环境进行对比。全球城市样本的选取标准如下：

1. 基于全球城市能级的考虑。选择的城市样本为 2018 年 GaWC 全球城市排名中位居前列的全球城市（例如，在世界银行《营商环境报告》中排名第一的奥克兰就没有入选，因为其在全球城市的排名中较为靠后）。其中，纽约、伦敦、新加坡、香港和巴黎分别位于全球城市排名中的前五名，东京和迪拜分别为第七、第八名，悉尼为第十名，阿姆斯特丹和洛杉矶分别为第 26 和第 28 名。

城市名称	所属国家	2018 年 GaWC 排名
纽约	美国	1
洛杉矶	美国	28
伦敦	英国	2
新加坡	新加坡	3
巴黎	法国	5
阿姆斯特丹	荷兰	26
香港	中国	4
东京	日本	7
迪拜	阿联酋	8
悉尼	澳大利亚	10
上海	中国	9

2. 基于营商环境排名的考虑。所选取的城市在世界银行 2018 年和 2019 年的营商环境报告的排名中均位居前列，均为处在优化营商环境前沿或具有相关创新实践的城市。因此，更有利于上海对标国际更好标准，从而更为有效地优化营商环境建设。

3. 基于城市分布区域的考虑。选取的全球城市分布区域具有多样性。例如，新加坡、东京和香港与上海同是亚洲的全球城市，城市之间在吸引外商投资方面处于竞争关系；纽约、洛杉矶、伦敦、巴黎、悉尼等为欧美发达国家全球城市，同时也纳入发展较快的中东地区的全球城市迪拜。因此，能够更好地考察不同区域全球城市营商环境的特点。

6.2　上海全球城市营商环境现状评估

依据营商环境指标体系，对所进行比较的 11 个城市进行了排名，从中分析上海营商环境的现状。

6.2.1　评估排名的总体情况

上海在 11 个全球城市营商环境中的总排名为第八名，位居前五的分别为伦敦、纽约、新加坡、巴黎和香港（图 6.3）。这一排名与 GaWC 全球城市的排名以及世界银行《营商环境报告》排名基本一致。根据 GaWC 全球城市 2018 年报告，伦敦、纽约、新加坡和香港在全球城市排名中处于前五名，这表明在全球城市榜单中排名靠前的城市，通常都有着优异的营商环境表现。如果从分阶段的排名情况，则有所差异。

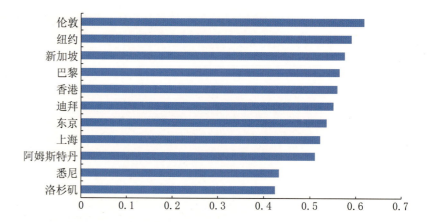

图 6.3
11 个样本城市全球城市营商环境总排名

1."准入前"阶段，上海位居第九名，排名仅高于阿姆斯特丹和伦敦，位居前四名的则分别是洛杉矶、香港、纽约和东京。

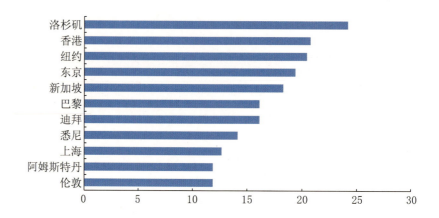

图 6.4
11 个样本城市"准入前"阶段的排名情况

2."准入中"阶段，上海位居第七名。从"准入中"阶段的细分指标来看，随着 2018 年上海开始逐步深化营商环境改革，在开办企业、获得电力、登记财产和办理施工许可等方面都取得了非常大的进步。因此，开办企业、获得电力和财产登记方面等指标的表现已经开始与顶尖全球城市对齐。

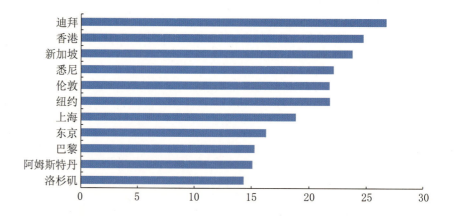

图 6.5
11 个样本城市"准入中"阶段的排名情况

3. "准入后"阶段，上海位居第十名，并且与排名前三的伦敦、纽约、巴黎有较大差距。

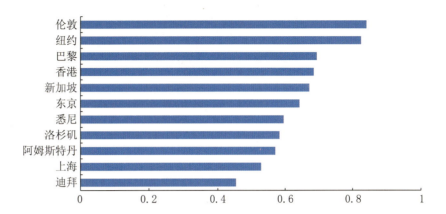

图 6.6
11 个样本城市"准入后"阶段的排名情况

在这三个阶段中，上海在"准入中"阶段的表现相对较好，主要原因可能在于"准入后"阶段的评估主要是依据世界银行《营商环境报告》中的评估指标。上海已经针对世行评估中的主要短板问题采取了具有针对性的改进措施，因此，当前上海在"准入中"阶段的表现略微优于"准入前"和"准入后"阶段。但是，对于全球城市而言，"准入后"阶段的营商环境表现更具重要性。因为，全球城市主要吸引的是高能级功能机构，这些机构对于开办企业所需天数、接入电力所花费的成本等"准入中"阶段的因素并不具有较高的敏感度，反而对于"准入后"阶段的高端生产性服务支撑、高能级公共服务环境等因素更为重视。

6.2.2　上海的优势和潜力

从分指标来看，上海在营商环境的某些方面有一定的优势和潜力。

1. 上海在开办企业指标上位居第六名。从世界银行《营商环境报告》来看，2004—2019 年间，上海开办企业的效率得到了较大提升。从开办企业的天数来看，上海在 2004 年开办企业需要 46 天，到 2019 年减少到 9 天。从开办企业所需的手续来看，2014 年报告中需要 11 个手续，2019 年报告中需要 4 个手续。从开办企业所需要的成本来看，2004 年报告中占人均收入的 17.7%，2019 年下降为占人均收入的 7%。不论是开办企业所需要的手续，还是时间、成本，都在逐渐减少，说明上海在开办企业方面进行了大幅度的改革，为开办企业提供更多的便利。

2. 上海在机场连通度方面位居第六名，比东京、新加坡和香港的排名更靠前，表明上海在机场基础设施和机场航线等方面具有相对优势。

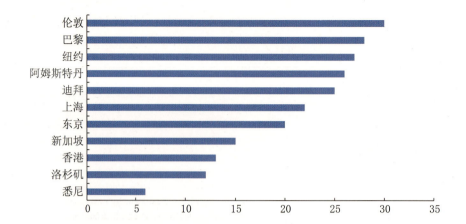

图 6.7
11 个样本城市机场连通度的
排名情况

3. 上海在港口吞吐量方面位居第一名。港口运营的便利性、低成本性、高强度的加工能力以及港口货物的快速转移，能够提升全球城市的竞争力。上海的排名位居第一充分表明了国际航运中心建设已经取得了较为显著的成效。

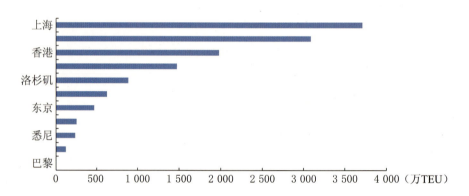

图 6.8
11 个样本城市港口吞吐量的
排名情况

4. 上海宽带速度排名第六。高于东京、洛杉矶、香港、纽约与伦敦等全球城市。随着信息社会的发展，建设成高速、便捷、低价、立体的网络服务成为了上海智慧城市建设的重要任务，上海宽带速度排名将会进一步提升。

5. 上海在获得电力方面排名为第二名。从获得电力的手续来看，上海为 3 个，与伦敦、东京、香港并列排第二。从获取电力时间来看，上海为 34 天，排名第四（前三分别为迪拜 10 天、香港 24 天、新加坡 30 天），而排名倒数三名的

图 6.9
11 个样本城市获得电力手
续、时间、成本的排名情况

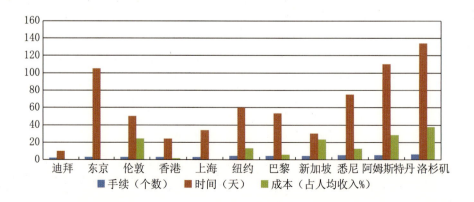

东京、阿姆斯特丹、洛杉矶分别为105天、110天和134天。从获取电力成本来看，上海为0，与东京和迪拜一样实现了免费电力接入。而排名后三名的伦敦、阿姆斯特丹、洛杉矶获得电力成本分别占人均收入的23.9%、28.1%、37.5%。因此在获取电力方面上海已经与国际全球城市对标，并且具备了一定的优势。

6. 上海在高能级文化设施数量方面位居第二名。略高于巴黎、伦敦，但与排名第一的纽约相比，尚有较大差距。

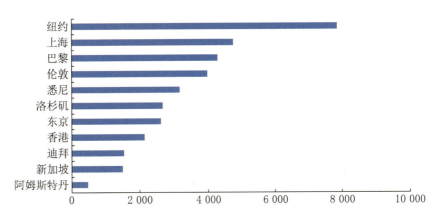

图 6.10
11 个样本城市高能级公共文化设施数量的排名情况

6.2.3 上海的短板和瓶颈

从分指标看，上海在营商环境的某些方面存在明显的短板和瓶颈。

1. 上海在市场开放度方面排名为第十名。市场开放度的评价主要包括 OECD 外商直接投资限制指数、关键国外人才限制这两个关键指标。上海在这两个指标中的排名均较为靠后。其中，外商直接投资限制指数为反向指标，数值越大则表明限制程度越高。上海的外商直接投资限制指数排名倒数第一，并且数值远超过排名倒数第二的悉尼。表明在与国外的十大全球城市相比，上海在市场开放度方面的表现仍较为薄弱。 OECD《外国直接投资监管限制指数》报告显示中国在所有参评经济体中排在最后，这就意味着中国本身就对外资具有较为严重的监管与限制，具体行业包括电信、金融、新闻、电力、交通运输等。上海市工商联的最新抽样调查也显示，超过三成（30.14%）的企业认为服务业开放度不足，

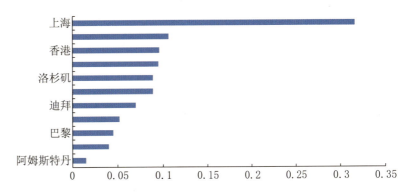

图 6.11
OECD 外商直接投资限制指数（2017）的排名情况

不少行业存在外资准入门槛。

2. 上海在生产性服务能级方面排名为第七名。 虽然上海的服务业占比已经达到 70%，但在某种程度上，尚不能满足卓越全球城市产业配置的要求。而且上海当前主要是吸引全球投资机构、跨国公司总部等分支机构，在对外辐射、构建全球服务网络方面与纽约、伦敦等顶尖全球城市相比较更是有较大差距。

3. 上海在办理施工许可方面的排名为第 11 名。 在办理施工许可手续方面，上海需要 19 个手续，而并列排名第一的伦敦和巴黎仅需要 9 个手续，排名第三的新加坡也仅为 10 个手续。在办理施工时间方面，上海为 169.5 天，排名第九。而排名前三的新加坡、迪拜、洛杉矶分别为 41 天、50.5 天和 68 天。在办理施工许可成本方面，上海排名第八，办理施工许可成本为仓库价值的 2.4%，排名前三的纽约、东京、香港分别为 0.3%、0.5% 和 0.6%。

图 6.12
11 个样本城市办理施工许可手续、时间、成本的排名情况

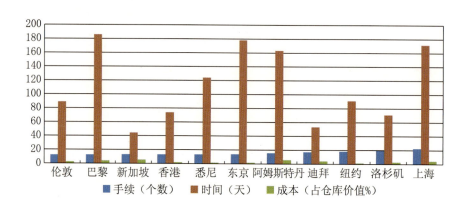

4. 上海在缴纳税款方面排名为第八名。 在缴纳税款次数方面，上海每年需要 7 次，排名第四名，而排名第一的香港为 3 次，排名第三的新加坡为 5 次。在缴纳税款时间方面，上海为每年 142 小时，排名第 9 名，而排名第一的迪拜仅为 12 小时。在缴纳税款总税率方面，上海总税率占商业利润的 67.7%，排名倒数第一，而排名前三的迪拜、新加坡、香港分别为 15.9%、20.6% 和 22.9%。

图 6.13
11 个样本城市缴纳税款次数、时间和总税率的排名情况

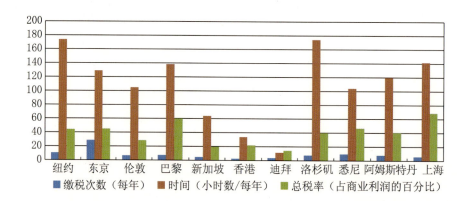

　　香港连续 23 年获传统基金会评选为全球最自由的经济体，一般商业不须政府审批，营商环境便利，加上简单税制、低税率、资金及信息自由流通等因素，可有效降低企业的整体成本及提高营运效率，抢占国际市场商机。虽然香港在吸引外资方面没有特别为外商提供优惠，内地企业考虑到香港为它们带来的实际经济及商业效益，一直视香港为"走出去"发掘"一带一路"商机的首选服务平台。香港看似没有任何针对外资企业的优惠措施，但实际上香港相关政策或优惠适用于所有在香港注册的企业，包括本地和源自内地及海外的企业。

　　香港的发展方向主要是为企业提供理想的营商环境，在公平和高效率原则下，为企业提供广泛的优质和专业服务，以帮助它们降低营运成本，及在国际市场上快人一步寻找商机。例如，根据香港特区政府投资推广署，在香港成立公司一般不须政府审批，而且香港奉行简单税制及低税率，所以虽然香港没有为外商提供特别优惠，但企业在香港实际要负担的整体税务，相对低于其他地区；加上香港拥有世界级的国际交通运输网络、通信等基础建设，能有效帮助企业与内地和世界各地联系。在资金、信息自由流通等有利条件下，香港作为世界领先的自由经济体正吸引越来越多外来投资，通过香港的服务平台拓展内地和国际市场业务。而且，投资推广署等部门亦会因应市场环境及按实际情况，为投资者提供服务以帮助他们在香港开业、营运，例如协助物色秘书公司、会计师、律师、人力资源顾问等专业服务供应者，并且为他们联系其他政府部门，办理各类营业证照、工作签证等实务事宜。投资推广署亦同时帮助外资企业拓展业务，包括提供与有关业界联系的机会、帮助企业进行商业配对，以及提供取得香港特区政府不同资助、培育扶持的咨询服务，可以帮助他们更好利用香港优势寻找商机。

资料来源：赵永础：《香港服务支援内地企业布局》，《国际服务》2018 年 2 月 9 日。

　　5. 上海在跨境贸易便利方面排名为第十名。在出口过境审核时间方面，上海位居第七名，出口过境审核时间为 23 小时，与排名前四名的巴黎（0 小时）、阿姆斯特丹（0 小时）、香港（1 小时）、纽约（2 小时）相比差距较大。在进口过境审核时间方面，上海位居第十名，进口过境审核时间为 48 小时，仅高于迪拜的 54 小时，而排名前两名的巴黎和阿姆斯特丹都是 0 小时，排名第三和第四的纽约、洛杉矶为 2 小时，排名第五的伦敦为 3 小时。在出口过境审核成本方面，上海为 305 美元，位居第八名，而排名前三位的巴黎、香港、阿姆斯特丹的出口过境审核成本都为 0。在进口过境审核成本方面，上海为 335 美元，排第九名，而巴黎、香港、阿姆斯特丹的进口过境审核成本都为 0。在关税税率方面，上海为 3.4%，是 11 个全球城市中关税税率最高的城市。排名前两位的新加坡和香港的关税税率为 0，纽约、巴黎、伦敦和洛杉矶均为 1.6%。

图 6.14
11 个样本城市出口与进口过
境审核时间的排名情况

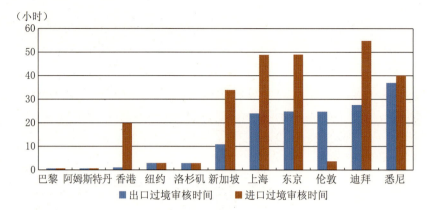

（小时）

图 6.15
11 个样本城市出口与进口过
境审核成本的排名情况

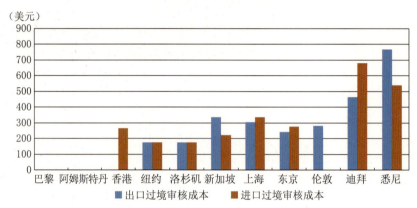

（美元）

图 6.16
11 个样本城市关税税率（国
家为单位）的排名情况

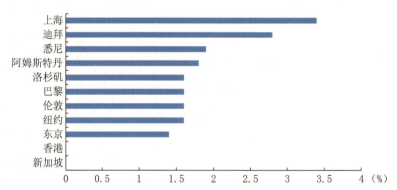

6. 上海在法治保护力度方面排名为第十名。特别在知识产权保护程度上，上
海排名倒数第一。因而，知识产权保护问题作为上海的短板亟待加强。

图 6.17
11 个样本城市知识产权保护
程度的排名

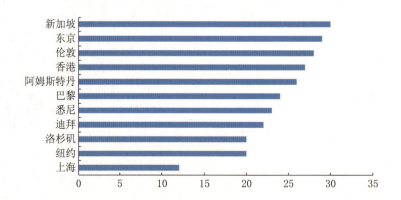

加强企业创新和扩大规模的能力。随着竞争的日益白热化，企业如何提升自身能力变得至关重要。新加坡未来经济委员会建议，提升人力资源及管理能力发挥员工的最大能动性；利用好《研究创新创业2020规划》，加大企业的创新能力；进一步扶持那些拥有增长潜力的企业，帮助它们实现规模扩大，走向国际市场。

打造充满活力与机遇的互联城市。新加坡政府将持续投资基础设施，促进新加坡与其他国家的国际往来。持续大胆地进行城市规划，保持城市的发展和城市更新。建立合作关系打造一个充满活力的城市。将新加坡打造成创新城市解决方案的生活实验室，帮助新加坡企业发展可出口的能力，抓住区域发展的机遇。

深化和开拓国际往来。通过东南亚国家经济共同体和区域全面经济伙伴关系等，进一步加强贸易合作，减少贸易的关税与非关税壁垒。加强区域整合，寻求与全球合作伙伴的战略合作，提升贸易自由化和全球经济合作。加强与多边机构的合作，与世界银行和亚洲开发银行等机构开展合作，寻求与亚洲基础设施投资银行开展合作，探索区域内的开发项目。

资料来源：薛菁华：《新加坡筹谋未来十年经济发展战略》，上海情报服务平台，2017年5月24日。

7. 上海在生态环境环境方面排名为第十名。根据世界卫生组织2018年最新发布的空气质量报告，2017年，上海PM2.5为45微克每立方米，仅优于迪拜的80微克每立方米。香港为23微克每立方米，其他全球城市均在20微克每立方米以内，特别是排名第一的纽约只有7微克每立方米。世界卫生组织认为，PM2.5标准值为小于每立方米10微克，年均浓度达到每立方米35微克时，人患病并致死的几率将大大增加。因此，上海生态环境与其他全球城市相比具有很大的劣势。

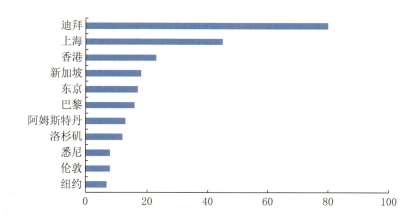

图6.18
11个样本城市生态环境质量
（PM2.5）的排名情况

英国市场开放度和成熟度高，营商环境规范、透明和便利，一直是世界上投资吸引力最高的国家之一，而伦敦就是这个市场的心脏。同时，这里的税收环境极具竞争优势，不仅公司税税率要比许多国家低，个人所得税税率也是欧洲最低的，为创意产业的发展提供了良好的土壤。同时，伦敦充分利用其世界一流的法律和金融配套服务支持创意产业发展。在知识产权保护方面，伦敦领先于世界诸多城市，拥有完善的法律服务体系。作为全球领先的金融中心，伦敦拥有宽松的融资环境和强大的融资能力，其创意产业对外资的吸引力和融资能力高居世界各大都市榜首。

伦敦政府协同金融界和民间投资者支持有发展潜质的创新型个人或企业，建立政府、银行、行业基金、创意产业间紧密联系的融资网络，设立各种资金资助计划和制定扶持性税收政策，对创意产业予以支持。

1999 年，伦敦市政府设立了文化战略委员会。2003 年，出台了关于伦敦创意产业的发展战略《伦敦文化资本——市长文化战略草案》，提出了"卓越、创新、参与、价值"的新世纪文化创意产业发展方针，并推出了一系列创意产业扶持措施。

2004 年 4 月，伦敦市长启动了由伦敦发展局领导的"创意伦敦"大计划，目标是促使伦敦获得世界首要创意中心的名声和表现。当年，伦敦成立了"创意伦敦"工作组，这是一个由伦敦发展署管理的战略团队，以政府和企业合作的方式运作，广泛征集创意公司的建议，支持和促进伦敦市文化创意产业的发展。

2008 年 11 月，伦敦市公布了关于发展文化产业的战略草案，即《文化大都市——伦敦市长 2009—2012 年的文化重点》。伦敦发展局每年投入 3 亿多英镑支持创意产业的发展，在资金方面为创意产业的发展提供了许多便利。2005 年，伦敦市设立"创意优势基金"，为创意产业中有才华的企业家提供资本投入和商业支持。市政府最近几年时间投入接近 10 亿英镑，给伦敦带来了大量博物馆和艺术画廊。

资料来源：陈琦：《伦敦创意产业的六大国际化战略》，光明网，2015 年 10 月 23 日。

6.3　优化上海全球城市营商环境对策建议

上海要建设卓越的全球城市，增强竞争力，就必须对标国际最高标准、最好水平，不断提升制度环境软实力，努力打造营商环境新高地。从全球城市功能发挥视角出发，从长三角区域的联动发展出发，着重考虑高端平台性国际化要素的需求，具体从准入前、准入中和准入后三阶段中的不同领域改善和优化全球城市营商环境能级。

6.3.1 优化"准入前"营商环境

1. 提升负面清单与国际标准接轨程度。依据国际惯例，逐步建立透明度长效机制，明确法律依据。（1）进一步放开投资限制。建议自贸试验区负面清单减少禁止和限制外商投资行业的数量，并减少外方必须与中方合资进入的行业数量。在限制方式上，根据不同行业、业务的特点，有针对性地采取最惠国待遇、业绩要求、高管和董事会等限制，特别是对敏感业务应当采取高管和董事会限制，并适时在浦东新区推行自贸试验区外商投资负面清单。（2）形式上加强对接。美式负面清单基本采用附件一（现有不符措施）、附件二（未来可出台的不符措施）和附件三（金融领域不符措施）的格式。由于自贸试验区是自主开放，不必单列附件二，可参照美国 BIT 范本的不符措施附件一，将负面清单形式与其相衔接，包括六大核心要素：部门、子部门、行业分类、保留条款的类型、政府层级、措施，这样既符合国际标准，也可避免特别管理措施太长。（3）提高负面清单变动程序的透明度。明确制定负面清单的程序以及相应的法律依据，制定过程中吸纳不同利益主体参与并充分发表意见，公布后及时提供信息并答复相关问题。

2. 扩大服务业对外开放力度。医疗、文化、教育等领域进一步扩大开放，探索实施高水平金融开放措施。（1）扩大服务业开放领域。争取在自贸试验区实施国际医疗先行区政策，在区内实现"中外药品同步使用"。探索在外资从事文物拍卖经营领域先行先试，吸引苏富比、佳士得等外资公司设立拍卖企业并从事拍卖业务。允许外国教育机构单独设立以中国公民为主要招生对象的学校及其他教育机构，引进国外一流大学在上海自贸试验区设立分校。（2）试点跨境交付和自然人流动的开放方式。积极探索在线教育、在线金融等业务领域试点跨境交付方式，在专业服务业领域试点自然人流动和资质认可方式，进一步扩大开放。

专栏 6.4 东京改善营商环境，提升外国人才生活便利度的措施

　　东京为了加快金融科技的发展，在提升外国人才生活便利度方面制定了一系列措施。税务方面，就法人住民税和法人事业税、法人税等税种给予优惠措施（向中央政府建议）；行政手续方面，完善金融一站式支援服务，使海外金融企业能够尽快进入日本市场，制作金融许可证注册手续相关的英文说明书，东京"企业开业一站式中心"提供英语申请等便利服务；生活环境方面，开展"职住相邻"项目，放宽对海外金融人才携带外籍家政人员来日本的限制，考虑允许高端海外金融人才的同性伴侣陪同来到日本。

资料来源：根据公开资料整理。

（3）探索实施高水平金融开放措施，打造全球金融科技（Fintech）高地。加快落实扩大银行、证券业和金融市场对外开放，加快保险业开放进程，拓展自由贸易账户功能和使用范围等一系列金融业开放重大举措，率先落地项目。同时，加快构建金融科技信息服务平台，完善人工智能、征信、区块链、云计算、大数据、移动互联、第三方支付、生物钱包等组成的金融科技生态圈。允许浦发硅谷银行等以科技金融服务为特点的银行与创业投资企业、股权投资企业战略合作。探索引入沙盒监管机制①，借鉴新加坡、英国的经验，对金融科技实行限制性授权、监管豁免、免强制执行函等新兴监管措施。

3. 大力推进人才要素枢纽建设。（1）借鉴纽约、伦敦等城市经验，通过建立一站式网站、交互服务平台、完善签证政策等，聚焦特定目的的商业旅行，吸引海内外人才到上海投资、工作、访问、学习。建立一套基于市场价格机制、以基本月薪为标志的就业准证制度。（2）聚焦高端人才、外籍人才，提升公共服务的多元化水平。妥善解决外籍人员的医疗保险问题，通过企业或者社区建设国际社区医疗服务机构，配备高水平全科医生，为上海居住的外籍人士服务。

4. 加大导入国际化功能性平台力度。围绕"五个中心"功能建设，出台吸引和培育具有国际影响力的功能性机构的针对性支持政策，以增强对地区总部、营销中心、地区研发中心等国际化功能性机构的引进力度。

6.3.2 优化"准入中"营商环境

1. 推进政务服务流程再造和方式再造。（1）推动整体改造跨部门业务流程。按照企业群众办成一件事的顺序，采取"删、合、并、串"等方式，围绕业务全流程中的关键点，形成若干个"集装箱式"审批阶段，每个审批阶段由牵头部门统一受理申请材料、统一组织其他审批部门开展并联审批、统一告知审批结果，重新设计形成新的综合业务流程。（2）进一步完善权责清单制度建设。加快建立行政权力数据库，并建立动态清理机制。推进行政处罚、行政强制的标准化建设，对其他权力类型逐步开展标准化管理试点，逐步把标准化管理推广到包括审批和非审批权力在内的所有行政权力上，实现目录管理、业务手册、办事指南、网上运行、数据共享、监督检查六位一体。（3）强化配套的跟踪和督办。加强对各权力实施主体的督促指导，进一步明确相关工作规范和操作细则，构建立足权责清单的追责机制，真正使政府权力清单工作发挥应有效果。

2. 进一步简化政府服务办事程序。（1）进一步简化优化单一办事程序。推

---

① 沙盒监管由英国于2015年3月率先提出。根据英国金融监管部门的定义，"沙盒监管"是在一个"安全空间"内，金融科技企业可测试其创新的金融产品、服务、商业模式和营销方式，而不必在相关活动碰到问题时立即受到监管规则的约束。其本质是一种金融产品创新的测试机制、消费者保护机制和激励机制。

动业务流程要素标准化，对全市所有事项的不同受理情形进行梳理，统一办理标准，形成有针对性的办事材料清单，办事指南或告知单中不出现"其他""等等"这些不确定的兜底条款。（2）更多推行格式化材料和标准化建设，便捷办事主体填报。大力推进流程清晰、要素固定、权责明确的标准化审批。以书面形式明确工作规范，详细分解工作流程，为办事人员提供工作参考与考核标准。（3）进一步优化开办企业操作流程。优化核名系统，引入人工智能、大数据等新技术，及时动态更新可选用名称库、企业名称负面清单等，优化设定企业字号相同相近认定标准的门槛，提高企业自主申报核名通过率。放宽特殊字段限制，允许在企业名称登记中使用外文字号、含有阿拉伯数字的字号进行名称登记，为跨国公司在全球使用统一字号和新兴行业企业设立提供更多便利。优化经营范围登记方式，在网上申报系统中设置"经营范围勾选器"，申请人按照分类标准自行勾选经营范围。

3. 提升政府服务的稳定透明和可预期性。（1）建立制度化常态化的政企沟通机制，健全企业诉求收集、处理、反馈制度，进一步疏通政府企业的沟通渠道。（2）推进政务公开标准化建设，内容应尽可能规范、清晰、统一、可适用，着力破解表面化、形式化、随意性等问题。（3）进一步完善清单制度，加快建立行政权力数据库，推进行政处罚、行政强制的标准化建设，逐步把标准化管理推广到包括审批和非审批权力在内的所有行政权力上。（4）推动梳理各类审批流程的预期用时，进一步规范细化办事指南的编制，给予企业明确的申办事项办理时限。

4. 进一步加强政务平台建设。（1）根据世行建议加快建设社保公积金与企业所得税的统一缴纳平台，实现单点登录，优化平台信息检索功能，提高网上办事便利度。（2）推动提升政务平台的系统兼容水平和运行效率，拓展平台业务覆盖面。加强跨部门政务平台共享机制建设。深化事中事后综合监管平台建设与应用，推动市级监管部门业务数据通过事中事后综合监管平台向各区落地，加强市、区两级数据共享。（3）推行高度集成便捷的"一站式"服务，推进线上线下一体化建设，对接网上政务大厅的网上预约、微信服务等功能，方便企业和群众便捷地获取政务服务。此外，按照企业使用习惯优化政务系统设计。以企业群众办理行政审批的需求为出发点和落脚点，完善门户网站、应用程序等系统的栏目与功能布局。

5. 探索施工许可和电力接入制度创新。（1）接轨国际通行的建筑工程管理办法，试点推行"建筑师负责制"。同时，借鉴国际通行成熟经验，探索建立符合建筑师负责制的权益保障机制，明确相关法律责任和合同义务。（2）探索第三方建筑施工监管。建立严格的审查制度和相关专业认定标准，完善责任保险制度，制定相应的问责机制，确保监管方的公正独立。（3）加快推进电力体制改革，建立市场化运营机制。加快推进售电侧改革，给予电力用户在供电服务方面的选择权，通过市场竞争有效降低工程造价，提高工程施工效率。（4）精简审批环节与流程，实施"一站式"用电服务。

6.3.3 优化"准入后"营商环境

1. 进一步提升贸易便利化水平。（1）借鉴新加坡经验，进一步加强上海国际贸易"单一窗口"建设。将"单一窗口"功能由口岸执法环节向前置和后续环节拓展，支持扩大跨部门联网核查监管证件范围，将自贸试验区、海关特殊监管区、跨境电商综合试验区相关业务纳入"单一窗口"办理。积极参与国家口岸办牵头的数据元标准化工作，协助推动形成标准化要素最齐全的数据元目录，研究开展"无部门属性"的数据标准化建设工作。探索形成上海国际贸易单一窗口运维的长效机制。对于贸易申报等基本模块（类似于新加坡的 Trade Net）采用政府补贴的模式作为公共产品免费提供，涉及物流等增值服务功能模块（类似于新加坡的 Trade Xchange），采用按交易计费的模式，运营模式可借鉴国际通行的 SPV 模式。（2）借鉴美国模式，将货物状态分类监管试点延伸到贸易和加工领域。在贸易功能方面，建议在赋予海关特殊监管区域企业增值税一般纳税人试点方面进行突破。在设定的过渡期内，允许出口加工区原采用 H 账册[1]的一般纳税人试点企业，将非保税货物运入特殊监管区时，以备案清单作为出口退税证明材料（使用 II 账册直接出备案清单，本不能作为出口退税证明使用），无需将原有 H 账册全部转变为 E 账册[2]，降低加工贸易企业申请出口退税的程序和成本。在加工功能方面，建议借鉴美国模式，开展基于企业而非产品的监管制度改革试点，将完善企业内控盘存制度、企业自律、事后审计有效结合，保证混合加工后仍可做到有效监管。（3）进一步促进跨境研发活动便利化。积极争取国家支持，通过自贸试验区贸易监管制度创新，针对研发企业的通关需求采取监管便捷方式，探索创新生物材料、生物样本、化学试剂和试验用设备等出入境监管方式，提高跨境研发活动的通关便利化水平。实施风险分类分级的生物材料入境监管制度，强化企业作为安全风险防范第一责任人的意识。建立生物材料公共监管服务中心，实施保税存储、集中监管。

2. 打造跨境贸易智慧通关新模式。（1）探索实现通关作业流程再造。实现货物启运前舱单提前传输，货物运输途中提前申报，货物到港前关检提前分析，到港靠泊后即时放行，切实提高通关作业效率。（2）进一步提高通关效率。率先在上海口岸试点报关报检"并联"作业，争取实现关检"一次开箱"，研究港区专业人员陪同查验制度，提升货物查验和施检效能，实施非侵入式查验、市场化施

---

① 出口加工区电子账册 H 账册，使用对象为位于出口加工区或工业园区内的区内企业。进出境货物和进出区货物通过该电子账册办理报关手续。

② 加工贸易联网监管电子账册 E 账册，使用对象为具有加工贸易经营资格、在海关注册的生产型企业。

检。（3）运用大数据、云计算、区块链等技术搭建跨境贸易大数据平台。将进出口商交易信息、承运人物流信息、港务（码头）当局服务信息、银行支付和保险信息接入平台，鼓励并推动进口商 ERP 系统相关模块及应用子系统与平台对接。监管部门通过平台对全球贸易链、供应链实行全程跟踪管理，实现口岸作业信息化、智能化、自动化。

3. 加大企业权益保护方面执法力度。（1）加强知识产权保护立法与执法。完善知识产权犯罪案件侦查、检察专业化办案机制，加大侵权损害赔偿力度，探索实施惩罚性赔偿制度。加强知识产权行政执法与刑事司法衔接，健全和完善检验鉴定、重大问题会商等工作机制，完善知识产权综合行政执法机制，建立知识产权侵权查处快速反应体系。（2）建立多元化商事纠纷解决机制。突出专业化、便利性，深入推进多元化纠纷解决机制建设，完善仲裁调解、人民调解、行政调解、行业调解、司法调解联动机制，多渠道引入人民调解组织、行业协会、专业机构、仲裁机构等社会力量，把向法律顾问咨询作为商事纠纷解决机制的重要环节，建立健全"开放式"委托调解机制，试点在线调解，开发运用在线调解平台。（3）大力引进国际仲裁机构。借鉴香港、新加坡等城市经验，不断完善国际投资仲裁软环境（如完善仲裁机构和个人的税收优惠；完善签证制度，实行免签证进出港制度），吸引国际投资仲裁机构集聚，拓展仲裁服务。

4. 着力提升执法的公开性、透明性和可预期性。（1）加快完善覆盖各行业的诚信系统。强化公共信用信息与金融、市场信用信息的功能融合互补，推动信用信息在工商、公安、商务、金融、人力资源与社会保障等部门共享，推进公共信用信息的归集、共享和使用。建立诚信历史追责长效机制，加大对失信或违法行为的个人、企业曝光和惩戒力度。（2）强化法律法规条款的透明性和可读性，探索推进法律法规执法的指导性案例，强化精准执法，以增强社会法治环境的预见性和稳定预期。加强法律法规的宣传与解读，提高企业对法律和政策的知晓度。

5. 提升公共服务的高能级水平。（1）优化基础设施的布局和能级，加大公共基础设施的便利性优化布局，聚焦城乡之间、区域之间公共基础设施不均衡的问题，加大公共基础设施的建设和改善力度。加快建设和优化一批与全球城市功能相匹配的大型、顶级公共文化设施，在规模、藏品级别、服务质量、硬件设施与环境等方面提高品质。（2）加快构筑与全球城市定位相适应的、具有高增值性和强辐射性的医疗服务业体系，培育为国际医疗服务中心。（3）构建服务主体多元化、多样性、多层次的教育体系，加大开放力度，扩大地区辐射，进一步优化国际合作办学及开放式教育模式，并通过各种渠道积极吸引国际教育组织和地区性国际教育组织在上海设立办事机构或地区总部、分部，提高集聚世界教育资源的水平。

附 录

11 个样本城市排名情况

表 6A.1
营商环境总得分排名

城市	综合		准入前		准入中		准入后	
	得分	排名	得分	排名	得分	排名	得分	排名
伦敦	0.62	1	0.56	3	0.46	5	0.84	1
纽约	0.59	2	0.54	4	0.41	8	0.83	2
新加坡	0.57	3	0.52	7	0.54	3	0.67	5
巴黎	0.56	4	0.62	1	0.36	10	0.70	3
香港	0.56	5	0.45	8	0.58	2	0.69	4
迪拜	0.55	6	0.42	9	0.81	1	0.46	11
东京	0.53	7	0.52	6	0.44	6	0.64	6
上海	0.52	8	0.54	5	0.48	4	0.53	10
阿姆斯特丹	0.51	9	0.59	2	0.34	11	0.58	9
悉尼	0.43	10	0.31	11	0.43	7	0.60	7
洛杉矶	0.42	11	0.34	10	0.36	9	0.59	8

表 6A.1
营商环境总得分排名

表 6A.2
营商环境"准入前"阶段排名

城市	准入前排名	排名	市场开放度	排名	基础设施连通性	排名	城市国际化程度	排名
巴黎	0.62	1	0.46	3	0.55	5	0.86	1
阿姆斯特丹	0.59	2	0.72	1	0.55	4	0.50	6
伦敦	0.56	3	0.29	6	0.55	6	0.85	2
纽约	0.54	4	0.46	4	0.54	7	0.63	4
上海	0.54	5	0.16	10	0.85	1	0.49	8
东京	0.52	6	0.54	2	0.38	9	0.70	3
新加坡	0.52	7	0.27	7	0.73	2	0.49	7
香港	0.45	8	0.25	8	0.49	8	0.58	5
迪拜	0.42	9	0.23	9	0.67	3	0.29	10
洛杉矶	0.34	10	0.46	5	0.35	10	0.21	11
悉尼	0.31	11	0.15	11	0.29	11	0.48	9

城市	准入中排名	排名	开办企业	排名	办理施工许可	排名	获得电力	排名	缴纳税款	排名	登记财产	排名
迪拜	0.81	1	0.48	7	0.60	7	1.00	1	0.94	1	1.00	1
香港	0.58	2	0.79	2	0.75	1	0.53	4	0.69	2	0.23	10
新加坡	0.54	3	0.89	1	0.69	4	0.30	6	0.57	3	0.39	4
上海	0.48	4	0.49	6	0.38	11	0.72	2	0.28	8	0.34	7
伦敦	0.46	5	0.72	3	0.69	3	0.31	5	0.39	4	0.24	9
东京	0.44	6	0.21	11	0.65	6	0.66	3	0.21	11	0.25	8
悉尼	0.43	7	0.67	4	0.66	5	0.22	9	0.28	7	0.36	5
纽约	0.41	8	0.46	8	0.73	2	0.26	8	0.27	9	0.35	6
洛杉矶	0.36	9	0.45	9	0.54	8	0.16	11	0.29	6	0.44	2
巴黎	0.36	10	0.55	5	0.50	9	0.30	7	0.26	10	0.18	11
阿姆斯特丹	0.34	11	0.42	10	0.40	10	0.19	10	0.31	5	0.43	3

表 6A.3
营商环境"准入中"阶段排名

城市	准入后排名	排名	跨境贸易便利	排名	国际前 100 高级生产性服务企业	排名	法治保护力度	排名
伦敦	0.84	1	0.78	7	1.00	1	0.88	1
纽约	0.83	2	0.79	5	0.69	3	0.86	3
巴黎	0.70	3	0.90	2	0.54	6	0.77	8
香港	0.69	4	0.93	1	0.73	2	0.67	11
新加坡	0.67	5	0.84	4	0.59	4	0.87	2
东京	0.64	6	0.77	8	0.54	5	0.81	5
悉尼	0.60	7	0.63	9	0.31	9	0.83	4
洛杉矶	0.59	8	0.79	6	0.24	10	0.80	6
阿姆斯特丹	0.58	9	0.88	3	0.32	8	0.71	9
上海	0.53	10	0.59	10	0.42	7	0.68	10
迪拜	0.46	11	0.59	11	0.23	11	0.78	7

表 6A.4
营商环境"准入后"阶段排名

指标说明

1."准入前阶段"指标解释。

（1）市场开放度。

在市场开放度方面，研究时采用 OECD 外商直接投资开放程度的限制和 OECD 外商投资监管限制指数中的关键国外人才限制作为二级指标进行描述。

外商直接投资开放程度的限制（FDI Restrictiveness）的指标采用 OECD 的指标数据（数据为国别数据）。OECD 通过对外国股票的限制、歧视性的筛选或审批机制、限制关键外交人员和操作限制等四个方面进行综合评价打分，分数越靠近 0，则视为越开放；越靠近 1，则说明城市在一定程度上限制引进外商直接投资，这会直接影响企业的入驻。

关键国外人才的指标数据选取 OECD 外商投资监管限制指数中关键国外人才限制指数。该分数越靠近 0，则视为越对国外人才开放；越靠近 1，则说明城市在一定程度上限制引进人才，这会直接影响城市对关键性人才的吸引力，直接影响整个城市的营商环境。

（2）基础设施连通性。

在基础设施连通性方面，考虑到国际物联和国际网络互联的重要性，主要采用机场联通度（排名）、港口集装箱吞吐量（万 TEU）和宽带速度（排名）三个二级指标进行综合判断。

机场联通度指标数据采用普华永道《机遇之都 7》中这 11 个城市的排名情况进行评价分析，排名越靠近 30，表示机场联通度越好，越有利于营造良好的营商环境。

港口集装箱吞吐量数据采用 ALPHALINER 发布的 Top 110container ports in 2017 中这 11 个城市的集装箱港口吞吐量（万 TEU）数据进行评价分析，吞吐量越高，表示连通度越好越有利于营造良好的营商环境。

对宽带速度的研究，采用《机遇之都 7》中这 11 个城市的排名情况进行评价分析，排名越靠近 30，表示宽带速度越快，越有利于国际网络互联互通。

（3）城市国际化程度。

在城市国际化程度方面，主要考虑企业进入时所面临的国际化环境的情况，采用国际高技术人才吸引力（0—10）、全球 500 强总部数量（排名）、国际会议数量（排名）、国际组织数量（个数）和 QS1000 高校数量（个数）作为二级指标来进行评价。

国际高技术人才吸引力指标，采用《2017 年 IMD 世界人才报告》中的打分数据进行评价分析，在教育、在职培训、生活质量、薪酬和税率等领域上，分析各个城市的竞才表现，分数越高表现越好，越有利于营造良好的高科技产业发展环境，提升营商环境的质量。

全球 500 强总部数量指标数据采用《机遇之都 7》中这 11 个城市的排名情况进行评价分析，城市排名越靠近 30，表示数量越多，发展机会越多，越有利于营造良好的营商环境。

国际会议数量指标数据采用《机遇之都 7》中这 11 个城市的排名情况进行评价分析，排名越靠近 30，表示数量越多，表明国际交流机会越多，越有利于营造良好的营商环境。对国际组织数量的研究，根据互联网查询所得的经济文化类、政治类、经济类与科技、文化、体育等组织名单，对这 11 个城市的情况进行评价分析，数量越多，表明国际交流机会越多，越有利于营商环境向好发展。

QS1000 高校数量指标数据采用 QS1000 世界高校排名报告（2019）中前 1000 名高校在各城市中的数量分布。由于报告中共有 6 项指标被用于评估和检验全球顶尖高校的发展现状，因此数量越多，表明在学术声誉、毕业生就业能力和国际生的吸引力方面做得越好，城市的营商环境越能吸引和培养人才。

2. "准入中阶段" 指标解释。

（1）开办企业。

开办企业的指标数据采用世界银行《2019 年营商环境报告》中这 11 个城市在办事手续（个数）、时间（天）和成本（占人均收入 %）三个方面的原始数据进行评价分析，办事手续越少，时间越短，成本越低则表示政府越高效、开办企业越便捷，表明城市已经拥有良好的营商环境，对企业的吸引力越大。

（2）办理施工许可。

办理施工许可的指标数据采用世界银行《2019 年营商环境报告》中这 11 个城市在办事手续（个数）、时间（天）和成本（占仓库价值 %）三个方面的原始数据进行评价分析，办事手续越少，时间越短，成本越低则表示政府越高效、开办企业进展越快，表明城市已经拥有良好的营商环境。

（3）获得电力。

获得电力的指标数据采用世界银行《2019 年营商环境报告》中这 11 个城市在办事手续（个数）、时间（天）和成本（占人均收入 %）三个方面的原始数据进行评价分析，办事手续越少，时间越短，成本越低则表示电力获得越便捷，整体运营成本越低，表明在企业获取和使用电力方面，城市已经拥有较为良好的营商环境。

（4）登记财产。

登记财产指标数据采用世界银行《2019 年营商环境报告》中这 11 个城市在办事手续（个数）、时间（天）和成本（占财产价值 %）三个方面的原始数据进行评价分析，办事手续越少，时间越短，成本越低则表示政府效率越高，表明城市现状已经拥有较为良好的营商环境。

（5）缴纳税款。

缴纳税款的指标数据采用世界银行《2019 年营商环境报告》中这 11 个城市在缴税次数（每年）、时间（小时数／每年）和总税率（占商业利润的百分比）三个方面的原始数据进行评价分析，缴税次数每年越少，办理时间越短，总税费越低，则表示政府越高效、开办企业盈利越多，表明城市已经拥有良好的营商环境。

3."准入后阶段"指标解释。

（1）跨境贸易便利化。

跨境贸易便利化的指标衡量采用世界银行《2019 年营商环境报告》中这 11 个城市在出口过境审核时间（小时）、出口过境审核成本（美元）、进口过境审核时间（小时）和进口过境审核成本（美元）这四个方面的原始数据以及美国智库"传统基金会"发布的 2018 经济自由度指数报告中有关关税税率（%）（国家为单位）的原始数据进行评价分析，出口过境审核时间越短、出口过境审核成本越低、进口过境审核时间越短、进口过境审核成本越低并且关税税率越低，则越有利于企业在这个城市长期发展，表明城市有优良的可持续发展的营商环境。

（2）生产性服务业能级。

生产性服务业能级的指标衡量采用 2018 年《财富》世界 500 强中生产性服务业企业 100 强用以计算该城市生产性服务业能级，得分越高，表明该城市高能级生产性服务业竞争方面越强。

（3）法治保护力度。

法治保护力度的指标衡量采用世界银行《2019 年营商环境报告》中这 11 个城市在破产框架力度指数（0—16）、执行合同司法程序质量指标（0—18）两个方面的打分，以及《机遇之都 7》中有关知识产权保护程度排名的相关数据进行评价分析，破产框架力度指数越高、执行合同司法程序质量指标越高，知识产权保护程度排名越靠近 30，则越有利于企业在这个城市长期发展，表明城市有优良的可持续发展的营商环境。

（4）公共服务环境。

公共服务环境的指标衡量，采用 WORLD CITIES CULTUREFORUM（http://www.worldcitiescultureforum.com/about）中的高能级公共文化设施数量进行统计（个别城市数据通过谷歌网站及统计年鉴获得）以及 2017 年世界卫生组织全球空气质量数据库中对 PM2.5（微克每立方米）的数据统计作为评价指标，高能级公共文化设施数量越多，PM2.5 值越低，公共环境越好。

参│考│文│献

［1］周振华等：《上海战略研究（2050）：目标与功能定位》，格致出版社、上海人民出版社 2018 年版。
［2］周振华：《全球城市演化原理与上海 2050》，格致出版社、上海人民出版社 2017 年版。
［3］周振华：《崛起中的全球城市：理论框架及中国模式研究》，格致出版社、上海人民出版社 2017 年版。
［4］王丹等：《如何全面准确看待上海的营商环境》，《科学发展》2018 年第 11 期。
［5］苏宁等：《全球城市吸引力、竞争力、创造力的内涵与互动特点》，《同济大学学报（社会科学版）》2018 年第 10 期。

［6］ 沈彬彬等：《流量经济：上海迈向卓越全球城市的新引擎》，《科学发展》2018 年第 9 期。

［7］ 朱敏等：《全球城市指标体系应用对上海的重要启示》，《合作经济与科技》2018 年第 9 期。

［8］ 葛天任：《国外学者对全球城市理论的研究述评》，《国外社会科学》2018 年第 9 期。

［9］ 周振华等：《增强上海全球城市吸引力、创造力和竞争力研究》，《科学发展》2018 年第 7 期。

［10］ 周海蓉等：《上海建设全球城市的核心功能与非核心功能研究》，《科学发展》2018 年第 1 期。

［11］ 郑开如：《税务部门深化"放管服"营商环境更添"获得感"》，《税务研究》2018 年第 4 期。

［12］ 李军鹏：《十九大后深化放管服改革的目标、任务与对策》，《行政论坛》2018 年第 2 期。

［13］ 张威：《我国营商环境存在的问题及优化建议》，《理论学刊》2017 年第 5 期。

［14］ 魏陆：《提高行政效能，优化上海营商环境》，《科学发展》2018 年第 2 期。

［15］ 林海明、张文霖：《主成分分析与因子分析的异同和 SPSS 软件——兼与刘玉玫、卢纹岱等同志商榷》，《统计研究》2005 年第 22 期。

［16］ 汤梦玲、王占龙、李志建：《因子分析法求权重评价水质的实例》，《邢台职业技术学院学报》2005 年第 22 期。

［17］ 任胜钢、彭建华：《基于因子分析法的中国区域创新能力的评价及比较》，《系统工程》2007 年第 25 期。

［18］ 陈将宏、宛良朋、李建林等：《岸坡稳定性影响因子分析及权重确定》，《水力发电》2017 年第 43 期。

［19］ Word Bank Group: Doing Business 2019: training for reform，2018.

［20］ The Heritage Foundation: 2018 Index of Economic Freedom，2018.

［21］ 粤港澳大湾区研究院：《2017 年世界城市营商环境评价报告》，2017 年。

［22］ 粤港澳大湾区研究院：《2017 年中国城市营商环境报告》，2017 年。

［23］ United Nations: Word Investment Report 2017: Invest and the Digital Economy，2017.

［24］ Price Waterhouse Coopers: Cities of Opportunity 7，2016.

［25］ The Economist: Business Environment Rankings 2014—2018，2014.

［26］ 上海市政府发展研究中心：《上海进一步优化营商环境研究》，2018 年。

［27］ 上海市政府发展研究中心：《上海投资贸易环境存在的问题及改进措施》，2018 年。

［28］ 上海市政府发展研究中心：《上海政府服务环境存在问题及改进措施》，2018 年。

［29］ 上海发展战略研究所：《从全球主要营商环境指标排名看上海的优势与不足》，2018 年。

7

城市软实力
标杆及标识度

经过最近十几年的发展，上海在现代化程度，至少在硬实力方面的差距已经被大大缩小，在个别领域甚至实现了反超；其主要薄弱环节在于城市软实力。"硬实力突出，软实力薄弱"已经成为制约上海进一步发展为卓越全球城市的关键瓶颈。通过国际对标，上海在教育和就业的全球化、语言环境的国际化水平、城市宜居性和弱势群体救助体系等方面需要进行重大突破，增强城市软实力。

The recent decades have seen great progress in Shanghai's modernization efforts and the gap in hard power greatly reduced at the least, with certain domains of hard power having surpassed competitors. The obvious weakness lies in the city's soft power. Such an imbalance of strong hard power coupled with weak soft power poses a main bottleneck in Shanghai's development toward the goal of becoming a global city of excellence. Comparing against international benchmarks with global competitors, Shanghai needs a major breakthrough in the following aspects to improve its soft power: globalization of education and employment, improvement of language environment, urban livability and social security provision to the under-privileged.

20世纪90年代初，奈尔（Joseph Nye，2002）首创"软实力"概念。按照他的观点，软实力是一种能通过吸引力而非威逼或利诱达到目的的能力，是一国综合实力中基于军事和经济等硬实力之上的另一组成部分。国内外的许多学者正在努力尝试从国家软实力的概念体系中建立城市软实力的概念体系。周振华（2008）等学者认为，城市软实力是建立在城市文化、政府服务、居民素质、形象传播等非物质要素之上的城市社会凝聚力、文化感召力、科教支持力、参与协调力等各种力量的总和；是城市社会经济和谐、健康、跨越式发展的有力支持；是目前城市增强竞争力的最有效途径。庄德林等（2010）通过对北京、上海、纽约、巴黎、伦敦和东京六个城市软实力的实证测评发现，北京和上海与其他四个城市软实力的差距非常明显。我们认为，当前可以从推动教育和就业的全球化，实现语言环境的国际化，改善城市宜居性，建立更有效率的流浪人口救助体系等四个具体方面来提升上海的软实力。

7.1 教育与就业全球化

全球城市由于高度集聚了全球功能性机构（公司），且具有大规模流量，因而教育与就业全球化成为其重要特征之一，并构成其软实力的重要组成部分。

7.1.1 现状分析

根据全球化智库（CCG）与中国西南财经大学发展研究院联合发布的《中国区域国际人才竞争力报告（2017）》，从国际人才规模指数、国际人才结构指数、国际人才创新指数、国际人才政策指数、国际人才发展指数和国际人才生活指数等六个维度进行评价，上海凭借其科学合理的引智政策顶层设计、开放的外商投资环境、良好的对外贸易发展基础和完善的国际人才公共服务体系等，不断增强对国际人才的吸引力，在国内保持了排名第一的领先地位。

图7.1显示了2000—2016年在沪外籍人员数量的变动情况。2000年在沪外籍人员总数为60 020人，此后基本保持了稳步增长，直至2008年达到了152 104人，是2000年的2.53倍。2008年金融危机爆发后，在沪外籍人员增速开始放缓，至2016年达到175 674人，较2008年增加了15.50%。

图7.2显示了2006—2016年在沪永久外籍人员数量的变动情况。与在沪外籍人员总数增速在2008年前后发生变化相比较，在沪永居外籍人员数量保持了长期加速上升的趋势。2006年，在沪永居外籍人员仅为295人，到2016年增至

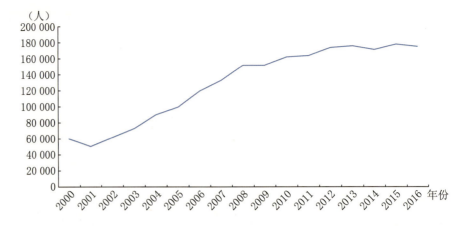

图 7.1
**2000—2016 年在沪外籍人
员数量变动趋势**

资料来源:《上海统计年鉴》(2017)。

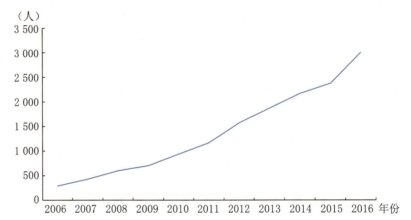

图 7.2
**2006—2016 年在沪永居外
籍人员数量变动趋势**

资料来源:《上海统计年鉴》(2017)。

3 027 人,是 2006 年的 10.26 倍。

图 7.3 描绘显示了亚太地区主要国家在沪人员的分布和变动情况。就在沪
外籍人员国别分布来看,日本、韩国和美国三国长期以来位列前三,其中日本
在沪人数一直排在第一位,2012 年最高时达 39 091 人,占当年在沪外籍人员
总数的 22.44%。新加坡、加拿大、澳大利亚等国在沪人数在大多数年份较为
接近。

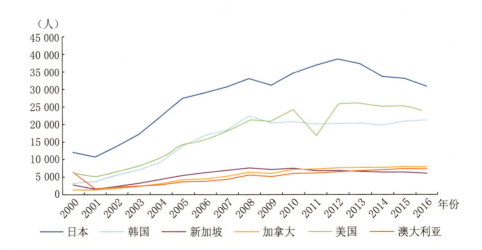

图 7.3
**2000—2016 年 亚 太 地 区
主要国家在沪人员数量变动
趋势**

资料来源:《上海统计年鉴》(2017)。

图 7.4

2000—2016 年欧洲主要国家在沪人员数量变动趋势

资料来源:《上海统计年鉴》(2017)。

（图下方图例）德国　英国　法国

图 7.4 显示了 2000—2016 年欧洲主要国家在沪人员数量变动趋势。总体而言，德、英、法三国在沪人员数量均呈现上升趋势，但是近年来增速均有不同程度的放缓。以法国为例，自 2012 年法国在沪人员超过 9 000 人之后，便没有保持继续上升，最高点在 2015 年，为 9 993 人，到 2016 年又降至 9 453 人。

图 7.5 显示了 2000—2016 年在沪外籍工作人员数量的变动趋势。尽管自 2000 年起，在沪工作外籍人员数量已有大幅上升，从 2000 年的 51 653 人增至 2016 年的 88 933 人，但我们也发现，继 2010 年创下 105 163 人的高点后，近年来在沪工作外籍人员数量总体呈下降趋势。事实上，近年来上海在加大吸引优秀海外人才在沪工作方面出台了不少措施。例如，2016 年，浦东新区已在张江行政服务中心开设了"五证联办"窗口，实现了境外人士来华工作许可证、永久居留、海外人才居住证 B 证、居留证、台港澳就业证这五大海外人才证件的"一窗受理、一窗发证"。在 2017 年的留学生专场招聘会上，浦东新区首次降低门槛，取得本科及以上学位的上海高校应届外籍留学生就有望留沪工作。2017 年，上海

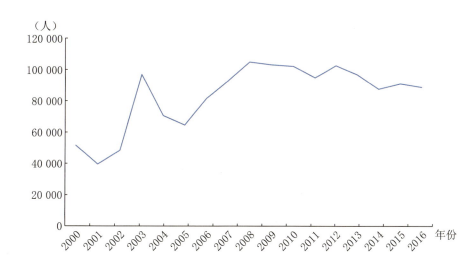

图 7.5

2000—2016 年在沪工作外籍人员数量变动趋势

资料来源:《上海统计年鉴》(2017)。

市引进归国留学人员 5.6 万人；在沪就业创业的外籍人员达到 21.5 万人，位居全国第一。

　　与在沪工作的外籍人员人数近年来有所下降不同，世界其他各国（地区）在沪留学生数量自 2003 年后快速上升，并在 2016 年创下了最高，为 17 588 人（图 7.6）。上海在发展外籍人员子女学校和吸收外籍留学生方面位居全国前列。2012 年上海就拥有 21 所外籍人员子女学校，占全国此类学校的 18%，在全国有外籍人员子女学校的 19 个省市中数量最多；2016 年，上海外籍人员子女学校和外籍人员子女补习中心已经增至 29 所，在全国有外籍人员子女学校的 19 个省市中是数量最多的。在高等教育方面，上海很多高校已将"大力发展来华教育"列入了加快教育国际化的工作重点，已有十几所高校的外籍留学生就读规模在千人以上。2018 年上海高校吸收的外籍留学生已达 9 万余人，来自近 200 个国家和地区，70% 为长期留学生，接受学历教育的学生占到 50%。

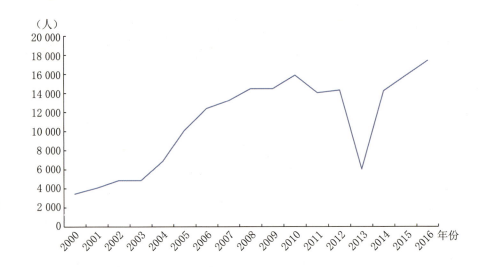

图 7.6
2000—2016 年在沪留学生数量变动趋势

资料来源：《上海统计年鉴》(2017)。

7.1.2　存在的问题

　　尽管上海在就业和教育全球化中走在全国前列，但按照全球城市的标准要求，特别是对标纽约、伦敦等全球城市，仍有较大差距，存在不少问题。

　　1. 就业全球化中的问题。

　　（1）基本医疗保险体系缺乏跨国衔接的设计，外国医疗保险无法自行延伸到上海。外籍人员大多加入其本国医疗保险，但无法享受上海的医疗保险，较难享受高质量的医疗服务。为此，他们通常通过购买我国商业保险来解决医疗保障问题。但由于我国商业保险产品期限较长、费率偏高，导致就医不便，使外籍人员患有重大疾病时经常选择回国或到其他地方医疗。再者，由于上海本地医院门诊医生和住院部护士的外语口语能力普遍较差，沟通较为不便，外籍人员就诊时难以享受到高质量医疗服务。

（2）外籍人员在沪居留手续办理程序繁琐。目前，在沪常住外籍人员需申领由几个部门分别颁发的《外国人永久居留证》（又称"绿卡"），或《外国人居留证》《外国人临时居留证》《上海市居住证》及《外国人就业证》等证件。这些证件的有效期一般在5年以下，期限各不相同，而且申领和更新手续比较繁琐。目前，仅在浦东新区的张江高科技术园区实施了"五证联办"，尚未在全市推广。

（3）面向外籍人员的公共服务不足。例如，本地一些重要的法律法规没有准备外文文本；金融机构在政策、法规发生变化后不及时通知外籍客户；执法部门缺乏透明性和公正性等。

（4）外籍人员在组织社团、从事宗教活动的要求得不到充分满足。随着在沪外籍商界人士增多，他们通常希望组织以商会为主要形式的社团。而迄今为止，在上海市民政局正式注册的外国商会类机构仅有上海日本商工俱乐部一家，美、英、德等国商会虽然在进行事实性运作，但并未取得合法身份。此外，相比日益增多的外籍人员数，上海提供给外籍人员从事宗教活动的场所相对不足。而且，中方神职工作人员的外语水平参差不齐，不能满足外籍教徒需求。

（5）尽管海归数量和外籍人才吸引力遥遥领先，但据《上海市科创中心人才报告》，上海目前正面临资深人才和高端研究型人才短缺的问题。上海具有博士学历的人才比例为4.5%，低于全国平均水平5.3%。此外，上海本地人才的行业经验相较国外对标城市普遍较少，技术型人才缺乏。因此，吸引深入研究型、行业资深型的外国"纵深性"人才，已成为上海建设科创中心和全球城市需要解决的难题之一。

2. 教育全球化中的问题。

（1）外籍人员子女在沪教育费用较高。上海的外籍人员子女学校普遍收费较高，如上海惠灵顿外籍人员子女学校高中部一年学费甚至高达30万，其他如哈罗、耀中等学费也与之相去不远。其原因既有学校教师和管理人员的薪资较高，也因为一些不合理的收费拉高了办学成本。与改革开放初期相比，目前在沪常住外籍人员以中层管理人员、年轻员工居多，昂贵的子女教育费用大大增加了他们的生活负担，不利于全方位、多层次地吸收国外优秀人才。

（2）上海本地高校针对国际留学生开设的全英文专业课程门类较少，在课程设置上缺乏国际通用性。本地高校目前的专业设置存在专业划分过细、学科综合性不足等问题，很难达到培养国际化人才的目标。近年来，本地高校为了满足国际化人才培养目标的需求纷纷开设英文专业课，但总体而言课程门类仍然相对较少，课程的前沿性和深度均有待提高。

（3）上海本地高校教师的国际化水平仍嫌不足，难以适应国际化的需要。近年来，留学归国人员迅速增加，上海各大高校也成为了高学历留学归国人员谋求教职的首选之一。但是，我国高校中具有国际学术背景的教师人数占教师总人数的比重仍然较低，师资力量不足以适应大规模国际化招生的要求。所聘请的外籍教师中，绝大多数是低层次的语言教师，而非专业教师，不能充分满足高校对国际化教师的需求。科研人员外语能力差，使其对国外最新研究动态的跟踪受到阻碍，对外学术沟通受到很大影响。另外，还存在科研人员专业知识更新不够及时、国际交流意识比较薄弱、科研环境开放度不足等问题。

（4）留学生汉语水平普遍较低，从而严重影响留学生正常上课。部分留学生来沪之前修习过汉语，但水平不高，以通过4级水平者为多，少有达到6级水平。调查显示，有39%的留学生表示在沪学习的最大困难来自授课语言，因老师汉语语速过快而难以听懂上课内容。此外，语言能力不足还阻碍了留学生参与本地高校的社团活动。本地高校中，中国学生社团和留学生社团间界限分明，相互交流很少。留学生社团参与度低，积极性差，而学生社团在招新宣传的时候容易忽略留学生群体，宣传不到位，致使留学生对社团了解不够。

7.1.3　发展途径及对策

1. 促进就业全球化对策。

（1）积极解决外籍人员的医疗保险问题，不断完善面向外籍人员的医疗服务。在沪常住外籍人员及其所属企业依法纳税后，要求在医疗保险方面享受"市民待遇"的愿望比较强烈。为此建议：一是在国家做作出统一规定前，上海先行先试，设立在沪常住外籍人员医疗福利基金，探索由政府、个人、所在单位、外方医疗保险机构共同出力的机制，解决好外籍人员的医保问题，具体可由市社保局、市医保局等负责研究解决。二是在严格审查的基础上，有序地允许境外的保险机构与双方认可的在沪医疗机构签约，由其作为特约医疗机构、境外医疗保险机构支付患者在沪的医疗费用。三是有关部门要把具有相当等级外语口语能力的医师须占医师医护人员总数的一定比例，作为验收涉外医疗服务机构的必备条件。同时，采取具体措施，鼓励现有医护人员提高外语口语能力。四是在机构、人员、技术、设备等符合条件的前提下，加大兴办中外合资合作医疗机构的力度。

（2）将外籍人员居住区纳入社区网格化管理体系。随着外籍人员的增加，其居住将呈现多元化趋势。为此建议：一是尽早研究可行办法，修订居民委员会条例和社区管理规定不适应之处，将所有外籍人员居住区纳入社区网格化管理体系，发挥外籍人员参与社区管理的积极性，在多元文化融合的过程中提升上海国际化大都市的整体形象。二是外籍人员集中居住的社区，要依法加强管理，防止出现社区管理中的盲区和禁区；同时，要倡导外籍人员分散居住，要创造条件，让他们融入当地社区。

（3）简化外籍人员的办证手续，提高公共服务质量。随着《外国人在中国永久居留审批管理办法》的正式实施，外籍人员的居留管理将进一步规范，外籍人员的就业市场将进一步开放，对外籍优秀人才的吸引力将进一步增强。为此建议：一是对有关证件进行认真的梳理、归并，加快配套研究，简化办证程序，由一个窗口集中办理；合理设置证件使用期限，并在可能的情况下，与签证期限保持一致。二是相关外籍人员关注的信息资料应以多种方式公开，有关部门也可适时举行情况通报会，使外籍人员及时了解有关信息。三是有关职能部门的服务公约、工作流程、所需文件和证件，应以中英两种文字张榜公布于明显位置，或者编撰中英文小册子免费发放，并设立监督电话。

（4）适度开放外籍人员的商会组织，慎重、超前研究外籍人员的宗教问题。外国商会组织对改善投资环境、确立市场经济地位有一定的影响和作用，外籍人员宗教生活的现状和要求也应予以重视。为此建议：一是有关部门根据实际情况，对外国商会等社团组织适当有序开放，成熟一个，批准一个，并依法加强管理。二是对涉及外籍人员的宗教活动，进行慎重、超前研究。同时，对即将修改出台的《上海市宗教事务条例》中涉及外籍人员宗教活动的内容，及时制订实施细则。

2. 促进教育全球化对策。

（1）树立教育全面国际化理念。可以通过举行讲座和培训来加强师生对国际化的理解，鼓励他们放眼世界，以国际领先的管理、科研和教育水准要求我们自己，培养学和提高师生的国际视野和意识。

（2）以师资队伍的全球化建设为突破口。可以通过制定教师海外学习进修的整体目标计划，为教师提供优越的海外访学的条件和资助。同时，还应通过各种方式吸引海外优秀人才来中国进行教学、科研与管理工作。比如，通过划拨专门经费提高薪资待遇以及在国外进行大力宣传和发布招聘广告，广泛吸引海外优秀人才来华任教、进行项目研究、作大学管理咨询等。

（3）降低外籍人员子女教育费用，满足多层次需求。随着在沪常住外籍人员的增加，其子女教育出现多层次需求，也希望降低在子女教育方面的负担。为此建议：一是鼓励多种办学模式，进行适度竞争。继续增加接受外籍人员子女就读的学校数量，更加充分地利用上海现有教育资源，满足外籍人员在子女教育方面的多层次需求，注重社会效益，防止恶性竞争。帮助学校解决法人地位等问题，降低办学成本。相关部门应帮助学校统筹协调与本市教育、公安、海关、税务、银行等单位的关系，解决办学过程中的问题和困难，并根据学校注册公益、非公益情况，实行不同的税收政策，不宜单纯以经营性收税。加强指导，规范学校收费。市教育管理部门应指导和协调外籍人员子女学校制定办学标准，对现有学校进行评估和监督，建立和完善国际性的评估标准，加强行业自律，还可组织教学模式和教学方法等方面业务交流，促进提高办学水平和教学质量，同时，在公平合理的基础上，提出指导性意见，规范学校收费。

（4）加强针对留学生的教育工作。要使留学生在学习上努力改善学习方法，培养适合自己的"中国式"学习方法；态度上更加主动，积极与中国学生以及高校老师进行交流，摆脱汉语水平的心理压力；生活上积极主动融入中国高校氛围，更好地融入本地环境。高校相关部门应鼓励组建适合留学生活动的社团，为留学生的人际交往需求提供机会。增加一些留学生可以参加的学科竞赛类活动，丰富留学生的课外生活。尊重留学生的宗教信仰，在留学生母国的盛大节日时要组织举办相应的庆祝活动。

（5）加强学生的国际交流。应加强中外籍学生间的交流，大力发展留学生教育，鼓励支持更多的优秀学生出国留学，充分利用国外先进教育资源为我国的人才培养服务。同时，采取多种方式吸引外国留学生，从而增强校园的国际性。特别要提出的是，现在可以通过大力发展交换生，扩大交换生的规模及范围，以及开展各种方式的海外学习，创造灵活多样的短期留学生教育，提高留学生规模，加强留学生教育。

（6）构建国际化的课程体系。应根据专业培养目标设置国际化课程，课程内容要包含国际前沿动态和成果，课程内容的设计要与国际接轨。同时，应积极引进、借鉴国外先进的原版教材，大力有效开展双语教学，切实培养学生创新能力、实践应用能力和国际交往的能力。开设一些中、英双语的留学生公共课程。教师也应改变固有的上课方式，在教学态度、教学内容、因材施教、语言板书、辅导答疑等方面继续改进工作，因材施教，提高教学效果。

7.2　国际化的语言环境

国际化的语言环境，是衡量一个城市国际化水平的重要指标之一。语言环境好的国家和地区，通常能更好地吸引全球的游客、商业、贸易和文化。在一定程度上，国际化的语言环境构成城市软实力的重要组成部分。

7.2.1　案例对照与上海的现状

为了说明语言环境的重要性，我们以两个案例进行对照。我们到东欧和俄罗斯的一些城市去旅行，会发现那里的自然风光和人文历史都非常迷人，当地的人工成本不高，经济尚未达到充分发展的水平，看上去似乎有很大商业发展潜力。但是，我们也会发现，这些城市街头巷尾的商店，几乎都是本国语言的招牌和菜单，购物和点餐十分不便。如果问路，也是很难找到会讲英语的人寻求帮助；如果打电话订餐、租车，或景点问询，接电话的对方无法沟通，造成旅行上的很大不便。游客环顾周围，也很少看到悬挂跨国公司徽标的办公楼。这样的国家和城市，往往去过一次，就没有热情再去了。其中一个主要原因，就是语言环境导致旅行不方便。同理，我们能够想象，跨国公司在那里开展业务，很难雇佣到英语流利的员工。因此，员工成本就会比想象中要高很多。同时，管理的效率也相对下降。于是，这样的国家和城市，对于国际游客、商业、贸易的吸引力就会下降，而其本地的资金、产业、技术、消费人口和消费能力又不足以支撑较高的发展速度。换言之，语言环境阻碍了这些地方发挥出应有的经济潜力。

与此不同，在日本，尽管当地民众的英语水平并不高，但在各个城市中，几乎所有的道路铭牌、交通设施、酒店餐厅、服务部门都起码用日语和英语双语展现，甚至还有韩语、法语等其他语言。在各个城市的机场和车站，随手拿一份免费地图，也有多种语言版本。对中国游客而言，还有一个得天独厚的条件，就是几乎所有的日语正式名称，都是用汉字标识，而非用假名标识。因此，即使碰到极端情况，找当地人问路或者问事，对方不会英语和汉语，只要把关键字用汉字写下来给其一看，对方马上就会露出恍然大悟的表情，连比划带写汉字把答案告诉你。有了这个先天便利条件，加上日本原有的服务周到、饮食合口、风光秀美等优势，很快成为中国游客最喜欢的旅行目的地之一。根据日本政府于2018年1月12日公布的数据，2017年访日的外国游客数量达到2 869万人次，比上年增长了19.3%。赴日游客数连续六年保持增长，大力推动了日本旅游业的发展。其中，中国贡献最大：2017年，中国内地访日游客同比增加15.4%，达735.58万人次，连续三年名列"赴日人数地区排行榜"的首位；而中国台湾、中国香港分别以456.41万人和223.15万人次挤进榜单。

从这两个案例中可以引申出两个观点：（1）一个完善的国际化语言环境，对于吸引全球的旅客、商业、投资、贸易、文化交流，都会起到积极的促进作用。（2）有针对性的国际化语言环境，对于针对国家或地区的游客、商业、投资、交流，都会起到积极的促进作用。

我们用另外几组数据来检验一下上面的两个观点。表7.1是国际货币基金组织公布的2017年全球人均GDP的国家排名。我们可以发现，排名前22位的国家和地区里面（含两名并列），除了卡塔尔和中国澳门以外，全部都是英语母语，或者英语水平较高的国家。其中，卢森堡、瑞士、荷兰、圣马力诺、奥地利和比利时还是多语种通用国家。我们可以想象，在这些国家和地区的城市里，来自全球不同地方的人都可以通过英语或其他通用语种，比较方便自由地交流、开展贸易。因此，对这些国家或地区的经济和社会发展，语言障碍的门槛很低，甚至没有。而全球排名最后的30个国家，都是国际语言不发达的国家或地区，或者即

排名	国家或地区	美元	排名	国家或地区	美元
1	卢森堡	105 803	163	贝宁	830
2	瑞士	80 591	164	塔吉克斯坦	824
一	中国澳门	77 451	165	马里	811
3	挪威	74 941	166	乍得	810
4	爱尔兰	70 638	167	几内亚比绍	794
5	冰岛	70 332	168	科摩罗	788
6	卡塔尔	60 804	169	海地	784
7	美国	59 501	170	卢旺达	772
8	新加坡	57 713	171	几内亚	749
9	丹麦	56 444	172	利比里亚	729
10	澳大利亚	55 707	173	乌干达	699
11	瑞典	53 218	174	布基纳法索	664
12	荷兰	48 346	175	多哥	611
13	圣马力诺	47 406	176	阿富汗	588
14	奥地利	47 290	177	也门	551
一	中国香港	46 109	178	塞拉利昂	491
15	芬兰	46 017	179	冈比亚	480
16	加拿大	45 077	180	刚果民主共和国	478
17	德国	44 550	181	马达加斯加	448
18	比利时	43 582	182	尼日尔	440
19	新西兰	41 593	183	莫桑比克	429
20	以色列	40 258	184	中非共和国	387
160	厄立特里亚	980	185	马拉维	324
161	埃塞俄比亚	873	186	布隆迪	912
162	尼泊尔	834	187	南苏丹	228

表 7.1
**2017 年全球人均 GDP
排名**

资料来源：国际货币基金组织，
2018 年 4 月 17 日。

便是前殖民地国家，也是讲法语，不为大多数的商务人员熟练使用。图 7.7 显示
了英语水平和一个国家人均收入之间的正相关性。

那么，是不是必须把英语学好，才能借用全球资源发展经济呢？也并不绝
对。我们再来看一下上述的第二个观点。图 7.8 是中国游客最常去的境外旅游目
的地（未含中国香港）排名，其中，排名前五的泰国、韩国、日本、中国台湾和
新加坡都是中文半通用或全通用的地方。在泰国，绝大多数的旅游景点都有中文
标识；很多餐厅服务人员都会简单汉语；绝大多数的 ATM 机里可以直接提取泰
铢。而且，在大多数的商业网点已经开始普及支付宝和微信支付。同时，泰国服
务行业的英语水平非常高，在非原英美系殖民地发展中国家中，是屈指可数的。
因此，以上前五名的国家和地区，在语言方面，对吸引中国的游客，以至于吸引

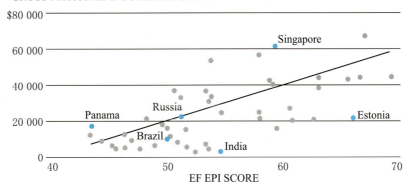

BETTER ENGLISH AND INCOME GO HAND IN HAND
English proficiency shows a strong correlation with a country's gross national income.
GROSS NATIONAL INCOME PER CAPITA

**图 7.7
英语水平与人均收入的关系**

资料来源：UNITED NATIONS，GNI PER CAPITA PPP（S）.2012 AND EF EPI 2013 REPORT.

中国商人投资，都起到了非常正面的作用。由图 7.8 所示，中国游客前往泰国旅游的人次明显地逐年增高。

排名第 6 到第 12 的国家中，美国、澳大利亚、新西兰和英国都是英语母语的国家。马来西亚，除了是原英国殖民地，英语水平较高以外，当地的商人很大一部分都是华人华侨，汉语通用。此外，从中国对外投资的数据上，我们也能够观察到，除了英语通用半通用国家或地区以外，中国香港、新加坡、马来西亚、印度尼西亚、越南、韩国、泰国等汉语通用或半通用，或华人华侨较多的国家和地区，都是中国对外投资的大国。

另一个类似的例子是夏威夷。因为夏威夷历史上有很多日裔人口，所以，我们去夏威夷旅游，可以看到很多日本游客，街上有很多日本料理餐厅和日文商店招牌，随处提供的地图和菜单等都有日文版。在日本经济泡沫时期，日本人大量投资夏威夷的房地产和商业。1986、1987 年两年，日本在夏威夷的房地产投资就达 65 亿美元以上。日本买下了珍珠港海滩区 2/3 的豪华酒家、大批楼房、大餐

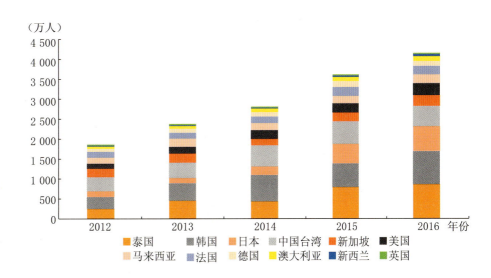

**图 7.8
中国游客境外旅游目的地排名**

资料来源：中国产业信息网，https://m.chyxx.com/view/579059.html。

厅、购物中心、高尔夫球场、畜牧场和种植园。每年到夏威夷的数以百万计的旅客中，日本人占1/5。

这些例子可以佐证我们的第二个观点，也就是国际语言环境的针对性。英语基本是可以针对全世界。而像日本、越南、韩国这样英语一般，但是汉语友好的国家，会吸引大量中国的游客和商业投资。像夏威夷这样对日语友好的地区，则会吸引大量日本的游客和投资。简言之，要吸引哪个国家的游客和投资，就要提供哪个国家的友好语言环境。

中国的英语水平，根据瑞典教育机构英孚发布的2017熟练度指标[①]，属于"低熟练度"。在其所调查的80个非英语国家和地区中，排名第36。值得注意的是，上海的英语水平连续四年领跑全国，超过香港、北京、天津，处于英语中等熟练水平。不过，尽管上海的英语水平在中国排名第一，但是仍然和全球尤其是欧洲和英语母语国家有较大差距。况且，这个测试里的100万人很大程度上并没有包括上海街头巷尾的普通民众。我们所提供的语言环境设施，例如免费的多语言地图、路牌、餐厅菜单、公共服务设施等，还远远不如东京、首尔这样的同类型城市。可以想象，一个外国人来到中国的餐厅点菜，或者在普通街头车站问路，或是去医院就诊，相对于东京、首尔、新加坡、巴黎和布鲁塞尔而言，便利程度相去甚远，更不用去比较纽约、伦敦和多伦多那样的英语母语城市了。

7.2.2 提高语言环境国际化水平的思路

1. 提供多语言环境的公共设施。考虑到来中国的外宾中，缅甸（22.5%）、越南（15.2%）、韩国（9%）、日本（6.2%）、俄罗斯（5.5%），而其最主要的旅行目的主要是游览观光（25.7%）、休闲度假（25.5%）、了解中国文化特色（21.2%），[②] 而这些国家的民众总体上英语水平都并不非常高。因此，建议在涉外的旅游、服务、医疗、文化场馆、日常生活等设施上，除了目前通常提供的中英文双语外，尽量同时提供日语、韩语、俄语，以及缅甸语和越南语等多语种环境。这样，就能够进一步提升这些外国游客来上海旅游的方便性，更好地吸引这些国家的游客到上海来消费和开展商务。

2. 提供多语言环境的对外服务。在普通服务网点，提供中英文双语，甚至多语种的便利，也可以借助互联网的翻译功能，帮助服务人员向来自全球的访客提供更好的帮助。这样，就能让全球的游客、商务人员和从事贸易文化交流的人是感到方便，语言障碍小。上海可以借助上海外国语大学等高校的优势，常年培训

---

① 数据来源：http://www.yntv.cn/content/2017/11/762_182642.html。
② 数据来源：《中国出入境旅游发展年度报告2018》。

服务行业人员的多语言水平。除了英语、日语、法语、德语外，还要积极培训俄语、缅甸语和越南语等小语种的服务人员。这项工作持续下去，能够成为上海区别于其他兄弟省市的比较优势。

3. 提升文教方面的国际化水平。在大中小学的教育和文化交流系统，进一步普及和提高英语水平，鼓励发展日语、韩语、法语和德语等多语种，以便加速和全球的联系、交流和互相学习。上海具备高等院校和文化机构量多质高的优势，同时，在历史上，上海一直在引进跨国文化方面走在全国前列。但是，对比新加坡和中国香港，我们可以看到，上海在文教系统的国际化水平方面明显落后，能够请高水平外教直接进行英语教学的高等院校及教师非常稀少。因此，建议更积极扩大高水平外教的引进。这样，就能够进一步加固上海在全国文教方面的国际化优势，缩小同世界一流全球城市的差距。

4. 使用多语种宣传上海。要不断通过电影电视、报刊书籍和互联网宣传上海的开放形象，打造和巩固上海作为中国最佳对外开放窗口的优势地位。考虑到国外的游客主要是通过网站/BBS/论坛（51.7%）、报纸/杂志/书籍（47.1%）、旅游宣传册（23.8%）了解中国，而这些电子和纸质媒体同学者、商务人员了解中国的渠道高度重叠。因此，建议上海在本地甚至海外的电子、数字、纸质和影视媒体上更多地宣传上海，吸引国外的游客、学者和商务人员到上海来旅游、交流、开展业务，以便加速上海的全球化发展进程。

7.3 城市宜居性

宜居性的核心理念在于提高居民的生活质量，包括安全性、健康性、便利性和舒适性（WHO，1961）。上海建设卓越的全球城市，最重要的要素就是人才，而宜居性是影响高端人才居住选择的一个关键因素。因此，改善宜居性成为提升上海全球城市能级的重要抓手之一。

7.3.1 城市功能升级与宜居性的演变

不可否认，宜居性是城市经济发展和功能升级的演变结果。从全球城市发展的历史来看，在经济发展欠发达的早期，城市功能往往较为单一，没有余力进行公共服务建设，居民的生活质量低下。随着城市经济发展的繁荣，人口不断集聚，居民的生活需求开始多样化，城市的规划和建设将这种多样化容纳进来，城市功能由单一向多元化演变，基础设施的完善和公共服务供给的增加大大提高了城市居民生活的便利性、安全性以及舒适性，城市的宜居性不断提高，吸引更多的人才进驻，进一步增强城市发展的生机和活力。

上海被认为是一个富有开放性、包容性、创新性的城市，在城市发展过程中非常注重通过制定和落实前瞻性的规划，优化城市产业、公共服务等布局，解决阻碍城市发展的现实问题，促进城市的经济繁荣，提高居民的生活品质。改革开放以来，上海以枢纽型、功能性、网络化基础设施建设为重点，推进重大工程和城市基础设施的建设，形成了"海陆空"三维立体的综合交通网络，解决了城市发展中通常会遇到的出行难、拥堵等问题，并启动要素市场改革以及住房、教育、医疗等领域的改革，大幅度增加人均住房面积、优化教育资源配置、提升医疗服务质量和覆盖面，为居民的基本生活提供了极大的便利。在生态环境建设方面，上海通过改进城市排水系统，启动污水处理工程，加强防治郊区环境污染和城市公共绿地建设，提高人居生活环境的质量。这种对基础设施、公共服务、住房、城市娱乐休闲设施的大量且持续的投资，使得上海的城市发展惠及城市居民，不断改善了居民的生活质量和城市的宜居性，增添了城市的魅力，这些都成为吸引海内外优秀人才的重要因素。

7.3.2 上海宜居性的短板

当今世界，全球城市的竞争主要体现为高端要素的竞争尤其是高端人才的竞争。城市的宜居性或生活质量越来越成为他们的重要考量，尤其是优质的教育、安全的生活环境和多样化的消费满足。上海宜居性方面的短板主要体现在三大领域：医疗、教育以及消费的多样性。

1. **医疗资源分布失衡，高端服务能力缺失**。到 2016 年末，上海总体的医疗资源依然相对紧缺，每万人医生数为 27 人，每万人医院床位数为 46 张。在经济繁荣和对外开放深化的背景下，上海的高端医疗需求在快速增长，但是高端医疗服务能力提升缓慢，这一供需矛盾非常突出。首先，医疗资源高度集中于公立医院，缺乏多元化发展。目前上海的高端医疗服务主要有三种类型：一是综合服务能力强的三甲公立医院提供的特需服务；二是中外合资、合作医院提供的高端医疗服务；三是民营医疗提供的高质量专科服务。医疗资源在公立医院和社会资本所办医疗机构之间分布严重失衡。对标纽约、伦敦等顶尖全球城市，高端医疗服务的提供主体是非公立医疗机构。然而，上海的公立医疗机构拥有高技术人才、高精尖设备、科研资源以及床位资源，成为人们就医的首选。唯一能在服务质量上与之竞争的中外合资、合作医疗机构发展缓慢，2017 年第一家外资控股的医疗机构才在上海自贸试验区设立。其次，本土缺乏具有竞争力和创造力的医药产业，高端的医疗耗材、设备等依赖进口，大大提高了高端医疗的成本。再次，商业保险机制滞后于国际医疗需求，降低了外籍人士的就医便利性。这些问题严重制约了上海高端医疗服务的能级，阻碍了健康服务产业的国际化发展。

2. 教育国际化程度不高，缺乏有国际竞争力的教育机构。作为人力资本积累的重要手段，优质教育往往成为各类人才定居的重要考量，因此，教育资源的国际化也成为全球城市竞争的重要筹码。一流的全球城市往往拥有多元化的国际生源、国际师资以及国际教学方式，以此满足城市居民和外籍人士的多样化教育需求。上海的教育国际化起步较早，通过开展中外合资办学和项目合作、完善外籍人员子女就读体系、加强引进国际课程等措施，上海的教育国际化经历了从无到有、从封闭到开放的发展历程。但是，基于教育社会资源的全球城市对比发现，上海在教育国际化方面远落后于纽约、伦敦、巴黎、东京、新加坡和香港等城市。由于教育领域对外开放水平有限，上海无论在课程质量还是师资水平方面都相对较弱，没有形成具有全球竞争力的教育资源，缺乏具有国际竞争力的一流教育机构。一方面，上海本土的基础教育在教育理念、课程体系和评价标准上，与国际评价标准存在一定的差距；另一方面，高等教育缺乏具有国际一流的学科和师资，无论是科学研究还是教学能力都相对较低。这种国际化教育产业的落后使得上海对外籍学生的吸引力相对较弱。

3. 高端消费供给不足，消费体验有待提升。随着深化改革的推进以及对外开放不断深入，人们的收入水平不断提升高，消费能力日益增强，消费结构持续升级，对高端消费品和高端服务的需求快速增长。上海作为对外开放的重要窗口和国内最大的商业中心城市，拥有良好的商业基础设施和商业环境，在购物、娱乐、餐饮等方面都十分发达，产生了一定的品牌效应，产生了巨大的消费市场，成为众多国内外高端品牌和服务的"竞技场"。但是，与伦敦、纽约、巴黎、东京等全球城市相比，上海在消费领域的服务能力、影响力和竞争力有限。主要问题如下：一是由于关税、消费税、增值税等相对较高，进口商品价格相对昂贵，大量的国内消费外流到海外市场，对境外消费者的吸引力也不足。二是缺乏高端消费产业链的人力资源，尤其是缺乏全球顶尖艺术设计院校以及成熟的品牌设计师、时尚买手等重要创新要素，导致本土品牌创新力不足，国际影响力有限。三是消费服务具有同质性且服务质量不高，严重影响了消费者的消费体验。四是高端消费品的展会和发布会无论是数量还是规模同伦敦、纽约、巴黎、东京等全球城市相比都有差距，媒体关注度还不高，对相关领域的影响力有限。五是实物消费为主，服务消费和实物消费的融合度不高。

7.3.3　提升上海宜居性的思路

对上海而言，温和的气候环境和优越的地理位置、高度发达的交通网络以及良好的历史人文环境，是上海在宜居性方面参与全球城市竞争，吸引高端人才进驻的资本。然而，如何提升医疗、教育等社会资源的国际化服务能力、影响力和竞争力，提升城市消费文化的多样性和满意度等问题仍然阻碍着上海宜居性的持续提高。针对制约上海全球城市宜居性的三大短板，提出如下发展思路：

1. 整合社会资本和国内外优质医疗资源，提升高端医疗服务能级。 为了满足城市居民、以及留沪境外人士、海外技术人才和企业家对高品质医疗、保健的需求，吸引更多优秀的海内外人才进驻上海，助推上海加快迈向卓越的全球城市，首先，上海要通过医疗卫生体制改革，注重市场在医疗资源配置中的积极作用，引导社会资本参与高端医疗服务机构建设。其次，上海要通过更加开放的人才政策以及贸易政策等改变高端化医疗资源如顶尖医疗人才、高端医疗设备以及医疗耗材等较为稀缺的状况，要通过更加开放的人才政策、贸易政策等，吸引国际高端人才和品牌进驻，提升高端医疗服务辐射全球的能力。再次，在这一过程中，整合社会资本和国际、国内优质医疗资源尤为重要。目前，上海正在围绕上海国际医学园区、新虹桥国际医学中心探索高端医疗服务的新模式、新机制和新业态，通过园区集约化为高端医疗提供发展空间，探索国际品牌与国内医疗机构的新型"联合体"合作模式，引进国内外先进医疗技术和管理经验，打造一批国际知名、特色鲜明的高端医疗机构。最后，在整合国内外高端优质医疗资源的同时，还要通过商业保险与医疗服务的对接来降低城市居民的就医成本，提高外籍人士就医的便利性，并完善以服务质量为核心的监管体系，确保非公立医疗机构规范、有序、健康发展，形成多元化、多层次的医疗服务格局（刘宝，2017）。

2. 推动国际教育服务产业发展，提高教育国际化水平。 要提高上海的教育国际化水平，将上海建设成为国际教育资源集聚地和国际教育交流中心，需要注意以下几点：一要采用全球化的视角更加主动地规划上海的教育国际化战略。回顾过往，上海教育国际化往往是因为对外开放的深化导致的需求增加而被动推进。如今，上海要建设卓越的全球城市，就需要转变为更加积极主动地制定更具前瞻性的规划来推进教育国际化的进程。二要打造一批具有国际影响力的基础教育和高等教育机构。这不仅需要加快深化教育投资领域改革，引进一流的国际教育机构在沪办学，而且需要持续提升中外合作办学质量，将本土资源和引进的先进的课程体系、管理手段等进行整合，加强信息分享和交流机制，以交流互动促进本土学校国际化程度的提升。三要完善人才引进机制和培养机制，吸引国际一流教学和研究人才，建立国际化师资队伍及管理和运营团队。四要借鉴一流全球城市高等教育发展经验，进一步放开高等教育的社会参与限制，鼓励高校筹资的多元化，建立兼具高端性和公益性的高校教育体系。五要通过"引进来"和"走出去"，促进国际教育服务产业发展。

3. 丰富消费供给，提升消费体验。 一流的全球城市比如伦敦、纽约和东京往往也是著名的国际消费城市，不仅具有悠久的商业文化历史，而且具备完善的商业和休憩设施，成为高端消费、高品位文化、前沿时尚的集聚地，具有强大的竞争力、吸引力和辐射力；不仅能满足国内外消费需求，而且能创新需求潮流和需求模式，具有巨大的消费规模和消费能级，这对提升城市国际形象和功能，促进城市经济繁荣具有重要的作用。打造上海国际消费城市品牌，提升上海对国内外消费的吸引力、影响力和创新力，重点是丰富消费供给，提升消费体验。具体而言，可以从以下几方面着手：一是提高消费品质量和服务水平。首先，以自贸试验区建设和国际贸易中心建设为契机，通过关税、审批、监管等制度性改革，降低进口高端商品的交易成本，进一步丰富高端消费品的供给，加强国际品牌的集聚度。其次，提高本土产品的质量，并深入挖掘商品背后蕴含的历史和文化内涵，提高商品的无形效用，打造本土高端消费品牌。再次，推进差异化、高质量化的服务，形成具有地域性的服务特点，增加消费者的忠诚度。二是提升消费体验。消费体验具有排他性、不可移动性和地域性，因而成为与其他城市竞争的重要资本。首先要优化消费环境。加强消费市场监督和诚信体系建设，保障消费者权益。优化商业街区环境，提升软硬件水平，注重商业街区硬件与历史文化的融合，打造具有国际影响力的商圈。其次，要注重实物消费和服务消费的多元化融合。通过购物、文化、餐饮与旅游等消费相互融合，满足消费者的审美、娱乐、情感满足、文化体验等多种需求，形成高尚的消费体验。三是促进消费创新。首先，要在吸引高端消费和服务产业的相关专业人才入沪的同时，加大本土专业人才培养，积累消费创新的核心要素。其次，吸引和举办更多国际进口高端消费品牌发布，加强与国际高端品牌的交流和合作，吸收先进的设计创意、运营经验等。最后，通过传统产业与数字经济的融合，探索消费的新业态、新模式，提升消费能级。

7.4　流浪人员救助体系

对流浪人员的救助，不仅体现城市的"温度"，而且对城市治安、公共卫生和社会稳定有着重要的现实意义，从一个侧面反映了城市的软实力。

7.4.1　对流浪人员救助的现状及问题

上海作为我国最具管理效率的一线城市，极其重视对流浪人员的救助工作。自2003年"收容"制度转为救助制度以来，上海市救助站平均每年救助的人数在3万人次以上。但由于受国家对城市流浪人员救助管理办法的限制，以及各种历史和现实的原因，还面临一些亟待解决的问题。

1. 对长期滞留人员安置困难。根据国家救助管理办法规定，对流浪人员的救助属于临时性救助制度，最长救助10天。但是，现实中，由于救助对象的复杂性，在 10 天内往往难以查清他们的身份和家庭地址，因而只能让其更长时间滞留在救助站。

2. 救助工作的服务深度有限。 救助管理办法的出台本应该会让街道上流浪乞讨的人员减少许多，但事实上是很多人宁愿在外面流浪也不愿进救助站。这是因为救助站只能暂时性解决他们的吃住，而无法得到延伸性的服务。这一问题除了受制于现行的救助制度外，主要和下文提到的专业救助力量不足、资金投入不足有关。

3. 专业救助力量较缺乏。 救助管理工作是一项需要全身心投入的工作，需要更多专业人士参与这个行业。但是，目前上海在流浪人员的救助方面仍没有民间慈善组织的参与，除了两个市级救助站和浦东新区救助站的规模比较大之外，其他区救助站的工作人员一般只有十几甚至几人。另外，救助站主要靠财政拨付运行，没有另外的创收渠道，工作人员享受的待遇明显偏低，导致职业吸引力较差，无法吸引受过专业训练的人员，也无法激励现有人员去接受进一步的专业训练。

4. 救助管理人员的职业风险比较大。 救助管理工作人员要全天候地实施救助工作，并且要零距离接触痴、呆、老、幼、弱、病、残等救助对象。这些被救助者大多存在个人卫生问题，并有可能患有传染病。工作人员有时甚至要面对心理不健康的救助对象的人身侵害，个人安全都难以保障。这也成了救助站很难吸引和留住年轻有为的专业人才的原因之一。

7.4.2　纽约模式的借鉴意义

纽约经过多年的探索和完善，逐渐形成了一套由政府负责监督考核，由民营机构来负责运营的救助体系，对我们有较大的借鉴意义。

1. 转变救助理念，提高专业技能。 救助理念的转变要求政府部门在政策的执行中，改变传统意义上的食宿救济，转为以帮助流浪人员获得独立生活能力为目标的救助。纽约市流浪人员救助（DHS）由传统的"热狗床铺"的临时看护式转为根据被救助者的实际情况进行安置的新救助方式。其根据每个被救助者的实际需要和状况，对他们进行就业指导和培训，以帮助他们重新获得独立生活的能力。同时，也关心他们的身心健康，注重对其精神层面的护理。就上海的实际情况而言，救助站的工作人员不仅要担负起为流浪乞讨人员提供食宿服务的责任，更重要的是要针对受救助人员的实际需要进行法律帮助、健康帮助、心理辅导。因此对救助站的工作人员进行系统的职业培训是非常必要的。

2. 发挥政府的主导作用，实现跨部门、跨区域联合。 纽约市 DHS 作为独立于政府其他部门并直属于市政府的专门机构，在对流浪人员的救助上发挥着主导作用。它不仅独立制定政策和措施，对其下属的救助机构、签约机构进行监督和评估，在绩效考核的基础上给予一定的绩效奖励。需要注意的是，DHS 是流浪人员救助的主要部门而非唯一的部门。在纽约，与流浪人员救助相关的政府部门还包括纽约市房屋局、儿童服务署、人力资源局、住房保护与发展部门等。这些部门虽然在援助服务的方向上有所不同，但是部门之间相互形成伙伴关系。他们以 DHS 为主导，形成了部门联合的政府救助体系，这不仅推动了政府部门之间的交流与合作，同时也完善了流浪人员救助体系。上海要建立完善的救助体系，就需要各部门、各区域之间进行协调合作。在合作的过程中，政府理应发挥主导作用，形成一个以政府为中心的多元联合型救助网络。各部门在履行各自的职责时，也要加强相互的协调与合作，明确救助站与各部门之间的职责分配和权属关系，在此基础上形成分工合作、共同配合的联合救助体制。

3. 创新救助管理模式，积极引导民间力量的参与。纽约市 DHS 在执行救助政策时，开创了一个全新的救助管理模式——民营化改革。民营化的改革不仅解决了资金压力，更为重要的是带动了公共服务的供给转向。这一政策的调整使 DHS 的角色定位从政策的执行者转为政策的制定者与评估者，更好地促进了整个救助计划向专业化、细致化方向转变。民营化改革通过合同承包将社会服务转给非营利组织和企业，不仅拓宽了救助渠道，也为解决流浪人员问题提供了新的方向和思路。上海在对流浪乞讨人员进行救助的过程中，也需要解决资金的问题。收容遣送站改为救助站后，经费来源依然主要依靠财政拨款，救助站本身没有创收来源。随着救助工作的深入开展，这些机构无疑会面临着较大的财政压力。同时，当前的非政府组织救助无论是从数量、专业和涉及面上都相当有限，民间力量对于流浪乞讨人员的救助不能发挥出更大的作用。因此，在强调政府主导性地位的同时，要积极寻求民间力量的支持，包括非营利机构、志愿者组织、慈善组织及企业和个人。

专栏 7.1　纽约市流浪者救助

纽约作为美国最重要的城市之一，早在 20 世纪 70 年代起就开始寻求相关的对"流浪人员"的救助措施。虽然在研究的前期阶段也遇到了一些困境和难题，但随着实践的不断深入，相关的救助政策也在为适应形势而不断调整，在运行了近三十年后，逐渐形成了一套由政府负责监督考核，由民营机构来负责运营的救助体系。这里，我们将着重介绍纽约市针对流浪人员的救助体系，并简要探讨其对上海的借鉴意义。

1. 纽约市流浪者救助体系

1993 年，朱利安尼（Rudolph Giuliani）当选纽约市市长，并将新公共管理的五大新原则——政府小型化、管理主义、去中心化、去官僚化和民营化应用于对纽约市的管理当中，取得了显著的成功。1993年，纽约市在朱利安尼的领导下成立"流浪人员救助局"（DHS），并于1997年成为全美唯一建立专门服务于流浪人员的独立政府机构的城市。目前，DHS是全世界为流浪者提供最广泛服务内容的政府机构，服务范围包括：在城市街道上的巡游服务、职业培训、药物滥用矫治与精神健康治疗和护理、住房信息与搜寻服务等（Campbell and McCarthy，2000）。

纽约市流浪者救助体系，是一个由DHS主导、由非营利组织和企业组成的救助网络。在朱利安尼的推动下，"民营化"成为这一网络不断壮大的重要机制。城市流浪人员最为紧迫的需要就是获得临时性住房。因此，应急住所体系也就成为纽约市流浪者救助体系中最早实施民营化的部分。DHS充分利用纽约市丰富的宾馆、旅店资源，调动成百上千的旅店主、房东的积极性，使之加入救助工作中，并通过协助安置无家可归者获得市场平价收益。

DHS将大量的第三部门和企业纳入了救助体系当中，使得政府原来所承担的大部分职能转移了出去。DHS救助服务体系的民营化一直在逐步扩大。1999年时救助局还直接运营其中的15个设施和项目，但服务体系中的100多个应急住所、8个停歇中心和6支外出服务队，都已交由非营利组织运作。之后，DHS仍不断地减少政府机构对流浪人员救助项目的直接运作，而交由非营利组织经营。2002年以后由救助局直接运作的设施和项目减少到3个。这样做的目的是为了使DHS在流浪人员救助体系中更灵活，把主要任务集中于把握全局和制定政策和监督项目的实施。此外，由于不同的非营利组织专攻不同，在不同领域的专业化程度均较高，因此民营化还能使DHS为流浪人员提供更广泛更专业的服务，同时还能使DHS节约成本。

救助体系的民营化取得的较好效果主要有两个方面：一是救助内容和范围发生了转变。随着民营化改革的深入，对流浪人员的救助从过去传统的"3个热狗＋1张床铺"的看护式的临时安置转变为使流浪人员能自食其力的救助。例如，在为成年流浪人员提供的应急住所中，具备了吸毒治疗、就业培训和精神健康服务等许多以前没有的项目。二是救助体系运作方式的转变，使政府有更多的时间来处理宏观的重大问题，在政策制定和目标实施上把握全局，并主要对救助体系实行有效的监督。

2. 纽约市救助模式中政府职能的定位

在民营化之前，DHS独立运作全市的救助项目，行使所有救助职能。民营化之后，DHS的主要职责则是行使对服务承包商的监督职责，确保他们的制度、职员及服务能达到政府的救助标准。

（1）严格执行资格认证程序，确保合格的非营利组织和企业进入救助体系。为流浪人员提供应急住所属于"硬服务"，易于通过量化指标进行资格认证。DHS对要求加入救助体系的非营利组织和企业的资格认证的标准非常具体，也易于操作。例如在确立住所资质方面会先要求房东填写"无家可归救助住房标准表"，明确已经达到规定标准后，DHS才派员前往核对，最终颁发证书。

（2）DHS采取了高效的效果评估方式以实现政府对流浪人员的长远的救助目标。这种评估方式尽可能通过量化的计算公式对救助体系中大多数项目进行效果评估。过去，DHS大多采用过程评估的方式对救助项目的实施情况进行评估，这种方式导致签约机构往往只按照合同对服务职员配备、服务时间等方面的要求机械地执行任务，而对服务的效果不闻不问。民营化以后，DHS采取的效果评估不仅强调对无家可归人员和家庭的饮食起居方面的照顾，而且也强调对流浪人员生活质量和救助效果的重视。

（3）实施"每日报告"制度。DHS 每天都在网站上公布当天全市各救助站点的流浪人员数量以及接待、安置的人数。由于纽约市绝大部分流浪人员由非政府机构提供住宿，因此，"每日报告"制度使 DHS 能够及时与签约服务机构沟通，从而获得迅捷准确的信息。此外，网站还设立了专门与流浪人员沟通的网页，帮助流浪人员以及有可能沦为无家可归的人提供各种帮助，包括信息服务、政策指导等。另外，在网站上刊登政府部门和学者的分析文章，分析流浪现象产生的特点和原因，对以往的救助政策措施或经验教训进行讨论和总结，提出今后的改革方向。

（4）积极争取非营利组织的支持。民营化的首选合作机构是非营利组织。根据 DHS 网站所公布的签约机构名单，可以发现，合同出租的对象大多数是非营利机构。这是因为非营利组织是为社会责任所驱动，他们追求的是社会效益，不以获取经济效益为目的。因此 DHS 首选非营利组织作为政府在流浪人员救助项目中的合作伙伴。正是因为非营利组织与政府的使命和目标是基本一致的，相对于以营利为目的的企业而言，DHS 与非营利组织合作的风险较小。

资料来源：DHS 网站，Office of Policy and Planning，"Critical Activities Report: Total DHS Services"（Fiscal Year 2002，2003 and 2004）。

参 | 考 | 文 | 献

［1］ 焦伟杰：《都市文化产业发展研究》，首都师范大学，2011 年 7 月。

［2］ 刘宝：《上海教育、医疗等社会资源发展潜力与高质量开发》，《科学发展》2017 年第 3 期。

［3］ 于宏源：《基于外籍居民视野的上海都市文化建设环境与新型竞争》，《上海城市管理》2018 年第 2 期。

［4］ 杨剑龙：《白玉兰与大苹果：上海、纽约都市文化之比较》，《上海师范大学学报（哲学社会科学版）》，2008 年第 5 期。

［5］ 尹建龙：《传统工业设施改造中的伦敦城市复兴计划》，《学海》2018 年第 2 期。

［6］ 周振华：《崛起中的全球城市——理论框架与中国模式研究》，格致出版社、上海人民出版社 2017 年版。

［7］ 庄德林、陈信康、李影：《全球六大国际都市软实力比较研究》，《人文地理》2010 年第 6 期。

［8］ Campbell，G. J. and McCarthy，E.，2000，"Conveying Mission Through Outcome Measurement: Services to Homeless in New York City"，*Policy Studies Journal*，28（2）:341.

［9］ Kearney，A.T.，The 2008 Global Cities Index，2009-07-18，http://www.foreignpolicy.com/articles/2008/10/15/the_2008_global_cities_index.

［10］ Friedman，J.，1986，"The World City Hypothesis"，*Development and Change*，17（1）.

［11］ Hall，P.，1966，The World Cities.London，London：Heinemann.

［12］ Nye，J.，2002，"The information revolution and anlerieansoft power"，*Asia Pacific Review*，（1）:35—75.

［13］ Sassen，S.，1991，*The Global City*：*New York*，*London*，*Tokyo*，Princeton，NJ：Princeton University Press.

8

国际文化
交流软实力

随着文化逐渐成为国际竞争力的关键性因素之一，从文化发展的角度思考城市建设的目标和把握城市发展的可持续性，已成为近年来全球城市发展研究的重大潮流。上海迈向卓越的全球城市，加强国际文化交流，提升文化软实力，打响文化品牌及建设国际文化大都市是重要组成部分。国际文化交流的环境、内容、渠道以及影响和成果构成了国际文化交流的基本环节，是文化竞争力、国际文化教育、国际文化传播、文化全球吸引等不同维度的软实力要素共同集合构成的软实力系统，是城市国际文化交流软实力的集中体现。

Culture has gradually become a key factor in a city's international competitiveness. Reviewing the goal and sustainability of city development from a cultural perspective has in recent years become an outstanding trend in the studies of global city development. In the course of Shanghai's building a global city of excellence, strengthening international culture communication, improving cultural soft power, stepping up with cultural branding and constructing an international cultural metropolis are playing important roles. International cultural communication environment, contents, channels, impacts and outcomes constitute a whole international culture communication ecology, and they are further integrated into a soft power system of various dimensions including cultural competitiveness, international culture education, international culture diffusion, global cultural attraction, thus demonstrating the city's holistic soft power in international culture communication.

本研究通过搜集国际文化大都市的各种统计标准，进而给出一套客观、科学的关于国际文化交流软实力的评价指标体系，并通过收集统一口径的全球数据，针对国际文化交流软实力进行全球排名。通过排名分析，为上海国际文化大都市建设提供国际的参照和标杆，评估上海国际文化交流建设现状，找出城市文化软实力的竞争优势及差距，有针对性地提出发展思路建议。

8.1 全球城市国际文化交流软实力比较

国际文化交流不仅是城市文化发展的基本要素之一，也是连接城市和世界的桥梁，以及塑造城市形象和提升城市软实力的重要渠道。国际文化交流软实力是各个交流主体之间在特定环境中以特定方式交换产品、交换内容的能力，也是产生积极成果与影响的文化实力。

8.1.1 评价指标体系设计

目前，围绕全球城市的文化发展，一些商业机构（包括咨询公司、网站等）、智库（第三部门、大学等）和媒体竞相发布了排行榜，并力争引领国际文化都市的定义、标准和意涵建设的话语权。这些数据发布在一定程度上定量比较了世界各地国际文化交流的发展状况，取得了一定的成效，但同时存在明显不足。以影响较大的《世界城市文化报告》为例，从 2008 年至今，虽然参与城市从最初的5 个扩展到现在的 38 个，但仍存在底层数据不清晰、主观数据和客观数据的界定标准不统一、抽取的城市样本未采用统一统计口径、较多数据没有及时更新等问题，尤其是缺少国际文化交流领域的软实力评价指标。为此，我们针对全球城市文化发展的特点，尝试构建国际文化交流软实力评价指标。

1. 指标设计的原则。

（1）要有全球比较视野。指标评价体系面向的对象是全球城市建设中具有代表性的国际文化都市，评价指标的选取必须科学，逻辑体系能得到世界同行认同。

（2）系统性原则。每一个指标要素都是评价国际文化交流软实力这个元系统的重要因素，有效信息的缺失或遗漏都会导致评价结果失真。因此，评价指标体系应全方位、多角度、宽领域反映文化创意产业竞争力。

（3）独立性原则。各指标要素从不同侧面反映国际文化交流软实力的发展状况，要素之间存在着复杂的非线性耦合关系，因此，指标体系在具体要素设置时应互相独立、层次分明。同时，这些要素在设置时，既要考虑到横向比较，也要便于在不同时期的纵向比较。

（4）目标一致性原则。评价指标体系设计的最终目的在于客观反映国际文化交流软实力发展状况，各指标要素在设计时应能反映国际文化交流软实力这一元系统的某个侧面，并且每个指标要素应该各有侧重，避免出现重复或包含的情况。

（5）要可操作、可测量。指标设计不能简单复制现有的文化软实力评价指标，应在设置具体要素时从实际出发，既要考虑指标的代表性，又要考虑指标的可获得性。所有数据要尽可能采用公开的权威统计。

（6）系统覆盖和前瞻性相结合。各指标应相互联系、构成一个科学系统，能综合反映国际文化交流的发展现状，同时还应根据全球城市的发展趋势，前瞻性地选取一些特色指标，这些指标或许没有纳入现有的统计体制，但可以应用新媒体和大数据技术获得。

2. 具体指标的设计。

根据国际文化交流软实力指标体系的选取原则，我们建立了由 1 + 3 四大模块（"文化竞争力" + "国际文化教育""国际文化传播""文化全球吸引"），其中"文化竞争力"作为核心指标由"公共文化设施""文化市场""文化产业""互联网发展"4 个二级指标和 21 个三级指标构成；"国际文化教育"由 4 个二级指标构成；"国际文化传播"和"文化全球吸引"均分别由 6 个二级指标构成。

文化竞争力是国际文化交流软实力的核心，国际文化教育是国际文化交流软实力的未来潜力体现，国际文化传播是国际文化软实力的内容和渠道体现，文化全球吸引则是国际文化软实力的成果，是渗透力和感召力的体现。

8.1.2　指标体系构建

1. 多指标综合评价方法。即把全球城市国际文化交流软实力不同方面且量纲不同的多个统计指标，转化成无量纲的相对评价值，并综合这些评价值得出对国际文化交流软实力的整体评价。目前国内外多指标综合评价方法很多，根据权重确定方法的不同，大致可分为两类：一类是主观赋权法，如德尔菲法、层次分析法等，多是采用综合咨询评分的定性方法，这类方法因受到人为因素的影响，往往会夸大或降低某些指标的作用，致使排序结果不能完全真实地反映事物间现实关系。另一类是客观赋权法，即根据各指标间的相关关系或各项指标值的变异程度确定权重，避免了人为因素带来的偏差，如主成分分析法、因子分析法等。我们认为，宜采用客观赋权法。

2. 具体的评价步骤。第一步，为了使所有城市数据具有可比性，对原始变量数据进行标准化处理。第二步，建立标准化数据的相关系数矩阵。第三步，求出相关系数矩阵的特征值、方差以及累积方差贡献率，根据累积方差贡献率 ≥ 80% 的原则确定提取的因子数量，并求相关系数矩阵 R 的特征根。第四步，建立主因子得分模型。第五步，以各主因子的方差贡献率所对应的特征根为权数，对各因子得分进行加权求和，最后得到综合得分。以各主因子的方差贡献率所对应的特征根为权数，对各因子得分进行加权求和，最后得到综合得分以各主因子的方差贡献率所对应的特征根为权数，对各因子得分进行加权求和，最后得到综合得分。

3. **综合评价体系**。按照上述研究方法，我们建立了较为完善的国际文化交流软实力综合评价体系，选取了 50 个作为上海参照、对标的代表性国际都市与上海进行国际文化交流软实力对比，共 4 个一级指标，20 个二级指标，其中在一级指标"文化竞争力"中，除 4 个二级指标外，还包括 21 个三级指标（表 8.1）。所有数据均来源政府官方网站、城市文化年鉴，以及联合国教科文组织、世界银行等权威机构的统计结果。

表 8.1
国际文化交流软实力评价指标体系

一级指标	二级指标项	三级指标项	度量逆转
文化竞争力	1. 公共文化设施	每百万人图书馆数量	
		每百万人剧院数量	
		每百万人音乐厅数量	
		每百万人体育场馆数量	
		每百万人电影院数量	
		每百万人博物馆数量	
	2. 文化市场	每百万人书店数量	
		每百万人餐馆数量	
		每百万人集市数量	
		每百万人酒吧数量	
		每百万人咖啡馆和茶馆数量	
		每百万人画廊数量	
	3. 文化产业	文化产业增加值（百万美元）	
		文化产业占总产业比例（%）	
		文化产业就业占总就业比重（%）	
		旅游总收入（百万美元）	
	4. 互联网发展	网吧或游戏厅数量	
		城市互联网网站数	
		网速（ms）	反转
		城市计算机 IP 数	
		智能手机普及率（%）	

一级指标	二级指标项	三级指标项	度量逆转
国际文化教育	研究人员大型国际交流会议数量		
	国际学生数量		
	国际知名智库数量		
	世界大学 500 强数量		
国际文化传播	城市国际旅游视频数量		
	Google 图书曝光度		
	国际媒体报道数量		
	大型体育赛事数量		
	重大文化节庆活动数量		
	近 50 年举办过世界大型盛会		
文化全球吸引	大型地标性主题公园数量		
	星级以上旅游酒店数量		
	境外旅游者数量		
	境外人士定居人数		
	大使馆或领事馆数量		
	A 类电影节数量		

8.1.3 前二十位城市排名情况

城市国际文化交流软实力排名从现实指标中产生，从各个方面评估了竞争态势。这些排名在未来可能影响国际文化交流主体、组织和政府部门对城市国际文化交流的判断和行动，从而反过来影响城市国际文化交流的现实。就此而言，现状评估既是对现实的评价，也是对未来的预言，甚至还可能是自我实现的预言。城市国际文化交流软实力评价因此也成为影响城市形象和文化发展的重要工具。

在"国际文化交流软实力"的排名中，位居前二十名的城市依次为：伦敦、纽约、巴黎、东京、柏林、洛杉矶、新加坡、北京、悉尼、莫斯科、上海、多伦多、罗马、香港、迪拜、墨尔本、维也纳、首尔、慕尼黑、旧金山（图 1）。

1. 伦敦作为世界文化创意中心，在综合得分中排名第一。在四项一级指标中，伦敦在"国际文化教育"分类中排名第一，在"国际文化传播"分类中排名第二，在"文化全球吸引"分类中排名第三。伦敦城市文化发展的宏观目标就是建设"卓越的具有世界影响力的文化创意都市"。长期以来，伦敦扮演了英国以及整个英语世界文化中心的角色。在国际文化市场上，伦敦政府利用国家力量，积极推动创意产业的全球合作，扩大伦敦的文化全球影响力，推动伦敦不仅成为英国文化创意中心，而且成为世界文化创意中心。

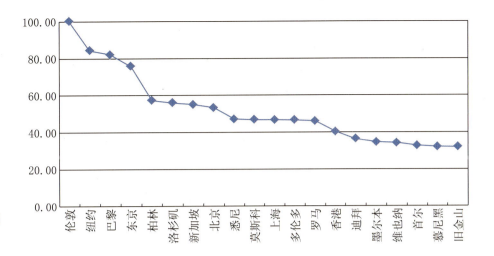

图 8.1
国际文化交流软实力综合得分排名前二十的城市

（1）推动建设产业集聚区，形成规模优势，建构城市文化品牌赢取国际竞争力。产业集聚区有助于通过规模效应平衡文化产业的不确定性，形成强大的群体竞争优势。如伦敦西区的表演艺术集聚区已经成为英国戏剧的标志性名片。

（2）举办国际性创意产业节庆及展会，进行国际创意产业交流扩大国际影响。国际创意产业节庆和展会有利于开拓海外市场，提升行业国际声誉，构建"国际创意之都"城市形象。"伦敦设计节"作为全球设计行业的年度盛会，每年有超过 200 场设计庆典、贸易展会和其他活动，不仅极大地提升了伦敦设计和创意产业的整体形象，而且有助于伦敦设计业掌握全球设计行业话语权和规则制定权。[①]

（3）积极推动文化海外输出，传播英伦文化理念、生活方式和审美趣味。在世界范围内扩大英式文化产品和服务的受众，放大伦敦的文化影响力。如吸引世界各地的精英进行国际文化交流，以及开发和利用莎士比亚戏剧、英国皇室、披头士、哈利波特等文化符号品牌效应，向世界输出无数精彩纷呈的文化产品。

2. 纽约作为世界文化大熔炉，在综合得分中排名第二。 纽约在"国际文化传播"分类中排名第一，在"文化竞争力"和"国际文化教育"分类中均排名第三，在"文化全球吸引"分类中排名第六。纽约作为世界城市，充分利用全球化优势，全方位加强国际文化交流。

（1）拥有丰富的公共文化硬件设施，在国际文化交流中掌握巨大话语权。纽约不仅是美国的文化中心，也是世界的文化大熔炉。它拥有近 200 家剧场、近 100 家电影院、近 200 家图书馆、400 多家美术馆、200 多家博物馆，总部设在纽约的三大广播公司（哥伦比亚广播公司、全国广播公司、美国广播公司）控制

---

① 陈琦：《伦敦创意产业的六大国际化战略》，光明网理论频道，http://theory.gmw.cn/2015-10/23/content_17462424.htm，2015 年 10 月 23 日。

在"国际文化教育"分类中，伦敦超越了其他 50 个国际文化大都市，位居榜首。国际文化教育是全球城市建设中重要一环，不仅有利于培养国际化人才，而且能够推动国际文化交流的展开，传播城市文化，扩大全球影响力。

早在 20 世纪 60 年代，英国政府委任高等教育委员会对高等教育的前景进行发展规划，著名经济学家罗宾斯勋爵（Lionel Robbins）在 1961—1964 年间担任高等教育委员会主席。1963 年影响英国高等教育格局的《罗宾斯报告》（Robbins Report）发表，它的直接目的在于通过国际文化教育的交流，延续大不列颠帝国在亚非拉第三世界的影响力和政治战略。但英国由此开启了国际文化教育的大门，不仅开始招收欧洲、非洲、远东非英联邦国家等地区的留学生，而且鼓励和支持英国学生赴海外留学。英国的科学技术、文化理念、生活方式以及审美趣味都对留学生产生深远的影响。

到 20 世纪末期，在高等教育国际化被纳入全球大多数国家战略的新形势下，为了应对全球留学生市场激烈的竞争，布莱尔政府在 1999 年推出"国际教育首相倡议计划"（Prime Minister's Initiative for International Education，PMI），开创将政府、国际组织、教育机构整合为一体的新模式，开启英国教育国际化的国家战略时代。这项计划经过十年的发展完成两期，在经济、文化、教育和政治等领域成效显著。

伦敦作为首都，是英国的政治、经济、文化中心，也自然地成为一系列国际文化教育改革中的受益者。在这座历史悠久的国际文化大都市中，伦敦政治经济学院、帝国理工学院、伦敦大学学院、伦敦大学国王学院等二十余所世界级名校汇聚于此，而所有曾经在伦敦驻足过的留学生、学者都会在记忆中长存大英博物馆、泰晤士河、伦敦西区。伦敦作为英伦文化的符号，从城市的街道、建筑到一份下午茶、一场音乐剧，都在熏染着求学于此的年轻人和来此探访和交流的学者。而这些因素都在无形中促使了伦敦作为世界城市在国际文化教育方面处于领先地位。

政府在伦敦国际文化教育中起到的推动作用，应成为上海发展国际文化教育的经验。国际文化教育是一项长期工程，不仅关系到城市之间的国际交流与合作，而且有助于城市形象和文化的长期传播，能够增强城市辐射力，提升全球认同度。

资料来源：翁丽霞：《招收留学生的国家战略——聚焦英国"国际教育首相倡议计划"》，《比较教育研究》2013 年第 7 期；卢瑶、陈曦等：《英国国际学生政策分析》，《世界教育信息》2015 年第 7 期。

2 000 多家电台和电视台，此外，纽约拥有《纽约时报》《时代周刊》《新闻周刊》等影响美国和全球的出版物。

（2）形成国际文化交流的人才高地。作为美国甚至全球的人才聚集地，纽约拥有世界一流的经营人才、管理人才、咨询分析人才，以及文化艺术人才。它构建了较为完善的移居制度、用人制度、竞争机制，形成的自由空间和鼓励多样性的氛围吸引了丰富和稳固的人才资源，鼓励了人才创造力的发挥。

（3）形成面向全球的文化产品，拥有世界性的地标文化区域。百老汇在一定程度上已经成为音乐剧演艺的代名词，拥有世界性的文化认可和影响力，是国际文化交流中的标识性名片。此外，纽约生产的文化产品特别重视全球市场，通过以"核心版权"为品牌的版权产业链纵深开发，建立起规模经济，获取巨大收益。

（4）打造完善的国际文化交流服务平台，实现有序和高效的运作。国际文化贸易、交流已成为城市竞争力提升的重要助推力。纽约第三产业占 GDP 总量的80% 以上，文化产业在第三产业中则占有较大比重。如 2017 年纽约市旅游会展局启动"纽约市欢迎全世界"和"原味纽约市"项目，旨在加强推动文化旅游业发展。此外，纽约在国际文化交流服务方面，注重发展中介经济，培养大批熟悉国际文化市场和运作规律的文化中介机构和经纪人。

3. 巴黎在综合得分中排名第三，时尚产业领先全球。巴黎在"文化全球吸

专栏 8.2　将文化、商业、旅游结合起来的百老汇式戏剧街区

在 51 个国际文化大都市的"国际文化传播"排名中，纽约位居第一。国际文化传播能够直接提升城市影响力，与国际文化大都市的全球辐射力密切相关。纽约的百老汇戏剧街区则是纽约国际文化传播的标志性名片。

百老汇戏剧街区不仅带来演艺业的繁荣，也成为纽约市具有标识性的文化地标。街道两边的剧院上演着丰富炫目的音乐剧，街区的公寓、酒店和写字楼中是穿梭忙碌的戏剧工作者，剧院、酒吧、餐馆、咖啡馆中是来往的市民和游客，百老汇街区的文化、商业和旅游不仅为纽约市带来可观的经济收入，而且成为纽约市的文化名片，极大地提升了纽约在国际文化传播中的文化软实力。

百老汇模式中值得注意的特点是，百老汇演艺区在变迁的过程中形成了不同层次。百老汇剧院作为核心区，有 40 多家剧院，来自世界各地奔赴纽约的游客，大多数都会将百老汇观剧列入行程。在核心区外的外百老汇和外外百老汇，有 500 多家剧院，这些剧院多数为非营利剧院，可申请政府补贴，以较低成本进行戏剧实验，为培育戏剧新人起到很大作用，同时也满足了受众的多元需求。

百老汇在其百年的历史当中孵化出百余经典剧目，已不仅是单纯的文化艺术行为，背后有一套严密的产业体系支撑。所谓"不夜城"，正是因为整个百老汇街区围绕着剧院已形成一个可持续发展的消费生态系统。不仅有演出内容制作商、经济商，而且有场所经营商，从策划、融资到生产、制作，从排练、宣传到演出都是在同一个街区内完成。由此百老汇也成为纽约作为国际文化大都市的世界性文化地标。

纽约百老汇给我们的宝贵启示在于全球城市需要选择能够引领时代潮流、具有竞争优势的文化产业为依托，并形成全方位、立体化的产业链，有效配置全域资源，才能有望建成全球地标性文化区域。

资料来源：朱易安：《纽约与上海文化创意产业发展渊源之比较》，《科学发展》2009 年第 5 期；潘文捷：《将文化、商业、旅游结合起来的百老汇式戏剧街区会在中国成功吗？》，界面新闻，https://www.jiemian.com/article/2463003.html，2018 年 9 月 3 日。

引"分类中排名第二,在"国际文化教育"和"国际文化传播"分类中均排名第四。作为法国的文化中心和世界著名的文化之都,巴黎不断加强与世界各国的文化交流、提升自身文化软实力。

(1)通过国际性节日庆典与艺术类大型文化活动扩大国际文化影响力。如巴黎狂欢节、肖邦音乐节、巴黎沙滩节、葡萄收获节等。其中"巴黎不眠之夜"对巴黎乃至整个法国的文化生活产生了影响,其辐射力兼及欧洲其他城市。

(2)通过巴黎时尚展览业优势,赢取城市国际文化交流竞争力。巴黎是目前展览业世界排名第一的城市,不仅拥有世界一流的展馆设施,还具备世界一流的展业服务水平,吸引了全球各类主题的大型国际展览活动在巴黎举办,如国

专栏 8.3　巴黎的艺术区

巴黎在全球城市建设中,文化产业呈现典型同心圆模式,分为核心层、中圈、外圈,但艺术和时尚是巴黎大文化产业的核心与灵魂。在国际文化交流中,巴黎也是以艺术作为文化吸引力,塑造为标志性城市文化形象名片。长期以来,巴黎占据世界艺术中心的地位,对全世界艺术而言都极具吸引力。在政府力量和民间力量的共同推动下,巴黎形成了众多大大小小的艺术家居住区,包括公寓群、固定居所及驻留地。

美丽城艺术家工作室群——19世纪中期,美丽城所在地还属巴黎市郊,生活着社会底层的手工业者及工人阶层。20世纪60年代起,巴黎政府开始进行修缮和改造,从80年代开始,一批艺术家陆续进入美丽城安置工作室,艺术生态日渐繁盛。现在,大概有250名艺术家住在美丽城的120处工作室,美丽城因此也成为巴黎最大的艺术家聚居区。1990年起,在"美丽城艺术家工作室协会"的组织下,每年5月的最后一个周末艺术家工作室向公众开放。

国际艺术城——背倚巴黎玛黑区的"国际艺术城"(Cite internationale des Arts),于1950年建立,经历数次扩建后成为全世界最大规模的艺术家公寓群之一,目前拥有300多个工作室,7个展厅,一个音乐厅。自1965年接待第一位德国艺术家以来,国际艺术城接待了来自世界上50多个国家和地区的近两万名艺术家。皮埃尔·于格(Pierre Huyghe)、路易丝·布尔乔亚(Louise Bourgeois)、阿德尔·阿贝德赛梅(Adel Abdessemed)等著名艺术家都在此居住过。世界上约144个地区、城市、艺术院校、组织机构在艺术城认购公寓。国际艺术城以其优越的区位优势,较高性价比的创作生活空间,形成了世界各地艺术家交流和互动的优良环境。

在国际文化大都市建设背景下,巴黎对于艺术家聚集区的打造为上海带来的启示有:具有发展潜力的艺术驻留机构需要配置地理位置优越的驻留场所;根据时代形势适时转变艺术区域的功能定位;包容多元的文化氛围和全球性沟通网络有助于形成具有全球文化吸引力的艺术聚集区。

资料来源:《巴黎,政府支持艺术之都发展》,佟雯编辑,雅昌艺术网,http://gd.artron.net/20150111/n701068.html,2015年1月11日。

际当代艺术展、巴黎时装展、巴黎欧洲研究与创新展、国际广告技术设备博览会等。

（3）鼓励多元文化传播，支持文化创新。巴黎拥有法国以及欧洲、非洲、伊斯兰等多地区、多民族的文化艺术形式。此外，政府也将文化拨款积极用于扶持杂技、街头艺术和现代音乐等民间文化，如2007年对杂技投入67万欧元，对街头艺术投入57万欧元，对现代音乐投入65万欧元。

（4）重视保护和传承历史文化，赋予文化遗产新活力。2001年任命专门负责历史文化遗产事务的副市长，2003年成立巴黎旧城委员会。并且投入大量资金修复历史文化遗产，从2001年到2007年，市政府共投入8 700万欧元用于历史建筑修缮，每年的文化预算有将近三分之一都用在文化遗产的保护和修复上。重视对于历史古迹的再利用，使历史建筑焕发新生命，如将18世纪歌剧院改造为数字艺术文化中心，以及殡仪馆被改造为新的104艺术创作中心等。

4. 东京在综合得分中排名第四，动漫产业具有世界影响力。 东京在"全球文化吸引"分类中排名第一，在"国际文化教育"分类中排名第五。东京作为日本的政治、经济、文化、交通等众多领域的枢纽中心，是亚洲第一大城市，是国际化大都市中的后起之秀。在文化建设和发展中，东京以动漫业为城市主导文化产业，也成为引导东京文化产业长期稳定发展的政策方向。

（1）以动漫产品作为核心内容，推出动漫外交，扩大文化输出。东京市政府对动漫等产业实施支持和扶植政策，将动漫作为重要出口产业，并作为独立文化进行培育。

（2）在奠定雄厚的经济实力基础上，政府对城市自身定位与发展进行科学合理规划，进一步提升国际文化交流程度。东京在国际化都市基础上提出了"世界城市"的概念，将东京定位为世界城市。20世纪80年代以来，东京有意识、有计划地不断强化国际社会对于东京的认知，增强东京在世界范围内的存在感。

（3）努力创造与外国人共存的工作和社会生活环境。强调为外国人提供良好的社会环境和综合服务，为提高城市的创新能力和进一步开拓国际文化市场创造条件。东京为提升东京国际服务与沟通能力，举办世界大城市首脑会议等一系列重大国际会议，加强国际文化、艺术和学术交流活动，提高城市的创新能力，与众多世界主要大都市建立友好城市关系。

可以看出，伦敦、纽约、巴黎、东京作为顶尖国际文化大都市，在国际文化交流软实力方面基本做到全方位表现突出。综观这些顶尖文化大都市在国际文化交流方面的优势和经验，有以下共同之处：一是培育城市的核心文化产业，根据各自的发展特点，打造自己的独特城市文化标识；二是面向全球市场，视野不局限于本地和本国，打造全球化的产业价值链条；三是设立文化节庆，通过全球化动漫产业是东京乃至日本的文化优势产业，也是其标志性的文化符号。东京市政府以动漫产业为抓手，积极进行国际文化交流，提升文化竞争力和影响力。

首先，在东京市区形成动漫企业集聚区。日本 440 家动漫企业中，359 家位于东京，其中 40% 集中在东京的练马区和杉并区两个行政区，这两个区都制定了专项鼓励和支持动漫产业发展的政策。

其次，动漫节庆仪式化，吸引全球参与者，扩大国际影响力。为将动漫产业打造为自己的特色文化产业，东京还以节庆活动为抓手，提升动漫的文化品格，形成了东京国际动漫节、日本动漫软件展、东京电玩展、秋叶原娱乐节、同人志展销节、动漫主题曲夏日演唱会、东京玩具节、东京玩具展、手办模型展销节、3C 玩模展等十大动漫节庆活动，以及开发《秋叶原之旅》等游戏，再现城市街景，传播城市形象。这些活动有效提升了东京的城市文化软实力。

再次，动漫产业分工全球化。随着动漫全面使用数字化技术，借助于互联网，日本动漫制作也逐步向海外扩散，但动漫的构思、设计、编剧、部分制作等核心部分仍集聚在东京。东京还出台鼓励政策，吸收以亚洲国家为主的留学生到日本学习动漫制作来加速推进动漫产业全球化的扩散进程。

在国际文化交流方面，东京市政府积极树立文化品牌，利用扩大文化产品的出口，开展文化外交，向世界输出文化价值观和政治制度，成功扩大国际文化影响力，提升城市和国家形象。

资料来源：褚劲风：《东京动漫产业空间集聚与企业区位选择研究》，《地域研究与开发》2009 年第 2 期；王林生：《动漫节庆产业对城市发展的文化意义——以日本东京为例》，《同济大学学报（社会科学版）》2014 年第 1 期。

的文化狂欢，来传播自己的文化特色符号。三者共同作用，最终塑造国际文化交流中的核心竞争优势识别系统，有效提升国际知名度和影响力。

8.2　上海国际文化交流软实力现状评估

在 51 个城市的国际文化交流软实力整体排名中，上海的综合得分名列第 11。将上海与综合得分排名前十的城市在国际文化交流软实力四大分类中进行比较分析，从中可看到上海在国际文化交流中存在的短板，以及体现出的优势和潜力。

8.2.1　存在的短板

1. 上海在"文化竞争力"中排名第 26，公共文化设施和文化市场在总量上排名靠前，人均占有量偏低。

（1）上海的公共文化设施总量在世界上已初具规模，尤其是体育馆建设处于世界前列。但人均占有量明显低于其他国际文化大都市，尤其是音乐演艺文化设施上存在明显短板。和纽约、伦敦、巴黎、东京四大顶级城市相比，存有明显差距。

（2）文化市场消费方面，从全球比较而言，上海在"吃喝玩乐"等市场消费性指标明显提升，尤其是咖啡馆和茶馆数量世界第一，餐馆数量位居世界第二，"美食之都"名副其实，但由于上海城市人口较多，人均占有量则处于弱势。此外，上海的画廊和书店指标较弱，其部分原因在于上海城市的阅读环境处于新媒体转型期，手机、平板阅读正在成为上海市民的最主要阅读终端。

（3）在文化经济发展指标上，与伦敦、纽约、巴黎、东京、洛杉矶相比，上海还有明显差距。文化产业还未能成为上海的支柱性产业，产业规模、就业量的比例都在10%以下。只有将这两个关键指标提升到10%以上，上海的文化产业才能有质的飞跃。对标纽约、东京等城市，上海文化产业虽全面涉及渠道、内容、服务等领域，但相互之间缺少有机整合，产业链架构未得到充分运用，未形成全产业链模式。

（4）在互联网发展指标中，虽然总体上排名不高，但在具体的互联网发展领域，上海目前拥有国际上较为先进的无线网络基础设施，无线网络覆盖、移动媒体普及率等指标都位居前列。这种文化竞争力短板中隐藏的优势和潜力，有利于在国际文化交流中输出移动生活方式，未来可将"移动生活之都"作为国际文化大都市的一个核心亮点予以全球推广，打造移动消费、移动出行、移动医疗等移动文化生态链，输出"移动生活文化"。

表 8.2
上海与综合得分排名前十的城市在"文化竞争力"分类中的比较

二级	核心指标	伦敦	纽约	巴黎	东京	柏林	洛杉矶	新加坡	北京	悉尼	莫斯科	上海
公共文化设施	每百万人图书馆数	23.44	6.67	10.69	17.24	33.52	26.29	11.23	4.28	35.79	12.23	9.86
	每百万人剧院数	15.24	18.15	11.20	3.65	3.69	4.35	6.95	5.80	2.98	3.75	5.59
	每百万人音乐厅数	3.53	4.86	6.70	2.92	8.52	1.68	1.07	0.64	1.59	1.06	0.37
	每百万人体育场馆数	17.18	7.38	8.82	1.97	1.42	9.88	1.60	3.22	22.27	0.49	1.90
	每百万人电影院数量	17.97	11.12	16.29	4.89	77.56	13.15	5.70	11.53	11.33	23.82	9.52
	每百万人国家博物馆数量	28.44	11.71	11.03	9.72	46.88	9.79	1.25	8.15	7.16	4.24	4.93

二级	核心指标	伦敦	纽约	巴黎	东京	柏林	洛杉矶	新加坡	北京	悉尼	莫斯科	上海
文化市场	每百万人书店数量	344.37	255.04	235.11	122.06	386.36	46.85	29.23	34.52	90.86	14.06	36.07
	每百万人餐馆数量	2 401.59	3 695.08	1 467.85	5 305.62	3 368.47	3 614.91	247.77	6 791.61	3 853.86	812.01	6 931.26
	每百万人集市数量	608.53	859.02	782.14	300.07	1 112.78	26.00	67.91	125.13	1 416.96	27.21	180.17
	每百万人酒吧数量	1 247.10	1 804.10	3 222.77	293.94	1 432.39	321.05	117.65	114.87	912.37	331.52	127.16
	每百万人咖啡馆和茶馆数量	626.96	741.22	662.50	44.63	1 008.52	25.60	322.64	193.29	984.14	526.43	310.35
	每百万人画廊数量	165.42	350.23	153.35	12.71	295.74	42.90	46.35	58.91	141.95	31.59	26.25
文化产业	文化产业增加值（百万美金）	45 271	210 642	20 582	87 751	6 559	103 461	1 700	67 410	45 000	7 984	24 626
	文化产业占总产业比例（%）	10.70	13.10	9.80	9.26	13.00	11.80	8.50	2.13	11.40	1.09	6.50
	文化产业就业占总就业比重（%）	16.30	7.00	7.90	11.20	13.75	5.42	6.50	16.50	6.20	7.60	5.90
	旅游总收入（百万美元）	36 635	58 700	32 624	21791	9 864	33 600	30 595	82 489	5 000	8 740	57 617
互联网发展	网吧或游戏厅数量	148	4 005	3 123	2 509	2 994	2 441	183	3 430	151	510	3 135
	城市互联网网站数	51 130	118 324	81 519	117 669	66 575	144 598	43 663	58 281	17 233	128 520	25 605
	网速（ms）	140.58	139.24	169.55	176.66	156.70	122.60	153.45	150.46	228.40	133.32	134.37
	城市计算机IP数	221 235	275 453	190 233	575 848	170 970	347 461	243 190	535 708	88 495	202 496	201 566
	智能手机普及率（%）	61	78	77	72	69	79	85	81	76	73	80

核心指标	伦敦	纽约	巴黎	东京	柏林	洛杉矶	新加坡	北京	悉尼	莫斯科	上海
城市国际旅游视频数量（万）	852	1 640	2 020	838	222	761	229	684	193	77.6	104
谷歌图书曝度（万）	1 360	1 460	1 260	465	1 120	528	191	203	218	285	248
国际媒体报道数量	2 060 602	1 708 269	510 236	360 963	213 197	442 348	463 639	414 626	38 031	526 188	286 714
大型体育赛事数量	7	7	4	4	3	14	4	21	31	2	7
重大文化节庆活动数量	271	263	360	289	271	257	60	150	278	15	100
近50年举办过的世界大型盛会数量	1	1	1	1	2	4	0	1	2	1	1

表 8.3
上海与综合得分排名前十的城市在"国际文化传播"分类中的比较

2. 上海在"国际文化传播"中排名第 26，与顶尖城市存在明显差距。国际文化交流中的文化传播已经成为国家、城市进行外交活动的重要组成部分，直接影响世界对城市的认同和了解，有利于扩大文化的共性，对于塑造城市形象和提升国际影响力具有不可替代的作用。

在 51 个城市的国际文化传播排名中，上海名列第 26，低于排名第 12 的北京。从城市国际旅游视频数量、谷歌图书曝光度和国际媒体报道数量来看，均明显低于伦敦、巴黎、东京和纽约。尤其在数字信息化时代，城市以及国家在国际文化传播中更可能扩大差距，所以在国际文化传播方面上海有必要采取针对性策略提升城市国际影响力。

8.2.2 优势和潜力

国际文化交流是国际文化大都市不可或缺的重要社会功能，是交流主体之间在特定的社会环境中以特定的方式，交换文化产品、文化内容的过程，也是提升城市国际影响力的过程。

1. 上海在"文化全球吸引"中排名第 5，超过北京。这说明上海在全球影响

核心指标	伦敦	纽约	巴黎	东京	柏林	洛杉矶	新加坡	北京	悉尼	莫斯科	上海
大型地标性主题公园数量	0	0	1	2	0	1	1	0	0	0	1
星级以上旅游酒店数量	401	577	426	379	634	646	297	528	214	398	320
境外旅游者数量（万）	1 906	1 510	1 600	1 320	504.4	650	1 547.42	392.6	310	455	600.16
境外人士定居数（万）	320	321.25	270	126.2	54.57	86	52.46	20	45	30	17.83
大使馆或领事馆数量	191	124	169	172	168	106	105	173	90	159	77
A类电影节数量	0	0	0	1	1	0	0	0	0	1	1

表 8.4
上海与综合得分排名前十的城市在"文化全球吸引"分类中的比较

力方面已经明显提升。但就从具体数据来看，值得注意的是，其中境外旅游者、境外定居人口数、大使馆和领事馆数量都明显低于纽约、伦敦、巴黎、东京等城市，说明上海对于海外资源的文化吸引力有待于进一步加强。

全球影响力较大的顶级国际文化大都市，基本上都有自身的核心竞争优势识别系统。上海应有针对性地加强发展核心竞争优势识别系统的文化产业及超级节庆和赛事，从而有效提升对于全球优质资源的吸纳和汇聚。

2. 上海"国际文化教育"分类中排名第 10，整体实力较为均衡。人才是国际文化交流开展的根本条件，人才竞争、人才引进和人才培养是发展国际文化交流的关键。国际文化教育直接影响城市进行国际文化交流的人才基础。上海的文化教育排名和伦敦、新加坡、纽约相比差距明显，整体与北京差距较小，超越香港、首尔、柏林、洛杉矶等城市。在研究人员大型国际交流会议数量和国际学生数量上，上海虽高于北京、洛杉矶，但还需继续提升。尤其是国际知名智库数量较少，明显低于伦敦、新加坡、北京、柏林。从国际留学生到学者、研究专家，从智库到大学，他们共同构成了一个城市丰富的人才储备资源。

表 8.5
上海与综合得分排名前十的城市在"国际文化教育"分类中的比较

核心指标	伦敦	纽约	巴黎	东京	柏林	洛杉矶	新加坡	北京	悉尼	莫斯科	上海
研究人员大型国际交流会议数量	56	41	35	32	12	8	61	26	42	29	34
国际学生数量	104 215	89 018	59 000	92 534	33 743	46 337	75 000	39 459	62 922	59 289	55 218
国际知名智库数量	16	3	3	4	10	0	12	7	2	2	1
世界大学 500 强数量	8	6	9	5	1	1	2	7	5	6	3

ChinaJoy 是上海在全球城市建设中打造文娱产业全球窗口的实践，已经形成具有高识别度的文娱庆典。从 2004 年到 2018 年，ChinaJoy 已经举办十六届，是全球最具影响力的综合游戏盛会，也是数码娱乐领域最重要的行业交流活动。每年一度的 ChinaJoy 已成为海内外游戏玩家的狂欢盛宴。这一活动对上海的国际文化交流的诸多方面产生重要影响。

第一，促进上海游戏业国际化。ChinaJoy 开办以来，与上海乃至中国的游戏展业积极进行良性互动，有力地促进了中国游戏产业的发展。参展 ChinaJoy 的海外公司、机构越来越多，他们通过展会认识上海及中国各地的网络游戏和观众，越来越重视中国游戏的市场潜力和影响力，中国企业研发的游戏产品也被越来越多的国外客户认可，每年展会都能促成大量的合作签约。在国际文化交流中，游戏业具有举足轻重的作用，上海作为活动举办地，近水楼台先得月，能够有效促进上海游戏业向更高的标准迈进，成功走向国际化。

第二，带动泛娱乐产业国际化。升级后的 ChinaJoy 采用"软硬兼备"的战略布局，全面覆盖泛娱乐领域，包括影视、动漫、网络文学。ChinaJoy 已形成品牌，具备吸引全球粉丝"打飞的"集聚上海滩的影响力。受众群包括玩家及消费者、游戏商务人士及技术开发人员，形成横跨数字娱乐全业态，及汇聚游戏、动漫、影视、网络文学等多领域的泛娱乐产业交流和展示平台，能够集企业品牌、产品、技术、资本服务于一体，成为引领和带动产业的风向标。

第三，推动电竞业国际化，助力构建"电竞之都"。上海作为 ChinaJoy 的举办地，是中国电子竞技发展的中心。在近年的 ChinaJoy 上，电子竞技已经成为无可争议的主角。目前，上海已经占据国际游戏盛典和举办电竞比赛的核心地位，无论是从观众人数、观看市场、媒体、高校资源、活动场地、赛事经验，还是从整个生态、招商体系来说，上海都处在领先地位，电子竞技的全民化、国际化脚步越来越迅速。几乎所有热门电竞游戏均有顶级赛事落户上海，如英雄联盟职业联赛和王者荣耀职业联赛。目前，在赛事举办地的选择上，抢滩上海已成为厂商和主办方的共识，国内 80% 以上的电竞公司、俱乐部和明星都集中在上海。从上游厂商到中游赛事、俱乐部、制作公司以及下游的直播平台、周边产品，上海已成为国内最先完成电竞全产业链布局的城市。虽然业内已经较认可上海电竞业的地位，但在城市形象构建中，作为"电竞之都"的显示度有待于加强。

历经十五年的发展，ChinaJoy 不断升级和完善，在一定程度上已成为上海文娱产业的国际窗口。如果在未来能够形成一系列具有高识别度的高端国际文娱庆典，将为上海国际文化交流打通更加宽广的渠道。

资料来源：丁乙乙：《ChinaJoy：中国元素风靡，IP 历久弥新》，《上海信息化》2018 年第 9 期；徐晶卉，唐玮婕：《上海开足马力巩固电竞产业优势地位》，《文汇报》2018 年 11 月 29 日。

作为上海国际文化节庆和电影文化发展的优势识别品牌，上海国际电影节诞生于 1993 年，是中国第一个获国际电影制片人协会认可的全球 15 个国际 A 类电影节之一。经过 25 年的发展，从 2015 年开始，上影节成为全球票房最高电影节。2016 年，上影节展映场次和观影人次超过釜山国际电影节，成为仅次于柏林国际电影节的第二大 A 类国际电影节，展商数也仅次于戛纳电影节和柏林电影节，位列第三。近年来上影节作为国际电影资源汇聚平台的影响力正在持续上升，上海要发展电影产业首先需重视上影节这一连接上海和全球影视资源的金字招牌。

第一，推动艺术发展，实现国际文化交流。上影节在 25 年间的快速发展，不仅为中国电影参与国际文化交流提供了一个良好的展示平台，而且也促进了中国电影人的国际化与市场化观念。上影节的国际定位与国内角色伴随中国电影从不自觉到自觉的产业意识而演变发展。作为国内第一个大型电影文化交流平台，上影节为国际影片全面进入中国，为中国观众与国际影片的零距离接触做出了积极贡献，对于城市和国家的国际文化交流起到重要作用。

第二，提供文化内容和产品的国际文化市场推广机会、交易平台。上影节形成的强大市场效应和社会效益，能够切实调节电影供需，引发产业联动，有效推进市场化建设的进程，成为上海电影产业中非常重要的环节。作为电影行业同仁云集的一个舞台，必然存在着诸多可能性和机遇，电影节也因此被视为竞争中的相遇。电影人和电影机构都希望能在最大的范围内凝聚最广泛的注意力，从而提升知名度。节展活动为电影人和机构提供了展示自我和推广作品的平台，为参赛影片和人员争取"注意力"，从而获得更多的合作机会和营销机会。

电影作品、电影人或者机构如果能在上影节上得到荣誉就会备受媒体关注，获得形成强力社会效应的契机，将直接拉动作品的票房和其他收益，甚至提升电影人和机构以后在行业内的形象价值。以 2018 年上影节为例，"电影市场"展会总面积达 16 000 平方米，展商达 293 家，吸引了 19 698 人次，其中"一带一路"国家主题馆，吸引了超过 29 个国家和地区的电影人、电影机构参与展示，7 个沿线国家的电影机构代表进行了国别电影文化推介；电影项目创投中收到 12 个国家和地区的 399 个项目报名，42 个项目入围，其中 10 个为"青年电影计划"项目，6 个为"创投培训营"项目。

第三，打造城市品牌，提升城市形象。电影节不仅与一国的电影文化相联系，还与举办电影节的国家与城市综合实力相呼应。凭借中国的大国背景，上影节已成为吸引全球目光、经济携带文化的最佳途径，能够通过特殊的文化议程将旅游、形象、收益等结合到一起。紧密保持电影节与城市经济文化的共生性，能够为城市和国家发展带来很多衍生效益，使得电影节与城市建设和国家发展始终紧密关联，成为城市经济文化版图中的重要部分。

电影节通过将世界各地众多的目光在一定时间内准确聚焦在一个城市上，能够给城市带来具有"聚合效应"的关注度，对国家和城市形成有力的宣传，彰显文化魅力，展示城市面貌。上影节每年吸引数万名观众，形成了强大的品牌凝聚力；每年 6 月份为期 10 天左右的电影节成为上海文化生活一个重要的景观，大大提升了上海城市的国际文化影响力。电影节在为普罗大众提供嘉年华会的同时，也为塑造城市形象发挥举足轻重的作用。

虽然当下上海国际电影节也存在不足，宜采取宽容而积极的建设性态度，在比较与借鉴的基础上充分挖掘自身的特色优势，力求使上海国际电影节获得更为广阔的发展空间，成为上海国际文化交流的大舞台。

资料来源：刘汉文、陆佳佳：《电影节：意义、现状与创新对策》，《当代电影》2016 年第 5 期。

8.3 加强国际文化交流对策建议

立足上海，探索上海模式，不仅形成上海提升国际文化交流软实力的政策洞见与启示，而且为国际文化大都市研究提供"全球话语，中国智慧，上海方案"。在借鉴顶尖全球城市的国际文化交流经验，并充分吸纳上海相关经验教训的基础上，本研究针对上海加强国际文化交流和增强文化软实力提出相关的对策建议。

通过数据分析，以及对其他城市发展经验的参照和对比，能够了解上海建设国际文化大都市发展的总体状况。值得注意的是，四大维度之间，以及20个二级指标之间都存有紧密的联动关系，并非在孤立或分割的状态下单独发生作用。建设国际文化大都市，"国际文化交流"的着力点应围绕"打响上海文化品牌"这个中心，有明确目的性和针对性地展开工作。

1. 打造地标性的文化区域，形成标志性城市名片。在考察标杆性国际文化大都市的基础上，可以发现，顶尖的国际文化大都市基本上都有标志性的文化区域，比如纽约百老汇、伦敦西区、东京秋叶原、巴黎左岸，这些区域也成为所在城市的文化灵魂，以及城市气质和品位的缩影，不仅能够凸显国际文化大都市的形象与功能，而且有助于丰富城市的文化生活。

目前上海正在建设中的文化区域有人民广场、徐汇滨江一带、外滩陆家嘴一带、浦东世博园一带等。一般来说，基本上只有一个文化区域有望成为上海作为卓越全球城市的代表性名片，这个文化区域需要依托城市独特的优势文化产业，能够吸引和聚集全球相关的优质资源，产生世界影响力。比如在某区聚集大量电竞企业、组织机构、媒体传播中心、电竞会展中心、电竞文化节庆举办地等，通过着力打造上海"电竞之都"形象，将此文化区域建构为上海电竞文化产业根据地和世界性的城市文化地标。所以，亟须整合城市的最优文化产业资源，客观评估不同文化区域的优势和短板，在此基础上科学地制定地标性文化区域发展规划，有目标性、有针对性地重点发展和建设上海地标文化区。在地标文化区域集聚优势文化产业资源、相关机构组织，在产业影响力传播中形成联动效应和规模效应。

2. 以上海城市文化品牌战略为抓手，构建上海的城市核心标识系统。通过数据观察，上海虽然在国际文化交流软实力总体排名中名列第十一，已接近前十，但文化竞争力、国际文化传播方面存在明显不足，即使是排名较为靠前的文化全球吸引指标中，境外旅游者和境外定居者数量也偏低。当前，有针对性地提升城市文化竞争力和传播力，打响上海城市文化品牌战略的实施正当其时。只有通过系统的城市品牌推广，才能建立起稳定的城市核心标识系统，形成提升城市文化软实力的重要抓手。

城市名片一旦形成，很难被打破，其他城市将难以超越，如伦敦作为创意之都，东京作为动漫之都，巴黎作为时尚之都。上海应把握时机，凸显自身潜力优势，推动上海文化承续从前的魔性，把旧上海的华洋共处、中西文化结合的历史面貌，延续为今日的连接本土与世界，包容历史与当下，凸显海派文化和江南文化的交织，打造全球顶级"魔幻之都"，以塑造城市形象和构筑国际城市文化认同，形成巨大的传播力而蔓延。

3. 创设城市文化品牌，发展上海有竞争识别优势的文化产业。综观顶级国际文化大都市，它们都有自己独特的优势文化产业，而上海的核心文化产业特色还不明显。结合上海已有的文化产业布局和优势，建议将体育电竞、电影、网络内容产业定位为优势产业，加大文化产业比重，通过产业链形成带动力，增强城市在国际文化交流中的辐射力和影响力。

（1）利用已有品牌优势，以 ChinaJoy（中国国际数码互动娱乐展览会）为窗口，打造"全球电竞之都"。举办"电子竞技世界杯"，推广电竞文化；以 ChinaJoy 为依托，举办主题文化节 / 系列节庆；建造超级 VR 基地，鼓励 VR 与电竞结合，形成知名地标；围绕 VR 基地，形成产业集聚区。（2）立基"上海国际电影节"的品牌资源，将上影节升级为多功能交流平台，抓准筹备、生产、服务三个环节，放大上影节的龙头带动作用，以实现全球影视创制中心为目标。（3）成为全球科创中心软实力的文化创新载体。网络内容产业是正在发展的新兴产业，通过全球网络影响整个世界的生产和生活，代表时代最先进的创新精神、商业理念和消费时尚，上海要跻身具有全球影响力的文化大都市行列，应将文化与上海五大中心建设形成联动，在全球输出自己独特的文化创新。（4）把"IP 营商环境"打造为城市文化品牌。打造具有吸引力的国际化、法治化、人性化 IP 营商环境和金融生态；出台口号鲜明的规范条例，给予文化创作者、投资者以安全感和信心。

4. 提高城市公共文化服务效能，促进市民文化消费结构升级，从内部出发提升上海城市国际文化交流竞争力。与全球其他国际文化大都市相比，上海公共文化资源人均占有量亟须进一步提升，提高利用率、加强公众文化参与度。公共文化设施不仅是物质资源，同时应具有空间效应、文化效应和社会效应。

（1）有针对性地提升音乐厅、剧院等较高层次的文化消费场所的人均占有资源。像餐馆、咖啡馆、集市等低层次文化消费场所的总量，上海已经形成规模，而音乐厅、剧院、书店、画廊等文化场所，从总量到人均都处于弱势。（2）推动建设未来主题书店，作为休闲场所和实体商业的结合，形成都市文化休闲空间，消费者不仅能够消费书籍，而且获得满足个体需求的文化空间体验。（3）设立面向院团和剧场的艺术教育专项资金，进一步加强对于公益性演出的扶持力度，鼓励演艺市场主体在剧场、音乐厅开设形式多样的艺术教育活动，培养城市的文化消费习惯，形成影响力和传播力巨大的文化氛围。

5. 重新规划文化节庆，打造上海节庆品牌。目前上海节庆的文化影响力有待于进一步开发，与上海要打造的核心优势文化产业的参与互动要求还有一定距离。建议围绕打响上海城市文化品牌，重新规划节庆活动，设立国际性主题节庆和地方特色小节庆，吸引全球人流、本地人流，全面提升城市文化吸引力。

一方面，设立和发展具备一定基础的文化娱乐产业相关的国际主题节庆，如全球电竞节、国际艺术节、国际电影节、国际音乐节，承担起核心文化产业相关产品与服务进入全球市场的重任，为展示行业发展及行业间的全球合作交流或版权交易搭建平台，彰显城市文化特色，吸引全球人流、资金流，使节庆文化成为上海城市生活的重要组成部分。

另一方面，配合上海城市文化品牌建设，设立地方特色小节庆或者文化活动，加强城市节庆氛围，通过节庆文化活动充分调动市民的自发性、参与性，塑造和拓展城市的公共文化空间，全面提升城市文化吸引力。

6. 借鉴国际经验，鼓励发展上海的文化经纪和中介经济，提升应对国际文化交流、竞争和推广的专业化程度。在国际文化交流中，文化中介是必备的中间环节，也是国际文化交流的主体要素之一。文化经纪人、中介经济的发达程度直接影响到城市进行国际文化交流的规模与潜力。文化经纪和中介有助于对于文化进行专业包装、传播和推广，以及承办各种类型的海外演出和各种文化国际性活动，影响国际文化交流的可持续发展与扩大规模。虽然上海的大型文化中介机构在国内城市中走在前列，但是与较为成熟的国际文化大都市相比还存在明显差距，文化内容和产品走向海外在依赖海外经纪机构的情况下，难以避免被动和受限。

附表
全球 51 个城市国际文化交流软实力综合得分排名

综合得分排名	城市名称	所属国家	综合得分	综合得分排名	城市名称	所属国家	综合得分
1	伦敦	英国	100.00	13	罗马	意大利	45.86
2	纽约	美国	84.22	14	香港	中国	40.16
3	巴黎	法国	81.93	15	迪拜	阿联酋	36.16
4	东京	日本	75.72	16	墨尔本	澳大利亚	34.37
5	柏林	德国	57.13	17	维也纳	奥地利	33.90
6	洛杉矶	美国	55.78	18	首尔	韩国	32.49
7	新加坡	新加坡	54.88	19	慕尼黑	德国	31.77
8	北京	中国	53.16	20	旧金山	美国	31.66
9	悉尼	澳大利亚	47.01	21	蒙特利尔	加拿大	29.71
10	莫斯科	俄罗斯	46.67	22	大阪	日本	27.13
11	上海	中国	46.49	23	马德里	西班牙	26.28
12	多伦多	加拿大	46.40	24	阿姆斯特丹	荷兰	26.20

（续表）

综合得分排名	城市名称	所属国家	综合得分	综合得分排名	城市名称	所属国家	综合得分
25	布鲁塞尔	比利时	25.36	39	墨西哥城	墨西哥	15.87
26	米兰	意大利	25.15	40	苏黎世	瑞士	14.73
27	芝加哥	美国	24.90	41	爱丁堡	英国	14.70
28	法兰克福	德国	24.25	42	日内瓦	瑞士	13.69
29	华沙	波兰	22.71	43	开罗	埃及	13.28
30	吉隆坡	马来西亚	21.84	44	台北	中国	11.88
31	斯德哥尔摩	瑞典	21.44	45	孟买	印度	11.45
32	布宜诺斯艾利斯	阿根廷	21.27	46	达拉斯	美国	9.79
33	里约热内卢	巴西	20.61	47	广州	中国	8.41
34	费城	美国	20.48	48	圣地亚哥	智利	5.17
35	哥本哈根	丹麦	19.66	49	深圳	中国	3.77
36	圣保罗	巴西	18.53	50	波哥大	哥伦比亚	0.62
37	伊斯坦布尔	土耳其	17.70	51	约翰内斯堡	南非	0.00
38	开普敦	南非	16.29				

参 | 考 | 文 | 献

[1] 凯文·林奇：《城市形态》，华夏出版社 2001 年版。

[2] 尹继佐：《世界城市与创新城市——西方国家的理论与实践》，上海社会科学院出版社 2003 年版。

[3] 查尔斯·兰德利：《伦敦：文化创意城市》，社会科学文献出版社 2004 年版。

[4] 胡惠林：《文化产业概论》，云南大学出版社 2005 年版。

[5] 单世联：《西方文化产业理论述要》，上海人民出版社 2006 年版。

[6] 理查德·佛罗里达：《创意经济》，中国人民大学出版社 2006 年版。

[7] 金元浦：《当代世界创意产业的概念及其特征》，《电影艺术》2006 年第 3 期。

[8] 迈克尔·波特：《全球经济中的本土集群》，清华大学出版社 2007 年版。

[9] 约翰·哈特利：《创意产业读本》，清华大学出版社 2007 年版。

[10] 臧华、陈香：《文化政策主导下的创意城市建设》，《城市问题》2007 年第 12 期。

[11] 盛垒、马勇：《论创意阶层与城市发展》，《现代城市研究》2008 年第 1 期。

[12] 庄德林、陈信康：《国际都市软实力评价研究》，《城市发展研究》2009 年第 10 期。

[13] 刘易斯·芒福德：《城市文化》，中国建筑工业出版社 2009 年版。

[14] 孙福庆、杨剑龙：《双城记：上海、纽约都市文化》，格致出版社、上海人民出版社 2011 年版。

[15] 伍江：《国际文化大都市的空间特征与规划策略》，《科学发展》2016 年第 12 期。

[16] 顾少华：《上海城镇化发展战略研究——借鉴伦敦城市规划发展经验》，《经济论坛》2017 年第 6 期。

[17] 荣跃明：《上海文化产业发展报告》，上海人民出版社 2017 年版。

[18] 李怀亮、方英：《国际文化市场报告（2017）》，首都经济贸易大学出版社 2017 年版。

[19] Scott, A. J., 2000, *The Cultural Economy of Cities*, London: Sage Publication.

［20］ Landry，C.，2000，*The Creative City: A Toolkit for Urban Innovations*，London：Earthscan.

［21］ Lorida，R.，2002，*The Rise of the Creative Class*，New York: Basic Books Inc.

［22］ Stevenson，D.，2003，*Cities and Urban Culture*，New York: McGraw-Hill Companies，Inc.

［23］ Department for culture，media and sport，2006，*Comparative Analysis of the UK's Creative Industries*，London：Frontier Economics.

［24］ Mccann，E. J.，2007，"Inequality and Politics in the Creative City-Region:questions of livability and state strategy"，*International JournalofUrban &RegionalResearch*，31（01）:189.

［25］ Miles，M.，2007，*Cities and Cultures*，London: Routledge.

9

全球城市形象的
国际传播

当前，各类全球媒体建构的符号现实，在城市形象的全球传播过程中扮演着举足轻重的角色。城市形象的国际传播效果，对上海建设卓越全球城市意义重大。上海目前无论是在主流纸质媒体、网络新闻媒体和社交媒体平台上城市形象的传播效果，还是城市形象片的视觉传播效果，还有待于进一步提高。上海要充分借鉴国际经验，采取有效措施注重城市形象的建构，提高城市形象的国际传播效果。

At present, the symbolic reality constructed by international media plays a pivotal role in the global mass communication of a city's image. The effect of international mass communication of city image has a crucial significance in Shanghai's development as a global city of excellence. Currently, Shanghai needs a further upgrade in the effect of international mass communication in areas of traditional paper media, online news media, social media platforms and image video production. Shanghai needs to draw on international experiences, take effective measures to establish its city image and improve the effect of international mass communication.

在清晰界定上海全球城市形象传播预期效果的基础上，我们利用大数据手段考察上海全球城市形象在主流纸质媒体、网络新闻媒体和社交媒体平台上城市形象的传播效果，并将其与同时期全球主流媒体对香港与纽约的城市形象建构进行比较分析。另外，考察上海城市形象片在上海全球城市形象视觉传播方面的现状与问题，并与纽约、伦敦、巴黎、东京等全球城市形象片进行比较。在此基础上，有针对性地提出一系列政策建议。

9.1　全球城市形象及其传播

对全球城市而言，城市形象是一个城市的全球"身份证明"，代表着重要的无形资产。它不仅折射出城市的魅力与吸引力，同时是城市凝聚力和辐射力的体现。城市形象的传播是其扩大国际影响力与吸引力的助推器，体现了强大的软实力。因此，在建设卓越全球城市过程中，必须确立城市形象传播的效果目标。

9.1.1　传播城市形象的重要性

通常而言，城市形象是指社会对一个城市的总体感知印象和综合评价，是一座城市的历史文化底蕴和经济社会发展水平的综合反映。它作为人们关于城市的信念、观念和印象，深刻影响着人们对城市的态度和行动（Kotler，1997）。城市形象常常通过那些内涵丰富、富有个性的自然、社会、文化、经济或政治特征来建立，而且这些特征常常被夸大。城市形象传播的传统手段主要有：利用重大事件（spectacular events）制造轰动效应，如奥运会、世界杯等重大赛事，各种博览会、国际会议、文化活动，如文化节、艺术节、服装节、电影节等，以及各种节日和贸易集市等进行传播。塑造现代城市景观（urban landscapes）来展现城市美好形象，如通过建设剧院、艺术馆、博物馆、购物中心、电影院等设施等。更常见的是利用广告进行宣传（publicity campaigns），如通过城市指南、宣传册、互联网页和期刊广告进行宣传，或者通过如电视、广播等新闻媒体进行宣传（钱志鸿、陈田，2005）。当前，社交媒体的普及深深改变了城市形象传播的方式。城市形象的建构和传播正逐渐从单向的推介和信息推送模式转向更多以消费需求为导向的营销模式转型。无论是描述性还是评价性的城市形象，都需要与其所针对的全球受众发生多种类型的"共振"。城市形象的建构越来越多与其针对的特定人群发生多重的关系。

在全球数字化环境中，城市形象的建构和全球传播对于上海建设卓越全球城市至关重要。一方面，城市的全球形象塑造了本地市民和全球游客与城市之间的关系。城市全球形象对内有利于本地市民在日常生活中体验自己所在空间并与城市（包括其社会、物质环境及其文化符号系统）建立起各种类型的个人情感和认知的关联（林奇，2017）。同时，对外有利于城市扩大对外交往，吸引全球投资和人才；有利于增强城市文化的识别性和传播力，吸引全球旅游者。这种人地关系对于城市的经济形态、城市发展的物质基础、发展的可持续性，以及城市在全球城市网络体系中的结构性位置都发挥了日益直接和更为立竿见影的影响。另一方面，城市形象传播模式的变化使其越开越多地成为城市公共治理的重要维度。无论是描述性还是评价性的城市形象都需要与其所针对的全球受众发生多种类型的"共振"。城市形象的建构越来越多与其针对的特定人群发生多重的关系。城市形象的有效传播可以在城市社会多元化利益群体之间制造基本的共识并形成共同的城市认同，有利于提升市民对城市的认同感与归属感，有效地减少城市公共政策执行上的成本并藉此提高城市治理的整体效率。

对上海这个正在飞速发展的全球城市而言，更好的全球城市形象传播将能够增强上海在经济、社会、文化、生活等方面的国际吸引力，推动城市功能的全面转型升级，加强全球城市的辨别度和向心力，在全球城市的错位竞争中脱颖而出。今天，上海作为一个中国的经济和文化中心的国际形象已得到初步认可，但还缺乏标杆性的国际形象内涵。上海不缺乏高大上的符号，而在城市环境、人文氛围、日常细节等方面还存在短板。因此，在全球传播中要建构更多元化、立体化和有亲和力的城市形象；在通过传统大众媒介之外，更有效利用新兴社交网络让全世界积极参与到上海城市形象的传播之中，感受上海带来的愉悦、吸引力、魅力以至趣味。

9.1.2　城市形象传播的目标

鉴于全球城市形象的传播与城市自身的发展紧密联系，我们以上海建设卓越全球城市的愿景为基础，提出未来上海全球城市形象传播预期达到的效果，并以此作为对目前传播效果进行评判、提出建议和对策的参照基础。我们认为理想的上海全球城市形象传播应该达到以下几个方面的效果：

1. 塑造支持和推动居民个人的全面发展，并由人民共建、共治、共担、共享的伟大城市的形象。上海全球城市形象的传播，除了塑造经济和科技迅速增长的形象之外，更需要在全球主流媒体上有效地将上海的形象塑造为一座能够有力地支持和推动居民个人的全面发展，并由人民共建、共治、共担、共享的伟大城市。这要求城市形象的全球传播转变视角，需要更多地将城市与居民个人的发展，市民对城市的参与和对城市资源的共享关联起来。在讲述城市各种宏观的

"经济奇迹"和"科技景观"之余，更多地从普通居民的微观视角突出城市的卓越特质。

2. 突出文化创意、信息技术、人才培养和环保产业等新经济要素在城市形象中的重要性。 随着上海城市发展模式逐步由外延式增长转变为内生创新型发展，科学技术创新、高端人才培育、文化创意产业和信息化经济等新兴产业要素对于城市而言越来越重要。故此，在对外传播过程中，上海的城市形象也需要不断更新，进一步突出创新、人才和信息化经济等新的面向，强调上海鼓励创新的氛围和文化，有效建构起上海在网络时代作为"创新之城""人才之城"的科技创新中心形象。

3. 增强城市文化和城市精神对世界的吸引力。 上海"文化大都市"的建设亟须有效地增强城市文化和城市精神对世界的吸引力，充分挖掘和推广城市独特的文化传统。通过各种途径积极向全球传播上海独具魅力的本地历史、海派文化、地标建筑和民风民俗，充分突出上海城市新形象在全球范围内的辨识度理应成为提高上海全球影响力的应有之义。

4. 作为具有较强环境适应能力和韧性的生态城市。 上海未来要发展成为具有较强适应能力和韧性的生态城市，成为引领国际绿色、低碳、可持续发展的标杆。与这一愿景相符，上海的全球城市形象传播就需要有意识地传播上海在绿色环保、生态保护、节能减排、垃圾分类处理等城市正在积极实践的绿色政策和理念。通过有效的城市传播，努力改善由环境问题造成的负面城市形象。

5. 上海发展与地区、国家的腾飞战略紧密联系在一起。 上海需要主动承担国家战略使命，成为服务和引领长三角世界级城市群、长江经济带和"一带一路"建设的龙头城市。故此，上海城市形象的全球传播中，理应将城市的全球化与国家的发展战略紧密关联起来，将上海与长三角区域乃至整个中国的崛起联系起来，展现出上海作为全球城市对于所在地区的重要意义。

6. 突出城市文化中多元和包容的要素。 上海将致力于通过对城市品质魅力的不懈追求，成为文化治理完善，市民高度认同并共同参与，兼具人文底蕴和时尚魅力的幸福、健康的人文城市。这意味着在城市形象的全球传播中彰显"海纳百川"的城市人文精神与人文底蕴。这具体表现为上海兼收并蓄的文化氛围，特色凸显的城乡风貌，风格独特的历史遗产，等等。上海文化中的多元和包容要成为贯穿于城市形象全球传播所有过程的基本底色。

9.1.3　城市形象传播的国际经验

放眼世界，许多全球城市都高度重视城市形象的传播与建构。如伦敦、纽约、东京等全球城市以成功的城市形象传播彰显出城市的魅力和"磁力"，大大提升了它们在全球城市网络中的综合竞争实力和软实力，堪称城市形象传播的成功典型。

1. 伦敦。作为顶尖的全球城市，伦敦成立了伦敦发展署（London Develop Agency）、伦敦第一（London First）、推广伦敦委员会（Promote London Council）等专门的城市形象传播与推广机构，这些机构位于伦敦市政府决策的领导层，有权参与伦敦市政府所有对外活动的策划与实施。它们通过与各界各行各业的合作，在全世界范围内推广和传播伦敦的城市形象。

伦敦的城市形象被建构为一个活力无限、变化无穷的万花筒。万花筒变幻莫测的特性紧扣伦敦"不断探索"的主题特征，生动展现了伦敦经济、文化、生活等五彩斑斓的一面（Manns，2014）。历史和文化作为伦敦的核心竞争力之一，也是伦敦城市形象传播的战略重点之一。伦敦近年来展示其世界文化之都地位时，不仅突出其厚重的文化和艺术遗产，更注意不断强调其从古典到草根的文化多元性和兼容性，以及无与伦比的当代艺术和文化创意（王林生，2013）。近年来，顺应新技术和数字化潮流，伦敦在城市形象传播中还大力推广"智慧伦敦计划（Smart London Plan）"，提升技术、政策、数据等的公共参与程度（田舒斌，2015:159—160）。

伦敦还成功通过各种城市活动在全球推广和传播其城市形象。从北京奥运会闭幕式的"伦敦8分钟"开始，伦敦就借助2012年奥运会主办城市的身份，向全球大力开展城市形象传播，展示伦敦在商业、旅游、高等教育和创意产业等方面的优异表现。不仅如此，伦敦几乎每个月都有大型的庆典活动，其中如摄政街的点灯仪式，每年8月的狂欢节，皇家庆典、伦敦时装周、伦敦电影节等惯例性节庆活动，对提升伦敦的城市形象起到了很大的作用（周丹，2007）。这些活动不仅每年吸引了大量的游客，同时随着电视的转播与社交媒体的转发使全球数亿人了解了伦敦，成为伦敦的名片。

2. 纽约。纽约是全球金融、商业、贸易、文化中心城市。然而，在20世纪70年代，纽约曾面临着形象危机，几乎陷入"颓势"的窘境之中。为扭转这种局面，纽约一方面大力发展广告创意、地产经济和文化产业等"象征经济"，试图让城市经济重新充满活力；另一方面也致力于形象修复，通过大量的调查，聘请设计师设计出以"大苹果"为图案的旅游标志，以及"I Love NY"的城市营销标志。这些城市标识被印在信笺、T恤衫、珠宝首饰、围巾、眼镜、明信片、餐具等日常物品上，经过宣传和广泛的使用，为纽约带来了无法估量的商业利润和心理凝聚力（张婷婷，2018）。尤其是"I Love NY"甚至被运用在犯罪预防、戒烟运动等项目中，把全城市的气氛改造成"爱的纽约"，引导市民主动参与城市的各种活动和公共事务（Greenberg，2008）。

"9·11"事件以后一段时间，纽约市游客锐减。当时旅游界认为十年内难以翻身，但短短四年多就全面恢复。这与纽约当局的成功城市形象传播密不可分。旅游部门组织世贸中心遗址纪念等活动，邀请在"9·11"事件中备受尊重的纽约消防员担任形象代言人，给纽约市民和外来旅游者都带来温暖、安全感和信心，形成良性循环。此外，纽约市政府还出台规定，给在纽约拍电影和电视的制片商退税，并为外景拍摄提供各种便利。一方面，这有助于重振影视产业，带动旅游相关产业；另一方面，大量在纽约拍摄的影像，也是向全世界展示纽约风采的最佳免费广告。此外，纽约还在欧美各国举办"大苹果"街头塑像评比等城市形象推介活动（杨扬，2006）。各类影像中，纽约的城市形象传播重点不再是灯红酒绿、繁盛富庶以及经济活力，而更多转向展示纽约普通市民，挖掘开放、包容、敬业、履责的纽约城市精神，取得了很好的效果。

纽约的官方旅游及市场推广机构纽约市旅游会展局（NYC&Company）近年来注重利用新技术进行纽约城市形象传播和推广。纽约市旅游会展局在官方网站上嵌入了谷歌地图街道景观和商家景观，商家景观提供完全互动的餐厅室内虚拟导览，让食客以崭新方式去探索餐厅；它更与纽约"城市地图"公司合作推出免费纽约市地图APP，让用户通过易于识别的名称和Logo视觉标识，轻松浏览纽约市；也可从近九万家的酒店、餐厅、酒吧、店铺和景点中筛选定制自己的行程，包括预订餐馆，查询电影剧院列表和购票，查询公共交通信息，等等。

3. 东京。东京良好的城市形象受到国际社会的认同，市政当局做出了极大努力。在日本政府制定"观光立国"的国家战略后，2002年东京用推广城市形象作为振兴旅游产业的抓手。2006年东京颁布《十年改造东京计划》，提出要把东京建设成世界各国向往的魅力都市和"具有活力与风格的世界都市"。2015年东京出台《东京文化愿景》草案，将东京定位为"充满活力的、无与伦比的、成熟的文化城市"，认为东京是传统与现代、东方与西方文明相汇集的城市，其文化丰富多彩且底蕴深厚，这正是东京区别于其他城市的特色所在（东京都，2015）。

东京传播城市形象的具体措施包括：首先是开展城市整体营销。通过民间团体向世界各国特别是亚洲国家宣传东京。并在纽约等一些海外城市选聘旅游代言人。东京都还设立了旅游信息网，印制大量旅游宣传册和地图，免费分发。宣传资料和网页使用的语言达到八种。其次是通过争办一些大型节事活动来推广东京城市形象。如东京国际马拉松赛、国际动画展销会、东京国际电影节、东京时装周、狂热东京爵士等赛会在国际上都具有较大影响（郭颂宏，2008）。

"文化"和"科技"是向世界推介东京城市形象的两个卖点（魏然，2017）。东京在城市形象传播上注重盘活各文化据点的文化资源，以强化"艺术文化都市"这一东京的整体城市形象。如集结了博物馆、美术馆、音乐厅、动物园等文化设施和艺术类大学的上野，因动漫、游戏等闻名于世的秋叶原，向全世界输送卡哇伊时尚的原宿，将江户时代市井风情保留完好的神乐坂等，成为东京推广城市形象的各具风格的文化据点（魏然，2017）。

另外，东京还注意强化"技术都市"这一城市形象。东京要以奥运会为"展厅"，向全世界展示日式的革新科技，其中包括研发机器人、电动汽车、机器翻译、超高清电视等领先世界的科技；引入残障人士也能观赏奥运会的技术；推进无线上网、电子显示等信息技术；针对外国游客的增加，普及国外信息卡、电子结算等非现金结算方式（魏然，2017）。

9.2 上海城市形象的国际媒体传播效果

我们对来自中东、亚太、拉丁美洲、美国、欧洲、澳洲、英国和非洲等世界等不同国家或地区和语言文化区域所有 662 个主要的专业新闻媒体，以及共 154 家主要新闻网站和全球主流网络博客账户，其在 2017 年 9 月 20 日至 2018 年 9 月 20 日间标题与第一段中出现关键词"上海"（Shanghai）的相关报道（在排除了市场贸易和证券简报内容后）进行了大数据分析，揭示国际媒体对上海城市形象的建构和全球传播的现状，以及存在的主要问题和原因，并将其与同时期全球主流媒体对香港与纽约的城市形象建构进行对比参照，提出改进的措施建议。

9.2.1 全球主流纸质媒体的传播

全球主流纸质媒体塑造城市形象的影响力不容小觑。现有研究表明，全球主流的纸质媒体对于各自文化区域内其他的地方性媒体甚至各类网络和社交媒体具有强烈的议题设置作用。在信息过载的数字环境中，全球主流媒体对于其他信息源的引导方式和效果都发生了根本的变化。上海城市形象在全球主流纸质媒体中的传播情况分析如下。

1. 相比香港和纽约，主流纸媒对上海的关注度仍然有较大的提升空间。目

图 9.1
全球主流媒体上海、香港和纽约的相关报道

资料来源：根据 Factiva 数据库相关数据绘制。

表 9.1
全球主流纸质媒体上海、纽约、香港报道分布

资料来源：根据 Factiva 数据库相关数据统计得出。

日期	上海	纽约	香港
2017 年 9 月	1 594	11 182	2 688
10 月	5 087	25 825	6 355
11 月	4 433	26 960	6 875
12 月	3 410	22 551	6 613
2018 年 1 月	4 121	22 879	7 762
2 月	3 295	21 130	6 279
3 月	3 853	23 309	9 289
4 月	3 929	22 625	8 590
5 月	3 775	23 280	7 051
6 月	4 364	22 059	7 284
7 月	4 259	22 252	8 340
8 月	3 841	26 513	9 521
9 月	2 512	19 944	5 660

前，上海已成为全球主流纸质媒体在其日常报道中一贯关注的热点城市。具体而言，数据分析显示全球主流媒体对于上海的关注程度在一年 12 个月中间，基本报道量分布得比较均匀（图 9.1）。全年中每个月之间上海相关报道的差异并不很大。换而言之，上海在全球主流媒体日常报道中，已经有能力稳定地吸引一定的注意力，是全球纸质媒体重要的热点城市之一。

但与香港和纽约等全球城市相比，全球主流纸质媒体对上海的关注度仍有较大提升的空间。将上海 2017 年 9 月到 2018 年 9 月在全球主流纸质媒体的报道数量情况与香港、纽约等城市的横向比较（表 9.1），结果显示，相比纽约，上海和香港在全球主流纸质媒体中得到的关注度都存在较大差距。上海与香港相比，每个月全球主流纸质媒体的平均报道量也存在明显差距。如何将对外城市形象传播的效果最大化，有效地吸引更多全球媒体的注意力，成为目前城市形象传播中存在的重要问题。

2. 中国英文媒体成重要信源，专业知识集团成全球主流纸媒主要信源。上海的《上海日报》和《第一财经》等本地英文媒体，以及《中国日报》和新华通讯社等国家级媒体的英语报道已经成为全球主流纸质媒体中与上海相关的报道实践中最为重要的信息来源（图 9.2）。

2017 年，在全球主流纸质媒体的上海相关报道中，《中国日报》（1 226 篇）、新华通讯社（730 篇）、《上海日报》（720 篇）、《环球时报》（355 篇）和《第一财经-全球》（269 篇）等多种上海本地和全国性英文纸媒和通讯社已经成为重要且稳定的信息来源（见表 9.2）。其中，《中国日报》、新华社和《上海日报》在被引数量上远远领先，而《第一财经-全球》作为英文版的上海本地财经专业媒体也

图 9.2
上海相关报道信息分布

资料来源：同图 9.1。

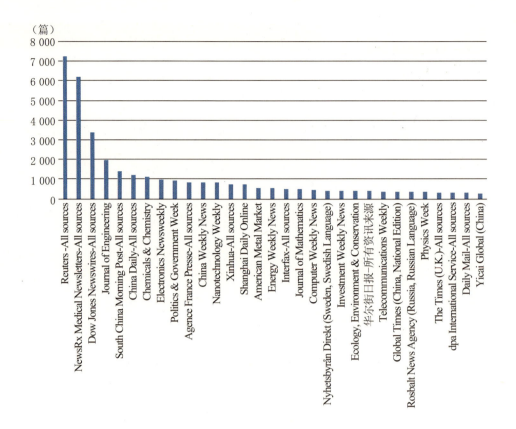

正在吸引更多全球主流媒体的注意。

此外，从排名前几位的被引用机构来看，除了综合的新闻媒体机构和通讯社之外，出现了大量医疗卫生、财经证券、工程等方面的专业性的信息来源。换而言之，关于上海在特定专业领域的知识发布而非仅仅是综合类新闻媒体的报道内容正在成为塑造上海全球城市形象越来越重要的力量。

但另一方面看，类似 NewsRX（包括其所属的各类针对更细分市场的专业媒体集团）和路透等全球化的综合性媒体集团，在全球主流媒体涉及上海的报道中，成为占据绝对主导地位的信源。值得注意的是，NewsRX 作为聚焦于自动化新闻生产、知识发现与人工智能的公司，其旗下的"Medical newsletters"和"China Weekly News"成为全球主流纸质媒体报道上海时十分重要的信息来源。同时值得一提的是，《南华早报》作为基于香港地区的英文媒体，在传播建构上海城市形象中也发挥了巨大的作用（一年中被 1 390 篇全球主流纸质媒体的上海相关报道引用）。

3. 本地英语媒体明星记者在全球主流纸质媒体的影响力尚有待提高。与此相关，本研究进一步深入观察了具体有哪些新闻记者个人的姓名频繁地出现在全球主流纸质媒体涉及上海的报道中（表 9.3）。被提及姓名的记者多寡多少显示了特定媒体记者的报道内容多大程度上得到了全球主流纸质媒体的直接引用，构成了评估信源影响力关键的指标。

表 9.2
上海相关报道信源分布

资料来源：同表 9.1。

资 讯 来 源	文 档 数 量
Reuters	7 250
NewsRx Medical Newsletters	6 230
Dow Jones Newswires	3 372
Journal of Engineering	1 943
South China Morning Post	1 390
China Daily-All sources	1 226
Chemicals & Chemistry	1 129
Electronics Newsweekly	949
Politics & Government Week	901
Agence France Presse	838
China Weekly News-News RX	826
Nanotechnology Weekly	810
Xinhua-All sources	730
Shanghai Daily Online	721
American Metal Market	550
Energy Weekly News	541
Interfax-All sources	511
Journal of Mathematics	479
Computer Weekly News	432
NyhetsbyrånDirekt（Sweden，Swedish Language）	422
Investment Weekly News	387
Ecology，Environment & Conservation	384
华尔街日报	384
Telecommunications Weekly	377
Global Times（China，National Edition）	355
Rosbalt News Agency（Russia，Russian Language）	350
Physics Week	347
The Times（U.K.）- All sources	328
dpa International Service - All sources	296
Daily Mail - All sources	288
Yicai Global（China）	269

　　数据显示，在被引率高居前十位的记者中，并没有来自中国内地媒体和信息发布机构的记者（入榜中国记者仅有来自供职于香港网站 scmp.com 的记者 Zhang Shidong 和 Daniel Ren，同时也说明 scmp.com 作为网络媒体值得上海城市形象传播从业者更多的关注）。换而言之，来自境外媒体明星记者的文本和观点

作　　者	文　档　数　量	供职机构名称
John Ruwitch	272	Reuters News
Brenda Goh	263	Reuters News
David Stanway	210	Reuters News
Trefor Moss	196	Dow Jones Institutional News
Zhang Shidong	173	scmp.com（Hong Kong）
Michael Smith	151	The Australian Financial Review
Andrew Galbraith	146	Reuters News
Daniel Ren	141	scmp.com（Hong Kong）
Winni Zhou	131	Reuters News
Liza Lin	106	Dow Jones Institutional News
Jessica Zong	104	Metal Bulletin Daily
Shen Hong	101	Dow Jones Institutional News
Engen Tham	98	Reuters News
Zhou Wenting	94	China Daily
Tom Daly	92	Reuters News
Samuel Shen	88	Reuters News
July Zhang	84	Metal Bulletin Daily
Xu Wei	79	Yicai Global（China）
James T. Areddy	77	Dow Jones Institutional News
Reggie Le	75	Platts Coal Trader International
Maggie Zhang	75	scmp.com（Hong Kong）
Joanne Chiu	71	Dow Jones Institutional News
Shi Jing	69	China Daily
Li Qian	67	Shanghai Daily Online
Pei Li	67	Reuters News
Gladdy Chu	64	Metal Bulletin Daily
Liao Shumin	63	Yicai Global（China）
Hu Min	61	Shanghai Daily Online

表 9.3
频繁被全球主流纸质媒体引用的记者名单

资料来源：同表 9.1。

对于上海全球城市形象传播产生了重要的影响，而上海本地英语媒体的明星记者在全球主流纸质媒体中还需要发挥更大的影响力。

　　同时，如果仔细观察表 9.3 中排名略微靠后的记者名单，可以发现来自《中国日报》的 "Zhou Wenting"（当年被引 94 次）和 "Shi Jing"（被引 69 次），《一财国际》的 "Xu Wei"（被引 79 次）和 "Liao Shumin"（被引 63 次），《上海日报》的 "Li Qian"（被引 67 次）和 "Hu Min"（被引 61 次）都已经成为上海全球城市形象塑造中有能力发挥关键作用的明星记者。"第一财经"和《上海日报》等明

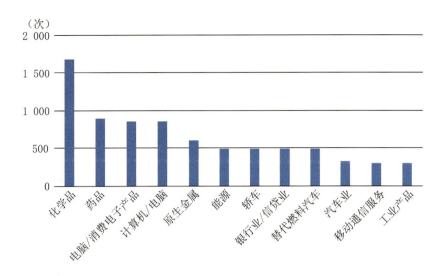

图 9.3

上海城市形象提及最多行业

资料来源：同图 9.1。

星记者已经成为城市形象全球传播中本地媒体的重要的力量。

此外，我们将全球主流媒体在报道上海相关内容时引用记者个人的数据与全球媒体上海相关报道中提及最多的媒体机构来源进行了系统的比较。对比发现，《南华早报》和《中国日报》信息被引用的频率远远超过了这两个机构的明星记者被全球主流纸质媒体引用的频率。另外，虽然 scmp.com 并没有作为信息来源被全球主流纸质媒体频繁引用，但来自 scmp.com 的"Daniel Ren"成为当年全球媒体报道上海相关内容时被最多提及的记者。这些数据上的不对称显示《中国日报》等机构可能在信息提供方面发挥了重要作用，但为了提高自身在城市传播方面的影响力，仍旧需要培养推出更多全球主流媒体乐于在日常新闻报道实践中引用的明星记者。

4. 科技和金融行业主导上海的经济形象，但是城市历史文化和城市生活的表现相对不足。我们系统比较了上海与香港、纽约等全球大都市在全球主流纸质媒体建构的经济形象方面存在的异同。比较目的在于展现上海全球城市形象在经济

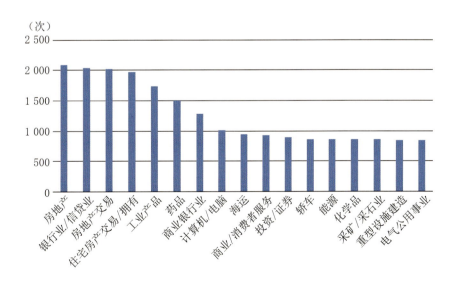

图 9.4

香港城市形象提及最多行业

资料来源：同图 9.1。

图 9.5
纽约城市形象提及最多行业

资料来源：同图 9.1。

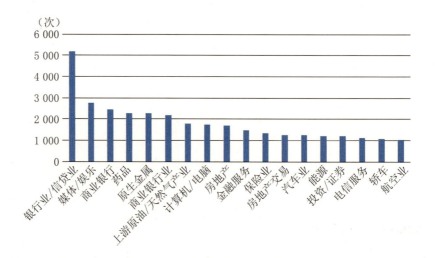

（次）

维度上的独特之处，突出上海城市形象建构中存在的发展机遇与面临的挑战。将图 9.3 与图 9.4 进行比较发现，主流纸媒建构的上海城市经济形象中，化工制药、电脑技术、金属材料和能源等技术含量较高的行业已经占据了城市形象最为显著的地位。相比之下，香港的经济形象中银行金融、房地产行业和工业类产品占据了最为重要的地位。若将图 9.3 与图 9.5 纽约的数据进行比较，可以发现纽约除了银行金融行业之外，媒体娱乐行业是其经济形象中仅次于金融的最为重要的构成。此外，化学制药、金属材料、能源和信息技术等科技前沿的领域也是纽约最为重要的形象组成。两者比较，纽约城市形象中更多牵涉创意产业和日常生活的历史文化维度；而上海在新科技领域的形象后发优势明显。但传媒和创意产业，以及上海独特的历史文化乃至当下上海的城市生活等维度在城市形象中却基本没有得到体现。

上面描述的差异和趋势，在图 9.6、图 9.7 与图 9.8 中就新闻报道主题的对比参照中显得更为突出。具体说来，涉及上海的全球主流媒体报道中，大多数主题集中在技术、企业、金融和知识产权等相对"硬性"的方面和指标。虽然各类体育赛事也已经成为上海城市形象中越来越重要的侧面，但总体而言从图 9.6 的新

图 9.6
全球主流纸媒上海报道提及
最多新闻主题

资料来源：同图 9.1。

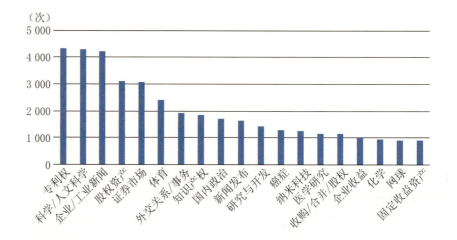

（次）

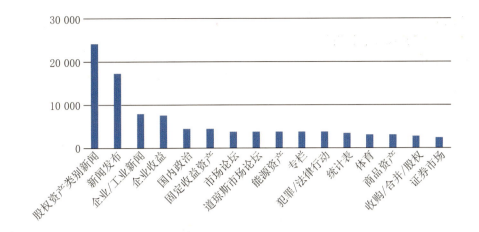

图 9.7

全球主流纸媒香港报道提及最多新闻主题

资料来源：同图 9.1。

闻主题分析中很难看到上海独特的文化和媒体创意产业，更遑论上海特有的历史文化积淀、政治动态和普通市民的日常生活。

总之，纽约的城市形象明显要更为多元，其中，国内政治成为最为重要的话题。同时体育活动、文化娱乐、犯罪法律、名人轶事、电影和音乐等城市生活的各个方面都成为城市形象中十分突出的"亮点"。与此相比，上海的城市形象需要更贴近城市独特的文化历史与日常生活。除了塑造传播科技和金融城市的形象之外，上海还需要更多作为市民日常生活之所和历史文化之都，出现在全球视野中。

5. **上海形象与中国和欧美等地关系密切，但与长三角地区及大中华文化圈的联系反而不多。**上海在全球主流纸质媒体的日常报道中经常性地与全球哪些城市、地区和国家同时出现，一定程度上体现了上海城市形象的全球化程度及其实现全球化的方式。根据图 9.9 的数据分析，最频繁与上海同时出现的地点概念是"中国"（包括北京作为国家象征）的国家概念。换而言之，在全球主流纸质媒体的符号建构中，上海的国际形象与中国（包括首都北京）紧密相连。与此同时，全球媒体也比较频繁地将上海和美国或者与香港联系起来报道：美国成为与上海关联最多的国家，而香港则成了上海最重要的参照城市。此外，上海的城市形象

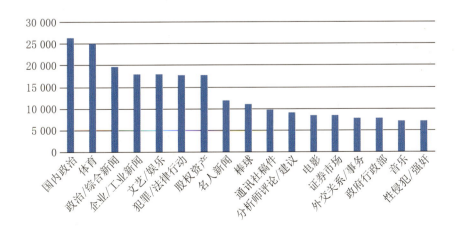

图 9.8

全球主流纸媒纽约报道提及最多新闻主题

资料来源：同图 9.1。

图 9.9
全球主流纸媒频繁与上海同时出现地区

资料来源：同图 9.1。

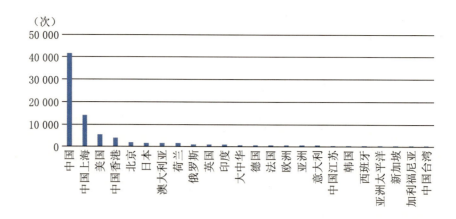

除了与英美等西方发达国家保持紧密联系外，已经密切地与亚太远东地区主要的经济体包括澳大利亚、日本、俄罗斯、印度、韩国和新加坡等国家和地区关联在一起。尤其值得一提的是"大中华"文化圈也成为与上海关联最为紧密的概念。上海作为亚太远东地区性城市网络中关键节点的地位正日益彰显。

若将图 9.9 与图 9.10 香港的同类数据进行比较，可以发现香港的城市形象除了同样与"中国"国家概念密不可分，并且与英美等西方强国发生关系之外，更为深入地"扎根"于由深圳、广州、台湾，以及菲律宾、新加坡、泰国和马来西亚等东南亚本地的国家、地区和城市构成的本地网络中。就与香港关联紧密的地区网络而言，共同的中华文化和中文语言所发挥的凝聚作用更大。相比之下，"大中华"文化圈的概念虽然也出现在与上海相关的报道文本中，但上海与东南亚（甚至华南）诸多地方的关联远没有香港来得紧密。

最后，对图 9.9 与图 9.11 关于纽约的数据进行比较，可以看出纽约作为最为著名的全球城市，其城市形象一方面与英德法日等传统的西方资本主义强国紧密关联；另一方面，更为突出的是与其本地区包括加利福尼亚州、纽约州、佛罗里达、新泽西、华盛顿、马萨诸塞州、洛杉矶、俄亥俄、宾州、波士顿、康涅狄格州等不同地点发生更为广泛且密集的关联。值得注意的是，在关于纽约的全球主流媒体文本中，中国已经成为经常与纽约同时出现的地方概念。但无论香港还是

图 9.10
全球主流纸媒频繁与香港同时出现地区

资料来源：同图 9.1。

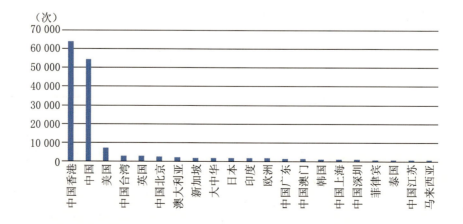

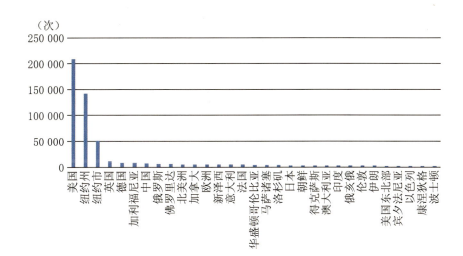

图 9.11
全球主流纸媒频繁与纽约同
时出现地区

资料来源：同图 9.1。

上海的媒体形象中并没有与纽约建立频繁的联系。相比之下，上海城市形象中，与之关联最为紧密的国内地点只有北京、江苏和台湾。上海的城市形象与长三角本地区其他地点之间的关联显示度有待增加。

9.2.2 全球主流新媒体的传播

在数字传播时代，新媒体平台（包括社交媒体和网络新闻）在全球城市形象传播中所发挥的影响力越来越大。尤其值得注意的是，相比传统媒体的文字传播，视觉传播形态无论速度或广度都出现了本质性的差异。由网络新闻媒体和社交媒体构成的新媒体也日益成为城市形象的重要传播渠道。上海城市形象在全球主流新媒体中的传播情况分析如下。

1. 网络媒体中的上海形象与亚洲各城市的关联更为紧密，社交媒体更多涉及城市与城市之间的关系。对网络新闻媒体上海城市形象的文本数据（图 9.12）进行比较分析后发现，相比前文全球主流纸质媒体的数据（图 9.9），网络新闻媒体建构的上海形象与亚洲本地包括中国香港、日本、韩国、新加坡、印度、马来西

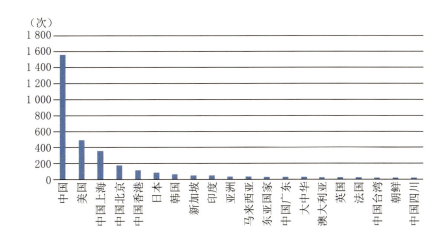

图 9.12
网络新闻中与上海形象频繁
关联的地区

资料来源：同图 9.1。

亚等一系列国家和地区的关系更为紧密。新媒体平台上出现了不少直接描绘上海与"亚洲"以及上海与"大中华"文化圈各类交往互动关系的报道文本。

比较图 9.13 社交媒体博客与前文图 9.9 的纸媒数据，我们发现社交媒体中与上海频繁出现的地点与纸质媒体的情况反而更为相似。前者博主个人对城市形象的报道议题或许更多受到了主流纸质媒体的设置和塑造。但细加比较也可以看出，社交媒体中，与上海城市形象相关的地点更多出现了具体的某个城市，而非民族国家。也就是说，社交媒体对城市形象中全球化维度的建构，由于博客大多出自具体的博主个人，故其所能经验的地理尺度比主流纸媒机构要更小、更为具体。

图 9.13
**社交媒体博客中与上海形象
频繁关联的地区**

资料来源：同图 9.1。

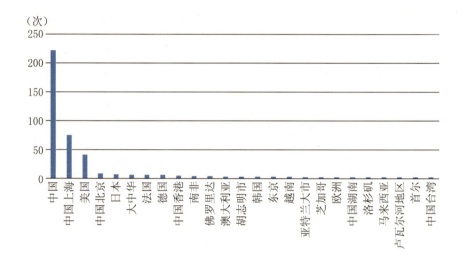

2. 建构上海形象，社交媒体引用信源较少且信源中主流媒体缺席；网络新闻媒体更偏向亚洲当地媒体信源。 比较全球主流纸媒、网络新闻媒体与社交媒体博客平台对上海城市形象建构时所引用的信息来源，可以发现在社交媒体平台上，博主在建构上海城市形象时引用其他信源的频率不高。博客关于上海形象的内容报道大多基于博主个人的经验或其意见观点。更进一步仔细考察博客引用的信源类型，可以发现，博客大多以其他社交媒体账号、内容偏软性的网络杂志或者其他相对专业的信息来源为主。主流的新闻媒体，无论是纸质或网络新闻媒体，基本从社交媒体上海相关报道的信源中"消失"（图 9.14）。

此外，比较图 9.15 与上文图 9.2 关于全球纸质媒体上海形象报道中的信息来源，可以发现网络新闻媒体上海城市形象建构中涉及的信息来源与全球主流纸质媒体截然不同。类似《中国日报》《上海日报》《第一财经》和新华社等我国主要的对外传播机构能够对全球主流纸质媒体产生比较明显的影响；但在全球主流的网络新闻媒体上，除了《中国日报》多少尚被提及之外，更多得到引用的或者是类似 ABC Network、布隆伯格（Bloomberg）或《经济时报》这样的全球性媒体

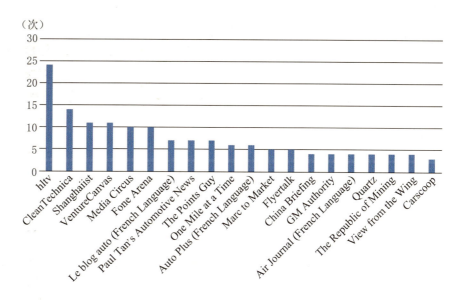

（次）

图 9.14
社交媒体上海内容信息来源

资料来源：同图 9.1。

集团，或者是来自马来西亚、日本、新加坡、新西兰、印度、韩国和越南等东南地区更为本地化的区域性媒体机构。对于信源的选择偏向也部分解释了为何网络新闻媒体更多将上海的城市形象与亚太本地区的其他地点关联起来。网络媒体与纸质媒体在上海城市形象建构中信源方面发生了比较明显的"错位"，并且表现出更为本地化的建构方式。

3. 数字媒体建构的上海城市形象主题更为多样，贴近日常生活。我们从数据出发系统比较了全球主流新媒体和传统纸质媒体在建构上海城市形象时在新闻主题方面呈现出的差异。将图 9.6 全球主流纸质媒体上海形象建构时着力凸显的话题与图 9.16 网络新闻媒体的情况相比，可以发现纸质媒体建构的上海形象相对更

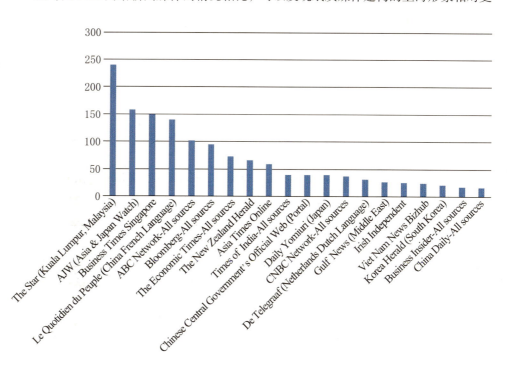

图 9.15
网络新闻上海报道信息
来源

资料来源：同图 9.1。

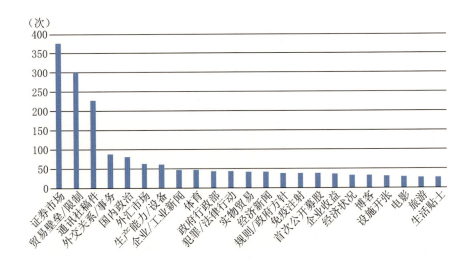

图 9.16
网络新闻上海报道涉及的主题

资料来源：同图 9.1。

为单一，更为集中在高新科技、知识产权、金融证券等相对专业的话题领域。比较之下，网络新闻媒体和社交媒体中上海城市形象的构成则更为多元，更多涉及外交关系、国内政治、体育竞技、犯罪法律、公共卫生、社交媒体、电影旅游和生活贴士等牵涉城市日常生活的诸多领域。换言之，网络媒体建构的上海城市形象，一方面无论是信源选择还是与其他地点的关联等方面都更多扎根于亚太地区本地的城市网络；另一方面新媒体建构的上海城市形象也具有更为丰富的层次和面向，与普通市民日常生活的体验关联相比纸媒更为紧密。

进一步的比较可以发现，相比纸质媒体，社交媒体平台上的上海城市形象尽管更为丰富，更贴近市民生活（具体包括法律、体育、贿赂、名人新闻、食品饮料、空气污染和音乐会等），但更多包括了耸人听闻的负面内容，涉及更多具体的独立事件而非整体性的社会话题，并且基本很少涉及国内政治和外交等相对宏观的话题领域。

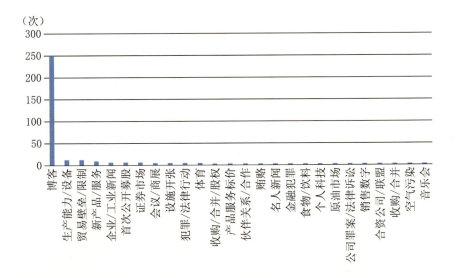

图 9.17
社交媒体上海报道涉及的主题

资料来源：同图 9.1。

9.2.3 对策建议

以上海城市形象传播预期效果为标准，并依据前面关于全球主流纸质媒体和数字网络媒体上海城市形象传播效果的相关发现，本章对提升上海全球城市形象的传播效果提出以下对策和建议。

1. **通过各种途径，积极提升上海在全球主流纸质媒体的曝光度。**为增强上海在全球范围内的影响力，需要传播者综合灵活地应用重大事件策划、国家公关战略、形象塑造以及培养明星记者等各种手段，提高上海城市在全球主流媒体上被关注的程度。继续增强本地英语媒体作为全球主流纸媒信源的作用。需要更有意识地切实提高国内英语外宣媒体，尤其是增强上海本地英语媒体在日常报道中包含的信息量，并通过更与全球接轨的信息传播途径和便于引用的信息呈现方式提高自身对于全球主流纸质媒体的影响力和吸引力。瞄准并培养能向全球讲述"上海故事"的明星记者。一方面需要从业者更有的放矢地瞄准这些明星记者个人，同他们建立友好的合作参与关系，促进上海城市形象在全球的传播；另一方面，需要推出更多有影响力和感召力的明星记者，更好地向世界从记者个人的本地视角出发描绘上海的城市形象。

2. **丰富上海城市形象的全球传播内容，使之更加全面和丰满。**在向全球说好上海故事的过程中，除了关注传统的综合性英语媒体之外，更多地将注意力集中到特定专业领域的信息服务集团。城市形象的传播无论在信息质量还是信息表达呈现方式和语言风格的选择等方面，都要更好符合特定技术或者领域的专业化要求。从业者用更为专业的传播手段和内容通过全球主要的专业信息服务巨头，向全球有效地传播上海的城市形象。在对外传播上海形象时，更加突出上海城市发展模式转型中的文化产业、媒体创意和生态绿色产业的重要性，有意识地提高文化创意产业、传媒娱乐行业和绿色环保等更能体现城市多方面创新能力和可持续发展能力的维度。

3. **城市对外传播的视角要平民化，将公众参与共建、共治、共担和共享的过程在城市形象中凸显出来。**具体而言，在对外宣传城市形象时需要更有意突出普通的市民与城市之间的各种关联。在新媒体环境中，随着个人受众越来越多地成为信息来源，城市传播就更需与此适应，改变自身的传播视角。在突出国家和企业组织等主体之外，传播中亟待更多利用普通市民个人的参与和对城市资源的共享来向外传递上海作为一座卓越的全球城市的形象。如此视角的转换，一方面与上海建设"由人民共建、共治、共担、共享的伟大城市"的目标一致；另一方面也适应了西方文化中对个体命运的关注。通过突出普通市民个人的境遇和命运来向世界讲述上海故事更容易在全球范围内产生良好的传播效果。

4. 讲好上海的"文化历史"故事。从目前的数据分析结果看，上海的国际形象中占据最主要地位的仍旧是经济、政治和休闲三大块。相比之下，对于上海本地独特的文化传承、历史遗产、城市建筑和民风民俗等相对更为"软"性的方面，在全球主流媒体中鲜有体现。历史文化和城市空间等要素是构成上海城市形象独特性和可辨识度的重要维度，也是增强城市文化和城市精神对世界吸引力的关键所在，构成了上海城市魅力的重要来源。城市传播需要更好地体现城市形象在全球的可辨识度，增强上海城市精神和城市文明在全球范围内的吸引力和感召力。

5. 突出上海与长三角本地区及大中华文化圈的联系，凸显上海与亚太地区的关联及其形象中的多重面向。上海的全球化发展需要带动整个长三角地区的腾飞并且作为中国国家发展战略的重要组成。为了提高传播的效果，需要更为有力地突出上海城市发展与长三角地区，与国家发展战略，与整个亚太地区大中华文化圈，与"一带一路"沿途地区的关联，使得上海的城市形象在全球范围获得更多象征意义和价值。在重视全球主流纸质媒体的同时，更加重视网络新闻与社交平台对于上海城市形象的全球传播。尤其根据网络新闻媒体对上海城市形象传播上已有特点，突出上海与中国香港、日本、韩国、新加坡、印度、马来西亚等地区、城市的多重关联。同时，在经由主流纸质媒体建构上海经济和科技方面的形象之外，还需要战略性地选择数字网络媒体来突出上海城市形象中的多元主题以及市民的日常生活。

6. 全球主流媒体之外，传播上海城市形象还需有力辐射影响亚洲地区的当地媒体。在全球网络化时代背景中，网络新闻的流传速度和广度都得到了极大的提高，正在发挥越来越重要的作用。鉴于此，为了提高上海城市形象的全球传播效果，有必要在城市形象的传播实践中有意识地通过多种途径方法，积极主动地辐射和影响亚洲当地的各类媒体机构（包括专业信息服务、网络杂志和社交媒体本地化的意见领袖等）。相比单纯依赖主流英语媒体的传统方式，如今传播全球城市形象更需要多维全面，融合本地和全球的立体式传播策略。

9.3　上海城市形象片的传播效果

城市形象宣传片可以被视为有关一座城市——城市景观、内生于其中的都市生活等等——的一种特殊文化展示，体现对特定的相关都市景观及其文化价值可参观性的理解，是媒介将都市转变为一种影像，进而借此代表都市生活的一种特殊形态。所谓形象宣传片，指的是那些通过影像对特定对象（国家、城市、企业、组织、品牌）进行宣传推广的一种特殊视听表达（陆晔，2015）。在新技术崛起的当下，城市形象片进入了一个移动网络时代。这个时代的特征，至少可以从两个层面理解：一是技术的更迭与融合带来媒介形态的变化；二是移动网络激发的新型文化氛围及实践。我们聚焦"上海城市影像"，选取了具有代表性的七部上海城市形象片作为经验材料[①]，也兼及一些网络流行较广、民间影响力强大的上海城市影像[②]，以展现移动网络时代技术与主体的多元化激发的城市影像多样性的状态。我们主要采取城市影像的文本分析方法，兼有观者访谈。在重点分析上海城市形象片的基础上，结合纽约、伦敦、巴黎、东京四个著名全球城市的城市形象片及城市宣传策略的比较分析，阐释上海城市形象片的基本特征、存在的问题及相应的对策。

9.3.1 城市形象片的制作主体

上海城市形象片的制作主体大致分为三类：政府（宣传部、旅游局等相关政府部门）、媒体等企事业单位、民间组织或个人；亦有少数国外机构。不同主体制作的形象片在定位、内涵、表现形式以及传播渠道方面，都呈现出较大差异。

政府主导的上海城市形象片的定位，大多为上海城市发展的宏观情况展现，政绩宣传的意图较为明显。视角多为城市地标性空间的整体性呈现，人物活动的展示多为表演性、集体性、景观性，音乐与画外音亦呈现宏大壮阔感。近年来采用 4k、VR 等新技术拍摄城市形象片，但未能在塑造城市形象方面充分利用技术特征，拓展出城市新形象。与纽约、巴黎、伦敦、东京等世界主要全球城市相比，上海城市形象片呈现出较为单一的风格，总体而言是四平八稳、宏大叙事的城市宣传片，缺乏对城市市民日常生活形态的挖掘，缺乏生动、鲜活、细节性、个性化的城市景象的表现，对于上海城市历史与文化的独特理解与把握有较大欠缺。

与此形成对照的是，民间制作的上海城市影像，呈现出非常个人化的色彩，即使是为世人所熟知的城市地标性景观，因为采用了非常别致的视角，往往产生令人耳目一新的视觉感受，极大地丰富了观众对于上海城市的感知。例如陆家嘴，是每一部官方城市形象片中必然出现的代表性城市景观，主要以空中俯视、地面仰拍、全景、整体的方式加以呈现，给人以结构宏大、仪式化、奇观性的视觉感受。在 2018 年进博会的"大美篇"中，正像这部城市形象片的片名所预示

---

① 包括《上海协奏曲》(2007)、《中国名片：上海》(2011)、《上海：灵感之城》(2012)、《行走上海》(2014)、《上海：创新之城》(2016)、《我们的上海》(2016)、进口博览会《上海城市形象片四部曲》(2018)。其中，《上海协奏曲》被视为第一部上海城市形象片。《中国名片：上海》是中国国务院新闻办筹拍的中国国家形象片《中国名片》中的一部，这个系列被认为是中国国家领导人胡锦涛访美前后的"盛大派对，展示中国软实力"（新华社，2001）。《上海：灵感之城》是上海市政府新闻办通过国际招标，与国际视觉传播协会（IVCA）合作的作品，"10 余个普通上海人，讲述他们不同的生活故事，并从上海'创新驱动、转型发展'中获得灵感，快乐地完成各项任务，以展现上海这座灵感之城的创新、开拓精神"。《我们的上海》集合了 4K 和 VR 这两项最新影像技术。
② 如动画片《十分钟，让你了解上海》、彩虹合唱团的《魔都魔都》、微电影《天台》等。

的，陆家嘴呈现出宏大唯美的样貌（图9.18）。与此形成参照的是，民间制作的城市影像中，陆家嘴是嵌入在日常生活中的，有时候仅仅是作为纷乱的日常生活的背景。如上海国际电影节参展作品《天台》中的外滩（图9.19），是从普通居民楼的天台上远眺的景观，那些著名的高楼大厦都被切成了两节，观者只能看到它们的上半段，而且是透过晾晒在天台上的花花绿绿的衣物窥见的。这个视角中的陆家嘴与普通市民的日常生活融为一体，褪去了宏大奇观式的样态，对习惯于城市形象片中景观性陆家嘴的观众而言，反而是一种非常新鲜奇特的观看感受，打破了对于陆家嘴所表征的上海城市的一贯印象。但民间制作也存在诸多问题，如技术水准良莠不齐，潜能未能充分释放。

上海城市影像的制作主体需更加多元化，应挖掘民间各类制作主体的城市影

像制作的潜能，使得政府主导的官方城市宣传与并民间自发的城市影像叙事形成相互的关联与参照。政府主导的宣传片应转变比较生硬的政绩宣传宏大叙事的定位风格，更多聚焦普通市民的日常生活，通过市民的多重视角，呈现城市的发展与变化。

9.3.2　城市历史文化的深度挖掘与阐释

　　城市历史是串联众多上海城市形象片的重要线索，在政府主导的城市形象片中，采用的多是历史场景的拼贴，缺乏连续性的历史表达，城市历史的碎片化与断裂感非常明显。其中有两个时间点被突出：一是 20 世纪二三十年代；二是 20 世纪 90 年代至今。例如，《中国名片：上海》中，20 世纪二三十年代和当前外滩景观，这两个时代的影像在特效影像技术的拼贴下，在场景、人物、建筑物、街道等方面交叠、融合，构成了一个跨越百年合成的城市景观。行走在现代街道上的外国女子与骑着自行车穿着长衫回望的男子，拉黄包车的工人与现代街道上风姿绰约的女郎（图 9.20），不同时代的人被摆置在同一个城市景观中，场景中的人物甚至形成了虚拟的对望互动关系。只有黑白和彩色的处理，才使得过去和未来有了一个区分，这种拼贴虚构的场景显示出了巨大的历史反差。类似地，在《上海，灵感之城》中，也以和平饭店为基本空间元素，实施了类似的拼贴，特别采用了场景中同一个人物不同历史时期的服饰、发型等装扮作为时间的区分。

图 9.20
20 世纪二三十年代和当前外滩场景的拼贴

资料来源：截屏自《中国名片：上海》。

这种拼贴手段的使用，不但创造了从未在现实世界中存在过的城市景观，也建构了非常丰富的城市文化意涵。对于上海城市历史而言，这两个时间段确实有着非常特殊的城市文化意义。一个是1843年开埠以来第一次全球化时代成为国际大都市的上海，另一个是中国经历改革开放在第二次全球化时代重新融入世界的上海。百余年上海跨越的鸿沟——"租界上海"与"革命上海"在这样的场景中融为一体，这不仅指认了城市记忆所凝固的城市历史的两个辉煌瞬间，也暗示着不同时期的形形色色意识形态话语纷争的消解。由此，这个上海幻象创造了一种崭新的城市记忆及城市精神：海纳百川，融合中西。但是，上海的历史如果从唐代开始，已经千年，哪怕从开埠计算，也已经有150余年，目前的城市形象片仅仅从上海的历史长河中选取这两个时间节点，而忽略其他，无疑是缺乏连续性的，也是不完整的。

相较于政府主导的城市形象片，在民间的上海城市影像中，上海的历史则呈现出更多的连续性、丰富性。其一，更多的历史时期被作为城市记忆加以呈现，不限于城市的热点时刻。其二，城市的更多侧面被涉及，较为中性地描绘了城市不同历史时期的基本状况。其三，作为城市历史时期的象征，更多的空间景观被呈现出来。如《十分钟，让你了解上海》中，叙述了开埠建立租界对于上海城市发展的影响，用动画呈现了一幅上海租界地图（图9.21）。在讲述20世纪七八十年代的上海时，暴露了城市河流污染的问题（图9.22）。呈现城市地标性景观人民广场时，花了较大篇幅揭示了上海城市的一个特殊社会现象，即城市大龄男女婚恋难的问题，父母建立为儿女相亲的聚会——人民广场相亲角。

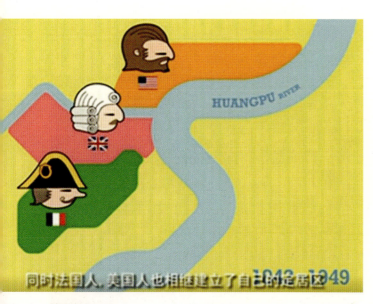

图 9.21
上海租界地图展示

资料来源：截屏自《十分钟，让你了解上海》。

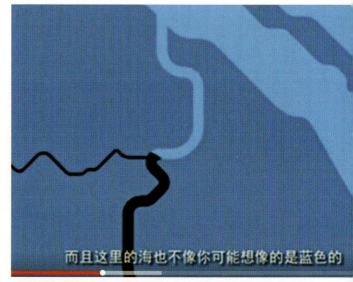

图 9.22
20 世纪七八十年代上海城市河流污染情况展示

资料来源：截屏自《十分钟，让你了解上海》。

图 9.23
黄浦江两岸拍摄视角

资料来源：截屏自《上海协奏曲》。

与历史的碎片化与断裂感相互关联的另一个特点，是城市景观的千篇一律。官方的城市形象片常常定格于几幅上海的老面孔，出现频率最高的城市空间是外滩、陆家嘴、黄浦江、城隍庙、石库门、新天地、老城厢弄堂、南京路等等。观看视角大部分可归为列斐伏尔所说的相当晚近的空间视角，高空拍摄的俯瞰视角被大量地使用。例如，几乎所有的形象片都出现的"最上海"景观（图9.23）：俯瞰外滩、陆家嘴，黄浦江在此与苏州河汇聚，流向吴淞口奔腾入大海。江的两岸，一边是租界时代的万国建筑博览群，一边是浦东陆家嘴现代主义城市符号的林立高楼。

城市历史是城市形象片的重要元素，城市文化精神需要通过历史及其空间景观才能在城市形象片中集中呈现。城市形象片应该充分挖掘上海城市历史、文化、空间与景观的特殊性，突破城市景观展现陈旧、老套、缺乏新鲜感的局面，用更加丰富的城市空间景观，呈现出城市中异质性最为丰富、独一无二的风貌。针对当前城市发展的状况，一个有效的手段，是开掘近年来上海城市更新中出现的城市区域性的变化，比如思南公馆、衡山合集、大学路、大华社区等等城市空间与都市生活的新型代表性地标，在展示上海未来发展的同时，呈现上海多个侧面的历史文化风貌。

9.3.3　城市形象片的观看视角

人是城市的主人，是城市生活中的主体。而在官方的上海城市形象片中，人常常是被拍摄的对象与客体，而不是观看主体。综观文中所涉上海七部城市形象片，除了《行走上海》采用的是普通人视角之外，其他六部都大量使用了航拍和俯拍的技术（进博会的"活力篇"是一个例外），用"上帝视角"取代了普通人的视角（图9.24、9.25）。许多形象片采用的"最上海"的场景，是普通人无法用肉眼看到的，唯有依赖特效技术的"上帝之眼"方能捕捉。有的学者指出，第二媒介时代的城市影像，是借助"假器"以超人的方式在城市之上、之中飞檐走壁、凌空穿越，捕捉城市的整体轮廓，潜入城市的历史记忆，浓缩城市流动的速度，这种观看的主体是非人的（孙玮，2014）。同样地，在《上海，创新之城》《我们的上海》等形象片中，对于洋山深水港、上海体育场、世博源、上海中心等空间的表现同样采取航拍俯视的方式。这似乎已成为上海城市形象片中一种常规的表现方式。城市形象片对于城市景观的表现手法，惯常的是呈现一个没有人

图 9.24

陆家嘴地区航拍

资料来源：截屏自《上海城市形象片四部曲》。

图 9.25

外滩地区航拍

资料来源：截屏自《上海城市形象片四部曲》。

的、空旷的、方方正正的城市空间，缺乏人的活动，缺少日常生活的空间实践。"我们用了大量的航拍，航拍一使用就觉得高大上，但离市民生活远了。所以最终我们自己也不满意，市民和创新这两大元素没有统一起来。"《上海，创新之城》的一位主创人员如是说。在我们进行的焦点小组访谈中，也有受访者表示，这样的上海，"和我们比较有距离感"，对于这些空间，普通市民并"不愿意进入其中"。在城市形象片创作的过程中，创作者或是过于关注形式上的"高大上"，或是过于突出场景表现的"完美"，而忽略了城市生活最重要的主体——人。如此，突显城市景观的形态美而忽视日常生活中的"人"，引发的是奇观式惊叹，却难以达至观者更深层次的内心共鸣。

与这种景观再现的视角形成对照的是"体验"视角，即从日常生活的普通人视角展现城市景观的丰富侧面。通过突出嵌入日常生活的身体活动，将观者代入城市生活的具体场景中。例如，《行走上海》就是以一名外国男性游客的行走为基本线索，串联起整部片子。这部片子采用逆行拍摄法以突出空间中的身体元素。该片主创者国际知名的城市品牌策略专家杰蒂森说："之所以用逆行方式拍摄是想表达，当你步行时，你得到的是一种独特的城市体验，会有更多意外发现和特别时刻，这是只属于你的独一无二的体验。"（徐银，2015）片中男子身体移动的方向与众人是相反的，即男子以与其他人逆行的方式行走。这种突出身体元素的拍摄方法，给予观者很强的代入感，营造了一种既身临其境又陌生化的场景感。

2012年的《伦敦申奥宣传片》同样采用了普通人的视角，通过跑步串联起了图书馆、球场、道路、大英博物馆等各个场景（图9.27）。《伦敦2014深秋》城

图 9.26
外国男性游客的行走视角

资料来源：截屏自《行走上海》。

图 9.27
伦敦申奥宣传片取景视角

资料来源：截屏自 2012 年《伦敦申奥宣传片》。

图 9.28
通宵工作的出租车司机前往便利店购买食物的场景

资料来源：截屏自《上海：创新之城》。

市形象片，也采用了"普通人"的视角，通过行走的方式，呈现了伦敦博物馆、伦敦塔和伦敦大剧院等城市空间，使得观者与城市更加贴近。另外，应该将城市呈现为普通人真实生活的场景，尽量摒弃表演性的人物活动展示。例如，《上海，创新之城》的开篇，演绎了一个通宵工作的出租车司机前往 24 小时便利店购买食物的场景，这种源于生活、贴近生活的画面非常生动，给人留下了深刻的印象。而在国外的城市形象片中，对于街道、广场、公园等空间中的人群的表现经常采用直接取景的方式，这样的画面真实自然，同时也拉近了人与城市的关系。

9.3.4 城市形象片的新技术应用

城市形象片与新技术有着密切、直接的联系。总体而言，这种联系分为两个层面，其一，是城市形象片的拍摄、制作方式；其二，是城市影像的传播方式。随着移动网络时代的来临，这两个方面都正在发生巨大变化。

在制作方式方面，上海城市形象片在紧跟新技术发展方面是非常突出的。2016年《我们的上海》第一次采用了4K高清技术和VR技术，画面的清晰度大大提升，VR技术的使用也使得画面更加立体（图9.29）。上海成为中国内地第一个使用VR技术拍摄形象片的城市。但对于新技术的理解，仍然比较多地停留在增强画面的清晰度与形式感层面上，较少将新技术用于开掘城市空间、城市生活新样态。新技术的使用，局限于传统的审美观，追求宏阔、均衡、稳定的静态美，将景观的流动性、人的活动性排除在静态画面之外，如此将人从场景中剥离，造成了城市空间清晰度增强，真实性反而减弱、景观愈发空洞的局面，违背了使用新技术增强城市形象感染力的初衷。究其原因，是没有将技术上的创新和城市内涵的表达勾连起来，新技术本身的表现力没有被充分挖掘。

与此形成对照的是，新媒体的技术特质可以创造性地使用，开辟城市影像表现的新路径。如50部手机拍摄旋转的纽约——《生活的瞬间》，采用"子弹时刻"的拍摄方式，以50部手机呈现同一时刻的纽约城市街头场景（图9.30），拍摄采取旋转视角，通过不断翻转的画面连缀形形色色的场景与人物，营造出非常强烈的身体代入感，也由此创造一个全新的纽约城市形象。

值得指出的是，新技术对于城市形象建构的作用，绝不仅止于拍摄及呈现技术的改进与加强，更重要的意义是，新技术为大众广泛参与城市形象的塑造提供了前所未有的可能性。移动网络时代的传播革命，使得城市影像从官方主导、以传统大众媒介为传播手段的垄断局面，逐渐转向大众广泛参与制作、移动网络支撑的日常生活中渗透性传播，这两种传播方式呈现出一种并置、交织的状态。事实上，新媒体传播的巨大潜能早在几年前就开始显示出强大的生命力。如《十分

图 9.30
旋转视角拍摄的纽约街头
场景

资料来源：截屏自《生活的瞬间》。

钟，让你了解上海》于 2011 年 12 月 1 日上传土豆网，经微博扩散，仅仅三个星期就超过 14 万人次观看（韩垒，2011）。彩虹合唱团的《魔都魔都》，也是民间合唱团的制作，通过微信等新媒体广为传播，影响力很大，被网友们称为"上海城市形象片最正确的打开方式"。 2018 年被称为"短视频元年"，同年 9 月，抖音发布《短视频与城市形象研究白皮书》，网络短视频已经成为建构、传播城市形象的强大力量。抖音数据显示，市民成为城市形象传播的主力军，呈现出"政府搭台、民众唱戏"的新格局。播放量最高的前一百位城市形象视频创作者，个人账号的比例超过八成（"中国城市中心"微信公号，2018）。

城市形象制作与传播主体的变化，引发了城市形象多个方面的改变，体现出市民眼中多姿多彩的城市面貌以及城市文化的多元性。如彩虹合唱团的《魔都魔都》，采用民间广泛流传的关于上海人的评价——上海人自以为是最文明的人因而看不起外地人；外地人认为上海人势利小气，上海人则以为自身有经济头脑、尊崇契约精神；上海男性尊重女性、崇尚家庭；上海是最西化的城市，等等。这些看似市井闲话的议题，用一种简单清晰的方式，抓住了上海城市历史与文化的精髓，极大地引发了本地人及非上海人的普遍共鸣，产生了很好的传播效果。

事实上，在城市影像中，官方与民间视角并非是对立冲突的，这两种视角经过互动转化，可以大大拓展城市形象的多个面向，取得出人意料的传播效果。巴黎官方拍摄了《巴黎，我爱你》的城市形象片（图 9.31），遭遇民间的批评。比如巴黎民间影像制作人表示不满，自发地制作了《巴黎，我们也爱你》的民间形象片（图 9.32）。这两位民间制作人对官方形象片的主要批评是，"在长达 2 分 30 秒的时间里，您为我们展示了一幅城市景观图，然而其中几乎没有展示巴黎人与城市的契合交融。我们要带给游客的是什么呢？那些人们看到的地方和建筑家喻户晓、名满天下。向游客三番五次地展示同样的东西有什么好处呢？这个巴黎的视角是如此的狭隘。……怎能在推广一个富有活力的城市并向世界打开大门的同时忽视她的繁华与多元？……巴黎首先是一个混合的多元化世界"（Baudin & Bigiaoui，2016）。这个事件被戏称为巴黎"形象片之争"。事实上，所谓"之争"，并没有破坏巴黎城市形象，相反，却引发了全世界对巴黎的关注，带动了巴黎城市形象的更广泛传播。官方巴黎与民间巴黎的参照、融合，建构了更加丰富的巴黎城市形象。

移动网络时代，市民与城市生活的连接发生了革命性变化，普通市民获得了更强大的移动能力和主动参与公共生活的意识，他们渴望自主性地建设城市社会。城市形象片的思路如果仍然停留在奇观展示、宏大叙事、灌输式宣传的范畴，即便使用了最新技术，也不可能实现传播的目标与价值。在广大市民通过网络接触到全世界形形色色的城市影像，并且有机会游走于全世界城市的情形之下，城市形象片必须重新理解城市、技术、时代，才能找到创新之路。

总之，城市是多元化主体、多重社会关系的交互界面，城市是有个性特点的不完美存在，城市是广大市民直接参与的日常生活实践。城市形象片的主体是人不是景观，景观当然是城市形象片的重要元素，但要从人的视角、普通市民的视

图 9.31
巴黎官方城市形象片

资料来源：截屏自《巴黎，我爱你》。

图 9.32
巴黎民间城市形象片

资料来源：截屏自《巴黎，我们也爱你》。

角展现景观，建立市民与景观的联系，揭示景观的意义和价值。城市形象片的出发点是市民不是城市规划者，要从市民的日常生活来展示城市规划的思路、理念及实质性内容。城市形象片的技术运用应该以促进人与城市的连接为目标，以整个身体的卷入感为基点，以激发创新思维、展示新型城市实践为主旨。在移动网络时代，对于城市的认知必得刷新。对于移动网络时代城市特质的理解与把握，是城市形象片赢得认同的关键。

参│考│文│献

［1］白吉尔：《上海史——走向现代之路》，上海社会科学院出版社 2010 年版。

［2］郭颂宏：《日本城市旅游发展战略研究》，《商场现代化》2008 年第 3 期。

［3］钱志鸿、陈田：《发达国家基于形象的城市发展战略》，《城市问题》2005 年第 2 期。

［4］凯文·林奇：《城市意象》，华夏出版社 2017 年版。

［5］曼纽尔·卡斯特：《网络社会的崛起》，社会科学文献出版社 2001 年版。

［6］魏然：《2020 年东京奥运会城市形象国际传播策略及启示》，《体育文化导刊》2017 年第 3 期。

［7］田舒斌：《中国国际智慧城市发展蓝皮书（2015）》，新华出版社 2015 年版。

［8］王林生：《伦敦城市创意文化发展"三步走"战略的内涵分析》，《福建论坛（人文社会科学版）》2013 年第 6 期。

［9］周丹：《伦敦城市品牌是怎样打造的》，《中国报道》2007 年第 3 期。

［10］张婷婷：《城市形象修复的舆论传播策略与机制建设》，《对外传播》2018 年第 5 期。

［11］孙玮：《镜中上海——传播方式与城市》，《苏州大学学报（哲学社会科学版）》2014 年第 4 期。

［12］陆晔：《都市景观的影像化与意义共享——以上海城市形象宣传片的受众解读为个案》，载黄旦主编《城市传播：基于中国城市的历史与现实》，上海交通大学出版社 2015 年版。

［13］上海市人民政府：《上海市城市总体规划（2017—2035 年）》，2018 年，http://www.shanghai.gov.cn/nw2/nw2314/nw32419/nw42806/。

［14］韩垒：《〈十分钟，让你了解上海〉走红"魔都"那点事你知多少》，东方网 2011 年 12 月 23 日，http://xwwb.eastday.com/x/20111223/u1a948748.html。

［15］徐银：《〈行走上海〉短片发布逆行拍摄盼重现步行力量》，中国新闻网 2015 年 5 月 7 日，http://www.chinanews.com/df/2015-05-07/7260543.shtml。

［16］新华社：《中国首部国家形象片在美亮相外媒赞展现软实力》，新华网 2011 年 1 月 22 日，http://news.xinhuanet.com/world/2011-01/22/c_121011722.htm。

［17］"中国城市中心"微信公号：《短视频与城市形象研究白皮书》，2018 年 10 月 12 日。

［18］杨杨：《走出"9·11"阴影 纽约重振旅游大城雄风》，《新民晚报》2016 年 2 月 26 日。

［19］Beaverstock, J. V., Richard G. S., & Peter J. T., 2000, "World City Network: A New Metageography?", *Annals of The Association of American Geographers*, 90（1）: 123—134.

［20］Cohen, R.B., 1981, "The New International Division of Labour, Multinational Corporations and Urban Hierarchy", in M. Dear and A.J. Scott（eds.）, *Urbanization and Urban Planning in Capitalist Society*, New York and London: Methue.

［21］Godfrey, B. J. and Yu Zhou, 1999, "Ranking World Cities: Multinational Corporations and the Global City Hierarchy", *Urban Geography*, 20（3）: 268—281.

［22］ Greenberg, M., 2008, *Branding New York: How a City in Crisis was Sold to the World*, New York and London: Routledge Taylor & Francis Group.

［23］ Manns, J. (ed.), 2014, *Kaleidoscope City: Reflections on Planning*, London, Birdcage Print, London.

［24］ Kotler, P., 1997, *Marketing Management: Analysis, Planning, Implementation and Control*（ 9th ed ）. Upper Saddle River, NJ: Prentice-Hall International Inc.

［25］ Sassen, S., 2001, *The Global City: New York, London, Tokyo*, Princeton, N.J.: Princeton University Press.

［26］ Smith, R. G., 2003, "World City Actor-Networks", *Progress in Human Geography*, 27（1）: 25—44.

［27］ Taylor, P. J., 2001, "Specification of the World City Network", *Geographical Analysis*, 33（2）: 181—194.

［28］ MMF, 2018, Global Power City Index 2018, www.mori-m-foundation.or.jp/pdf/GPCI2018_summary.pdf

［29］ 东京都, 2015,《東京文化ビジョン》, http://www.seikatubunka.metro.tokyo.jp/bunka/jyorei/0000000210.html.

［30］ Baudin, Maxime & Bigiaoui, Léo, 2016, "Paris, on t'aimeaussi", https://www.youtube.com/watch?v=e_M807HAe2c.

10

现代化城市治理中的社会组织参与

现代化城市治理中社会组织参与是建设卓越全球城市不可或缺的重要推动力量。上海社会组织在城市治理中的参与，已有较大的发展，并形成了自身特色。深化社会组织在上海现代化城市治理中的参与，要充分借鉴纽约、伦敦、东京、新加坡和香港等全球城市的国际经验，在理念、内容和方法等方面加强社会组织参与现代化城市治理的操作化，通过积极扩大数量及类型、提升参与能力、强化伦理建设等实现社会组织的组织增能。

The involvement of social organizations in the governance of a modern city is an indispensable driving force in the construction of a global city of excellence. Social organizations' involvement in Shanghai's governance has made substantial progress, and has developed unique characteristics. In order to enhance the role of social organizations in Shanghai's governance and improve the operationalization of social organizations' involvement in the city governance from the perspectives of philosophy, practice and methodology, it is important to draw on the experiences of global cities like New York, London, Tokyo, Singapore and Hong Kong. Equally important is the practice of increasing the number and variety, developing the capacity of governance involvement, enhancing ethical building of the social organizations, in order to fully realize their organizational potential.

上海打造卓越全球城市，必须提高城市治理能力，实现城市治理现代化。从理想状态而言，现代化城市治理应该围绕治疗性、预防性和发展性的现实议题，依托民本理念，体现基于"我们"认同的多元参与，元治理与协治理联动，硬治理与软治理兼顾，依法、科学、系统、精准、可续，并在促进民众幸福中提高民众素养。社会组织是现代化城市治理中的重要主体之一，其在现代化城市治理中的参与，可以促进就业，对民众进行人力资本投资，降低社会问题成本，从而发挥经济功能；可以舒缓市场竞争的消极后果，增加上下沟通渠道，从而发挥政治功能；可以协助民众疏解问题，促进入境平衡，从而发挥社会功能；可以关注弱势社群，进行人文关怀，从而发挥文化功能。因此，在现代化城市治理中，要大力发展社会组织，促进社会组织的城市治理参与，发挥社会组织在城市治理中的积极作用。

10.1　社会组织参与的上海实践

与一般城市相比，全球城市的现代化治理显得更复杂、更高端、更特殊。例如，高端专业人才与普通劳动者的结构性反差，收入水平容易极化，高成本压力不断增大，社会流动性大，多元利益诉求的冲突，人口高度集聚与流动对城市运行及环境的压力等。因此，全球城市的现代化治理将面临更多现实议题，需解决更复杂问题，要更多基于"我们"认同的多元参与。上海在城市治理过程中，社会组织不断发展和壮大，覆盖越来越多的领域和人群，在许多方面发挥了无可替代的积极作用，并形成社会组织的城市治理参与特色。

10.1.1　社会组织参与的基本构架

党的领导是社会组织参与的精神灵魂。坚持党的领导，是上海社会组织的城市治理参与乃至其他建设的制度特色和文化特性。城市治理由城市管理演化而来，也与社会治理紧密相关。无论是城市管理还是城市治理，党政主导都是其本质特性。坚持社会组织党组织的政治核心地位，是发展中国特色社会组织的本质要求和显著特征。

党建引领作为社会组织的政治要求和工作内容，在上海社会组织的治理参与中十分明显。党建工作历来是上海社会组织的重要任务。2003年，上海就成立了社会工作委员会，负责包括社会组织在内的上海两新组织的党建工作；2016年，上海又印发了《关于本市贯彻〈关于加强社会组织党的建设工作的意见（试行）〉的实施意见》（沪委办发〔2016〕30号），要求构建层层抓落实的党建工作格局，落实责权明确的党建领导责任，完成联动操作的党建工作机制。在加强社会组织党建工作方面，上海按照"应建尽建"原则扩大党的组织覆盖和工作覆盖；暂不具备单独组建条件的，按照行业相近、产业相通原则，建立联合党组织，并依托街镇党组织实现工作托底。从而更好地组织、引导、团结社会组织及其从业人员，激发组织活力，促使社会组织在城市治理中更好发挥作用。

依法依规是社会组织参与治理的工作底线。在国家层面，《慈善法》《社会团体登记管理条例》《民办非企业单位登记管理暂行条例》《基金会管理条例》《民间非营利组织新旧会计制度有关衔接问题的处理规定》等法规政策是上海社会组织的工作指引。在上海层面，相关管理文件也纷纷出台，如上海市民政局、上海市社会团体管理局关于印发《上海市社会组织重大事项报告指引》的通知（沪民社综〔2014〕7号），《上海市社会组织信息公开办法（试行）》的通知（沪民社综〔2016〕5号），《上海社会组织发展"十三五"规划》的通知（沪民社综〔2017〕5号）。在机构层面，社会组织的章程也对理事会、监事（会）、换届、财务、用工等有明确规定。这些都为上海社会组织规范地参与城市治理，提供了政策法规保障。

上海市委2014年开展了"创新社会治理、加强基层建设"的1号课题调研，并出台了"1+6"文件。然后，上海市民政局和社团局出台了引导社会组织参与城市治理的"1+2+1"配套文件："1个主体"即《关于加快培育发展本市社区社会组织的若干意见（试行）》，旨在明确参与社区治理的主体问题；"2个平台"即社会组织服务中心和社区基金会，其中社区基金会如何安排资源则以《上海社区基金会建设指引（试行）》为参鉴；"1项机制"即《建立上海市承接政府购买服务社会组织推荐目录（试行）》，旨在解决购买服务承接主体的资格问题。此后，各区区委区府在布局、落地方面进行整体考虑，形成了工作体系，整合了多方力量，各项工作因此取得了良好成果。

多种方法综合运用，促进社会组织参与城市治理（顾东辉，2016）。一是实务方法稳步扩展。随着人群、议题和场域的不断扩大，专业机构的不断出现，除了个案社会工作、小组社会工作之外，社区社会工作方法得到了越来越多应用。二是行政日益丰富。行政管理机构（如职业社会工作处）、行业协调机构（如市社会工作者协会）、继续教育机构（如市社会工作培训中心）、专业社工机构（如上海中致社区服务社）、综合互动平台（如上海社会工作教育发展联席会议）并存并互动发展。三是政策稳步出台。《上海市社会工作者继续教育暂行办法》《关于推进本市社会工作人才队伍建设的意见》《上海市中长期人才发展规划纲要（2010—2020年）》《关于社会工作督导人才队伍建设实施意见》等文件纷纷出台。四是研究不断拓展。上海的社会工作专家学积极编写教材、翻译著作、调查研究进而出版发成果。五是教育培训持续深化。2010年开始，复旦大学等六所大

学启动了社会工作专业硕士教育；2012 年 5 月，民政部社会工作研究中心在上海
建立了研究基地；2012 年下半年开始，上海启动了高层次社会工作专业人才培养
计划和"百名社工督导培养项目"；等等。

10.1.2　社会组织发展及其结构性特征

上海大规模社会组织的出现，源于社会问题的疏解需求。[①] 高危人群是上
海 21 世纪初予以关注的特殊群体。[②] 在当时，三类人群及其问题引起多方关注。
（1）吸毒人员大幅增长。1999 年，上海登记在册吸毒人员 8 437 人；2002 年底，
增到 16 431 人，增幅是全国同期的两倍。（2）刑释解教人员重新犯罪率居高不下。
（3）闲散青少年犯罪问题突出。2002 年，上海有近 6 万名"三失"青少年。他们
文化程度低，就业安排难，闲散在社区，违法犯罪案件明显上升。与此同时，由于
消极因素积淀较多、专门机构力量薄弱、社会化程度较低、信息化落后、相关设施
不足等原因，传统工作格局和力量配置已不适应当初的城市治理现实要求。

为了实现源头治理，上海自 21 世纪初就开始就探索预防和减少犯罪的工作
体系建设。2003 年 9 月 15 日，中共上海市委办公厅转发了《中共上海市委政法
委员会关于构建预防和减少犯罪工作体系的意见》，从而开创了上海预防和减少
犯罪工作体系的建设历程。2004 年 2 月，三个预防和减少犯罪的大型社会工作机
构，即上海市阳光社区青少年事务中心、上海市自强社会服务总社、上海市新航
社区服务总站也因此得以成立，并在探索准备、夯实基础、提供服务和创制拓展
等阶段呈现出相应工作内容和实务特征。这些大型全市性社会组织的出现，正是
上海旨在应对社会问题而启动的务实举措。

随着上海社会组织的发展和壮大，社会组织分类趋于精细化，覆盖了各类人
群。例如，针对儿童，有推出"快乐三点半"项目的上海睿新社区服务中心；针
对青少年，有旨在犯罪预防的上海市阳光社区青少年事务中心；针对成人，有以
人口计生服务为主业的乐家社工服务；针对老人，有上海市老年基金会和诸多助
老服务中心；针对农村户籍劳动力子女，有上海久牵志愿者服务社；针对妇女服
务，有上海市女工程师协会；针对残疾人，有上海嘉定区关爱残疾人康复培训中
心；针对家庭，有上海睿家社工服务社；等等。而且，上海的社会组织也涉及诸
多议题，以上海的社会工作机构为例：上海社会工作机构最初关注住院病人康
复、社区居民问题等议题，后来则覆盖到社会福利、社会救助、优抚服务、社区
建设、安置帮教、社区矫治、戒毒禁毒、婚姻家庭、残障康复、精神康复、人口
计生、教育辅导、统战服务、劳动关系、信访维稳、应急处置等很多议题。

[①②]　参见《中共上海市委政法委关于构建预防和减少犯罪工作体系的意见》第一部分。

专栏 10.1　上海中致社区服务社

　　中致社区服务社是由浦东新区社工协会、上海市浦东新区社会帮教志愿者协会、上海市浦东新区青年联合会出资举办，经上海市浦东新区民政局批准，于2007年7月3日注册成立的民办非企业单位。业务主管单位是浦东新区区委政法委员会，同时接受浦东新区禁毒办、司法局和团委的业务指导。

　　中致社区服务社每年与区委政法委办公室签订《社会工作服务合同》，根据政府购买服务合同的要求，为浦东新区药物滥用人员、刑释解教、社区服刑人员以及16—25岁社区青少年提供专业化社会服务，在合同中设定相关服务工作目标任务，并在来沪人员预防犯罪方面进行相应的服务探索。

　　中致社区服务社先后荣获"5A"级社会组织、"上海市浦东新区新长征突击队"、"上海市社会治安综合治理先进集体"、"浦东新区非公有制经济组织"等称号，先后接待海外社工组织来访10余次，接待国际代表团、中央有关部委、各省市自治区、地方考察团、社会组织来访50余次，多家新闻媒体播放或刊登了有关其发展、项目建设、社会工作者事迹60多次（篇）。

资料来源：http://www.shwmcj.cn/wmdwfc/second/mien/homePage/homePageDesc.jsp?COMPANYTYPE=0&OWNER=22760，2019年4月9日。

　　上海社会组织结构的一个明显特点，是存在一种发挥多元功能的枢纽型社会组织。枢纽型社会组织由负责社会建设的政府部门认定，在对同类同质同域社会组织的发展、服务、管理工作中，在政治上发挥桥梁纽带作用，在业务上处于龙头地位，在管理上承担业务主管职能。上海市静安区社会组织联合会就是一个很好案例（顾维民，2016）。2007年，静安区建立了以社会组织服务社会组织的"1 + 5 + X"枢纽型社会组织管理模式。其中，"1"是一个区层面的社会组织联合会，"5"指五个街道层面的社会组织联合会，"X"是若干条线部门的社会组织联合会。多年来，静安区社会组织联合会围绕"做实需求导向、做活社会治理、做强社会组织"的目标，强化党建引领、平台搭建和话语表达，推动社会组织发展"上轨道""有空间"和"有期待"，从而积极有效地参与城市治埋。通过学习引领，实现务虚与务实的对接；通过活动引领，以青年志愿、社区服务、社会维稳、公益慈善、为老服务、新的社会阶层人士、业委会建设等专业联盟为载体，整合服务资源，拓宽服务领域，打造服务品牌；通过典型引领，鼓励社会组织和个人热心社会治理、甘于奉献社会；通过搭建民政需求挖掘平台，推动社会组织服务更加贴近群众；通过搭建参与平台，推动社会组织资源更加丰富多元。该联合会积极始终贯穿引领、服务、凝聚的理念，发挥服务凝聚、整合资源、协调关系、反映诉求的功能，创新了社会组织管理模式，发挥了桥梁纽带作用，促进了社会组织发展，很好体现了其"为群众利益服务、为社会组织服务、为社会发展服务、为政府决策服务"的组织使命。

上海社会组织结构的另一个明显特点，是各种各样的志愿组织作为城市治理的重要参与者。志愿组织积极参与上海的城市建设和社会治理，其总协调单位是上海市文明委领导下的上海市志愿者协会。上海的志愿组织以多种形式、不同服务参与城市治理工作。其分布结构与治理系统大致呼应，服务内容也多为自身所长。上海有呼应"条口"的志愿组织，党政工作部门多有志愿者团队，如民政系统下有社区志愿者，老龄工作系统下有助老服务志愿者，政法条口下有平安志愿者，残联下有助残志愿者；上海也有呼应"区块"的志愿组织，如街镇村居多有志愿者团队，提供形式多样的便民服务和专门服务；许多单位也有志愿者团队，大学往往组织大学生开展教育援助类公益活动，医院时常发动医护人员开展义诊服务。

"自愿者"和"组愿者"是上海志愿组织的两类重要人员。"自愿者"是个人自发参与的志愿者，"组愿者"是经过动员后参与的志愿者；两种志愿者都在不谋求任何物质金钱利益的前提下，志愿帮助有特定需要人士，开展力所能及的爱心性、技能性、专业性服务。由于中国社会的行政品性，使得"组愿者"在志愿者总体中占有很高比例，并具有强大的圈层效应。

志愿组织经常参与大型活动，2010 年世博会志愿活动是其重要里程碑。围绕"志在、愿在、我在"的主口号，三类志愿者参与了相关服务。一是 13 批近 8 万名园区志愿者从事了信息咨询、参观者秩序引导协助、接待协助、语言翻译、残障人士援助、媒体服务、活动及论坛组织协助、志愿者管理协助等服务，服务总量超过 1 000 万小时。二是约 10 万名城市志愿服务站志愿者在园区外的重要交通枢纽、商业网点、旅游景点、餐饮住宿、文化活动场所等人流集中区域设立服务站，开展文明宣传、信息咨询、语言翻译、应急救援等服务。三是 200 万名城市文明志愿者。志愿者保障了上海世博会的顺利运行，展示了"阳光、快乐、奉献和担当"的风采。志愿者体现的爱国精神、奉献精神、团队精神、敬业精神和进取精神，已成为上海城市精神的重要部分。

社区志愿服务中心是参与城市治理的基层载体。根据《上海志愿服务发展报告（2018）》的信息，上海的社区志愿服务中心依托"街道自主管理运作模式""委托社会组织管理运作模式""主要街镇管理，政府购买服务方式项目化外包的运作模式""主要街镇管理、政府与社会力量合作运作的运作模式"，促进志愿服务需求与资源的直接对接，促进就近就便、规范高效地开展志愿者的招募、培训、调配和服务，促进志愿服务项目的培育发展，激发志愿者组织的健康发展，促使精神文明创建成果落到基层，推动城市精神的传播，从而成为城市治理创新的重要平台。

上海市志愿者协会在上海市文明委领导下开展工作，其主要职能为加强对全市志愿者工作的规划、管理和指导；对区、县、系统志愿者进行统筹协调；制定全市志愿者服务的重大项目和保障措施；负责全市志愿者的招募、注册、培训、调配和奖评。在志愿者活动中，实现专业化储备、规范化培训、品牌化培育、项目化使用、信息化支撑、分级化管理、社会化运作的新要求。

建设宗旨：协会以邓小平理论和"三个代表"重要思想为指导，以科学发展观为统领，以"服务他人，奉献社会"为宗旨，以"平等、互助、奉献、进步"为准则，用自己的职能、技能、体能积极开展助老、助残、助医、助学、助困、邻里互助、敬老爱幼、护绿保洁、交通管理、治安防范、法律咨询、就业指导、科学普及、医疗保健。

组织机构：协会领导机构为理事会。理事会由名誉会长、会长、副会长、秘书长、副秘书长以及若干理事组成。理事会下设秘书处，秘书长由市委宣传部副部长担任，副秘书长由有关委办局领导担任，理事由各行业有关领导和企业家、慈善家、艺术家、影视界、体育界人士及热心志愿者工作的同志组成。

管理网络：协会实行市、区、街道和基层单位的三级管理四级网络机制。下属机构有各区县的社区志愿者协会、市总工会的职工志愿者协会、团市委的青年志愿者协会、市妇联的家庭志愿者协会。这些协会下设数支志愿者总队，总队下面设有若干志愿者服务队。此外，协会还建立了国际交流活动、健康促进、科学普及、开业指导、计划生育、阳光爱心、帮老助残、市民巡访、文明交通、文明游园等专业性直属志愿者团队。

资料来源：上海志愿者网。

10.1.3　社会组织参与城市治理的特色

社会组织参与上海城市治理，注重社会安全、居民自治和城市形象的三线兼顾。"抓两头，带中间"是社会组织参与城市治理的重要做法。在上海的城市治理中，社会组织一方面积极应对社会安全、重大事件等底端问题，另一方面又在城市正面形象塑造等顶端议题上有积极参与，是谓"抓两头"；与此同时，社会组织也通过协助民众参与不同层面的具体事务，助人自助，协助民众发展，此谓"带中间"，乃初心所在。

社会安全是社会组织参与上海城市治理的底线目标。其特征之一是以弱势群体为重要对象。在地理社区即街镇村居层面，近 5 000 家生活服务类、公益慈善类、文体活动类和专业调处类社区社会组织以老年人、妇女、儿童、残疾人、失业人员、限制自由人员的未成年子女、困难家庭、严重精神障碍患者为服务对象，提供基本服务。在功能社区层面，上海以 2004 年三家司法社会工作机构的成立为重要标志，将犯罪预防作为基础治理内容。目前，上海已有全市层面的上海市阳光社区青少年事务中心、上海市自强社会服务总社、上海市新航社区服务总站三家社会工作机构，区层面的上海中致社区服务社、上海中和社区矫正事务所、上海市奉贤区思齐社会工作服务中心、上海茸城社区平安服务社等多家专业机构。这些机构以不同高危人群为核心对象，采用政府购买服务形式，参与不同领域的社会治理事务。其特征之二是参与应对突发社会危机事件。在突发事件的后续应对中，社会组织都是灾后社会应对的设计者、统筹者和推进者，成为党政部门的核心伙伴，为突发事件的恰当处理作出了积极贡献。

民众增能是社会组织参与上海城市治理的中线任务。在协助民众解决现实问题的过程中激发其整体成长，是社会治理和社会建设的初心所在。上海的许多社会组织积极协助兴趣型团队开展康乐活动，使得这些团队在自我运作、凝聚民众的同时，引导民众积极参与社区事务；同时，围绕小区重点问题和突出矛盾而成立问题导向小组，如湖南街道的弄管协会、田林街道的和房家园物业指导中心，从而实现民众的自我组织和自我管理。在此过程中，民众获得了三个层面的增能效果：在个人层次上，社会组织助力了民众的表达、思维等能力，甚至唤醒了其内在求变力量；在人际层次上：社会组织协助民众建立新型网络，从而促进其多元融入；在政治层次上，社会组织倡导政府出台的相关政策，可以减少服务对象遭遇偏见、歧视的机会。这些都推动了民众的自我管理、自我服务、自我教育和自我监督，增强了他们的认同感、归属感和责任感。

美化城市形象是社会组织参与上海城市治理的高线追求。上海社会组织通过助力世博会等大型活动，协助上海更好地体现国际品性；通过参与进博会等重大事项，协助上海更好地展示经济实力；通过参与上海旅游节、上海国际电视节等传统节庆活动，协助上海更好地彰显文化品位；通过扶助弱势社群、参与自然灾害和社会危机的灾后服务，协助上海更好地提升服务形象；通过推进志愿组织和开展志愿活动，协助上海更好地体现公益气质。

基层社区和重大事件是社会组织参与城市治理的重要抓手。在社会组织参与社区治理方面，上海重点做了如下工作（朱勤皓，2016）。一是建设社会组织服务中心。目前，上海共建成此类中心 239 家，实现市、区、街镇三级覆盖。二是登记成立社区基金会。2015 年以来，上海推动有条件的街道乡镇筹设社区基金会。截至 2018 年 8 月，全市已登记注册 74 家。三是鼓励设立社区社会组织联合会。上海在 2005 年提出"枢纽式管理"后，2006 年在普陀区试点，2007 年静安区在区社会组织联合会成立后又成立了 5 个街道的社会组织联合会。目前，全市已成立 92 家社区社会组织联合会，并在党建引领、调查研究、反映诉求和管理协调等领域发挥了积极功能。

作为基层治理重要力量的社区社会组织近年来发展迅猛（上海市社团局，

2018）。早在 1998 年，上海就提出了"社团进社区"口号。截至 2018 年 8 月，上海共有社区社会组织 4 961 家，占社会组织登记总数的 31.25%；其中，生活服务类 1 774 家，公益慈善类 1 734 家，文体活动类 971 家，专业调处类 482 家。这些组织扎根社区，贴近群众，为老年人、妇女、儿童、残疾人、失业人员、限制自由人员的未成年子女、困难家庭、严重精神障碍患者、有不良行为青少年、社区矫正人员等特定人士提供生活照料、文体娱乐、医疗保健等公益服务，为特定群体提供心理疏导、人文关怀、精神慰藉、心理健康、社会工作等专业服务，并推动社区居民依法开展自我管理、自我服务、自我教育、自我监督，增强了他们对社区的认同感、归属感和责任感。

另外，社会组织积极参与重大事件应对。例如，在 2010 年上海世博会中，来自社区的许多群众团队、来自正式机构的志愿者团队在世博园区、城市志愿服务站参与了形式多样的志愿工作。在 2004 年开始的犯罪预防体系建设中，上海市阳光社区青少年事务中心等多家司法社会工作机构就是工作的核心承担者。在近年来的对口精准扶贫中，上海的社会组织也积极呼应民政部号召而参加"牵手行动"，有 5 家社会工作机构对接云南的相关社会组织，协助其机构成长，助力其员工发展，指导其资源整合，其余 15 家机构也已启动第二批的"牵手行动"。社会组织在上海的城市治理和社会建设中体现了社会责任，发挥了应有功能。

政府购买服务是正式社会组织生存发展的重要资源，政府购买服务项目化运作是上海社会组织参与城市治理的重要途径。无论是哪种事务、何方主体，城市治理的参与本质上都依托于具体项目。将治理需求转化为治理项目，并由社会组织承担，再对其绩效进行评估，是项目化运作的重要做法。（1）完善政府购买服务的制度。出台了《上海市人民政府关于进一步建立健全本市政府购买服务制度的实施意见》《关于进一步支持和规范本市社会组织承接政府购买服务工作的通知》《上海市政府购买社会组织服务项目绩效评价管理办法（试行）》等文件，鼓励社会组织参与，界定购买范围，规范购买程序，构建监管体系。（2）建立政府购买服务平台。由市财政局统一管理，购买主体、承接主体共同使用，实行全市政府购买服务的资源共享，实现从预算到采购和评价的信息全公开。（3）优化社会组织推荐目录。2015 年和 2017 年，上海两次发布社会组织推荐目录，纳入目录的社会组织，其整体实力较强、项目经验丰富、社会公信度高、运作管理规范。（4）落实具体购买服务项目。政府与社会组织签署《政府服务采购合同》，加强对社团的指导和监督。（5）进行政府购买社会组织的绩效评价。上海出台政府购买社会组织服务的项目绩效评价管理办法，评价结果作为购买主体编报预算、财政部门安排预算的重要依据，并与社会组织等级评估和信用管理挂钩。由此，形成了"政府主要购买、组织自主运作"的项目运作模式，使社会组织得以深度参与城市治理过程。

品牌化是社会组织参与城市治理的常用策略。上海的社会组织积极通过各类评奖评优，致力品牌打造，引领治理质量。

一方面，上海积极依托传统名牌项目吸引社会组织参与。如，上海市慈善基金会依托"蓝天下挚爱"品牌项目，吸引两新组织参与公益同行活动；上海联劝公益基金会依托2011年开创的"一个鸡蛋的暴走"品牌项目，与社会组织及其他机构联动，每年吸引几百支队伍参加，募集数量较大的公益资金；上海市民政局依托2011年开启的"公益伙伴日"品牌项目，吸引多类志愿公益机构、社会工作机构及其他正式组织参与，积极打造上海公益之城，让公益成为民众的生活方式。

另一方面，相关政府部门、多个市级和区级社会组织也通过优秀项目、案例、品牌、人才的评选，吸引相关社会组织参与相关服务。例如，上海市社会工作党委2014年开始每年进行"上海市社会建设十大创新项目评选"；上海市社会工作者协会近年来也进行上海市十大社会工作人才、十大案例、十大项目、十大品牌等奖项评选；上海公益新媒体中心、SMG融媒体中心、SMG东方广播中心联合沪上多家主流媒体和复旦交大共同进行"公益之申"全市性活动，评选十佳公益机构、十佳公益项目、十佳公益故事等公益榜单。这些都一定程度上体现了上海社会组织在城市治理中的参与状况。

上海社会组织的城市治理参与，虽然发展较快，也已有所成效，但还存在一

专栏10.3　一个鸡蛋的暴走

"一个鸡蛋的暴走"是上海公益事业发展会（又称联劝基金会）主办的平台性公益筹款活动，旨在为多个儿童领域的民间公益项目筹款。

这是将暴走运动与国际流行的Friends Asking Friends（FAF）筹款模式相结合，为参与者提供了与传统捐赠形式不同的爱心体验。比的不是速度与名次，而是通过徒步50公里挑战自己，向各自亲朋好友打赌筹款。

这是一个自助式团队活动，按队报名，互帮互助，队长对队员负有联络、安全等重要责任。

暴走结束后一个月，主办方将召开总结会，发布筹款数据和善款流向，并通过电子简报和微博推送给捐赠人及公众。

该活动起初只是筹募鸡蛋。但是，该努力得到了国家重视，国家出资的营养午餐计划此后得以推行。因此，暴走活动从2012年转变为联合劝募活动，同时为更多儿童领域的民间项目筹款，帮助更多需要帮助的小朋友。

"一个鸡蛋的暴走"从第一届至今已得到了极高媒体报道量，其中包括央视、人民网、ICS、星尚、网易等媒体的报道，并引起了各方的高度关注。

资料来源：联劝公益网。

些问题。马立（2015）认为，上海的社会组织存在自治困境。一是依法自治的困境，如立法层次低，条例多而法律少；数量较少，内容不全，存在盲点。二是资金支持的随意性，如购买服务"内部化"，购买标准不清晰，社会组织缺乏谈判能力。三是营利化趋向，如少数社会组织通过举办实体方式运作于市场。四是独立性缺失，如一套人马两块牌子。在顾东辉（2016）看来，即使如社工机构这类专业化较高的社会组织，其总体权能也不强。具体表现在：无论从专业人员数量还是高校相关专业毕业生人数，其人口比例与发达地区相比都有差距；来自优秀学校的毕业生、能综合运用多种专业方法的复合型工作者、能解决一线复杂问题的高级工作者、兼顾实务和研究的专门工作者、全国认同的各类人才均不足；专门机构的综合权能也不强，上海虽然拥有一批成立早、规模大、有影响的专业机构，但常住人口拥有专业机构的比例很低；机构的私立性和自控性不足，实力强劲机构少之又少；行业影响不大，独特权威不足。可见，社会组织的整体实力不强。

10.2　国际经验借鉴

境外全球城市现代化治理中社会组织的参与，起步较早，发展较成熟，所取得的一些经验值得我们借鉴。我们选取了纽约、伦敦、东京、新加坡和香港等城市，从社会组织参与的主体、对象、伦理、目标、方法等维度对其经验进行总结。

10.2.1　主体维度的经验

社会组织在这些城市的缘起、分类、功能及政社关系都内涵丰富，并共同构成城市治理实践的基础。

1. 社会组织发源于社会问题的促动。尽管纽约、新加坡等城市的背景各不相同，但其社会组织源起比较类似，本质上均发源于现实问题的解决冲动，以尝试凝聚社会力量解决政府和市场难以应对的议题。如，新加坡人民协会是政治中立的法定机构，负责社区种族和宗教信仰和谐，其产生动力就是政府在面对多种族多宗教共生、社会骚扰时发的社会环境时，认识到仅靠政府行政力量不足以应对现实问题，从而设计的"充分发动人民群众，社区自己管理自己"的制度。[①]

2. 社会组织类型多样。随着社会组织日渐深入到城市治理实践，其组织类型日益多元。慈善公益机构、专业服务机构和草根组织成为"三足鼎立之势"，共同助力城市治理。

---

① www.pa.gov.sg/about-us/our-history，2018 年 11 月 14 日。

慈善公益机构可以自行解决资金，具有较高的独立性和自我运转机制。其生存之道是低成本运作和自我造血。例如，香港国际十字路会完全通过捐赠获得赈灾物资，并以廉洁公益之行获得政府和社会的信任，以一元钱价格租得办公和仓储用地，其工作人员完全是不收取薪金的义工，因此也无人力成本，这就完全避免了在资金上的发展限制和对赞助方的依赖（朱琬宁，2009）。纽约的区域规划协会就按照学生、成员、贡献者、朋友、支持者等会员等级缴纳不同会费，捐赠者可以是个人、社会组织或企业，任何组织和个人都可以申请成为会员，以此支持研究、规划和倡导的开支（谷海洪，2007）。

专业服务机构主要协助政府提供基本公共服务，其运作成本一般由政府通过购买服务或政府转包服务覆盖。例如，纽约的"钥匙计划"就通过获得政府支持，专门针对不良青少年提供教育服务（古明明，2017）。

草根组织旨在疏解本社区问题，一般财力有限，运作艰难，由志愿者和低薪人员管理。例如，在纽约皇后区第三社区就有杰克逊街区行动组、杰克逊街区邻里协会、迪玛斯大街道区协会、北皇后区协会等草根组织。其中，成立于1978年的杰克逊街区行动组就通过本区域的邻里居民、小企业主相互帮助，为本区域需要帮助的居民提供免费服务（古明明，2017）。

枢纽型社会组织则进行社会组织联络工作，在信息互通、培训交流、协调指导，以及与政府对话、普及市民教育等方面发挥作用。例如，东京1987年成立的"NGO活动推进中心"、香港社会服务联会等。

3. 专业机构角色重要。 专业机构有完善组织架构，受训社会工作者在承接政府转移职能、进行公共服务方面具有强大实力，是卓越全球城市治理的关键载体。在纽约，每年有约80%社区服务项目由专业机构通过政府外包或购买服务提供（古明明，2017）。在回应社会福利、社会救助、社区管理等特定问题方面，专业机构也各有法宝，合理分工，相互配合。例如，在香港，青少年服务和社区发展服务就完全由专业社会组织提供。长者安居服务协会已累计为超过15万人次提供了"平安钟"服务，获得了巨大社会效益（肖莎，2012）。

4. 多元主体合作治理。 社会组织作为政府合作伙伴，在吸纳社会资源、发动群众参与方面有其重要作用。例如，香港社会福利署2003年推行了"深入就业援助计划"，许多社会组织通过与政府、商界的合作，协助有就业能力的"综援（综合社会保障援助）受助人"和失业的"准综援受助人"就业，获得巨大成功，并得到政府追加拨款以延长援助计划（刘敏，2008）。在此过程中，政府鼓励专业机构发展，社会组织在政策倡导下也获得了显著提升。例如，东京都政府为更好提供居家养老服务，就鼓励社会组织参与服务，经过持续建设，上门服务机构由2000年908家增到2016年3 198家（康越，2017）。政府支持和社会组织成为合作伙伴，应该是卓越全球城市治理的重要经验。

新加坡全岛有五个选区均设社区发展理事会，负责协调选区和社区发展事务，但不承担具体公共服务。其负责人是选区资深议员。政府在每个选区设立公民顾问委员会，真正进行社区管理。其成员包括社区议员、社会知名人士、基层领袖与热心志愿者。每个选区也建有社区俱乐部，用以开展社区内社会文化体育活动。社区俱乐部由政府负责基础设施建设，自筹部分款项，由社区领袖和志愿者组成青年执行委员会、乐龄服务委员会、印度人活动委员会、马来人活动委员会、妇女活动委员会，这些委员会则致力于服务社区各类人群（于文轩，2017）。

执政党将支部设在社区，议员经常出现在社区组织活动中，积极联系群众、促进族群交流和互信。

新加坡政府在顶层设计、组织动员、活动参与中扮演了重要角色，并与基层组织共同进行城市治理。社会组织作为专业服务主体，在联络社区群众、提供社会服务方面发挥了主要作用。社区实践体现了多主体合作、政府与社会组织互为伙伴、重视群众参与等特征。

资料来源：于文轩：《社会冲突缓解和政府主导的社区自治：新加坡经验》，《信访与社会矛盾问题研究》2017 年第 3 期。

10.2.2　对象维度的经验

在社会组织参与卓越全球城市治理中，治理对象可以按照人群、问题等视角进行划分。

1. 现实问题是基础对象。社会组织参与城市治理通常以实际问题为切入点。为了弥补政府和市场的不足，社会组织常常介入贫困、环境治理、社会安全等问题，以缓解社会矛盾。例如，在伦敦城市雾霾治理阶段，公益环保组织"伦敦清洁空气"就发表了质疑政府治理空气污染有效性的调查报告，敦促政府公开雾霾治理信息，从而回应了公众需要，推进了环境污染治理（陆小成，2017）。当然，社会组织对隐性问题的发掘也值得关注。例如，为降低刑释人员再犯风险，新加坡宗教矫正团就主动为处以"限制令"的刑释人员及其家庭提供宗教矫治、心理咨询和社会帮助服务（兰迪，2017）。

2. 公共服务是拓展对象。境外社会组织在解决实际问题时，有时也会参与到社会福利、社会救助、社区管理、社区矫治、临终关怀、教育辅导、调查研究等公共服务领域，甚至在某些范围内代替政府履职。例如，新加坡的许多教育类社会组织就常与学校合作，组织学生参与学校旅行、夏令营等课外活动，帮助学生内化社群和谐的观念（兰迪，2017）；东京自治调查基金会也常开展有关健康与福利、公民生活和教育、环境等议题的调查，推动福利事业开展[1]；纽约维拉司法研究所则通过实证或理论研究为立法机关和政府部门提供控制犯罪的决策依据（古明明，2017）。在纽约，目前参与社会救助的社会组织有美国志愿者协会、美国红十字会、拯救美国协会、亚裔美国人平等协会、拯救军人协会、妇女救助协会、儿童救助会、希望社区、无家可归者之家等150多家，并在救助无家可归者方面发挥了巨大作用。

3. 未来议题是新生对象。社会组织还在城市规划方面凸显优势，助力未来发展。例如，新加坡政府为保证公共服务供给能契合居民未来需求，通过公民咨询

专栏 10.5　香港社会福利实践

香港社会福利服务由社会福利署统筹，包括社会保障、安老服务、家庭及儿童福利服务、医务社会服务、小组及社区工作、青少年服务、残疾人康复服务、违法者感化工作及住院训练等。除综合社会保障援助由政府统一管理外，社会组织几乎参与了福利服务的方方面面。

在家庭及儿童福利服务方面，社会组织营办综合家庭服务中心，为有需要的个人或家庭提供家庭生活教育、亲子活动、外展服务、小组活动、日间照料等一系列预防、支援和补救服务。

在康复服务方面，社会组织为残疾儿童提供照顾及训练的早期教育及训练中心、特殊幼儿中心，为残疾成人提供训练和职业康复服务的展能中心、庇护工厂、辅助就业服务、综合职业康复中心等，为有需要者提供住宿照顾服务的弱智/肢体伤残人士宿舍、盲人护理安老院等。同时，也为残疾人士家人提供建立家长/亲属资源中心、社区复康网络、健乐会等支援服务。

在违法者服务方面，社会组织为更生人士（即刑满释放人员）提供辅导、就业、住宿及其他支援服务。

青少年服务及社区发展服务完全由社会组织承担，并代替政府履行福利职能。目前，全港有139间社会组织营办的综合青少年服务中心，为儿童及青少年提供个人辅导、社交训练等多种服务。社会组织也深入464所中学，协助中学生处理学业、情绪问题。社会组织还有19支青少年外展队及18支深宵外展服务队，主动前往边缘青少年常到的场所，提供辅导和指引。社区发展服务旨在透过社会工作服务，鼓励市民识别自身需要，运用社区资源解决问题，提高社区归属感。目前，全港有13家社会组织组建的社区中心和17个邻舍层面社区发展计划，及一项边缘社群支援计划。

可见，香港社会组织已深度参与城市治理，在公共服务方面展现出强大服务能力，甚至代替政府履行部分福利职责。

资料来源：香港特别行政区政府社会福利署官网，https://www.swd.gov.hk/sc/index/site_pubpress/page_fact/，2019年4月9日。

---

[1]　www.tama-100.or.jp/category_list.php?frmCd =2-0-0-0-0，2018年11月15日。

纽约城市圈是世界五大城市圈之首，也是美国最大的金融、商业与文化中心。其规划和建设贯穿了整个 20 世纪。其中，纽约区域规划协会承担了主要编制责任。该协会是非官方组织，由企业、市民和社区领导者组成，致力于通过研究、规划和倡导，提升本区域的生活质量和经济竞争力。

围绕将纽约打造为全美最卓越城市及世界一流城市的战略目标，协会自 1921 年以来对纽约城市圈进行了三次大型规划，对空间资源的优化利用作出综合安排。1929 年，发表了《纽约及其周围地区的区域规划》；1968 年，提出了区域规划五项原则，以更广阔综合的视野来管理土地利用；1996 年，发表了题为《处在危险中的地区》的第三次规划，以提高区域居民生活质量（徐双敏、陈洁，2010）。

在规划编制过程中，协会强调三个效应：依托社会公众将某些规划意图转化为公共政策，强调区域多数民众认同的规划发展路径，始终保持机构规划的独立性（古明明，2017）。

显然，社会组织对城市规划及推动其建设卓越全球城市发挥了重要作用。

资料来源：徐双敏、陈洁：《非政府组织在城市圈建设中的作用研究——以纽约城市圈建设为例》，《长江论坛》2010 年第 3 期；古明明：《国际大都市社会治理的做法与经验——以美国纽约市为例》，《社会治理》2017 年第 4 期。

委员会等非官方渠道收集公众需求和意见。社会组织在沟通政府和民众中发挥了重要作用（余敏江，2017）。此外，社会组织扎根社区、群策群力的特性使其时刻保持敏锐，在洞悉发展方向、参与规划建设方面具有优势。

4. 面向多类人群。这些城市的社会组织服务涉及几乎所有人群。如，英国社会组织参与的公共服务就涉及养老、医疗、就业、扶贫、心理辅导、残疾人帮扶等多个领域，呼应了老人、病患、失业人群、贫困人口、精神障碍群体、残疾人等多类人群的需要（李峰，2015）。分类日益精细化成为卓越全球城市治理中社会组织参与的重要特征。

10.2.3　伦理维度的经验

在卓越全球城市的治理中，社会组织也遵循一定伦理原则。其中，最重要的两条原则是"基于法规"与"合作治理"。

1. 基于法规。法规的制定与完善，为社会组织合理有序参与城市治理打下了制度基础。"基于法规"的前提是拥有法规。纽约以城市宪章的形式规定了两级政府间、市区政府与社区委员会间、社区委员会与非营利组织间的权责分工，明确社区治理各方的职责（古明明，2017）。社会组织的参与机制由此得以明确并成为实践原则。在英国，关于社会组织的法规较为全面。1601 年，英国就出台了世界上第一部《慈善法》，之后又制定了《1872年慈善受托人社团法》等法律。2006年，英国开始实施新修订的《慈善法》，对社会组织行为、活动和处理政府与社会组织关系等议题都进行了规定。在税收方面，英国《1988年收入和法人税收法》规定了社会组织的税收专门优惠，并作了具体规定（李峰，2015）。

2. 合作治理。社会组织与政府达成互信、分工合作，是其参与城市治理的重要原则。从制度层面看，"合作治理"多次被写进香港、伦敦等地的法律法规。20世纪70年代，香港当局发表社会服务白皮书，提出建立政府与社会组织的伙伴关系。这种伙伴关系在1991年发布的《社会福利白皮书》中得到延续（肖莎，2012）。与之相类，1998年，英国工党政府与社会组织工作组签署了《政府与志愿者及社区组织关系协定》，也确定了双方的"伙伴关系"（李峰，2015）。

从实践层面看，合作治理原则为政府统筹社会治理、社会组织参与城市治理，提供了理念和思路。纽约市的"反涂鸦行动"就是一个典型案例。该行动由警察局、社区辅助协会、"311热线"联合开展。三方分工明确，各司其职。警方设立了专门的"反涂鸦特遣队"负责行动执行；"311热线"主要收集市民举报；社区辅助协会协助警察局，直接与各社区组织合作，举办社区团组会议，面向社区事务官员开办反涂鸦课程，并放映、分发介绍"涂鸦危害"的资料（古明明，2017）。

此外，服务供给模式也体现了合作治理原则。例如，香港的"官办民营"模式就由政府负责规划、提供经费、监管服务，社会组织负责经营和运作。在香港，社会福利署承担统筹工作，进行财政拨款，制定服务质素标准并监管服务成效，社会组织主要负责服务供给。两者工作环环相扣，形成了行之有效的伙伴关系（李海荣，2013）。

10.2.4　目标维度的经验

在全球城市治理过程中，社会组织旨在达成疏解问题、发展市民、促进公正和助力发展等多个层面的目标。

1. 疏解问题是任务目标。社会组织发源于社会问题的解决促动，缓解乃至解决问题是其基本目标。例如，香港社会保障上诉委员会的成立就旨在处理市民就社会保障福利的申请资格和发放情况而提出的上诉问题。[①] 居民对生活品质要求的提升，驱使政府将扩大就业、改善养老服务等纳入城市治理范畴。增进福祉也是社会组织参与的一项目标。例如，新加坡社区俱乐部的成立就旨在开展社区内社会文化体育活动，丰富文化生活，促进族群间交流，增加社会资本（于文轩，

---

① www.swd.gov.hk，2018年11月15日。

2017）。

2. 发展市民是过程目标。过程目标是在解决问题过程中达成的隐性目标。解决城市问题中培育民众的参与意识和互助能力，是社会组织参与城市治理的辅助功能。例如，在新加坡，基层领袖是公民咨询委员会和各基层组织的骨干分子，经过层层严格选拔程序选出，每两年由人民协会颁发基层领袖委任状（于文轩，2017）。再如，纽约的许多社会组织会积极参与城市政治活动，在是否在居住区建学校、是否提高公交票价等议题上鼓励市民向政府官员表达意愿，从而干预政治进程和影响政府决策（林广，2011）。

3. 城市增能是宏观追求。社会组织通过多种形式助力城市发展。一是降低城市发展成本。社会组织通过凝聚社会资本、发展志愿资源、进行精准服务，最大程度地降低发展成本，节约政府资源，某些服务甚至比政府直接提供更有效。例如，经过测算，香港社会组织开展社会服务的单位成本仅为行政成本的2/3（肖莎，2012）。二是传播城市形象。社会组织可以增强文化软实力，提高城市美誉度，促进城市发展。例如，香港国际十字路会在帮助世界范围内的贫困与受灾群众方面具有强大能力，在完成自身目标、发展志愿资源的同时，也提高了香港在国际社会的公益形象（朱琬宁，2009）。该举无疑助力了香港的卓越全球城市建设。

4. 促进公正是根本目标。社会组织能对接有需要群体，弥补政府职能失灵，平衡市场选择后果，促进社会福利优配，进而促进公平正义。与此同时，社会组织在与政府合作过程中，也能起到监督作用。例如，新加坡的社区治理组织就有一套完善体系来监督社区医疗服务。社区一级设有社区发展理事会和社区顾问委员会，前者负责信息的上传下达，并提出相关对策建议；后者统筹社区的社会福利、社会援助执行和社会保障工作，具体评估社区居民健康需求，同时监督社区医疗中心为居民供给医疗服务，保障社区医疗服务的质量（张贤木、聂志平，2017）。可见，社会组织参与其实也可以提高政府服务的效能。

10.2.5　方法维度的经验

社会组织参与卓越全球城市治理的方法多元，在实务方法、实践过程、专业培养、调动资源、监管方式等方面也有其丰富经验。

1. 实务、行政和政策等方法并存。社会组织有多种治理参与方法。专业机构提供专门领域的实务，如香港的青少年服务中心为青少年提供发展指导，新加坡社区俱乐部为市民提供文化体育活动等。枢纽型社会组织如东京的"NGO活动推进中心"和香港的"社会服务联会"，发挥培育服务机构、总体协调等社会行政角色。社会组织还通过介入政策制定，来参与城市治理。如东京户外广告协会就承担各类户外广告管理职责，积极参与修订《东京都户外广告条例》，为推动行业发展向东京都政府提出了诸多意见、要求和建议（钱程，2014）。

2. 社会组织参与治理的每个阶段。 要维持治理成效和巩固服务成果，社会组织必须持续参与。在问题界定阶段，社会组织便参与资料搜集和观点交流；在方案制定和执行阶段，社会组织也保持高度参与；在服务结束后，社会组织要开展评估和跟进服务。日本东京台东地区的社区营造就是一个典型案例。台东区历史都市研究会在挖掘社区魅力阶段，对社区文化及社区居民诉求进行收集整理；在社区魅力的再生产阶段，社会组织与居民、企业、政府等进行了良好沟通，取得了居民信任，并与其他社会组织进行对接和协调，最终取得了良好成效（樊星等，2017）。社会组织扎根基层，凝聚多方，其持续参与显然能提高治理效能。

3. 专门组织提供专业服务。 社会组织在参与城市治理中，致力提供专业化服务。香港社会工作人员协会的主要任务就是团结社工、发展专业，对其他社会组织专业提升起示范和引导作用。社会组织也可以直接提供精专服务。如新加坡2003年成立的"新加坡宗教康复组织"就首先对自身成员进行了专业培训。一方面，组织成员参与组织的文凭资格考试、辅导技巧和咨询技能课程。另一方面，组织成员继续深造：有的获得了硕士学位，专注于反恐研究；有的继续攻读博士，进行去极端化研究；有的撰写了《宗教咨询手册》，规范了应对暴力极端分子的服务流程（佟阳、赵舒婷，2018）。专业化服务，显然有利于社会组织获得持续发展的动力。

4. 政府提供主要资金。 政府购买服务乃至配套免税政策，是社会组织的最重要资金来源。如香港社会福利署2018—2019年度预算总额是842亿元，其中，168亿元是提供给社会组织的经常资助金，另有30亿元奖券基金资助社会组织的非经常开支。[①] 根据《香港税务条例》，属公共性质的慈善机构或慈善信托经营收入免于缴税，机构或个人给这类组织的慈善捐款可免于缴税等（顾瑞兰，2015）。日本1998年制定的《特定非营利活动促进法》也规定了面向社会组织的优惠税收政策（胡澎，2011）。稳定的政府支持很好地促进了社会组织的蓬勃发展。

5. 志愿资源得以吸收。 社会组织往往募训大量志愿者。这既可以增强社区凝聚力、培养公民互助精神，也可以构建社区支持网络，并减少人力物力成本。如英国的志愿者服务就深入社区组织、互助组织、慈善组织、协会乃至社会企业等社会组织中，提供大量公共服务（李峰，2015）；中国香港的义工资源也是社会组织的生力军（肖莎，2012）。这些都提高了社会组织参与社会服务的整体实力。

6. 相关系统发挥监管职能。 社会组织参与城市治理均有其监管体系，各地实践虽存差异，但依然值得梳理借鉴。

---

① http://www.swd.gov.hk，2018年11月15日。

　　英国政府对社会组织给予财政支持，为社会组织提供多种资金，鼓励其从事公共服务。其中，常见方式有政府直接购买服务或产品，以项目形式委托给社会组织，或者由政府对社会组织进行培训。此外，英国政府每年还拿出 16.7% 的博彩业财政收益，发放给每家提供公共服务的社会组织。

　　在税收方面，《1988 年收入和法人税收法》规定了对公益性的、参与提供公共服务的社会组织进行税收减免。

　　英国还有专门基金会，为符合条件的社会组织向政府申请税收优惠政策或减免相关税收，每年成功申请退税 10 亿英镑以上（李峰，2015）。

　　多渠道、数额充足的财政资金，或减或免的税收优惠，解决了社会组织参与城市治理的资金问题，为其快速发展和优质服务提供了前提。

资料来源：李峰：《英国社会组织参与公共服务供给的历程及启示》，《哈尔滨市委党校学报》2015 年第 4 期。

　　在英国，社会组织监督分外部监督和内部监督两部分。外部监督由法院和慈善委员会执行，涉及行为管理、性质监管、财产监督、董事会监管等四方面。内部监督是社会组织内部治理和自律机制，理事对社会组织的行为和资产负有完全责任，有责任监督公共资产的延续、组织的恰当管理、组织的非营利性、公益性目的的实现（李峰，2015）。

　　在中国香港，2010 年出台的《服务表现监察制度》是对受助机构进行规管、厘定及评估服务表现的重要文件，社会福利署与受助机构签订的《津贴及服务协议》及《服务质素标准》也具有相类功能（李海荣，2013）。

　　在美国，联邦政府的控制手段是国家《税收条例》；社会组织每年给国税局写年度报告；国税局规定任何人向民间组织索要财务报告，对方都应提供。国税局也可能对社会组织进行审核，一旦发现问题，有的会被吊销免税资格，出现贪污行为的则由司法机关介入（林广，2011）。

　　社会组织参与卓越全球城市治理的上述经验，或者来自单个城市的实践，或者来自多个城市的共性，涉及城市治理的诸多方面和整个过程。虽然这些城市的发展历史、当今状况及其他因素不同于上海，但其先发经验隐含的一般规则，以及治理参与主体基于平等的多元治理、社会性较强、社会组织参与城市治理的每个阶段、相关系统需要进行监管等特点，应该对我们有所启迪。

10.3　促进社会组织参与城市治理对策建议

　　促进社会组织的城市治理参与，发挥其在建设卓越全球城市中的积极作用，需要采取综合措施，创新体制机制，营造良好环境，创造相应条件。

10.3.1　加强操作化

1. 现代化城市治理应该体现"主体多元，总体平等"的治理理念。一方面，现代化城市治理需要政府、企业、社会组织、公众、媒体各担角色。政府作为掌舵者，要在城市治理中协调各方，并根据情势大局及其变化态势，适时修订角色，带动整个城市的组织优化。企业是最强大社会力量，要勇担社会责任，维护社会公义。社会组织要体现其社群意识，注重弱势群体，弥补因市场失灵、政府不足导致的民众需求不足。公众有权利和有责任参与城市生活，体现自助意识和行为。媒体要发挥社会监督、互动交流的角色，积极传递正能量。另一方面，现代化城市治理也需要相关主体基于"我们"理念和"总体平等"原则，进行恰当互动。

2. 现代化城市治理应该明确治理的具体内容。（1）从三个维度对城市治理的内容进行梳理：一是参照党的十九大提出的"五位一体"框架，发现城市中涉及的政治、经济、社会、文化与生态等方面的议题；二是从社会工作的"治疗、预防与发展"层面，对政治、经济、社会、文化与生态等议题进行分类，形成若干小类；三是从现代化即"现状与理想"阶段，发现这些小类中还未达到理想状态的具体议题。（2）界定政府、企业、社会组织、公众与媒体的职责，根据前述具体议题的原因分析，明确哪些是单个主体应该承担任务，哪些是几个主体应该分担责任。（3）结合上海的实际情况，形成上海的现代化城市治理行动脉络图。

3. 现代化城市治理应该注重法治化、社会化、专业化和智能化。这应该成为上海打造现代化城市治理的基本原则。（1）必须注重法治，一切以法律为准绳，依法行政。（2）必须吸收社会力量即社会组织和企业的参与，以弥补政府工作的不足，不同主体还可以角色互补从而发挥整体功能。（3）必须走向专业化。专门人员采用专门方法，解决专门问题。为此，需要进行科学的问题分析，制订合理的治理方案，开展恰当的实操策略，进行科学的结果评估，从而，在城市治理软件层面体现科学化、规范化与精细化。（4）必须关注智能化。现代数据技术日新月异，采用技术手段尤其大数据方法开展城市治理，应该是发展方向。因此，进行必要的硬件配置，使得关键基础设施和服务更加智能、互联和高效，可以促进城市治理水平和质量的动态提升。总体而言，上海的现代化城市治理应该坚持依法、科学与系统的原则，兼顾硬治理与软治理，以促进城市治理的可续优化。

10.3.2　促进组织增能

促进上海现代化城市治理中的社会组织参与，需要社会组织提升整体实力。

1. **积极扩大数量**。民众自身可以发现城市治理的具体问题，自主成立社会组织或服务团队；党政部门也可以根据上海打造现代化城市治理的脉络图，适当引导，培育一些重点社会组织。通过这些方法，增加社会组织的数量。

2. **提升组织能力**。（1）在技术方面：可以协助社会组织及其工作人员科学搜集城市治理资料，发现值得关注的具体问题，剖析其原因机制，并根据多方面的可行性，制订科学可行的干预计划；可以协助社会组织开发货币和物质资源，联系和发动群众，提升建立机构和联系组织的能力，参照干预方案良好实现计划目标；可以协助社会组织科学分析治理参与中的努力、活动、产出、结果和效果，发现项目结果的原因机制，为后续事务的优化打下基础。（2）在行政方面：要建设合理的管理架构，强化制度规范，加强与其他机构的合作互动，促成工作目标的顺利达成；要根据自身情况，制订从业资格、聘任、工资、福利、晋升、奖惩等方面的制度，促进职业化建设；要根据"拥有专门力量、需要规范训练、建立专门伦理、体现特殊权威、彰显组织文化、得到社会认可"等维度，推进专业化建设。

3. **强化伦理建设**。社会组织要融自律、互律与他律于一体。要加强组织自律，规范从业人员的行为举止和专业伦理，最大限度地提升组织公信度；要注重行业互律，依托行业协会，加强集体自律和机构相互监督；要进行外部监督，管理机关要对社会组织活动进行恰当指导，税务、会计部门要对其进行依法监督，社会公众也要对社会组织进行监督管理。

10.3.3　践行合作治理

社会组织参与现代化城市治理，应该领悟治理的基础品性。要认识到党政部门、企业、社会组织、公众和媒体在现代化城市治理中的"总体平等"地位，即只要得到认可，每个主体都可能成为权力中心。在现代化城市治理的党政主导格局下，社会组织与其他主体要建立网络，相互依赖，各依优势，加强对话，伙伴合作，提高各主体参与城市治理的获得感，促成城市治理目标的理性达成。

10.3.4　不忘治理初心

现代化城市治理应该注重人民福祉增加和市民素质提高的融合。现代化城市治理不能只追求经济发展和社会稳定，还要促进人民的美好生活的实现。所谓福祉即幸福，是生理、安全、归属和爱、尊重与自我实现等层面需求的兼顾，不仅涉及问题解决，而且关乎需求满足。这是基础目标、显性目标和任务目标。

在此过程中，还应该关注更高目标、隐形目标和过程目标，即在协助民众疏解问题和满足需求的过程中，促进其素质提升进而全面发展，并在认知、行为和情感等多方面得以体现。这类似于教书育人中的育人功能。显然，教书育人是整体概念，因此人民福祉增加和市民素质提高应该得以兼顾。

参|考|文|献

［1］ 于文轩：《社会冲突缓解和政府主导的社区自治：新加坡经验》，《信访与社会矛盾问题研究》2017 年第 3 期。

［2］ 上海市社团局：《社会组织参与社区治理的情况报告（内部资料）》，2018 年。

［3］ 上海市精神文明建设委员会办公室：《上海志愿服务发展报告（2018）》，社会科学文献出版社 2018 年版。

［4］ 马立：《上海创新社会治理体制中的社会组织自治困境及激活策略研究》，《上海社会建设研究》2015 年第 6 期。

［5］ 马伊里：《以人为本　以人和为目标——关于现代民政核心价值观的讨论》，《中国民政》2009 年第 12 期。

［6］《中共上海市委办公厅转发〈中共上海市委政法委员会关于构建预防和减少犯罪工作体系的意见〉的通知》（沪委办〔2003〕16 号）。

［7］ 古明明：《国际大都市社会治理的做法与经验——以美国纽约市为例》，《社会治理》2017 年第 4 期。

［8］ 冯奎、杨冰之、彭璐：《城市治理智慧化的内涵及框架体系》，《区域经济评论》2017 年第 6 期。

［9］ 兰迪：《"柔性"反恐：新加坡犯罪预防与矫治制度研究》，《净月学刊》2017 年第 4 期。

［10］ 朱琬宁：《独立与互动：当代中国 NGO 发展路径探析——基于对香港国际十字路会的考察》，《中南大学学报（社会科学版）》2009 年第 4 期。

［11］ 朱勤皓：《在 2016 年上海市社会组织工作会议上的讲话（内部资料）》，2016 年。

［12］ 刘敏：《NGO 与贫困治理：以香港为例》，《兰州学刊》2008 年第 8 期。

［13］ 孙甘霖：《注重党建引领，推进社会组织参与社会治理》，《上海社会建设研究》2016 年第 5 期。

［14］ 李峰：《英国社会组织参与公共服务供给的历程及启示》，《哈尔滨市委党校学报》2015 年第 4 期。

［15］ 李海荣：《社会服务：香港经验及启示》，《甘肃行政学院学报》2013 年第 5 期。

［16］ 杨冰之，郑爱军：《智慧城市发展手册》，机械工业出版社 2012 年版。

［17］ 肖莎：《香港 NGO 参与社会服务的经验与启示》，《中国社会组织》2012 年第 10 期。

［18］ 佟阳、赵舒婷：《新加坡"去极端化"反恐策略评析》，《中国公共安全（学术版）》2018 年第 3 期。

［19］ 余敏江：《"超前治理"：城市管理的范式革命——评〈"花园城市"的"管"与"治"——新加坡城市管理的理念与实践〉》，《理论与改革》2017 年第 4 期。

［20］ 谷海洪：《由"第三部门"主导的区域规划的成功范例——纽约大都市区规划》，《国际城市规划》2007 年第 5 期。

［21］ 张贤木、聂志平：《英美新三国社区医疗服务模式及借鉴——以农村空巢老人医疗服务为视角》，《老区建设》2017 年第 18 期。

［22］ 陆小成：《伦敦城市雾霾治理的阶段、经验及对北京的启示》，《唐山学院学报》2007 年第 3 期。

［23］ 陆晓春：《立足基层建设，探索特大型城市的社会治理创新之路》，《上海社会建设研究》2014 年第 6 期。

［24］ 林广：《上海与纽约：城市社会团体之比较》，《中国名城》2011 年第 11 期。

［25］ 周振华：《全球城市：演化原理与上海 2050》，格致出版社 2017 年版。

［26］ 胡澎：《日本 NGO 的发展及其在外交中的作用》，《日本学刊》2011 年第 4 期。

［27］ 顾东辉：《中国社会工作实践的本土导向》，载中国社会工作协会组编：《中国社会工作发展报告蓝皮书》（1988—2008），中国社会出版社 2009 年版。

［28］ 顾东辉：《内发整进：上海社会工作的十年实践》，载王思斌、邹文开主编：《回顾、反思、展望——中国社会工作辉煌发展的十年（2006—2016）》，中国社会出版社 2016 年版。

［29］ 顾维民：《引导社会组织参与社会治理，有效激发社会组织发展活力》,《上海社会建设研究》2016 年第 4 期。

［30］ 顾瑞兰：《香港政府向 NGO 购买社会服务的做法及启示》,《经济研究参考》2015 年第 49 期。

［31］ 钱程：《大都市户外广告管理与景观维护——以日本东京为例》,《上海城市管理》2014 年第 1 期。

［32］ 徐双敏、陈洁：《非政府组织在城市圈建设中的作用研究——以纽约城市圈建设为例》,《长江论坛》2010 年第 3 期。

［33］ 徐汇区课题组：《徐汇区夯实治理基础深化居民自治的实践与思考》,《上海社会建设研究》2014 年第 6 期。

［34］ 唐钧：《社会治理与社会保护》,北京大学出版社 2018 年版。

［35］ 黄燕芬、杨宜勇：《中国城市治理现代化的六大要素》,《中国经济报告》2018 年第 3 期。

［36］ 康越：《东京都高龄城市建设模式对我国超大城市借鉴研究》,《北京行政学院学报》2017 年第 5 期。

［37］ 樊星、吕斌、小泉秀树：《日本社区营造中的魅力再生产——以东京谷中地区为例》,《国际城市规划》2017 年第 3 期。

［38］ Sassen，S.，1991，*The Global City: New York*，*London*，*Toyko*，Princeton: Princeton University Press.

基于绿色智慧的
全球城市发展

绿色智慧城市是绿色科技驱动的新型城市发展模式，顺应了人类发展生态文明和智能文明的时代潮流，是全球城市在发展中应对和克服"大城市病"的必由之路，具有重大战略意义。上海在推进绿色智慧城市建设中已有长足进展，特别在绿色智慧规划、绿色智慧交通、绿色智慧建筑、绿色智慧市政以及绿色智慧商务方面取得明显成效，但仍面临着一系列较大的压力，需要采取更大力度的综合措施推进绿色智慧城市发展，为建设卓越全球城市夯实基础。

The concept of green smart city embraces the current trend of building ecological civilization and intelligent civilization. It is also a necessary therapy to deal with the 'metropolis diseases' in the development of global city and has an important strategic significance. Shanghai has made significance progress in the development of a green smart city, especially in green smart planning, green smart transportation, green smart architecture, green smart city infrastructure and green smart business. But, Shanghai is still faced with outstanding challenges of taking comprehensive measures to push forward the plans of green smart city development and laying a solid foundation for the construction of a global city of excellence.

从建设卓越全球城市的视角考察绿色智慧城市发展的重大战略意义。在梳理现有绿色智慧城市建设理论，探讨绿色智慧城市发展的内涵和外延的基础上，我们引入绿色智慧城市建设指数，对上海建设绿色智慧城市的成绩与不足进行综合评价。同时，分析绿色智慧城市建设的全球经验及其值得我们学习借鉴的主要做法。从政府管理的角度，提出上海绿色智慧城市发展的思路对策。

11.1 绿色智慧城市发展的战略意义

绿色智慧城市致力于在将生态化与信息化、智能化有机结合起来，有效解决经济增长与自然环境承载力之间的矛盾，在经济高度发展的基础上实现人与自然更高层次的和谐统一，实质上是一种基于生态保护和知识创造的新型城市发展模式。绿色智慧城市为城市发展描绘了一张全新的蓝图，对建设卓越全球城市具有重大战略意义。

11.1.1 绿色智慧城市内涵

迄今为止，绿色智慧城市尚无公认、统一的定义，本质上是生态城市和智慧城市的有机结合体。根据联合国环境与发展会议文件《21世纪议程》《关于环境与发展的里约宣言》中智慧城市定义以及联合国教科文组织发起的"人与生物圈"（MAB）计划对生态城市的定义，我们认为，绿色智慧城市是遵循生态文明和信息文明理念，依托大数据资源和信息科技、智能科技等新兴技术，经济高度发达、公共管理高效、生态环境宜居、社会和谐稳定的现代城市。其核心理念是秉承人地关系和谐，关键手段是现代化智能科学技术，根本动力是知识创新，其重要特征是人本化、生态化、智能化、系统化相互促进。

1. 以人为本是绿色智慧城市建设的核心理念。城市是人类的栖居之所，也是人类的家园。绿色智慧城市倡导城市成为人类美好生活的地方，在尊重自然和社会规律的基础上，依托智慧技术，不仅为城市生活带来便利，并且使生活质量得到改善，为居民提供良好的交往与居住环境。绿色智慧城市的文化功能、社会功能、创新功能、生态功能等都是围绕着人展开的，也就是说绿色智慧城市不仅包括良好的宜居环境，还包括良性永续的社会价值文化环境。城市中的人与人的交往是在社会文化环境中进行的，因此绿色智慧城市中优良文化的延续也是城市发展的必然要求。总之，绿色智慧城市建设必须以城市居民为中心，更加注重环境宜居和历史文脉传承，更加注重提升城市居民的获得感、幸福感与健康水平，最终达到城市建设与城市居民的自由全面发展相适应的和谐状态。

2. 现代化智能科学技术是建设绿色智慧城市的重要手段。在现代城市智能科学技术帮助下，信息数据能够被快速地感知、测量、传输与存储。在此基础上经过对信息数据的分析处理，将分析结果应用于交通、生产、社区等城市功能中，能够实现城市的自动化管理和决策，大大提高整个城市的运行效率，同时也提高绿色城市建设的水平。而且，绿色智慧城市也不仅仅是对智能技术的简单应用，而是建立在物联网与互联网基础上的智能应用集合，融合了信息网络、产业创新和社会服务等体系。城市中各功能要素通过现代化智能技术整合成为统一的城市智能网络，实现了现实世界与网络信息世界的高度融合，推动城市管理、居民生活、公共服务、资源配置、生态环境等向高效集约方向发展。现代化智能科技将引起城市生产和消费模式的深刻变革，传统产业与新型产业的绿色化、智能化带来产业发展与结构调整，也有助于实现生态效益与经济效益的协同，使得环境保护不再成为经济发展制约条件。

3. 知识创新是绿色智慧城市可持续发展的根本动力。绿色智慧城市是一种具有"大脑"的复合系统，不论是城市发展理念的转变，还是现代化智能技术的出现，都源自创新。绿色智慧城市中，创新涉及科学技术创新，也涉及社会文化环境和体制的创新。科学技术创新是绿色智慧城市发展的"硬基础"，社会文化环境与体制创新则为绿色智慧城市建设提供"软环境"。社会文化环境与体制创新为技术创新创造更好的孵化空间，而技术创新则又在一定程度上引起社会文化环境的变化，加速社会文化环境与体制的创新。两种创新相互作用，共同促进，从而进一步实现城市自然生态系统与社会经济人文系统的良性健康可持续发展的目标。绿色智慧城市能够为各类创新人才提供包括制度、文化、硬件设施等在内的良好的创新环境。另一方面，通过人才带来的创新，使得城市的经济生产、居民生活消费、社会文化价值等方面逐渐升级、优化调整，从城市发展的内在进行驱动，在各系统的相互耦合作用下，形成绿色智慧城市更高级的发展表现形式，激发绿色智慧城市的发展潜能，塑造新的环境，推动城市各系统间协调可持续的发展。

11.1.2　评价维度

为了将绿色智慧城市更加具体化和指标化，我们根据绿色智慧城市的定义、内在要求和基本特征，对绿色智慧城市的评价侧重为五个维度：规划、交通、建筑、市政以及商务（图11.1）。

1. 维度一：绿色智慧规划。它是指在城市规划中应用大数据技术，以相关技

图 11.1
绿色智慧城市的五个维度

术准则为依据，以智慧化为切入点，通过合理分配城市空间资源的方式，建立并发展绿色智慧城市。在绿色智慧城市建设中，规划建设是一项重中之重的工作，绿色智慧城市的建设离不开智慧的顶层规划。在城市规划中，应当树立起低碳、智能和集约的发展观念，通过对城市现有资源进行充分整合的方式，保证绿色智慧城市的建设质量与效率。

2. 维度二：绿色智慧交通。它是指在整个交通运输领域充分利用物联网、空间感知、云计算、移动互联网等新一代信息技术，综合运用交通科学、系统方法、人工智能、知识挖掘等理论与工具，通过建设实时的动态信息服务体系，深度挖掘交通运输相关数据，形成问题分析模型，实现行业资源配置优化能力的提升，推动交通运输更高效、更经济，也更环保地运行和发展。作为城市经济发展的重要动脉和基础设施，交通的绿色智慧化水平将成为绿色智慧城市建设的重要组成部分。通过绿色智慧交通，优化市民的出行方案，减少汽车污染物的排放，合理疏导人流、车流，缓解交通拥挤等。

3. 维度三：绿色智慧建筑。它是指应用物联网、大数据、云计算、移动互联、5G 通信以及人工智能、虚拟现实等创新技术，通过将建筑物的结构、系统、服务和管理进行高效性管理，从而实现高效节能、环保生态、健康的人性化建筑环境。例如，大力发展"装配式 + 信息化 / 智能化"的建造模式，推广智能和装配建筑，在新建建筑和既有建筑改造中推广普及智能化应用，完善智能化系统运行维护机制，实现建筑舒适安全、节能高效。

4. 维度四：绿色智慧市政。它以无纸化数据处理、信息充分高效共享为目标，打破原有的信息孤岛框架，目的在于打造统一的政府服务中心，搭建公共信息的大数据平台和公共服务平台，实现核心资源"人、财、物"的有效配置和高效利用，从而节约社会和生态资源。例如，通过智慧市政管理平台，政府的公共管理服务能够以开放的形式固定在云端，群众能够以 APP、网站、微信等形式访问各种服务。绿色智慧市政在为市民生活带来便利的同时，也提高了市民办理市政的效率，减少了不必要的时间损失和生态资源浪费，提高城市的绿色化和智慧化水平。

5. **维度五：绿色智慧商务**。是利用智能科学的理论、技术、方法和信息、通信和自动化技术工具，通过智能感知、云计算、物联网、移动互联、大数据挖掘、专家系统等手段，实现企业核心业务智能化，如商务、管理、决策和服务智能化、企业各种资源获得智能调配和优化利用等，实现信息流、资金流、物流、业务工作流的高度集成与融合，实现社会经济效益最大化，实现经济发展和生产力提高的同时，也实现生态资源的节约和高效利用。

11.1.3　建设卓越全球城市的必由之路

综上所述，绿色智慧城市顺应了人类发展生态文明和智能文明的时代潮流，成为人类当今城市建设的必然选择，是未来城市发展的高级形态。上海建设卓越的全球城市，必须牢固树立创新、协调、绿色、开放、共享的发展理念，坚持可持续发展，坚持人与自然和谐共生，坚持在发展中保障和改善民生，成为创新之城、人文之城、生态之城。因此，绿色智慧城市发展构成上海建设卓越全球城市的重要内容之一。

长期以来，人口膨胀、土地紧张、交通拥挤、生态环境恶化等问题一直是全球城市发展中面临的重大挑战。这些所谓的"大城市病"通常比一般城市来得更严重。这是全球城市建设过程中亟需解决的难题。绿色智慧城市则是解决这一问题的良药。而且，绿色智慧城市的提出，主要为解决城市规模不断扩大，城市迅速发展所暴露出的各种问题，其依托于先进的信息技术和城市的综合实力。因此，全球城市在这方面的建设更为迫切，也有条件走在前列。纵观全球城市发展进程，纽约、伦敦、东京等顶级全球城市，均力争率先形成绿色智慧的城市形态，提升在全球城市网络体系中的"核心节点"能级。随着生态文明与智慧文明逐渐融合的趋势，借助智慧手段解决绿色城市发展中存在的问题，已经成为全球城市建设的一大亮点。而且，绿色智慧已成为当前全球城市建设的迫切诉求，也是提升城市能级和核心竞争力的重要手段和途径，并成为全球城市发展重要战略方向。

上海对标顶级全球城市，着力构筑新时代上海发展的战略优势，全面增强城市的核心功能，加快建设卓越的全球城市和具有世界影响力的社会主义现代化国际大都市，迫切需要以新一代信息技术为支撑，致力于城市的智慧化、可持续化发展，使城市具有智慧感知、智慧反应、智慧调控的能力，让上海的天更蓝、地更绿、水更清。

11.2 上海绿色智慧城市建设的进展情况

改革开放以来，上海在经济发展、城市建设、人民生活等方面取得了令世人瞩目的成就。从绿色智慧城市建设的角度看，上海既取得了一系列辉煌的成就，也存在一些需要解决的问题。

11.2.1 取得的成效

2018 年 11 月，华东师范大学中国现代城市研究中心、华东师范大学城市发展研究院、华东师范大学城市与区域科学学院、上海大学哲学系的研究人员通力合作，共同完成了中国绿色智慧城市发展研究报告（2018）的研究工作。该课题组根据绿色智慧城市发展的内涵与外延，编制了一套衡量绿色智慧城市发展水平的指标体系和指数，对全国 285 个地级及以上城市的绿色智慧城市发展指数进行了综合计算和空间分析。

上海在全国绿色智慧城市发展综合排名中位列第三，处于国内领先水平，但指数值仍稍微落后于深圳和北京（表 11.1）。在智慧城市分指数的排行榜中，上海则位居首位（表 11.2）。在人文城市领域的分指数排名中，上海也是全国第一位。而绿色城市领域分指数排名稍微靠后，绿色城市领域成为限制上海发展的瓶颈。因此，上海在绿色智慧城市发展中，强项是智慧城市建设，弱项是绿色城市建设。

上海市经济和信息化发展研究中心最新公布的《2017 上海市智慧城市发展水平评估报告》显示，2017 年上海智慧城市发展水平指数为 99.53，较 2015 年、2016 年继续保持增长势头。其中，网络就绪度指数为 99.03，智慧应用指数为

表 11.1
中国地级及以上城市绿色智慧城市发展指数前十名（2018 年）

资料来源：孙伟平、曾刚、石庆玲等：《中国绿色智慧城市发展研究报告（2018）》，中国社会科学出版社 2018 年版。

排名	城市	指数
1	深圳	100.00
2	北京	90.64
3	**上海**	**90.60**
4	广州	89.37
5	珠海	84.22
6	南京	80.84
7	杭州	80.02
8	苏州	79.96
9	厦门	77.86
10	中山	70.96

排名	城市	指数
1	上海	100.00
2	苏州	98.31
3	深圳	97.44
4	广州	96.01
5	北京	87.01
6	无锡	86.53
7	南京	85.96
8	成都	83.89
9	杭州	82.85
10	长沙	80.10

105.74，发展环境指数为 95.3。在智慧城市建设方面，上海走在了全国最前列，为创建卓越的全球城市打下了坚实的信息化基础。

这主要归因于自 2010 年以来，上海全面推进面向未来的智慧城市建设，城市数字化、网络化、智能化水平显著提升，智慧规划、智慧交通、智慧建筑、智慧市政以及智慧商务等应用逐渐遍及上海各个角落。

1. 维度一：智慧规划方面。从全国智慧城市的发展现状来看，上海智慧城市的建设已经达到全国领先水平。在 2011 年 9 月、2014 年 10 月、2016 年 9 月，上海市分别发布了《上海市推进智慧城市建设 2011—2013 年行动计划》《上海市推进智慧城市建设行动计划（2014—2016 年）》《上海市推进智慧城市建设"十三五"规划》，从政策层面循序渐进地明确了上海智慧城市建设的愿景蓝图，并给出了具体的实施路径和步骤。表 11.3 总结了上海市政府对绿色智慧城市建设的总体战略布局的比较。

根据这些规划，上海智慧城市的建设将信息感知和智能应用作为建设智慧城市的发展重点，并以城市信息基础设施体系、绿色高端的新一代信息技术产业体系以及网络安全保障体系为支撑的智慧城市体系架构。在具体推进智慧城市建设过程中强调要以民众的需求为导向，构建以民众需求为导向的公共产品供给模式。[1] 有这些顶层规划的指导，上海绿色智慧城市建设，必将继续稳步前进。

2. 维度二：智慧交通方面。上海在智慧交通方面做了很多工作，基本建成以道路交通综合信息服务（智行者）、公交信息服务（上海公交）、公共停车信息服务（上海停车）等为主干的交通信息化应用框架。公交行业车载信息系统已经实现大规模应用，中心城区基本实现一体化车载信息系统全覆盖，基本建成以道路交通综合信息服务、公交信息服务、公共停车信息服务等为主干的交通信息化应

规划时间	趋势	推进重点	发展目标
2011—2013年	数字化、网络化、智能化	提升信息基础设施能级和夯实智慧应用基础（宽带城市、无线城市、通信枢纽、三网融合、功能设施等）	1.基础设施能级跃升；2.示范带动效应突出；3.重点应用效能明显；4.关键技术取得突破；5.相关产业国际可比；6.信息安全总体可控
2014—2016年	移动化、网络化、智能化、绿色化	以深化智慧应用为主线，以强化网络安全为保障，营造智慧生活，发展智慧经济，深化智慧城管，建设智慧政务，推进区域示范	1.便捷高效的信息感知和智能应用体系；2.高速泛在的下一代城市信息基础设施体系；3.绿色高端的新一代信息技术产业体系；4.自主可靠的网络安全保障体系
2016—2020年（"十三五"规划）	泛在化、融合化、智敏化	实施信息化领先发展和融合带动战略，确立大数据作为城市创新发展要素的地位，实施互联网与经济社会融合发展的"互联网＋"战略	1.具有"上海特色、国内领先、国际先进"的普惠化应用格局；2.高速、移动、安全、泛在的新一代信息基础设施体系；3.广泛汇聚、共享开放、深度应用的数据资源利用体系；4.创新驱动、结构优化、绿色发展的信息技术产业体系；5.可信、可靠、可控的信息安全保障体系

表 11.3
上海市政府对绿色智慧城市
建设的总体规划

资料来源：根据相关文件整理。

用框架。截至 2018 年 9 月，"上海公交"APP 接入并发布实时数据的公交线路达 1 264 条。此外，智能网联汽车既是智能制造的产品，又是信息技术与人工智能技术相结合的最高级应用领域之一。而随着《上海市智能网联汽车道路测试管理办法（试行）》的发布，以及于 2018 年 3 月及 5 月分别向上汽集团、蔚来汽车以及宝马中国等发放两批共 5 张测试牌照，上海已成为中国智能网联汽车发展的领先城市。据统计，上汽集团、蔚来汽车两家车企已经分别开展了近 40 天次测试，累计测试里程超过 6 000 公里，累计测试时长约 263 小时，测试过程安全可控，未发生交通碰撞事故，总体情况良好，未对现行交通产生不利影响。随着上路测试工作的开展，上海开始吸引更多自动驾驶企业来此落户，如美国硅谷小马智行科技有限公司、北京图森未来科技有限公司等。

3. 维度三：智慧建筑方面。智慧城市建设的全方位开展，也为上海建设"柔性生态"城市提供了巨大的保障。智慧产业、智慧交通等智慧城市建设本身就是改善城市生态环境的重要途径，然而并不仅限于此，智慧城市建设同时也为城市生态保护提供了非常直接的帮助。例如，在环境监管方面，上海市建设完成智能供水中的原水安全保障监管应用，建立固定污染源统一编码系统，并开展上海市建筑工程扬尘和噪声在线监测管理系统建设，截至 2016 年底，上海共建有道路扬尘监测点超过 1 400 个，覆盖道路、建筑工地、搅拌站、堆场与码头等重点区域。空气质量监测方面，截至 2016 年底，上海共建有空气环境质量国控监测点超过 10 个、市控监测点逾 40 个（图 11.2）。

4. 维度四：智慧市政方面。信息通信网络是信息化的基础，上海一直是国内网速最快的城市。根据《2017 年上海国民经济和社会发展情况公报》的统计，截至 2017 年底，上海全市光纤到户实现全覆盖，千兆光纤到户覆盖总量达 405 万

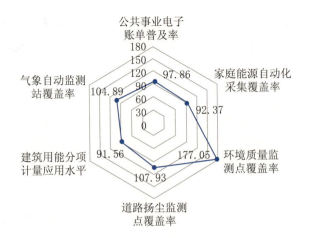

图 11.2
上海市智慧应用指数——绿色发展指数

资料来源：上海市经济和信息化发展研究中心：《2017上海市智慧城市发展水平评估报告》，2017年。

户，比上年末增加375万户，家庭光纤实际用户数达到579万户，比上年末增加64万户（图11.3）。无线城市公共 WiFi——i-Shanghai 服务进一步优化升级，2017年完成原有 1 400 处场所从2M到10 M的普遍提速，按新标准新增600处场所，累计开通 2 000 处。家庭宽带用户平均接入带宽超过 100 M，固定宽带用户平均可用下载速率达 20.52 M，继续领跑全国。在无线城市方面，上海目前已基本实现 4G 网络全市域覆盖。2017年末，上海 4G 用户达 2 388 万户，比上年末增加 515 万户。到 2018年，4G 用户平均下载速率达 20.26 Mbps，保持全国首位，并累计完成 331 处 4G 弱覆盖区域网络优化。此外，2017年上海已经开始启动 5G 场外测试，到 2021年，全市将基本建成以 5G 为引领的新一代信息基础设施总体架构。

对上海市民来说，信息化、智能化的发展还带来了更加高质高效的政府服务，更加便民惠民的智慧生活服务。2018年9月，整合各种便民服务的"一网通办"移动端上线试运行。"一网通办"是上海 2018年"互联网 + 政务服务"改革的重头戏。作为全国率先推进"一网通办"的区域，2018年7月上海"一网通办"总门户在"中国上海"网站上线试运行，9月起依托上海"市民云"APP 的

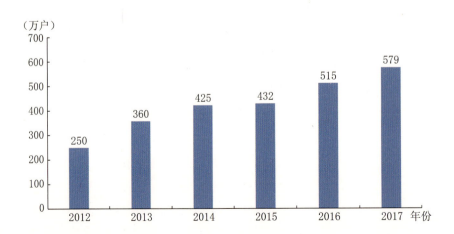

图 11.3
上海家庭光纤实际使用数

资料来源：上海市经济和信息化发展研究中心：《2017上海市智慧城市发展水平评估报告》，2017年。

"一网通办"移动端上线试运行。目前，上海市政府各委办局的 200 余项服务已接入"一网通办"受理平台。打开"一网通办"移动端，在醒目位置可以看到结婚预约、出入境查询、车管业务等多种市民关注度高、使用频繁的服务事项。对这些事项，移动端提供预约、预审、进度查询、快递寄送等多个层级的服务。在其他民生领域，上海的智能化建设也走在了全国前列。在医疗领域，上海已构建"1 + 17"的健康信息平台，实现全市 500 余家医疗卫生机构的互联互通和信息共享，3 000 万份电子健康档案的动态采集和全国 1 亿左右就诊患者的电子病历存档。在教育领域，以教育信息资源共享、电子书包、网上教学等应用为重点的教育信息化成果显著。这些智慧市政服务的推广，对上海建设绿色智慧城市的价值正在逐渐得到体现。

5. **维度五：智慧商务方面**。在智慧商务领域，云计算、大数据、人工智能等相关产业逐渐成为各区发展聚焦的重点。2017 年上海全年实现信息产业增加值 3 274.78 亿元，比上年增长 12.1%。其中，信息服务业增加值 2 179.02 亿元，增长 15.0%（图 11.4）。而且 2017 年上海电子信息制造业深化供给侧结构性改革，规模、增速稳步提升，新一代信息技术体系不断完善、产业加速向中高端迈进。2017 年，新一代信息技术产业实现工业总产值 3 656 亿元，占战略性新兴产业产值 1/3。智能硬件实现产业化突破，涌现出一批细分行业领军企业，8 家企业销售规模突破亿元，其中 1 家达到 10 亿元。

图 11.4
上海市信息产业增加值及在 GDP 中的比重

资料来源：《上海统计年鉴》，（2013—2018）。

目前，上海智能制造已形成"价值链"相对高端、"产业链"较为完整、"创新链"协同较强、"资源链"相对集聚的综合优势。数据显示，相比以往，上海智能制造已将平均生产效率提升 50% 以上，最高提高 3.8 倍以上，运营成本平均降低 30% 左右，最高降低 79.4%，均高于全国平均水平，同时涌现出一批在智能制造领域有世界级表现的企业。例如，上汽通用应用基于 AR/VR 的数字化双胞胎技术，实现虚拟仿真和现实生产的高效融合，可大规模反复开展物理测试验证和调优，显著提高项目整体质量和精确度。又如，上海新松生产的智能协作机器人能随时读懂协作工人的操作意图，并按照最优路线设计自己协作工序，在精密、异形、小型零部件的装配应用上效能更高。上海的电子商务也发展迅速，2017年完成电子商务交易额24 263.60亿元，比上年增长21.0%。其中，B2B交易额16 923.40亿元，增长17.2%，占电子商务交易额的69.7%；网络购物交易额7 340.20亿元，增长31.0%，占30.3%。至2017年末，口岸税费电子支付系统入网企业累计11 300家，比上年增长23.0%。税单支付2 020万笔，同比增长12.0%，实现电子支付金额16 862亿元，增长24.0%。

11.2.2 上海建设绿色智慧城市仍面临较大压力

在上海绿色智慧城市建设稳步推进的同时，仍面临着环境污染、交通拥堵、城镇规划困难、电网超负荷运行等诸多问题，以及人口压力和来自其他全球城市的激烈竞争。

1. 在以智慧城市为代表的信息化建设领域，上海的总体发展水平与国际先进水平相比仍存在差距。根据智慧城市建设几个方面的发展，以及电子政务、政府数据开放程度，2017年上海社科院信息所推出了全球智慧之都排行榜。在全球20个世界性中心城市中，上海排名第14位，落后于发达国家中心城市，仅高于布宜诺斯艾利斯、迪拜、孟买、开罗、里约热内卢等发展中国家中心城市。英国市场调研机构瞻博研究评选出的2016年世界五大智慧城市包括了新加坡、巴塞罗那、伦敦、旧金山和奥斯陆，上海未能入列。由此可见，尽管上海信息化持续快速发展，但要跻身世界前列仍有很长一段路要走。

2. 高新信息技术产业发展面临压力。近年来，上海电子信息产业稳步发展，但与北京、深圳相比，投资增速、产业竞争度和影响力等方面还存在一些劣势。在领先企业方面，根据《中国电子报》发布的2016全国电子信息企业百强榜，上海有7家企业进入前100名，规模最大的上海仪电电子（集团）有限公司排在第12名，相对北京、广州、江苏、浙江而言，百强企业数还有很大增长空间。在发展形势较好的软件和信息服务业领域，上海既拥有产业规模较大、增速较快的优势，也存在龙头企业缺位的短板。

3. 体制机制亟待创新，民众感受度有待增强。绿色智慧城市建设离不开体制机制创新，上海绿色智慧城市建设越深入，越会触及经济和社会领域的深层次问题。以信息开放共享为例，上海已建立多个基础数据库，促进了诸多基础信息的跨部门整合，而随其逐步深入医疗、教育、交通等公共服务及人口管理、食品安全等民生领域，政府信息管理的层级分割、条线分割、地区分割问题仍有待深入解决。智慧经济领域，一些新产业、新业态的发展创新亟待相应的行业监管，市民对智慧城市的满意度也有待进一步提升。而且，部分区县智慧城市领导与联动工作机制亟待建设、完善，在承担相关试点工作、信息化工作成果评估与展现等方面也需要继续努力。

4. 信息安全工作局面依旧严峻。高危漏洞难以杜绝、信息安全事件时有发生，一些部门与机构的信息安全防护与网络攻击防范、应对能力仍待优化提升。特别是，在信息化高度发展的同时，个人隐私泄露等问题也成为一大顽疾，于绿色智慧城市的人本化特征形成冲突。

11.3 国际经验借鉴

发达国家和地区在率先实现工业化、又深受生态环境问题困扰后，深刻体会到了建设绿色智慧城市的重要性。自 20 世纪 60 年代始，以英、美、德、日为代表的西方国家率先开展城市绿色生态建设。美国等国家引领世界，在发展信息高速公路的基础上率先提出智慧城市的城市发展理念，并成为世界信息和通信技术创新应用的开拓者，智慧城市战略和政策的世界领跑者，实现了智慧城市产业体系和企业高度发达、智慧城市建设质量和规模世界领先。欧盟、日本、韩国和新加坡中国香港、中国台湾等国家和地区先后顺应该趋势，开展智慧城市建设，并将其纳入本国或本地区城市战略。据不完全统计，目前全球范围内，超过 400 个城市提出了"智慧城市"（smart city）、"智能城市"（intelligent city）、"数字城市"（digital city）、"信息城市"（information city）、"知识城市"（knowledge-based city）等发展计划。当前，绿色智慧城市建设开展较早且已经取得一定成效的国家主要集中在欧美和东亚，纽约、东京、新加坡等在绿色智慧城市建设方面的经验尤其值得重视和借鉴。

11.3.1 典型案例

1. 纽约：绿色智慧规划。纽约市是当前全球最有影响力的大型城市之一。一方面，经济、社会、科技、人文等领域高度发达；另一方面，超多的人口、复杂的社会结构使纽约市同样无法避免典型的大城市发展问题。绿色智慧城市的发展理念在纽约解决这些城市病问题上发挥了十分重要的作用。目前，纽约市在构建绿色智慧城市的过程中所遵循的顶层规划是"纽约市（2007—2030）城市总体规划"（PlaNYC）。该规划由纽约市规划委员会于 2005 年开始组织编制，2007 年4 月发布实施启动，目标规划至 2030 年。规划通过系统地采集、分析纽约城市发展存在的问题，多角度、多方面综合研究、解决城市当前及未来发展的瓶颈。运用"智慧规划"的理念提供实时的智能解决方案，形成解决城市用地、环境、交通、资源等多方面问题的城市发展模型。规划为了应对人口增长、能源消耗增长、基础设施老旧以及全球气候变化的压力而制定，旨在将纽约建设成为一个更加绿色、更加美好的城市。规划不仅关注于城市的硬件及其基础设施建设，更将注意力集中到犯罪率、贫困、教育、公众健康以及社会服务等与每一位城市居民息息相关的民生问题之上。整个计划分为十大模块，分别为：住房社区、开放空间、棕地、水质、供水系统、交通运输、能源、空气质量、固体垃圾、气候变化，并进一步划分为132项细分动议，由政府直接跟踪整个规划的实施情况，定期向公众发布阶段性报告，通过具体实行情况与2030年的既定目标数据进行实时比较从而更有效地监督规划的落实并及时作出相应的调整。这些规划均对纽约市的绿色智慧城市发展指明了方向，提供了保障。

2. **东京：绿色智慧交通**。东京作为日本的首都，面积约占国土面积的0.6%，人口却占到日本总人口的10%左右。作为世界上人口密度最大的城市之一，东京拥有世界上最发达的轨道交通系统，在智能交通建设方面和城市信息化发展方面取得了显著的成绩，这得益于东京高水平的绿色智慧城市建设。早在1994年，日本就成立了"道路—交通—车辆"智能化推进协会（VERTIS），目的是促进日本在智能交通系统领域中的技术、产品研究开发以及应用推广工作。2007年，日本政府推出了智能交通系统新的实施方案，希望利用信息技术建立环境友好型的社会来节能减排。东京有着世界上最发达的地铁网络，除地铁外，东京主要的轨道交通工具还有JR线和轻轨。如今的东京地铁线路已经实现了全智能控制，通过数据采集和分析，地铁运营和控制中心能够第一时间获得各个车站的客流情况，早晚高峰时段的线路拥堵状况以及其他突发状况，并有效而快速地找到相应的解决措施和方案。除了发达的智能交通网络，东京也非常重视对城市环境的改善，节能减排成为了东京市政府关注的重点领域。东京市政府花费重金将原有路灯全部换成节能路灯，以减少二氧化碳排放量，甚至连著名的旅游景点东京塔也使用节能灯代替景观灯，让东京塔更加节能环保。

3. **新加坡：绿色智慧市政**。新加坡的绿色智慧城市建设一直备受瞩目，突出表现在信息化建设方面。新加坡政府在生态城市和智慧城市的概念兴起之前，就已经制定了一系列战略推进绿色智慧城市的发展。如国家计算机计划、国家IT计划、Infocomm21、连接新加坡等。此后，新加坡政府于2006年和2014年分别提出"智慧国2015"计划和"智慧国2025"计划，旨在建设以资讯通信驱动的智能化国度和全球化都市，成为全球资讯通信业最为发达的国家之一，提升各个公共与经济领域的生产力和效率。在各项国家规划的部署下，新加坡的电子政务建设表现突出，为居民提供了极大的便利。在交通领域，新加坡推出了电子道路收费系统（Electric Road Pricing）等多个智能交通系统；在医疗领域，开发了综合医疗信息平台；在教育领域，通过利用资讯通信技术，大大提升了学生对学习的关注度；在文化领域，国家图书馆部署了一套灵活而性能超强的大数据架构，通过云端计算的模式，处理从战略、战术到实际业务的不同分析需求，提供高性价比的解决方案。此外，新加坡还将智慧技术应用到城镇与房地产建设当中，例如新加坡建屋发展局于 2014 年 9 月公布了"智慧市镇框架"。该框架包括智慧规划、智慧环境、智慧住宅、智慧生活等四个方面内容。

4. 香港：绿色智慧规划。香港特别行政区政府在 1998 年首次发表"数码 21 新纪元资讯科技策略"（下称"数码 21 策略"）[①]，阐明了其目标：香港要在全球网络相连的世界里，发展成为领先的数码城市。"数码 21 策略"是香港信息科技发展的蓝图，分别在 2001 年、2004 年及 2008 年重编，紧贴科技发展新趋势。该策略包括五个重点工作范畴：（1）推动数码经济；（2）推广先进科技并鼓励创新；（3）将香港发展为科技合作及贸易的枢纽；（4）促进新一代公共服务；（5）建立数码共融的知识型社会。在最新的 2014 版"数码 21 策略"中，香港政府提出了"智慧香港，智优生活"的愿景。[②] 此后，香港特区政府于 2017 年委托普华永道公司（PwC）制订了新的智慧城市蓝图，为特区政府制订智慧城市发展远景规划提供咨询建议。在该蓝图中，普华永道公司提出香港智慧城市发展愿景为"宜居、有竞争力、可持续的世界城市"。同时该蓝图还设定了香港智慧城市建设目标：利用创新和技术解决城市挑战，加强城市管理，提高生活质量、可持续性、效率和安全性；提升城市吸引力，全球的企业和人才；激发城市持久创新与经济可持续发展。重点领域包括智慧出行、智慧生活、智慧环境、智慧居民、智慧政府、智慧经济等。同时该蓝图中还提出一系列智慧城市建设的保障措施，包括建设高速电信设施、促进数据开放、建立开放的技术构架、完善岛屿居民移动网络、直接向市民提供数字服务、支持城市创新，降低数字鸿沟、增强城市管理民主化、以智慧城市建设推动城市经济发展。

5. 新北：绿色智慧市政。新北市是中国台湾地区一直以来积极建设绿色智慧城市的代表。新北市宽带基础设施的高度普及，使新北市民和企业得以不断推动生活、工作和学习的智慧化，成为创新活力的基础和关键。新北市不同于其他城市只将宽带网络作为沟通用途，而是进一步以"云"提升宽带作用，由当地政府带头协调提供云端资源协助中小企业发展，如由市政府推动的"企业金斗云"项目，将各大电信运营商和云端服务提供商联接起来，提出各种专属、优惠的中小企业商务云服务，为新北市中小企业朝向科技化转型提供很大帮助，这在其他正积极发展智慧城市的国家和地区，是非常罕见的创新做法。在市政服务领域，新北市政府借助云端科技整合各职能部门资料，让市民可以在 29 个区公所得到相同的服务（跨区服务）；利用资讯科技构建 ALL in One 整合服务，让民众只要进

[①] 香港商务及经济发展局：《数码 21 资讯科技策略》。
[②] IBM 香港有限公司、政府资讯科技总监办公室：《智慧香港，智优生活》。

行户籍资料变动，即可同步更新不同职能部门的相关资料，不用到不同部门办理更新（跨机构或职能部门通报服务）；智慧创新领域，新北市的智慧创新也落实在传统产业的转型与增值服务上，让整个城市发展同时兼顾传统文化与产业的科技化。如莺歌陶瓷文化转型过程、科技创新研发出咖啡纱等，在新北市政府协助下，成功将创新科技整合在传统文化技艺上，为传统文化产业添上新衣，延续了传统文化的生机。

11.3.2　建设经验

通过上述绿色智慧城市建设案例的经验总结，我们可以看到，事实上，绿色智慧城市建设总体仍处于探索阶段，没有确定的、可简单复制的普适规律。但我们还是可以对这些绿色智慧城市的建设实践作出如下一些总结梳理。

1. 科学的战略规划与内容设计。一是要注重战略规划的连续性和导向性。一方面要对过去的规划、建设、运营经验和不足进行总结；另一方面要明确绿色智慧城市建设的本质性问题是什么、预期目标是什么（通过绿色智慧城市建设能够解决什么问题）。二是预期目标的可测度性，不可度量会影响绿色智慧城市建设的实际效果和持续性。三是明确的任务和内容设计，不可模糊与笼统，难以明确行动主体和执行效果。四是要注重效果评价与反馈，要体现出动态性与适应性。

2. 用有限的资金预算进行绿色智慧城市建设。在政府相对预算资金有限的前提下，如何保证政府在智慧城市建设的基础设施领域所提供的公共服务效率与质量，需要更好地制定相应的配套措施来吸引和鼓励非政府资金对一些绿色智慧城市建设的相关基础设施项目进行投资。PPP（公私合作伙伴关系）模式是主流的提法和发展方向，但PPP所包含的类型很多，各有优缺点及适用范围，如何根据实际项目自身特征选择合适的类型是关键。

3. 注意调动政府作用与多方关系。政府在绿色智慧城市建设中可以发挥重要的作用，特别是在相关政策的制定、基础设施的投资、政府部门内部以及政府与外部其他组织间有效协同机制的建立、相关技术框架、规范与标准的制定、评价指标体系的参与及制定等方面。绿色智慧城市的建设需要政府主导的同时还需要同其他各方展开合作。其中，多方关系涉及政府部门内部之间，不同政府部门间的跨组织协作以及政府、企业、学术机构与城市居民之间的合作关系。

11.4　推进绿色智慧城市建设对策思路

绿色智慧城市建设不仅能有效地缓解乃至解决上海城市发展中存在的突出问题，而且还有利于上海全球城市建设目标的实现，有必要从明确目标、启动重大工程等方面入手，科学、有序、高效地推进上海绿色智慧城市建设工作。

11.4.1　坚持目标导向

1. 对标国际一流，打造具有全球竞争力的绿色智慧城市。上海绿色智慧城市建设的功能定位应该服务于上海卓越全球城市建设的总体目标，为迈向卓越的全球城市建设提供支撑。因此，上海建设绿色智慧城市必须对标纽约、伦敦、东京等城市，学习和借鉴国际先进绿色智慧城市建设经验。借助智能技术推动城市经济绿色转型，推进城市通勤和城市生活的智慧化和低碳化。强化政府行政与城市治理的公平、透明和高效，不断补齐绿色化、智慧化发展短板。力争到 2035 年把上海建设成为全球卓越的绿色智慧城市。

2. 突出中国特色和上海个性，建设特色鲜明的绿色智慧城市。全球城市建设与发展的基本理念具有相似性，其中以人为核心和可持续发展是全球城市建设和发展的共同理念，上海智慧城市建设也应该秉持公平、普惠、关爱弱势群体等人本发展理念和开放、创新、绿色、环保等可持续发展理念。同时，欧美国家绿色智慧城市建设经验表明，绿色智慧城市发展因各自城市自身特征和面临问题的差异性而表现出多样性，不同城市推进绿色智慧城市建设所要达成的目标也各有侧重。因此，应当依托中国和上海的主体特征和优势领域，建设特色鲜明的绿色智慧城市。上海作为近代中国对外开放的桥头堡地区，在百余年的历史中，形成了鲜明的海派文化和城市精神。上海的绿色智慧城市建设，还应该针对上海特色提出相关发展理念，如根据上海"海纳百川、追求卓越、开明睿智、大气谦和"的城市精神提出相应的绿色智慧城市发展理念，走出一个个性鲜明的绿色智慧城市建设道路。

3. 加强政府主导和市场引导，共同引导上海绿色智慧城市建设。绿色智慧城市的建设和发展既需要政府发挥主导作用，也需要市场发挥引导作用，只有政府力量和社会力量的共同参与，才能够打造出健康可持续的绿色智慧城市。在政府和市场的关系上，应该形成政府引导、市场主导的发展模式。同时，要设立专业化的绿色智慧城市建设管理部门，形成系统化的管理体系，统一规划、制定、落实绿色智慧城市发展规划。在绿色智慧城市的建设过程中，要发挥市场"无形的手"的主导作用，发挥重要企业在技术、数据和资金上的优势，引导其他企业参与城市规划设计。

11.4.2　坚持工程导向

1. 完善信息基础设施建设，打造以人为本的智慧服务体系。绿色智慧城市的建设，离不开信息基础设施的建设，应高度注重城市通信、城市空间数据交换平台、信息等基础设施的建设和发展，打造绿色智慧城市的绿色智慧基础。建设绿色智慧城市，必须注重提升城市无线宽带网络覆盖率，加强城市物联网、云计算和网络计算机的结合，同时搭建城市信息共享平台、信息服务平台、跨行业共享服务平台、公共安全服务平台、社会生态与污染平台，实现对城市的交通、环境、人口、医疗卫生、公共安全等领域的立体感知，实现决策者对城市的高效、科学的治理。进而依托互联网、物联网、大数据等信息化基础平台，积极探索智慧交通、智慧医疗、智慧政务、智慧环境、智慧养老等应用领域，最终为公民提供丰富、个性、高效的公共服务，实现以人为本的绿色智慧城市。

2. 加强技术创新和应用，建立科技成果转化机制，为绿色智慧城市建设提供支撑点。技术创新和应用是绿色智慧城市建设得意实现所必需的支撑点。因此，上海绿色智慧城市的建设必须积极引进高新技术产业，建立科技成果转化机制，同时积极探索与外部发达地区的产业合作，实现绿色智慧的经济发展。加强上海当地的技术创新，还需要积极打造高水平的创新平台，以优惠的产业政策来吸引创新企业，吸纳创新要素聚集，形成高科技、创新型、低耗能的绿色智慧型产业群。建立科技成果转化机制需要把科学研究与市场需求紧密结合，健全产学研协同创新，健全科技成果转化交流平台，完善技术市场体系，把智慧领域同市场需求紧密相连。同时，也需要具备一定的世界视野，注重加强与国际发达国家的合作交流，引入高新技术，扩大开放程度。此外，也应积极发挥市场作用，搭建"互联网＋"的招商引资平台，调动银行信贷、资本市场、创业资本等多层次的融资体系和多样化的融资渠道，为创新型技术企业提供友好的生存空间，从而服务于绿色智慧城市的建设。

3. 设立"三区"融合试点，开展上海全球城市创新空间项目。着眼于不同空间尺度，建立绿色智慧城市是上海建设全球卓越城市的落脚点。观察国内外创新活动产生、生长的空间载体，可以看到创新活动主要集中在大学及其周边、各类高新技术园区，还有些初创的企业刚开始主要选择居住社区（如苹果公司就是诞生在车库），绿色智慧城市的建设也可以参照这种空间载体模式。因此，上海建设全球卓越城市也可以从校区、园区和社区三种空间类型开始萌芽与发展，具体可以采用试点模式，逐渐推广开来。实现校区、园区、社区"三区"空间的转变：校区从教学型向研究型、创业型大学转变；园区从生产型向创新型园区转变；社区从传统的居住空间向创客型、非正式创新空间等过渡性与灰色地区转变。在实际案例中，"三区"融合包含了三种类型与方向：校区主导的创新空间呈现圈层发展模式，园区主导的创新空间呈现园区社区化发展模式，校区园区双主导模式创新空间则呈现融合发展模式。三种模式是"三区"融合不同的表现形式，是推动绿色智慧城市的关键发展动力。

参 | 考 | 文 | 献

［1］ 孙伟平、曾刚、石庆玲等：《中国绿色智慧城市发展研究报告（2018）》，中国社会科学出版社 2018 年版。

［2］ 上海市人民政府：《上海市推进智慧城市"十三五"规划》，2016 年。

［3］ 上海市经济和信息化发展研究中心：《2017 上海市智慧城市发展水平评估报告》，2017 年。

［4］ 香港商务及经济发展局：《数码 21 资讯科技策略》。

［5］ IBM 香港有限公司、政府资讯科技总监办公室：《智慧香港，智优生活》。

12

全球城市
法治竞争力

上海建设卓越全球城市，需要提升与承载全球资源要素战略性配置相匹配的法治竞争力。上海虽已成为我国法治环境最好的城市之一，但在国际规则的对接遵从与形成参与、不同法系的交融适应、涉外法律服务的接受充盈及涉外法律服务机构的吸纳集聚等方面仍存在不小差距。上海应当在推动形成全面开放新格局的国家战略背景下，以"五个中心"建设为契机，在金融、贸易、航运、科技创新等重点领域着力提升法治竞争力。

To construct a global city of excellence, Shanghai needs to enhance its legality competitiveness to match its positioning of strategic deployment of global resource factors. In spite of the fact that Shanghai leads the country in excellent legal environment building, there is still a large gap in its alignment and compliance with, formulation and enacting of international rules, in its interaction with and adaptation of different legal systems, in its adoption of foreign legal services and in its attraction and agglomeration of foreign legal service institutions. Shanghai should take advantage of the opportunities of *Five Centers* construction to enhance its legality competitiveness in the key domains of finance, trading, shipping and tech-innovation under the national strategic backdrop of full-scale opening-up planning.

完备的法律规范体系、高效透明的政府治理、公平公正的司法服务，是全球城市法治竞争力的一般要求。我们立足于全球资源要素战略性配置的核心功能，提出全球城市法治竞争力的评判维度，更多体现在对国际规则的对接遵从与形成参与、不同法系的交融适应，涉外法律服务的接受充盈及涉外法律服务机构的吸纳集聚等方面。通过比较分析，找出上海在这些方面的差距及总体性提升的行动策略，并聚焦一些重点领域，根据这些重点领域的特点与要求提升法治竞争力水平。

12.1　全球城市法治竞争力评判维度

米凯利·阿库托认为，全球城市"具有极大的规范性力量"，全球城市的一个关键特征是支持并适用国际规则和国际惯例。从国际经验上看，国际规则的融入度、不同法系的交互度、涉外法律服务的可接受度是评判全球城市法治竞争力的重要指标。

12.1.1　国际规则的融入度

国际规则是国际社会为稳定国际秩序，促进共同发展或提高交往效率等目的而建立的有约束性的制度性安排或规范。国际规则的融入过程包括共存、合作、共同体三个发展阶段。国际规则的共存强调国际主体之间的平等，是一种静态的法治；国际规则的合作则以互惠互利为目的，强调通过合作实现各主体的发展利益；而共同体则超越了单个国际主体，强调人类共同体的繁荣共进。

国际规则融入的核心在于构建和适用国际通用合作规范，实现制度和集体认同。国际规则的融入包括：第一，指依据国际规则，协调和整合现有规则，包括加入国际性合作机制和建立国际规则适用的基本原则；第二，具有多元沟通的体制机构安排，包括多元社会主体的积极参与；第三，形成制度统一和相互认可的一体化体系，例如在货物贸易领域，采用国际规则，减少贸易壁垒；第四，制定国际规则适用的冲突规范，提高规则适用的规范性和效率性。

国际规则的融入是法治在国际社会的延伸与发展，是评判全球城市法治竞争力的重要指标。国际规则在三重维度上为全球城市提供原动力：制度建设上，建立网络联盟并贡献制度化解决方案；能力支持上，国际规则融入过程中，促进全球城市集聚经济和人才优势以及丰富的政治实践；规范引导上，塑造公共精神和全球共同体意识。

1. 国际规则的融入推动全球城市的制度创新。全球城市的网络化治理代表了信息时代全球治理发展趋势的集合，它将全球城市政府之间的高水平的公私合作与充沛的网络管理能力结合起来，促进全球公共价值的最大化，为国际规则的构建和适用提供新的制度可能性。

（1）国际规则的融入促进全球城市致力于推进城市网络联盟的建立。"世界城市和地方政府联盟"（UCLG）于2005年成立城市外交委员会，致力于城市政府推动国际社会团结、冲突预防和解决等工作，2010年该委员会升级为"发展合作与城市外交委员会"，推动包括联合国千年发展目标在内外交政策议程，从而使得"世界城市和地方政府联盟"成为重要的跨国城市网络之一。在应对全球气候变化上，"C40城市气候领导联盟"影响了联合国人居署对于城市气候变化的意识，促使联合国人居署于2015年推出"城市应对气候变化项目"。

（2）全球城市为全球问题的解决贡献新的制度化方案。以伦敦为例，从2007年开始，包括大伦敦管理局、伦敦交通署和伦敦发展署在内的伦敦政府部门联合开展的"伦敦社会企业调查"提供详尽的伦敦社会企业运营报告，指导本地区的社会企业运作。作为一个战略沟通机构，伦敦社会企业联盟（Social Enterprise London，SEL）视自身的使命为"支持和促进社会企业的成功，将伦敦定位为社会企业运动的全球领导者"，帮助社会企业走向其他国家。"社会企业模式"（Social Enterprise）成为很多国家和地区实现城市环境、资源、社会正义和企业效益有效结合的制度形式。

2. 国际规则的融入为全球城市提供能力支持。全球城市作为一类具有较为强大的政治经济文化实力的行为体，其推行一种符合它们特性的集体秩序，以缓解全球性问题带给世界政治的压力。

（1）国际规则的融入推动了全球城市的能力建设。全球城市本身所拥有的财政、组织和法律资源，以及资源整合能力非一般的次国家行为体所能比拟。这使得全球城市有能力运用经济杠杆来就某些问题达成国际规则的目的。例如，对当时实行种族隔离政策的南非政府，包括纽约在内美国的164个城市通过立法，将约196亿美元的公共资金从与南非有生意的公司撤出，对南非政府施加压力。

（2）全球城市通过政治实践塑造国际规则制定环境。如在气候变化领域，全球城市通过规模经济降低人均资源需求和消耗，提供了缓和全球气候变化影响的机遇。尽管美国宣布退出《巴黎气候协定》，但是由美国纽约、洛杉矶、旧金山牵头的"美国誓言"（American Pledge）联盟称将继续执行《巴黎协定》的减排承诺。这一宣告表明全球城市在应对气候变化的相关议题设置上有更大的自主权力，也表明全球城市有能力通过政治实践塑造国际规则制定环境。

2011—2012 年度全球各区域要素环境比较研究显示，北美的全球城市和欧洲全球城市共同特征是对外贸易依存度高，表明这些全球城市的发展尽管或多或少都受到国家干预的影响，但它们都展示了"一种占支配地位的全球的'新自由主义'意识形态的影响"。尽管英国脱欧、美国特朗普当选后退出《跨太平洋伙伴关系协定》(TPP)，以及各种形式的逆全球化行为在一段时间内引起人们对自由贸易原则能否继续存续下去的担忧，但坚守自由贸易政策却出奇一致地成为全球城市决策者的主要选项。比如，伦敦的前任市长鲍里斯·约翰逊（Boris Johnson）和现任市长萨迪克·汗（Sadiq Khan）多次强调维护自由贸易规则；连任三届的纽约市长布隆博格（Michael Bloomberg）强烈支持自由贸易国际规则；现任纽约市长白思豪（Blasio）在特朗普当选后发表声明称纽约将继续保持自由、宽容的经济政治和宗教政策。全球城市的决策者维护和扩大自由贸易的开放政策，从而对冲了国际贸易体系规则中的贸易保护主义的思潮。

资料来源：N. Brenner and N. Theodore, *Spaces of Neo-lineralism*, *Urban Restructuring in North America and Western Europe*, Oxford: Blackwell, 2002；The Official Website of the City of New York, "Mayor de Blasio Delivers Remarks on 2016 Presidential Election", http://www.nyc.gov/office-of-the-mayor/news/874-16/transcript-mayor-de-blasio-delivers-remarks-2016-presidential-election；汪炜：《世界政治视野下的全球城市与全球治理——兼谈中国的全球城市》，《国际政治研究》2018 年第 1 期。

3. 国际规则的融合为全球城市提供价值规范。 国际规则是指在全球治理过程中各行为体对某一问题采取恰当行为的共同期待，以及为实现这一期待而界定的各种权利和义务关系。全球城市产生的规范通常"外溢"到国际社会，进而成为国际通行的规则与价值经验。

国际规则的构建和适用需要公共精神的培育和全球共同体的建设。全球城市中大量的国际非政府组织和公众自组织群体，经常针对全球问题发声、募款，甚至直接参与问题的处理，能够直接塑造"全球公民意识"和"全球共同体"文化。如无处不在的志愿者精神使大伦敦市已囊括了 1 360 个国际非政府组织总部，它们共同塑造的某种"全球共同体"意识在发达国家与发展中国家散布开来。众多具有全球影响力的国际组织能够在全球城市产生，与城市的文化引领有密切的关系。

12.1.2　不同法系的交互度

法系是指具有相同或相近的传统、原则、制度和特征等要素的一类法律制度的总和。目前，世界范围内主要分为英美法系和大陆法系。尽管两大法系在特定领域呈现出趋同的特征，但两大法系在某些方面存在较大差别：一是在法哲学基础上，英美法系更注重保护私人产权，大陆法系更强调国家权力。二是在法律渊源上，英美法系突出了司法机关享有与立法机关同等造法权力的体制，大陆法系的立法权主要由立法机关和行政机关享有。三是法律形式上，英美法系的法律体系结构松散，法律的系统性不强，法典化程度不高，大陆法系较为重视形式，法律体系构成比较清晰、完整，成文法的法典化程度较高。四是在法律推理上，英美法系注重归纳推理的方法，从判例中抽象出规则，大陆法系则注重演绎推理的方法，由抽象到具体，从成文法中寻找依据。五是在法律适用上，英美法系注重法官对法律发展的能动作用，大陆法系法官的自由裁量权受到制定法的严格约束。

专栏 12.2　普通法法系

普通法法系起源于中世纪英格兰。1066 年诺曼公爵征服英国后，为了巩固自己的统治，实行土地分封制度和中央集权制度。御前会议是中央集权统治的重要机构，它主要协助国王处理立法、行政和司法等方面的事务。到亨利三世时期，御前会议已经建立了三个王室高等法院，分别为财务法院、普通诉讼法院和王座法院，处理直接涉及王室利益的重大案件。由于诺曼人以前没有自己的法律，因此，他们的法律就是通过这些法院的判决形成的，即判例法。这些判决对地方法院的判决具有约束力。随着王室法院管辖范围和影响的扩大。判例对全国的法律就形成了重大的影响。王室法院的判例法就是适用于英国的普通法。在王室法院出现之后的时间里，存在着王室法院和地方法院、教会法院并存的局面。地方法院主要适用习惯法，教会法院主要适用教会法，主要管辖婚姻、家庭、继承、通奸。三者的冲突是不可避免的。而王室法院通过发布诉讼开始令的方式来扩大自己的影响。所谓诉讼开始令即原告可以请求国王主持正义，然后通过英王的大臣发布令状，令状的内容是要求各郡的郡长负责命令被告满足原告的要求或在王室法院接受审判。

资料来源：王泽鉴：《英美法导论》，北京大学出版社 2013 年版，第 1—17 页；Milsom, S.F.C. *A Natural History of the Common Law*. New York: Columbia University Press，2003；郑祝君：《比较法总论》，清华大学出版社 2010 年版，第 122—137 页。

不同法系的交互度是指世界不同法律体系的文化、观念、规则、程序与实践在某地相互碰撞、融合与发展的过程。作为全球化和法律的一部分，不同法系的交互往往存在三个维度：一是国际法的国内化；二是国内法的国际化；三是各国法系在当地的交互作用。其中，不同法系的交互，是一种法律全球化的特殊表现形式，即两种以上不同的法系的内部元素在某一地区的交互性，特别是外来的法系传统和规则对本地法系的冲击和互动。

不同法系的交互是评价全球城市法治竞争力重要依据，并且对其竞争力建设具有重大意义。第一，全球城市面向全球资源。全球各地的商贸和金融的主体往来不仅仅局限于大陆法系国家和区域，也将包括英美法系国家的投资商。当出现他们在经济往来过程中的纠纷和争端时，来自不同法系的当事人该如何处理，背后不同法系对此问题可能存在的张力是提升全球城市法治能力必须要解决的问题。第二，合理处理好不同法系的交互度将会有效提升全球城市综合法治竞争力，使全球城市的法制系统能更好应对全球化带来的商业、政治和文化的机遇与挑战，促进全球城市的综合竞争力。第三，即使是一般意义上的竞争力要素，要提升转化为核心竞争力要素，也必须融入更多的法治元素，才能凸显相对稳定性、可持续性和延展性，可见，法治是核心竞争力的重要标志，处理好不同法系的交互问题又是提升核心法治竞争力的重要任务。

12.1.3　涉外法律服务的可接受度

涉外法律服务主要涉及以下四方面：一是为国家重大发展战略提供法律服务。例如，为交通、能源、通信等基础设施重大工程、重大项目的立项、招投标等活动，提供法律服务。二是为"走出去"提供法律服务。例如，参与企业涉外商事交易的尽职调查，开展风险评估、防范与控制，协助企业建立健全境外投融资风险防范和维护权益机制。三是为外交工作大局提供法律服务。例如，为对外签订双边、多边条约等提供法律服务，提升在国际法律事务中的话语权和影响力。四是为打击跨国犯罪和追逃追赃工作提供法律服务。例如，推动在打击毒品、洗钱和反腐、反恐等领域的务实合作，依据国际规则和双边条约提供法律服务。涉外法律服务的认可度主要从法律体系、法律传统、司法制度、政府鼓励、人才建设、国际合作等方面进行评估和判断。

1. 内生性涉外法律服务需求。全球城市在财富、社会、经济、文化、科技层面都聚集着来自世界各地的资源和要素，进而形成大量法律服务的需求。主要体现在：建设国际金融中心过程中的资本流动、跨境投融资、现代服务业金融支持、金融租赁、跨境电子商务中产生的法律服务需求；建设国际经贸中心过程中经济要素发展、贸易物流、技术服务、劳动密集型产业人员流动、贸易管理中产生的法律服务需求；建设国际航运中心过程中的国际物流运输、跨境资源配置、国际船舶管理、传播融资租赁中产生的法律服务需求；建设国际科创中心过程中的技术合作、知识产权服务、技术转让、科技创新发展、科研成果转化中产生的法律服务需求。

2. 对外提供涉外法律服务。全球化所呈现的时空压缩性使得某个国家或者地区的经济、技术、文化的最新发展可以迅速跨越边界，扩展到其他不特定国家和地区，从而使不同国家和地区的人们几乎能同步享受到这种利益。与此同时，贸易纠纷、环境污染，跨越边界的洗钱、贩毒、偷渡人口、恐怖行为等，也因为这种时空压缩性而变得更加便利，发生得更为频繁，牵涉其中的利益相关者的范围也越来越广。经济、文化、公共事务的全球化必然导致法律的全球化。无论是跨越国界的利益合作还是国家与个人、国家与国家之间的利益纠纷，都需要一系列的规则制度去鼓励利益合作和解决利益纠纷。在这样的全球化的时代背景下，法律服务业呈现出全球化的发展趋势，并逐渐向全球城市聚集。例如，新加坡除800多家本地律师事务所以及约4 000名本地律师之外，还拥有100多家外资律师事务所以及约1 000名外国律师。在中国香港，多个专门提供法律及争议解决服务的国际性及地区性著名组织均设有办事处，包括海牙国际私法会议亚太区域办事处、国际商会国际仲裁院秘书局亚洲事务办公室、英国有效争议解决中心亚太区香港办事处、中国国际经济贸易仲裁委员会香港仲裁中心、中国海事仲裁委员会香港仲裁中心等。

12.2　上海法治竞争力差距及提升策略

上海在法治建设上已取得显著成效，法治竞争力明显提升，但与建设卓越全球城市要求相比还存在较大差距，需要采取切实可行措施提升法治竞争力。

12.2.1　上海在法治竞争力上的差距

1. 在国际规则融入度上，上海存在的差距主要表现在以下七个方面。

（1）国民待遇标准有待统一。目前，民营企业、国有企业、外资企业待遇存在差异。即使是自贸试验区的负面清单与国际上类似自贸试验区相比限制程度仍然偏高。国际规则中的负面清单是以国民待遇为目的的，但目前的负面清单仅限于外资准入阶段的国民待遇，且只适用于外商直接投资方式，并未针对各种投资方式，这与国际规则中负面清单之外的领域外资享有全过程国民待遇及宽口径的投资方式存在较大差距。例如，目前的负面清单与美国BIT范本在投资范畴、内容指向、透明度、清单分类等方面就存在着明显差异。即使是准入前国民待遇，也没有完全实现。

（2）与竞争中立原则相比还有差距。公平竞争规则禁止东道国政府在管理外国投资者及其投资时强制采取出口水平或比例、当地含量、优待国内产品、外汇平衡、限制国内销售出口、技术转让、定向销售等要求，以及以国籍为依据的技术使用和保护规定等措施，即不得提出获准进入、经营，以及取得特定优惠的"业绩要求"作为外商投资的前提条件等规定，目前还不能完全做到。例如，外商投资基于某项特定业绩要求作为税收优惠待遇的情形依然存在。

（3）权益保护不够充分。目前，因尚未实现资本项下的自由兑换，外商投资收益转移还存在障碍。外商投资在享受国民待遇和最低待遇方面的工作还有待于进一步研究。征收补偿无法遵循"赫尔规则"，做到"提供充分、及时、有效的赔偿"。"凡是受到决策所影响的人或者法人都应该参与到决策制定过程中来"的利益相关方协商机制，还有待实践。外资审批行为可能构成"投资授权"。行政复议、行政诉讼终裁与国际规则中"可不经过磋商、国内行政诉讼等程序而选择直接、无条件申请国际仲裁"规则的争端解决方式存在差异。

（4）服务业对外开放度需要进一步提升。国际规则要求一国单边开放制定的负面清单，与其他国家双边或多边协议的负面清单保持90%的相似度。外资企业普遍希望投资准入门槛能够进一步放宽，外商投资负面清单能够进一步缩减。在已推出的服务业扩大开放措施中，行业开放措施与服务业开放措施不配套、不同步。政府产业扶持方式还不能做到贴近服务业发展需求。政府对服务业的扶持仍然是以项目、硬件和供给侧为主，以政府筛选为主，并不契合服务业企业轻资产的特性。政府资金规模相对较小且分散于不同部门，难以形成强有力的资金支持力度。市场化的筛选机制缺失，处于成长阶段的服务业企业往往难以进入政府扶持的范围。

（5）金融开放制度有待进一步完善。自由贸易账户的功能有待进一步拓展，在人民币境外借款、跨境双向人民币资金池等业务中，自由贸易账户收付款流程复杂，FT账户内人民币与外币不能自由兑换。分账核算单元作为对接境内外两个市场的窗口，在政策法规、流动监测等方面的对外宣传力度不够，境外主体对自由贸易账户的认识程度不高，业务吸引力尚显不足，活跃度不强，账户使用效率不高，在引进海外资金、办理日常本外币跨境结算方面的功能潜力有待进一步挖掘。分账核算单元本外币资金来源不足，本外币资金供应模式尚显单一，资金供应结构不稳定，期限配置不合理，在一定程度上造成企业融资成本波动较大，不利于账户体系功能长期、稳定发挥。金融政策的稳定性和透明度有待加强，金融服务业整体行政审批偏紧，民营资本进入金融业的限制过多。

（6）国际规则制定话语权有待提高。中国在大多数国际规则的制定中没有主导性地位，缺乏国际规则话语权，高标准国际规则对中国形成巨大挑战。国际商会国际贸易委员会讨论国际商事规则时是向全世界开放的，但在国际商会制定国际商事规则的过程中，中国参与国际商事规则制定的人员寥寥无几，参与规模与中国作为全球第二大经济体的地位不相称。由于在国际规则制定过程中缺乏对中国国际经济实践模式和商业思维的介绍、阐释，国际商事规则并未考虑到中国国际经济实践模式和商业思维的合理性，甚至直到规则公布乃至争端发生后才意识到中国独特的模式存在。但由于规则已公布，中国只能被动接受，或者承担调整实践模式的巨额成本，或者承担违反规则带来的不利后果。

（7）熟悉国际规则的国际化人才极度缺乏。因缺乏熟悉国际规则的国际化人才，中国在国际规则面前屡屡吃亏。以伦敦国际海事仲裁中心为例，航运企业在订立保险合同时，近90%的合同是涉外合同，在境外购买保险，选择适用英国法律，在英国仲裁或诉讼。据统计，在伦敦国际海事仲裁中心仲裁的涉及中国造船企业的仲裁标的高达 200 亿美元。伦敦海事仲裁中心的有关人员坦承，中国缺乏懂得英国海商法律的人才，企业在签订合同时就已经吃亏了。

2. 在不同法系交互度上，上海存在的差距主要表现在以下三个方面。

（1）对外迎接不同法系交互的风险思想认识不高。由于应对不同法系交互的制度创新涉及权力的制约与资源的调整，可能导致部门利益受损，阻力较大。一些部门领导对应对不同法系交互问题的重要性和紧迫性认识不足，将制度创建当成"软"任务，存在"先对内后对外""软任务慢慢来"的思想。

（2）整体法治水平有待提高。有全球法治竞争力的地区和城市往往具备应对不同法系交互的法治解决路径和基础。但是，上海有关不同法系交互的立法与规定滞后。依法决策、依法行政还存在较多薄弱环节。一些管理部门审批效率低，不严格依照法定权限、法定程序办事的问题仍然存在，重大行政决策广泛听取意见、合法性审查和实施后评估等各项制度落实不够。此外，行政监督的制度和机制还需要完善，行政问责落到实处的问题亟待解决。

（3）司法人员素质能力不强。鉴于不同法系交互问题的专业性、复杂性和对外性，从应对不同法系交互的角度提升全球城市法治竞争力需要高素质的司法人员和从业者。上海在对外依法行政和部门执法水平亟待提高。在从依政策行政向依法行政转变中，面临着如何准确把握法律精神、准确判断证据效力、正确适用法律等问题，执法队伍法律专业知识欠缺的问题普遍存在，还不能适应依法行政的需要。司法队伍整体能力素质还不够强，致使审判质量效率不高。有的区司法人员青黄不接，招考司法人员"门槛"过低，能力素质不高。这些都不利于上海在不同法系交互问题上的解决。

3. 在涉外法律服务可接受度上，与国际一流全球城市相比，上海存在不小差距。 纽约之所以能形成全球著名的法律服务业集群，与其突出的国际指向性特征密不可分，强烈的市场需求强化了纽约法律服务业的国际指向性特征。2000 年，曼哈顿共有 100 家在海外设有分支机构的律师事务所，是全美国最多的地区，而洛杉矶和芝加哥设立这类律师事务所的数目分别为 46 家和 43 家。可见其强大的国际指向性。另外，从律师的构成也可以佐证其法律服务业国际指向性特征。在全球律师数量排名前 10 名的律师事务所中，绝大多数的海外律师数量都超过了 50 位，而这些律师事务所中，美国占了 5 席，其中有 4 家是总部在纽约（车春鹏，2010）。

近年来，伦敦已成为解决跨境商业纠纷的全球首选地。这主要得益于：第一，已建立起一个受到适当监管、独立且合乎道德的法律体系，并融入了法庭、司法和法律行业中。第二，可以提供范围极其广泛的专业法律服务，而且众多世界领先的律师事务所选择在伦敦设立其总部。第三，英国的法官由于其高水准而享有国际盛誉，而且也由于其公正性及处理复杂案件的技巧而在世界各地备受尊重。第四，凭借伦敦悠久的法制历史以及国际贸易中心地位，伦敦已经为解决纠纷建立起广泛的执业经验和基础设施，尤其是在设施规模傲视世界的新商事法庭。

此外，新加坡为促进法律产业发展以成为亚太重要的法律服务中心，专门制定了相应的政府战略，其中就包括创建亚太非诉解纷服务中心，成为区域知识产权枢纽，建设法律培训与研究的区域枢纽等。

比较分析并归纳以上重点全球城市的涉外法律服务现状和特征，可以看出它们的涉外法律服务之所以有着很高的认可度和接受度，主要可以归为法治环境制度保障、政府政策鼓励、人才建设、国际合作等方面所具有的优势。无疑，在这些方面，上海尚存在不小的差距。

12.2.2　提升上海法治竞争力的行动策略

1. 提升国际规则融入度。

（1）用国际规则的理念约束政府行为。一是政府由管控向监管转变，监管模式须充分考虑适应商业模式为原则。二是政府权力法定与管办分离，由人大来制定同级政府的权力清单。三是正确使用正面清单管理和负面清单管理模式，对需要严格管制的领域采用正面清单方式，其他领域则放松管制，重视事中事后监管。四是使用利益相关方协商机制，凡是受到策影响的人或者法人都应参与到决策制定过程中来。五是政府须履行通知和提供信息的义务，实现信息共享。六是制定的规则公开透明。七是建立政府综合监管与市场专业监管相结合的监管制度，政府监管只做托底的事情，专业监管交给市场去做。八是坚持竞争中立原则，为各类市场主体创造公平竞争的环境。

（2）建立内外资统一的市场准入制度。尽早研究减少直至取消对民营资本的限制，只有民营企业和国有企业实现同等待遇，即内资实现国民待遇后，才能给予外资国民待遇。（关于市场准入和国民待遇部分，12.3.2 节国际经济贸易中心建设法治竞争力的提高路径中进行专门讨论，在此不再赘述。）

（3）运用国际习惯和惯例实施产业支持与保护。参照国际习惯和惯例，采用政策优先支持、政府风险股本投资、采取招标方式出资与企业共同研发等模式对产业提供支持。改变政府对风险投资提供补贴的方式，政府可以跟投市场排名靠前的风投公司，以风险股本投资的方式对初创期创新型、科技类企业提供支持，企业成长后，政府以当初投入的资本金回购或赎回风险资本。企业资金主要来源于资本市场，除了可以得到风险投资的资金之外，银行资本也应通过投资性公司对实体经济进行投资，确保创新动能源源不绝。建立健全产业的动态跟踪系统，提高产业动态追踪能力，提高预警精准度和趋势判断精确度。建立上海产业国际竞争力综合指数，结合具体产业需求形成贸易调整援助制度方案。

（4）进一步加大与国际通行规则接轨的力度。负面清单进一步与国际通行规则接轨，拓展负面清单的投资内涵，将准入前国民待遇的投资定义由"设立"拓展到经营、变更等后续阶段。进一步提高负面清单开放程度和透明度，明确和规范负面清单中关于市场准入和投资程序的内容及表述，对外商投资企业是否可获得许可证，以及如何申请许可证做出确切说明。进一步对接国家开放战略，建立自贸试验区与中美 BIT、中欧 BIT 谈判的对接机制。在投资者权益保护、贸易争端解决机制等领域，实现与国际通行规则对标接轨，酌情采用海事仲裁等国际仲裁制度。健全与国际惯例接轨的知识产权保护机制，加强知识产权宣传与普及教育，借力知识产权局和自贸试验区知识产权法庭，形成国内领先的版权管理和服务体系。

（5）打造国际机构集聚区。制定国际组织管理办法，采用提供办公场所和部分经费支持等办法，大力引进国际机构，形成国际机构集聚区，主动接受国际商事规则，推动上海成为国际规则发源地，提高国际规则话语权。建立高端人才库和政府服务绿色通道，着力解决高端人才在政策上的区域化、部门化、碎片化等问题，形成政府各相关部门和单位在重点人才扶持政策上的合力，对人才住房、医疗、子女入学、配偶就业、户籍及创新资助等提供制度保障。增加涉外医疗服务机构数量，探索国际社区服务、境外远程医疗服务等创新服务方式。积极推动工作签证政策调整，按雇主或签证人员资质分类管理，延长中高端外籍员工来华工作签证有效期。进一步扩大适宜外籍人士宜居区，提供与国际接轨的一流设施服务，提升外籍人士对本地文化娱乐的了解和参与度。推动在华留学生签证服务，毕业后给予一定缓冲期限用于寻找工作以储备国际化人才。加强国际交流，资助国内人才参加国外各类国际组织制定规则的相关会议，吸引国际组织来上海召开各类国际规则研讨会，便于更多国内人才参与。进一步拓宽思路，允许如伦敦海事仲裁中心等专业机构来自贸试验区开展仲裁业务，培养熟悉国际规则的本土专业人才。

2. 提升不同法系交互度。

（1）发挥法律威慑对于维护金融市场秩序的基础作用。从国际金融法律的发展历史看，无论是大陆法系还是欧美法系，都以法律威慑作为维护金融市场秩序的基础。如果法律不能有效发挥威慑作用，则金融市场的基本规则势必难以得到遵守，市场机制势必难以发挥决定性作用。

（2）完善金融消费者保护机制，改善实际效果。结合发达国家相关法律的演进过程，需要重视以下方面工作：一是向零售投资者披露指定的文件和信息，如投资目标、策略、费用及风险、中介报酬或财务奖励等。二是强化法律执行机制，包括强化对拥有原始信息的检举人的激励机制，提高诉讼缴获罚金用于奖励检举人的比例。三是完善投资者保护基金的运行机制，把诉讼罚金作为基金的补充来源。四是对欺诈、操纵等欺骗性、不公正做法加强约束，加强对老年人的金融消费保护，完善金融诈骗条款的判决指引。五是加强对评级机构的监管，从提高信用评级程序和数据透明度、规范信用评级方法、加强风险和不确定性揭示、完善评级公司治理机制等方面明确相关要求。

（3）重视监管空白地带的潜在风险。当前，我国一方面实行分业监管，另一方面存在经营综合化趋势，加上各类地方性金融组织纷纷出现，中央和地方的监管分工机制有待健全，必然存在监管空白。因此，结合国际经验教训以及上海市情况，应加强以下几方面工作：一是根据责权匹配原则，合理界定中央和地方以及各级政府部门之间的分工。二是建立业务工作组层面的监管协同机制，通过统一监管标准、动态分享信息、明确交叉监管领域的兜底责任部门及执法先后顺序、加强大型机构的统一监督备案等措施，防止金融风险在监管盲区大量积聚。

（4）重视完善高风险金融活动的约束规则。从发达国家的教训看，对金融衍生品监管失控将导致系统性金融风险，放松对储贷系统从事高风险信贷业务的约束导致储贷系统危机。一些发达国家在金融危机之后的整改机制值得重视，包括：一是完善针对某些衍生品交易活动的特殊限制机制，例如，为解决掉期市场操纵问题，对投机者实施头寸限额和头寸问责，在清算环节实行严格审查。二是针对风险快速集聚阶段的干预机制，例如，在监管机构监督下，赋予金融交易机构应急职权，在特殊情况下相机进行清盘、暂停或削减交易。三是建立金融控股集团内部风险防火墙，对银行与关联机构之间的交易进行一定程度的限制，包括资产回购、证券承兑、证券交易、开具信用证等业务。四是重视提高市场透明度，除了加强财务信息披露，还应加强金融市场交易数据的充分披露要求，规范对高风险交易活动的交易商和主要参与人的交易记录要求，形成完整的审计线索，规范交易商和主要交易人的商业行为准则。

3. 提升涉外服务可接受度。

（1）健全完善扶持保障政策。将发展涉外法律服务业纳入实施"一带一路"、自贸试验区建设等重大国家发展建设项目。落实支持涉外法律服务业发展的税收政策，为涉外法律服务业发展提供支持。完善涉外法律服务机构境外发展的政策措施，对法律服务机构在信息咨询、市场考察、外派人员参加当地执业保险等方面提供便利。这些保障政策将有助于涉外法律服务业的发展。

（2）重视涉外法律高等教育。具有高端涉外法律人才聚集的全球城市其法治竞争力自然卓越，重视法学教育和有着优秀大学的全球城市其法治竞争力自然潜力巨大。无论是纽约、伦敦，还是新加坡、中国香港，都有着优秀的高等教育基础，注重法学教育，法律英语运用广泛，也是全球优秀法律学生的理想留学目的地。为本土和海外学生建设较为完善的基础设施和各类奖学金，帮助他们顺利进行双学科或多学科的法律学位课程的学习进修，同时，在本土和海外进行语言课程和专业课程的学习。推出较为完善且具吸引力的课程安排和奖学金制度，吸引亚洲和其他地区顶级法律学者来上海从事研究、教育及培训等工作。

（3）努力成为区域知识产权枢纽。上海拥有发展成为知识产权的地区和国际管理中心的良好基础。在法庭内部组织具丰富经验的专业人士——知识产权在创新经济中扮演的角色越来越重要，有必要成立一个特殊专利法庭，由富有经验的专利专家组成，科学界人士为法院提供必要帮助。

（4）推动配套"五个中心"建设。推进上海国际经济中心综合实力、国际金融中心资源配置功能、国际贸易中心枢纽功能、国际航运中心高端服务能力和国际科技创新中心策源能力取得新突破。在此基础上，涉外法律服务建设也需要更上一个台阶，从战略、政策、平台、人才、技术等方面对上海发展涉外法律服务业进行全方位的提升。

12.3　上海法治竞争力提升重点领域

除了上述整体性提升法治竞争力外，还要聚焦一些重点领域，根据这些重点领域的特点与要求提升法治竞争力水平。

12.3.1　提升国际金融中心建设的法治竞争力

1. 提升国际金融规则融入度。

根据最新发布的全球金融中心指数（GFCI）报告[1]，上海在综合竞争力方面位列第六位，首次进入全球前十，凸显了上海国际金融中心建设的巨大成就，这得益于如下几个方面。

（1）适应国际规则的金融法律法规相继出台。自党中央、国务院提出上海建设成为国际金融中心的宏伟战略之后，相关金融法律法规和监管规范性文件持续完善，包括 2009 年《上海市推进国际金融中心建设条例》、2015 年"金融改革40 条"、2017 年《全面深化中国（上海）自由贸易试验区改革开放方案》、2018年"金融开放 25 条"等，为上海国际金融中心法治建设营造了良好的制度环境。

（2）适应国际规则的金融改革持续展开。第一，自贸试验区金融改革成就突出。建立了自由贸易账户，构建了新的中国特色资本账户开放渠道。第二，做大做强了现代化金融市场。在金融借贷、证券、票据、保险、信托登记等领域开发线上运行系统，发展多层次现代化资本市场。第三，增强国际影响力。人民币国

---

[1] https://www.longfinance.net/media/documents/GFCI23_Chinese.pdf。

际化取得重要进展，A股纳入明晟新兴市场指数意味着上海资本市场建设获得国际认可，上海国际能源交易中心挂牌提升我国话语权。

（3）适应国际规则的金融司法服务保障稳步推进。第一，金融司法助力自贸区。上海金融法院的成立提供了专业化集约化的司法保障，上海市人民检察院也分别与一行两会合作助力金融司法与监管的衔接。第二，强化金融司法专业化。严格筛选符合金融法制中心建设的人才，开展多项学术交流研讨活动，提高司法人员的知识储备。第三，实现司法公开。上海法院系统已建立每年发布典型金融案件白皮书制度，提升司法公开力度。

但是，也需要注意到上海与其他国际金融中心的差距，具体表现为营商环境有待优化、金融开放政策有待落地、监管政策透明度有待增强、金融市场国际化有待提升。提升对策包括：第一，优化国际金融机构的营商环境，积极调研金融机构展业障碍，注重认可国际交易规则和管理，提升行政效率，降低制度成本。第二，落实金融政策，进一步推动金融开放与创新发展，修订"金融改革40条"，将自贸试验区改革与落实"一带一路"倡议相结合，推动人民币资本项目可兑换。第三，增强市场透明度，培养监管机构与金融机构的规则意识和契约精神，营造公平、有序、透明的市场竞争环境。第四，提升金融机构与市场的国际化水平，吸引更多国际金融机构入驻上海，加强培育本土优质金融机构，强化会计、法律、评级等专业服务体系与国际规则的接轨。

2. 提升金融领域不同法系交互度。

（1）立法措施方面的改进措施。香港作为全球先进的自由开放金融市场实行自由汇兑制度，是亚洲唯一没有离岸和在岸业务之分的"一体化中心"，并赋予投融资市场广泛的自由度。新加坡对在岸与离岸金融业务差异对待，并注重金融监管。纽约具有发达金融体系支撑，减少对金融机构投融资的直接限制，鼓励支持新兴资本市场和金融工具创新（马庆强，2016）。

与上述典型全球城市相比，在中国金融立法相对严格、金融事权属于中央的背景下，上海金融政策和法律规则的制定主要来自中央的授权。上海需要考虑自身立法措施与国际惯例的调和，特别是国际社会对上海开放金融机构股本构成、多层次资本市场建设存在较高期待（周仲飞、弓宇峰，2016；李晓露、伍坚，2018）。相比于伦敦、纽约等具有先发优势的国际金融中心，上海作为后起之秀，需要政府相关部门在规则制定与落实方面积极作为，进一步提升金融自由化程度，实现金融开放与创新发展。

（2）政府治理方面的改进措施。香港拥有世界级的金融机构体系，对外资银行完全开放，货币汇兑和资金流动均不存在限制，政府治理采取事前准入设限少、事中事后进行监控的措施（张伟、杨文硕，2014）。新加坡体现政府服务于金融机构和市场的理念，注重保障市场自由和健全发展。纽约采取适度放宽对国内、外金融机构经营活动的限制，实行金融自由化，政府侧重于对金融机构稳健运营和资本市场信息披露方面的监管。

上海在政府治理方面的问题主要存在于监管执法方面。监管权高度集中于中央虽然是我国现实需要，但在一定程度上阻碍了地方金融市场的发展，削弱了金融产品及服务创新空间。目前上海地方金融事权受到限制，仍然存在管制较多的情况。在推进金融中心建设的进程中，上海的自主空间有限，不具备独立性，缺少决策权。实现金融中心的核心功能需要具备信息收集处理和分析决策两项权力，但上海与其他国际金融中心存在较大差距，需要进行改进。

（3）司法保障方面的改进措施。新加坡创新做法是采取模范法（惯例）以便最大程度统一规则。例如，新加坡在债务重组问题上采纳模范法规则，则外国债务人在草拟债务合同时会更愿意选择新加坡法律作为适用法，增加了新加坡法院或仲裁机构的管辖权。迪拜建立了专门的 DIFC（迪拜金融中心）法院，专门负责区内民商事案件的审理与执行等工作，实行独立的普通法系司法体制，具有透明、高效、快捷的优势。[①]

国际金融中心对金融纠纷解决机制不仅提出了简便、高效的要求，更注重专业化、国际化。金融市场的创新与传统法律的滞后性和裁判的不容拒绝性之间可能产生反差与矛盾，对不同法律体系交互度产生较高要求。上海在建设国际金融中心过程中已经积累了相关司法保障经验，包括设立金融法庭以及专门的金融法院，但是在制度运行方面仍存在较大挑战，除配套机制建设外，法官还需要在知识结构、裁判理念、裁判视野及裁判技巧方面得到提升。

3. 提升涉外金融法律服务可接受度。

（1）国际金融中心的法律规范多元化发展。第一，完善中央及地方立法。根据中国《立法法》的规定，特定事项可以由中央授权地方立法，地方立法应当在不违背国家立法权限的前提下，构造监管机构权力及其限制以及金融机构权利义务体系。《上海市推进国际金融中心建设条例》是一项良好示范，还需要完善其他法律规范的多元发展，通过出台金融领域各项细则规定，增强上海国际金融中心的法治竞争力。第二，积极制定和运用司法解释。上海已初步建成有特色的金融司法机构体系，但还面临着制度供给缺位、经验积累不足的问题。鉴于立法程序限制，为快速回应司法纠纷，需要积极运用司法解释的规则创制功能，及时有效地为司法裁判及相关纠纷解决机制提供可供依据、可供参考的规范。第三，认可金融交易惯例规范效果。由于金融活动的专业性，金融民商事惯例在实践中发挥着重要的作用，例如国际商事组织和行业协会制定的统一规则已为业界广泛接受和普遍遵循。为提高上海涉外金融法律服务的可接受度，需要高度重视金融惯

[①] https://www.difccourts.ae/。中文介绍参见王超、姜川（2016）。

例的规范效果，推荐惯例规则供当事人选择适用，对交易的解释以符合惯例为原则，并在法律没有明确规定时，适用金融惯例处理相关纠纷（吴弘，2016；胡敏、蔡天啸，2016）。

（2）实施金融分层监管。第一，中央与地方金融监管的适当分权，由中央监管系统性风险、地方监管区域金融风险。第二，监管机构及职能下移，加强驻沪金融监管派出机构与上海金融办和其他政府部门的协调。第三，兼顾金融风险可控与保障金融创新的双重目标，结合机构监管与功能监管，促进金融服务实体经济，守住不发生系统性风险的底线，深化金融改革，适应国际金融发展趋势实施逐步实现金融自由化，从事前监管向事中事后监管过渡，通过发挥交易所及行业组织的自律监管功能，促进上海涉外金融法律服务的提升（吴弘，2016）。

（3）营造与国际金融中心地位相适应的司法环境。第一，进一步加强专业化审判组织和审判队伍的建设。上海金融法院应该优化专业审判组织，明确受理范围实现集中管辖与集约审理，统一裁判标准实现司法公正，设置小额诉讼程序提高司法效率；建设专业审判队伍，确立专家法官制度，推进专家陪审员制度，提供金融专业支持；完善专业审判规则，准确适用国际条约并尊重国际惯例，平等保护内外金融机构合法权益，增强司法审判公信力。第二，有效回应金融纠纷诉求，提高审判效率。金融法院应秉持不得拒绝裁判的原则，有效回应金融争端，妥善处理涉众型纠纷。对于事实较为清楚、诉讼标的较小的案件，探索建立小额诉讼制度，构建金融案件繁简分流机制，节约司法资源，提高审判效率。发布典型案例裁判指引，总结案件特点，优化同类案件审判流程，实现审判效率的提升。第三，及时确认规则，能动发挥规则创设和引导功能。司法应充分尊重当事人的意思自治和市场理性选择，通过对现有法律的灵活解释，作出既符合法律规定精神又合乎金融发展客观规律的裁判。加强类案研判，及时总结司法经验确立裁判规则，统一裁判尺度，充分发挥司法所应有的规则创设和引导功能。第四，大力推进合作，发挥监管合力司法。需要加强金融法院与其他纠纷解决机构以及监管机构的合作。上海金融法院应完善诉调对接，提高金融纠纷解决效率。建立司法机关与监管机构的沟通与合作机制，提出预防和化解金融风险的司法建议和对策，以形成监管合力并推动金融体制的变革（冯果，2016；黄洵、戴新竹，2016）。

12.3.2 提升国际经济贸易中心建设的法治竞争力

自贸试验区是上海建设国际经济贸易中心的主要依托。因此，上海国际经济贸易中心建设中法治竞争力的提高也应重点着眼于自贸试验区经济贸易法律制度的完善。本部分着重讨论上海自贸试验区投资和贸易法律制度的完善和提升。

1. 自由贸易制度与国际经贸规则的差距及提升对策。

（1）贸易自由化方面的改进。贸易自由化主要涉及货物贸易和服务贸易两方面。上海自贸试验区已实现了货物贸易的自由化。服务贸易自由化也取得了显著进步，这集中地体现在以商业存在为形式的服务贸易的发展。这一问题既是投资问题也是贸易问题。从负面清单的 2013 年上海自贸试验区版本到 2018 年的全国自贸试验区版本，上海自贸试验区服务业对外开放逐步扩大，围绕金融、航运、商贸、专业技术、文化以及社会服务等领域，逐步暂停或取消对外国投资的投资者资质要求、股比限制、经营范围限制等准入限制措施。另外，采取了一系列吸引国外的优秀人才参与上海自贸试验区的建设的措施，实际上扩大了以自然人流动为形式的服务贸易。

尽管上海自贸试验区服务贸易的开放取得了显著成绩，但仍存在以下不足，一是境外消费和跨境提供这两种服务的开放没有多少明显的措施。迄今开放措施主要集中在商业存在中股权限制的变化以及放宽业务方面。自然人流动方面也有一些促进境外人才流入自贸试验区的措施。从上海自贸试验区的实践来看跨境提供、境外消费和自然人流动方面则与中国入世承诺相比变化不大（杨志远、谢谦，2016）。二是负面清单中涉及服务业的项目比较多。

2017 年 3 月 31 日，国务院发布《全面深化中国（上海）自由贸易试验区改革开放方案》（以下简称《深改方案》），明确提出上海自贸试验区的建设要"对照国际最高标准"。未来进一步提升上海自贸试验区在贸易自由化方面的竞争力，应进一步扩大服务贸易的开放范围和开放程度。一则将更多的服务业项目从负面清单中排除出去或者放宽准入条件。二则《深改方案》已明确提出，"在合适领域分层次逐步取消或放宽对跨境交付、自然人移动等模式的服务贸易限制措施。"当然具体措施还有待于落实。自然人流动方面的措施不一定限于这么专业服务领域，而应广揽人才，只要在特定领域属于高层次人才，都可以吸纳进来。

（2）贸易便利化方面的改进。贸易便利化是上海自贸试验区产生"可复制可推广"经验最广泛的领域，已有四批次贸易便利化措施向全国推广。但也存在不足：第一，海关程序的简化及标准化尚需提高，通关时间和成本费用仍有较大下降空间（竺彩华等，2018）。总体上看，这不仅是上海自贸试验区的问题，也是全国性问题。第二，目前中国海关在一般进出口及自贸试验区一线，分别以报关单和备案清单为管理单元。但是依国际标准以及其他国家海关实践，一线多采取舱单申报制度。舱单更具优势之处在于其时效快捷和传输便捷，而且舱单的安全准入信息甚至比两单还要丰富，便于海关开展安全准入风险的前置分析（郭永泉，2018）。第三，国际贸易单一窗口的适用范围过窄。上海自贸试验区的单一窗口仅包括进口申报、出口申报、一般进出境申报、国际船舶联网核放、船舶申报等六项业务。属于进出口贸易管制的有关审批、核准以及核准文件/证书的传输尚无法通过一个接入点完成。有的业务，例如贸易许可，采取的是链接方式，而非通过单一窗口平台直接由贸易许可相关部门处理，仅在形式上实现了接入点的单一，贸易许可部门的办理结果也非通过单一窗口进行通知。国际贸易单一窗口还不能一次性办理所有国际贸易业务事项。另外，港口业务单一窗口尚未建立（宋鹏霖等，2018）。第四，目前的贸易便利化措施主要体现在货物贸易领域，而在推动服务贸易便利化方面，目前出台的法律法规及措施较少。

继续提升贸易便利化水平的政策建议有以下四点：第一，在一线实行舱单申报。承运人通过国际贸易单一窗口的运输工具申报功能，申报一线进出境舱单信息，并由货物收发人做出货物状态声明，一般不再履行其他申报手续、不递交纸质单证。海关一、二级风险防控中心统筹开展舱单数据验证和风险分析，在货物抵港前完成对安全准入物项的筛查和确认。除非有确切违规证据加载参数和指令，一般不进行正面干预和货物检查（郭永泉，2018）。第二，在一线改变口岸监管制度。在自贸试验区免除滞报金制度，改为仓储收费的市场化调节机制，便利国际货物在口岸停留和分拨处理。改变贸易管制方式，对现行3类禁止措施和57项许可证进行清理，依据6位商品编码设置贸易管制标的，在自贸港取消经济限制类的许可证。建议在自贸港一线不进行商品检验，但保留边境安全、知识产权保护、强制卫生检疫、动植物检疫的执法（郭永泉，2018）。第三，扩展国际贸易单一窗口的适用范围，实现业务范围的全覆盖，口岸监管通关环节全覆盖，企业办理业务所涉的部门全覆盖。同时，完善单一窗口运作模式，以企业市场准入"全网通办"和国际贸易单一窗口为核心，逐步将外国人服务单一窗口、港口业务单一窗口等各领域的单一窗口纳入平台，实现各条线单一窗口的对接融合。另外，逐步厘清上海国际贸易单一窗口基础服务和增值服务项目，通过政府免费提供基础服务、市场主体有偿提供增值服务等方式，形成完善的单一窗口运营收费模式（宋鹏霖等，2018）。第四，在继续深化货物贸易便利化的同时，需要加大力度推进服务贸易与离岸贸易的便利化进程。

2. 投资自由化制度与国际经贸规则的差距及提升对策。

上海自贸试验区在投资自由化方面所取得的成绩主要体现在准入前国民待遇加负面清单管理模式的确立以及负面清单的不断缩短上。按照该模式，负面清单之外的领域，按照内外资一致的原则，外商投资项目实行备案制，国务院规定对国内投资项目保留核准的除外。负面清单之内的领域，外商投资项目实行核准制。这一模式的法理基础是"法无禁止即可为"，其价值功能主要体现为自由、效率和公平，能最大限度地给予外国投资者以国民待遇，体现公平竞争的精神。负面清单从2013年上海自贸试验区版到2018年全国自贸试验区版，其中规定的特别管理措施从190项减至45项，进步是明显的，但仍有一些项目的存在值得检讨。法律服务没有开放，2018年全国自贸试验区版负面清单规定："禁止投资中国法律事务，不得成为国内律师事务所合伙人。"如果与其他国家（地区）的投资开放政策做一比较，上海自贸试验区的投资开放政策还是比较保守。例如，新加坡、香港、迪拜港总体来说外资可以 100% 持股，仅较少产业设有持股比例限制；而中国即便是 2018 年全国自贸试验区版的负面清单，也有不下 10 处外资持股比例的限制或中方控股要求。

另外，实践中存在一种"大门已开、小门不开"的现象也值得注意。某些行业虽然已不在负面清单之内，但企业的设立和运营仍然要受到仍然有效的一些行业监管法律法规的约束。如医疗服务行业，上海自贸试验区允许设立外商独资医疗机构，但按照卫生部出台的《外国医师来华短期行医暂行管理办法》，外籍医师来华从事临床诊断和治疗业务活动不得超过一年期限（上海市人民政府发展研究中心课题组，2015）。这样，必然对外商独资医疗机构的设立和运营产生限制作用。

2018 年负面清单分为两种，即全国（除自贸试验区外）负面清单和全国自贸试验区版负面清单。前者包含 48 项措施，后者包含 45 项措施，差距很小，这也意味着各个自贸试验区在投资开放度方面就不再拥有多少优势。以后相当长的时期内，即使在负面清单继续更新的情况下，也可能继续维持这种局面，这意味着上海自贸试验区追求特别措施的空间比较有限。但这也不是说地方政府在促进投资自由化方面就不能有所作为了，上海自贸试验区可以积极发挥自己的影响力，推动中央政府在未来的经济决策中继续缩小负面清单的范围，以实现高水平的投资自由化。

同时，坚决杜绝"大门已开、小门不开"的现象出现。制定负面清单属于国家事权，但之下有一系列配套的行政法规、地方性法规或政府规章。某一服务业领域只要未列于负面清单，上海市的地方性法规或规章就不应再设置障碍。对于存在此类障碍的配套政策也要积极清理或调整。

12.3.3 提升国际航运中心建设的法治竞争力

1. 上海因其特有的区位优势、广阔的经济腹地和天然的港口条件，有着发展内河、沿海、远洋航运的优良传统。在现代国际航运向远东发展的背景下，上海更应抓住机遇，建设成为国际航运中心。加强上海国际航运中心建设的法治竞争力需要用法治的力量凝聚近期改革尤其是自贸试验区发展改革的共识、规范航运企业发展行为、提供专业全面的海事海商法律服务、推进高效公正的司法、吸引诚信守法的航运企业，让法治成为上海建设国际航运中心的坚实后盾。

（1）航运产业负面清单强化了国际规则的融入度。2013 年 9 月 29 日上海自由贸易试验区正式挂牌。为了构建开放的航运市场环境，《自由贸易试验区外商投资准入特别管理措施（负面清单）》对航运服务业扩大开放力度。第一，允许外商独资或控股经营国际船舶运输业务。第二，允许外商独资经营国际海运货物装卸、国际海运集装箱站和堆场业务。第三，外商投资外轮理货行业限合资合作。第四，限制船舶代理企业外资股比不超过51%。第五，允许外商独资设立国际船舶管理企业。航运产业负面清单管理投资模式基本形成。但从实施效果来看，前四项政策尚未得到有效发挥。这与我国税收成本、融资成本、金融环境，及传统的行业生态等一系列因素有关。在外资对我国优质船员的需求的推动下，第五项政策是上海自贸试验区航运领域推进快速、运行效果明显的一项政策，吸引了近14家外资船舶管理企业。①

（2）海事海商的国际性体现不同法系的交互度。我国作为大陆法法系国家，其海事海商的主要法律渊源是成文法。1992年颁布的《中华人民共和国海商法》是我国海事海商领域全面的立法。国际上几大重要航运中心均是以判例法为主要法律渊源的英美法法系国家。然而随着航运实践与海商法的发展，大部分国家的现代海商法律体系也呈现出法典化的特点。在悠久的海商司法实践中，逐渐形成了相对稳定的判例，而法典就是一系列判例的结晶，如英国的《商船法》，及美国的《哈特法》。而在海事法领域，联合国国际海事组织制定的一系列海商海事领域公约。

因远洋运输的国际特性，普遍一致的法律规则能够降低国际航运参与者了解法律的成本，提高航运活动在法律上的可预测性。正因如此，我国在制定1992年《海商法》的时候除了借鉴了英美法系海事海商判例法法典化的成果外，也积极参加联合国国际海事组织制定的海事海商公约（司玉琢，1993）。

（3）专业的司法与法律服务构造涉外海事海商法律服务认可度。上海的海事海商法律服务是在我国具有较高的认可度。一方面，上海海事法院及上海市高级人民法院提供高效公正的海事司法服务。其中，上海海事法院共有四个派出法庭；② 根据相关统计数据，上海海事法院的主要质效指标位于全国海事法院较高水平。③ 另一方面，上海的法律服务水平也与国际航运中心的地位相匹配。航运作为一个全球性、国际性的产业，更需要熟悉国际法律规则的专业人才。上海吸引了大批海内外航运法治人才，为当地乃至全国的航运企业提供全面专业的法律服务。如在业界备受关注的2018年"The Legal 500"的中国海事海商律所排名中，上榜的大部分中国海事海商律所均在上海设有办事机构。④

---

① http://www.shanghai.gov.cn/nw2/nw2314/nw24651/nw43437/nw43439/u21aw1311490.html。

② http://shhsfy.gov.cn/hsfyywwx/hsfyywwx/AbouttheCourt1364/index.html。

③ 2017年上海海事法院涉"一带一路"审判情况及十大典型案例通报，详情请见 http://shhsfy.gov.cn/hsfyytwx/hsfyytwx/spdy1358/hsspbps1434/bps.html?name=2017.pdf。

④ http://www.legal500.com/c/china/shipping。

图 12.1
上海海事法院 2017 年一审海事海商案件收案类型分布

资料来源:《上海海事法院海事审判白皮书:涉"一带一路"审判情况及十大典型案例通报(2017)》,上海海事法院 2018 年 8 月 9 日,第 5 页(中华人民共和国上海海事法院官网:http://shhsfy.gov.cn/hsfyytwx/spdy1358/hsspbps1434/bps.html?nama=2017.pdf)。

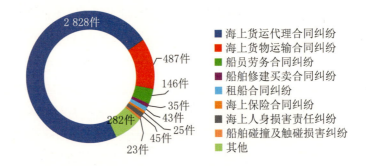

2 828件 487件 146件 35件 43件 25件 45件 23件 282件

- 海上货运代理合同纠纷
- 海上货物运输合同纠纷
- 船员劳务合同纠纷
- 船舶修建买卖合同纠纷
- 租船合同纠纷
- 海上保险合同纠纷
- 海上人身损害责任纠纷
- 船舶碰撞及触碰损害纠纷
- 其他

2. 与国际上的航运中心相比,上海在航运法治竞争力上仍存在一定差距。同处于远东亚太地区的中国香港和新加坡的航运法治建设对上海具有重要的参考价值。

(1)海商海事国际规则的承接者。

香港:在"一国两制"的框架下,香港在 1997 年后依然保持英国普通法的法律体制,包括其海商海事法律。[1] 香港现行的海商货物运输法律主要包括《海上货物运输条例》《提单及相类装运单证条例》及相关判例。其中,"海牙维斯比规则"[2] 适用于船舶进行而付运港是在香港境内的海上货物运输,及当事人直接或间接在提单或其他类似文件中约定适用"海牙维斯比规则"的情况。[3] 在海事法律层面,香港主要通过一系列商船条例使国际上有关船舶安全、航行、污染及责任限制的公约得以施行。例如《商船(防止及控制污染)条例》主要对应《国际防止船舶造成污染公约》及其议定书、附则和附录;《商船(油类污染的法律责任及补偿)条例》主要对应 1992 年《油污民事责任公约》和 1992 年《油污基金公约》等。此外,香港还颁布了一系列法律调整船舶注册,船舶及港口安全等事项。在海上保险法方面,香港的《海上保险条例》直接参照了英国的 1906 年海上保险法,与国际上最活跃的海上保险市场之一的伦敦保险市场基本一致。这也为香港海上保险业的蓬勃发展提供了有利支持。

新加坡:由于历史原因,新加坡的海商海事法律也受到了英国法律制度的深远影响。新加坡的海事海商法律涵盖了海上货物运输,海事法和商船法三个方面。[4] 在海上货物运输领域,主要由普通法原则及《海上货物运输法》和《提单法》两部法律组成。在海上货物运输方面,与香港相似,新加坡也适用"海牙维斯比规则"。就海事法而言,新加坡的《商船法》调整其他各类领域,包括港口

---

[1] 更多有关香港海事条例及附属法例,请参照香港特别行政区政府海事处的网站。网址:https://www.mardep.gov.hk/hk/publication/infocap413.html。

[2] 即经 1968 及 1979 年布鲁塞尔议定书修订的《海牙规则》。

[3] 《海上货物运输条例》第 3 条。

[4] 更多相关内容请参照新加坡法律协会的网站有关新加坡航运法律的内容。网址:http://www.singaporelaw.sg/sglaw/laws-of-singapore/commercial-law/chapter-25。

机关的职权、船舶抵押登记、海事责任限制、船舶注册及船员权利保障等。在海上船舶污染领域也积极加入一系列国际海事公约。

（2）独立的海事司法与仲裁。

香港：香港对海事案例施行独立的司法管辖。在1981年英国高等法院法的影响下，《高等法院条例》第12A至E条规定了香港海事管辖权下的案件类型。仲裁在处理海事海商纠纷中发挥着不可替代的作用。香港具有完备的仲裁体系，其中，香港的《仲裁条例》严格限制了法院对仲裁程序的干预。香港作为《纽约公约》的成员严格按照《纽约公约》的规定承认与执行其缔约国所作出的仲裁裁决。更重要的是，香港拥有众多具有丰富经验的航运、金融、法律专业人士提供航运法律服务。

新加坡：在海事海商司法方面，最主要的立法是《新加坡高等法院（海事管辖权）法》。案件类型源自1981年英国高等法院法。新加坡针对国内和国际仲裁适用两套独立的仲裁立法。两套体系的最大不同在于法院对仲裁的介入程度。

（3）优质的航运法律服务吸纳海外航运企业。

世界上大部分的自由贸易港都针对航运发展推出了配套法律政策，如采取灵活开放的船舶登记制度，登船检验程序，提供了高效便捷的口岸通关环境，推出航运企业税收优惠政策。其中，上海航运法治竞争力的掣肘无疑是船舶登记制度，以及沿海捎带政策。

国际上有两类具代表性的船舶登记制度。一类是以巴拿马、利比里亚为代表的商业化的船舶登记制度；另一类是以中国香港、新加坡为代表的服务化的船舶登记制度。两种制度各有其优劣。沿海捎带政策的开放程度涉及各国沿海运输权。中美属于严格限制沿海运输国家。区域性互相开放沿海运输权最有代表性的是欧盟。此外，还有施行宽松沿海运输权的国家，如澳大利亚的沿海运输申请许可制度。

3. 在国际航运中心建设领域，上海法治竞争力的提升主要体现在海事海商法律法规、独立的海事司法管辖，以及促进航运发展的法律服务政策。

（1）完善航运法制体系，积极参加国际航运法律规则。中国的海事海商法形成了以1992年《海商法》及各部门法相交织的法律体系。从参与的海事国际公约来看，我国与其他航运发达国家及地区加入的公约基本一致[①]，但差距依然存在。例如，我国的船舶油污损害赔偿基金虽然确立了分别由船东与原油进口商出资的"分层式"的油污船舶损害赔偿机制，但较国际上普遍确立的民事赔偿责任存在差距。上海作为世界上最繁忙的港口之一，其周边海域发生船舶油污的风险

---

① 有关以上国家及地区加入的海事国际公约情况，参见国际海事组织网站：http://www.imo.org/en/About/Conventions/StatusOf Conventions/Pages/Default.aspx。

增加，与国际接轨无疑会对我国领海及专属经济区发生的船舶油污受害人提供更充分的保障。

健全船舶融资租赁的相关立法体系。中国《海商法》和《合同法》中尚未有专门针对船舶融资租赁的规定。而现行的自贸试验区相关政策尚未凝结成法律，有区域性和不稳定性的特点，亟待立法解决。

（2）提高航运法律服务，开放外资船舶登记制度。中国船舶登记采取的是封闭登记制度，相比开放和半开放式登记，中国登记制度的吸引力有限。在中国严格限制沿海运输权的背景下，上海应抓住自贸试验区建设的契机，放宽对吨位、船东、船员国籍的限制，提供高效、简洁、服务化的船舶登记制度，与登记注册费和吨位税减免措施并举，吸引中资外籍船舶回归登记及高质量的国际船舶注册登记。

进一步开放外资从事船舶管理业务的准入限制，明确国际船员外派机构的法律地位。在上海自贸试验区的建设中，外商和港澳台商从事船舶管理业务的准入限制进一步开放。然而，上海自贸试验区的新政与传统的船员外派监管体制存在法律冲突。

（3）尊重缔约自由，引入海事海商临时仲裁制度。海上贸易及运输双方往往是有丰富商事经验的公司企业，因此在海事海商法律更尊重双方缔约自由。在合同解释时最大限度地体现合同双方的本意。在合同约定适用外国法律时，积极查明外国法。

引入海商事临时仲裁制度。中国海事仲裁制度采取单一的机构仲裁制度，尚未认可临时仲裁。由于海事纠纷对争议解决快捷性的特殊要求，临时仲裁更能体现当事人意思自治，更加灵活高效。上海可以自贸试验区为契机，引入临时仲裁机制。

（4）重视航运专业人才储备，提高法律服务水平。应加强对本地航运法律人才的培养教育。一方面，应重视在本科阶段对相关专业学生的法律英语教育；另一方面，增加专业院校与航运企业、律师事务所、法院的合作，增加在校学生对航运实践的了解，提高在职航运人员的法律修养。

加大吸引海外航运法律人才的力度，为人才入沪生活提供便利环境。香港、新加坡因其宽松的移民政策、优惠的个人税收制度及良好的生活环境成功吸引了大批航运法律人才。上海应借鉴两地在航运人才引进方面的经验，积极吸收各国海事海商法专业人才，提高上海航运中心法治竞争力。

12.3.4　提升国际科创中心建设的法治竞争力

1. 作为中国科技发展程度最高、创新实力最强的城市之一，上海的成就可谓非凡。但是技术型企业和专利授权数量的增长并不必然意味着科创实力的整体上升。尤其在法治竞争力语境下，科技创新建设实力主要彰显于专利实力、科研投入、科技成果转化机制三个方面。

近年来，国际上发布的权威评价报告中，中国企业创新和国家创新获得的评价总体上稳中有升，但褒贬不一，主要呈现出以下特点。

（1）企业研发投入持续增加，直观效果明显。世界经济论坛发布的《全球竞争力报告》中，中国企业研发投入排名第23位，高于中国综合排名。企业在科研上的高投入也直接促进中国整体科研投入的提升。2013年，中国科研经费总投入首次超过日本，升至世界第二位。科研投入的全面加强，使中国企业在专利申请等技术产出方面的成绩明显上升。例如，在汤森路透发布的2015年《创新现状》报告中，中国占据了各个行业60家创新机构中的16家，力压美日韩等创新型国家排名第一。

（2）企业专利海外布局不足，拉低综合竞争力。中国的综合创新实力和国际竞争力依然无法达到国际顶尖水平。在汤森路透发布的2015年《全球百强创新机构排行榜》中，中国企业无一上榜。[1]原因之一在于该报告采用的指标体系更加重视"专利全球布局"。中国企业所持专利的最大缺陷在于缺乏海外专利布局。2014—2015年间，中国企业在海外布局的专利件数不到企业专利总数的10%。英国、韩国以及中国台湾地区也因为这一问题而在国际报告中得到了负面的评价。[2]

（3）科研成果转化机制仍需完善。第一，科研成果转化机制孱弱，限制整体创新实力。世界经济论坛发布的2015—2016年《全球竞争力报告》中，二级指标之一的创新指数仅排在第31位，是制约中国竞争力增长的主要因素之一。如何在科研投入和政府扶持的同时，将其转化为真正的科研产出，是当前最为关键的问题。第二，创新型科研人员数量不足。康奈尔大学等联合发布的2015年《全球创新指数》报告中，认为中国科研人员储备以及知识密集型的工作岗位数量存在不足。麦肯锡全球研究院指出我国理工科专业博士毕业生数量已为全球最多。但《全球竞争力报告》显示中国科研人员的充足程度仅列全球第36名。第三，需通过改革进一步完善转化机制。《全球创新指数》报告指出，中国2006年出台的《国家中长期科学和技术发展规划纲要（2006—2020）》代表中国科技政策发展过程中的新开端。但仍专利质量较低、发明专利数量不足等问题。

观察国际科创中心法治竞争力的三个维度：（1）国际规则的融入度，主要涉

---

① 中国企业中仅华为公司在2014年的该份榜单中出现，也是至今为止中国公司的唯一一次上榜。

② 值得注意的是，英国于2013年开始施行的"专利盒"政策，其本意在于通过政府优惠政策，对技术型企业减轻负担和增加福利。然而从现状来看，该政策之于英国企业尚未起到预期的效果。

及 WTO 中与科技创新相关国际规则，以及 OECD/G20 中与科技创新相关国际规则（表 12.1、表 12.2）。

（2）不同法系的交互度。在今天世界主流国家和地区的法治环境中，两大法系正在融合和趋同，[①] 对于与科技创新密切关联的知识产权法也不例外（宋志国、陈泰和，2006）。在欧盟，随着欧洲一体化进程的加快，欧盟法被欧洲法院、欧洲大陆的大陆法系法院与英国和爱尔兰的普通法法院成功地处理，对欧洲法院的研究逐渐成为学界焦点（龚炜，2007）。在意大利，法官的角色正在随着自由裁量权的不断增加而发生转变，逐渐向英美法国家的法官靠拢（和芒，2013）。在日本，其行政诉讼制度已经糅合了两大法系的特有程序（诸葛平，2012）。

表 12.1
WTO 规则中涉及科技创新的主要协议

协议名称	英文缩写
与贸易有关的知识产权协议	TRIPs
补贴与反补贴措施协议	SCM
世界贸易组织贸易技术壁垒协议	TBT
政府采购协议	GPA

表 12.2
OECD/G20 中涉及科技创新的主要协议

规则名称	发布组织
税基侵蚀和利润转移	OECD/G20
有害税收实践论坛	OECD
跨国企业准则	OECD
公司治理原则	G20/OECD

以粤港澳大湾区为例，统计显示，该区域内 5.29% 的企业表示投资前海最看重公平公正的法治环境，92.15% 的企业愿意在前海签订商事合同时适用香港法律。粤港澳大湾区有"一二三四"的说法，一个国家、两种制度、三个关税区、四个核心城市，这种格局是它最大的特点和优势，也是大湾区城际合作、法治融合的难点所在。近几年来，内地与港澳之间的经济合作逐年升温，随之而来也有不少法律冲突与适用问题。实现人湾区城际良好合作局面，必须在法治上有融合创新。

（3）（知识产权）涉外法律服务的可接受度。知识产权涉外法律服务在知识产权保护中的作用，主要表现在以下六个方面，即：知识产权涉外法律服务是创造知识产权的重要支撑，知识产权涉外法律服务是管理知识产权的有效手段，知识产权涉外法律服务是运用知识产权的必要途径，知识产权涉外法律服务是保护

[①] 《关于国家知识产权体制改革的建议——访北京大学国际知识产权研究中心主任易继明教授》，民主与法制网，http://www.mzyfz.com/index.php/cms/item-view-id-1362287，2018 年 11 月 13 日最后访问。

知识产权的重要保障，知识产权涉外法律服务是提高社会知识产权保护意识的有效途径，知识产权涉外法律服务是参与解决国际知识产权纠纷的重要手段。

2. 提升上海国际科创中心建设法治竞争力的对策有以下三条。

（1）提升国际规则的融入度。融入国际规则对于建设上海科创中心十分关键，主要包含三个方面的启示：第一，政策的制定实施尽量符合国际规则；第二，尽量避免使用直接性财政刺激政策；第三，逐步增加科技创新政策开放性及竞争性。

2016年4月，《上海系统推进全面创新改革试验加快建设具有全球影响力科技创新中心方案》实施，该方案对官产学研在科研领域中的技术衔接和成果结合作出了较为详细的规定，但是在激励机制上仍有欠缺。此外，上海市人大颁布《上海市促进科技成果转移转化条例》，上海市政府配套出台《上海市促进科技成果转移转化行动方案（2017—2020）》，为促进知识产权转移转化提供了法治保障。中共上海市委、上海市政府印发《关于加快本市文化创意产业创新发展的若干意见》，将"提升知识产权保护水平"作为"构建现代文化市场体系"的重要内容。上海市政府出台《关于进一步支持外资研发中心参与上海具有全球影响力的科技创新中心建设的若干意见》，提出了具体措施。而2018年9月20日新《上海市专利资助办法》制定，其实施效果如何，尚待检验。

（2）提升不同法系的交互度。为更好地解决涉外纠纷，首先建议上海研究外国法在具体案件中的适用，推动两大法系的融合和相互借鉴，建议上海建立类似深圳前海合作区人民法院的"诉调对接中心"，再进一步建议涉外商事和知识产权案件中的中立第三方使用外国法裁决机制。上海法院应当更大程度地接受和借鉴外国法，相当于一种面向外国法的隐性适用。尤其对于诉调对接中心而言，如果可能适用外国法，建议一般先前置使用涉外知识产权和商事案件中立第三方的裁决程序，从而不仅更准确地查明外国法，还有利于纠纷的解决。

总体上，上海可以通过提升对英美法系法律规定的交互性，实现五个方面的意义：第一，通过增进对英美法的了解和借鉴，协助创立新的多元化纠纷解决机制模式。第二，将法院社会化推向新的高度。不仅与社会调解资源进行对接，还主动推动社会调解资源组织化、网络化、专业化和国际化。第三，协助创立新的纠纷解决模式，即涉外知识产权案件中立第三方适用外国法裁决机制。第四，完善和发展了外国法查明的概念。第五，适当扩大英美法的影响，有利于大陆法系和英美法系的相互借鉴、学习和提高。

（3）提升涉外知识产权法律服务的可接受度。上海知识产权涉外法律服务面临的困境一是知识产权法律服务出现结构性失调，主要体现在服务领域狭窄、服务方式单一、复合型人才稀缺等。二是知识产权管理分散，知识产权法律服务不能形成合力。在我国，知识产权的行政管理工作分由多部门负责。多头分散管理模式下，无法进行数据分享，管理机构之间存在壁垒，难以实现资源的有效整合。解决知识产权法律服务困境的建议是以下三点。

第一，放宽准入标准，鼓励混业经营，加快培养复合型人才。要扩大专利代理领域开放，放宽对专利代理机构股东或合伙人的条件限制。破除部门分割，进一步放宽律师和律师事务所从事专利代理业务的限制。鼓励律师事务所、专利代理所混业经营，支持知识产权服务主体提供全方位、全流程的服务。

第二，全方位制度性保护知识产权。对故意侵犯知识产权的行为纳入企业和个人信用记录。加强知识产权行政执法与刑事司法衔接，加强海关知识产权执法保护，加大国际展会、电子商务等领域知识产权执法力度，开展与相关国际组织和境外执法部门的联合执法。

第三，进一步推进知识产权综合管理改革。采取集中管理体制是基于各类知识产权相同属性，科学配置治理结构，保障创新发展的一种选择（吴汉东，2017）。我国在逐渐向着统一的知识产权管理主体进行探索，2009 年 7 月，深圳市实行大部制改革，成立市场监督管理局，将工商、质监、知识产权的职能划入，实现专利、商标、版权管理"三合一"。2014 年，浦东以综合配套改革试点为契机，建立了专利、商标、版权"三合一"模式，这种改革模式取得的成效也很明显（叶宗雄等，2015）。特别是成都市郫都区的成功试点之后，知识产权综合管理改革经验有必要在全国进一步推广。

参 | 考 | 文 | 献

［1］周振华、陈向民：《世界城市——国际经验与上海发展》，上海社会科学出版社 2004 年版。

［2］利奥尼德·赫维茨、斯坦利·瑞特：《经济机制设计》，上海三联书店 2008 年版。

［3］刘思达：《割据的逻辑：中国法律服务市场的生态分析》，上海三联书店 2011 年版。

［4］上海财经大学自由贸易区研究院、上海发展研究院编：《全球 100 个自由贸易区概览》（上），上海财经大学出版社 2013 年版。

［5］宋志国、陈泰和：《两大法系对知识产权制度的影响及其启示》，《比较法研究》2006 年第 4 期。

［6］刘思达：《中国涉外法律服务市场的全球化》，《交大法学》2011 年第 1 期。

［7］罗思东、陈惠云：《全球城市及其在全球治理中的主体功能》，《上海行政学院学报》2013 年第 3 期。

［8］张伟、杨文硕：《上海自贸区金融开放的定位与路径分析——兼与香港自由港金融演进路径比较》，《商业研究》2014 年第 1 期。

［9］张颖杰：《自贸区对上海航运中心建设的影响研究》，《新金融》2014 年第 2 期。

［10］赖震平：《中国海事仲裁引入临时仲裁初探——以中国（上海）自由贸易试验区为视角》，《中国海商法研究》2014 年第 3 期。

［11］宋淑华：《船员外派机构法律性质及其在自贸区背景下的新变化》，《中国海商法研究》2015 年第 1 期。

［12］王淑敏等：《上海自由贸易区实施"国际船舶登记制度"的法律问题研究》，《中国海商法研究》2015 年第 2 期。

［13］屠新泉等：《国有企业相关国际规则的新发展及中国对策》，《亚太经济》2015 年第 2 期。

［14］上海市行政法制研究所课题组：《上海全球城市治理模式与民主法治研究》，《科学发展》2015 年第 82 期。

［15］马庆强：《从国外经验看我国自贸区金融开放过程中的金融风险与防范》，《国际商务财会》2016 年第 2 期。

［16］李庆明：《境外仲裁机构在中国内地仲裁的法律问题研究》，《环球法律评论》2016 年第 3 期。

［17］周仲飞、弓宇峰：《法律在国际金融中心形成与发展中的作用》，《法学》2016 年第 4 期。

［18］黄洵、戴新竹：《论国际金融中心建设中的能动司法——以上海为例》，《现代管理科学》2016 年第 6 期。

［19］吴弘：《上海国际金融中心建设的制度创新》，《法学》2016 年第 9 期。

［20］王超、姜川：《迪拜：用司法助力建设国际金融中心》，《环球法治》2016 年第 10 期。

［21］冯果：《营造与国际金融中心地位相适应的司法环境》，《法学》2016 年第 10 期。

［22］杨志远、谢谦：《负面清单管理模式提高了上海自贸区服务业开放水平了吗?》，《国际贸易》2016 年第 11 期。

［23］胡敏、蔡天啸：《借鉴国际经验推动上海国际金融中心法制建设》，《经济法研究》2016 年第 12 期。

［24］王静：《科技立法创新视阈下拜杜规则的适用研究》，《科学管理研究》2017 年第 2 期。

［25］袁宗勇：《关于发展壮大涉外法律服务业的探索与思考》，《中国司法》2017 年第 8 期。

［26］晓宇：《中国签署 BEPS 多边公约》，《经济研究参考》2017 年第 36 期。

［27］李晓露、伍坚：《上海自贸区对标金融开放高标准进阶研究》，《海南金融》2018 年第 1 期。

［28］上海对外经贸大学自由贸易港战略研究院：《关于建设自由贸易港的经验借鉴与实施建议》，《国际商务研究》2018 年第 1 期。

［29］汪炜：《世界政治视野下的全球城市与全球治理——兼谈中国的全球城市》，《国际政治研究》2018 年第 1 期。

［30］邱丹逸：《支持企业科技创新的相关国际规则研究》，《特区经济》2018 年第 7 期。

［31］竺彩华、李光辉、白光裕：《中国建设自由贸易港的目标定位及相关建议》，《国际贸易》2018 年第 3 期。

［32］郭永泉：《中国自由贸易港的海关制度创新研究》，《海关与经贸研究》2018 年第 2 期。

［33］宋鹏霖、李飞、夏小娟：《对标新加坡提升自贸试验区贸易便利化的路径与思考——以上海自贸试验区为例》，《上海对外经贸大学学报》2018 年第 1 期。

［34］宋鹏霖、李飞、夏小娟：《对标新加坡提升自贸试验区贸易便利化的路径与思考——以上海自贸试验区为例》，《上海对外经贸大学学报》2018 年第 1 期。

［35］上海市人民政府发展研究中心课题组：《关于中国（上海）自由贸易试验区深化改革的评估报告》，《科学发展》2015 年第 85 期。

［36］司玉琢：《中华人民共和国海商法问答》，人民交通出版社 1993 年版。

［37］宋志国、陈泰和：《两大法系对知识产权制度的影响及其启示》，《比较法研究》2006 年第 4 期。

［38］龚炜：《论普通法系与大陆法系的融合——以欧洲法院制度为例》，中国人民大学博士论文，2007 年。

［39］和芫：《从意大利法官角色转变论司法法系融合》，《决策与信息》2013 年第 8 期。

［40］诸葛平：《日本行政诉讼制度中两大法系的融合、矛盾与冲突》，《中国法律年鉴·2012》，中国法律出版社 2012 年版。

［41］吴汉东：《知识产权综合管理改革势在必行》，《知识产权报》2017 年 3 月 29 日。

［42］叶宗雄、丁海涛、许春明：《上海浦东知识产权综合行政管理体制探索与实践》，《中国发明与专利》2015 年第 3 期。

［43］Koskenniemi，Martti，2006，*From Apology to Utopia: The Structure of International Legal Argument*. Cambridge University Press.

［44］Susskind，Richard E.，2008，*The End of Lawyers?: Rethinking the Nature of Legal Services*. Oxford: Oxford University Press.

［45］Lin，Xiao，2016，*National Test: System Design of China（Shanghai）Pilot Free Trade Zone*. Springer.

［46］Sassen，Saskia，2016，"The Global City: Strategic Site，New Frontier"，*Managing Urban Futures*. Routledge

［47］Singer，Linda，2018，*Settling Disputes: Conflict Resolution in Business，Families，and the Legal System*. Routledge.

［48］ Paterson，Alan A.，1996，"Professionalism and the Legal Services Market"，*International Journal of the Legal Profession* 3.1—2: 137—168.

［49］ Silver，Carole，2002，"Regulatory Mismatch in the International Market for Legal Services"，*Nw. J. Int'l L. & Bus*. 23: 487.

［50］ Contractor，Farok J.，Sumit K. Kundu，and Chin-Chun Hsu，（2003），"A Three-stage Theory of International Expansion: The Link between Multinationality and Performance in the Service Sector"，*Journal of International Business Studies*，34.1: 5—18.

［51］ Beaverstock，Jonathan V.，2004，"Managing across Borders: Knowledge Management and Expatriation in Professional Service Legal Firms"，*Journal of Economic Geography* 4.2: 157—179.

［52］ Faulconbridge，James R.，et al.，2007，"Global Law Firms: Globalization and Organizational Spaces of Cross-border Legal Work"，*Nw. J. Int'l L. & Bus*. 28: 455.

［53］ Silver，Carole，2011，"The Variable Value of US Legal Education in the Global Legal Services Market"，*Geo. J. Legal Ethics* 24: 1.

［54］ Zhou，Weihuan，and Junfang Xi.，2017，"China's Liberalization of Legal Services Under the ChAFTA: Market Access or Lack of Market Access for Australian Legal Practices"，*Journal of World Trade* 51.2: 233—264.

［55］ Kerikmäe，Tanel，Thomas Hoffmann，and Archil Chochia，2018，"Legal Technology for Law Firms: Determining Roadmaps for Innovation"，*Croatian International Relations Review*，24.81: 91—112.

［56］ Francisco Piniella，Juan Ignacio Alcaide & Emilio Rodriguez-Diaz，2017，"The Panama Ship Registry: 1917—2017"，*Marine Policy*，77 March 13—22.

［57］ H Christian & AW Schulze，2002，"Free Trade Zones at the Beginning of The 21st Century"，*The Comparative and International Law Journal of Southern Africa*，35（2）: 198—215.

［58］ Chen，Jihong，Kevin X Li，Xiang Liu and Haibo Li，（2017），"The Development of Ship Registration Policy in China: Response to Flags of Convenience"，*Marine Policy*，83: 22—28.

［59］ Liu，Qing and Qu Qunzhen，2017，"Position and Roles of Shipping Culture in the Construction of Shanghai Free Trade Zone"，*Meteorological and Environmental Research*，83: 30—31.

［60］ Liu，Xiaohong & Yang Ling，2014，"Redemption of Chinese Arbitration?—— Comments on the Civil Procedure Law（2012）and Free Trade Zone Arbitration Rules（2014）"，*Chinese Journal of International Law*，13 4: 653—662.

［61］ Wan，Zheng，Yang Zhang，Xuefeng Wang & Jihong Chen，2014，"Policy and politics behind Shanghai's Free Trade Zone Program"，*Journal of Transport Geography*，34 January: 1—6.

［62］ Liu，Zuozhen & Jiannan Li，2018，"The Rule of Law Experiment in China's Pilot Free Trade Zones: The Problems and Prospects of Introducing Hong Kong Law into Guangdong"，*Hague Journal on the Rule of Law*（online first）.

［63］ Jane，Nijman，2016，"*Renaissance of the City as Global Actor*，*The Role of Foreign Policy and International Law Practices in the Construction of Cities as Global Actors*，Oxford: Oxford University Press: 211—213.

［64］ Saskia，Sassen，2005，"The Global City: Introducing a Concept"，*Brown Journal of World Affairs*，Volume XI，Issue 2.

［65］ Conley，James and Orozco，David，2011，"Innovation Policy and Friends of the Court: Intellectual Property Advocacy before the U.S. Supreme Court. 1"，*Journal of Law*，*Technology and Policy*.

［66］ Frank，Jan de Graaf & Cynthia Williams，2009，"The Intellectual Foundations of the Global Financial Crisis: Analysis and Proposals for Reform. 32 Univ."，*New South Wales Law Journal 390*.

13

全球城市建设
与区域合作创新

长三角作为上海的广袤腹地，其区域合作创新将为上海建设卓越全球城市提供有力支撑。自改革开放以来，长三角地区的交流与合作不断加强与深化，已形成较好的发展基础，但依然面临区域行政壁垒阻碍，主导产业同构，交通、教育及医疗、生态环境治理等缺乏协同等问题。上海要在长三角区域合作创新与发展中发挥龙头作用，推进长三角地区更高质量一体化发展，并在区域发展中调整全球城市的核心功能，提升城市能级和核心竞争力。

Shanghai is situated at the center of the vast Yangtze River Delta, and regional coordinated innovation will provide Shanghai with strong support for its construction of a global city of excellence. Since the reform and opening-up was installed, interaction and cooperation in the Delta area have seen a continuous acceleration and strengthening, laying a solid base for further development. But many challenges remain outstanding like regional administrative barriers, isomorphic leading industries and lack of coordination in transportation, education, medical care and ecological environmental regulation. Shanghai is in a position of taking the lead in the Delta Region innovation cooperation and development, and in high-quality unification of the Delta region; at the same time, Shanghai needs to adjust its core functions as a global city in line with the region's progress, and to timely enhance its comprehensive strengths and core competitiveness.

在全球城市的建设过程中，纽约、伦敦、东京等国际经验充分表明，通过区域合作创新，与地区城市群之间形成协同发展，是极其重要的。长三角区域合作创新，是上海建设卓越全球城市的必然路径。在长三角地区更高质量一体化发展背景下，创新长三角区域合作模式、合作机制及其治理结构，拓展区域合作范围与领域，加强区域合作力度与强度，加快区域合作进度，将为上海建设卓越全球城市提供强有力的支撑。

13.1 长三角区域合作现状与问题

上海建设卓越的全球城市，要克服资源禀赋不足，战略空间有限，综合实力欠强，科技创新能力较弱，教育及医疗等公共服务的国际影响力不足，大城市病及环境可持续发展等瓶颈和众多问题，除了自身努力外，必须依托区位优势及其地区合作发展。自改革开放以来，长三角区域合作一直持续推进，从自发、分散、随机的合作逐步走向自觉、综合、长效的合作，但仍然存在地区合作范围有限、层级不高、力度不够等问题。

13.1.1 长三角区域合作协调机制

在完善区域统一市场的基础上，已基本形成"三级运作、统分结合"的区域合作协调机制。通过三省一市的决策层（沪、苏、浙、皖最高决策体制）、协调层（副省级座谈会的协调机制）和执行层（各省市委办局执行机制）的三级运作模式，协调长三角需解决的综合交通、能源合作、环境保护、劳动保障和人力资源、区域信用体系、区域信息共享等专题问题，并在这些方面取得了积极进展。并建立了"长江三角洲城市经济协调会"，作为长三角城市群合作的主要执行与推进机构及其重要平台。长三角城市经济协调会实行轮值和常任相结合的运作方式，上海为常任主席方，执行主席方由各成员城市轮值担任。每年3月底或4月初召开一次市长联席会议，由成员城市轮值承办，并作为执行主席方，负责年度工作的推进。长三角城市经济协调会市长联席会议，侧重围绕省（市）层面确定的工作重点，结合成员城市共同关心的问题，协商解决城市间合作的重大事项，签署《城市合作协议》，设立年度专课题项目。每季度召开一次长三角城市经济协调会办公室主任办公会议和工作会议，不定期召开专项工作专题会议，督促检查、协调推进年度重点工作、项目落实，研究解决在协调推进过程中的困难和问题。重点聚焦城市间经济社会发展中的主要问题，设立专课题、专业委员会及合作联盟。成立了"长三角协调会专家咨询委员会"和"长三角城市合作（复旦大学）研究中心"，为长三角城市经济协调会的发展提供研究决策咨询。

2018年，长三角区域合作办公室的成立标志着长三角区域合作平台建设步入了打破行政壁垒的更高一级层次。长三角区域合作办公室将研究拟订长三角协同发展战略规划及体制机制和重大政策建议，协调推进合作中的重要事项和重大项目，统筹管理长三角合作与发展共同促进基金等，在交通、科创、环保、金融、食安、信用等合作领域寻求更大的创新合作突破。长三角区域合作办公室将围绕交通互联互通、能源互保互济、产业创新协同、信息网络高速泛在、环境整治联防联控、公共服务普惠便利、市场开放有序七个领域提出专项规划，为长三角一体化勾勒更清晰的发展路径、目标任务和时间节点。

与此同时，积极开展各项专题合作，探索合作模式的多样性。在科学仪器设备共用平台专题，从城市层面开始破题建设区域科学研发仪器设施共用服务平台。在旅游市场专题，编制形成"全国旅游景点交通指引标志的设置标准细则"，成为区域性标准上升为国家标准的一个典型案例。在港口联动发展专题，由上海海关牵头，长三角城市率先在全区域推行"属地申报、口岸验放"的异地通关新模式和"江海联运制度"，使长三角的通关提升到世界先进水平。医保互联互通专题，至2010年长三角共有12个城市正式启动了医保费用异地报销双向代办服务，累计为6.75万人次办理异地就医结算，所涉医疗费用达1.28亿元，通过试点，三省一市将总结经验探索在省市间实现联网互通。园区共建平台专题，长三角共建园区联盟成员单位达到77家，联盟成员产业转移项目达到了近百个，成为了长三角城市产业合作的重要平台。经济协调专业委员会和产业联盟，长三角城市经济协调会先后成立了新型城镇化建设、品牌合作、旅游、会展、健康服务业、创意经济合作、物联网产业、生态经济等8个专业委员会，成立了非物质文化遗产联盟、新能源汽车发展推进联盟、青年创新创业联盟、文化产业联盟、企业服务联盟等5个合作联盟。

长三角地区合作协调机制在发展中不断趋于完善，但仍然需要进一步做强、做实、做出成效，切实解决行政分割阻碍区域内市场、要素自由流动，招商引资恶性竞争，产业分工不合理等问题，促进区域合作广度与深度。

13.1.2 长三角主要领域区域合作现状

为了全面反映长三角区域合作的状况，我们从经济产业、社会民生及空间环境等三维度进行分析。

1. 经济·产业。

随着三省一市各自产业结构变动（图13.1），长三角地区的产业集聚特点较

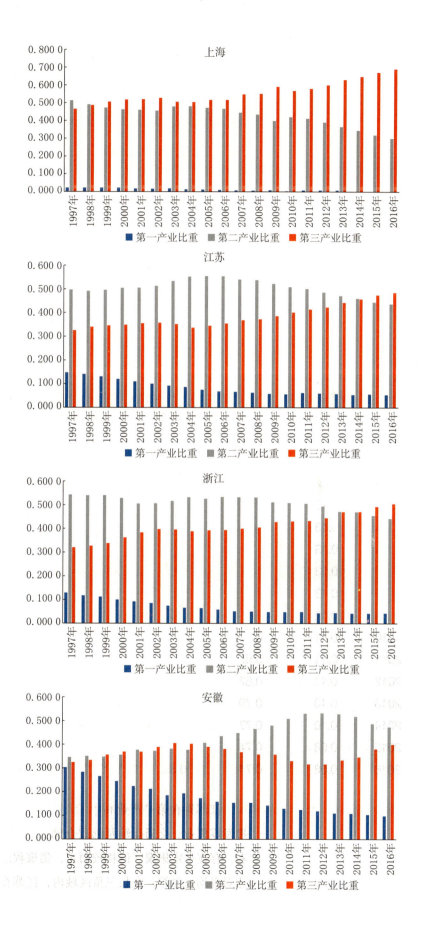

图 13.1

长三角三省一市产业结构变动图

资料来源：《中国统计年鉴》(2017)。

明显，产业的专业分工、职能互补性趋于强化。截至 2016 年，基本形成上海集聚第三产业，江苏、安徽集聚第一产业及第二产业，浙江集聚第二产业及第三产业的特点。

为了刻画三省一市各自产业集聚情况，采用区位熵方法进行测度。

假定 E_{ij} 为区域 j 在 i 行业的区位熵，则：

$$E_{ij} = \frac{q_{ij} \big/ \sum_{j=1}^{n} q_{ij}}{\sum_{i=1}^{m} q_{ij} \big/ \sum_{i=1}^{m} \sum_{j=1}^{n} q_{ij}}$$

其中 q_{ij} 表示区域 j 在 i 行业的的产值，i = 1，2，…，m，表示区域内共有 m 个行业；j = 1，2，…，n，表示共有 n 个区域。利用 2017 年《中国统计年鉴》分省份数据，即可得到上海、江苏、浙江及安徽各行业的区位熵指数（表 13.1—13.4）。一般认为 E_{ij} > 1，则区域 j 在 i 行业存在相对优势，且 E_{ij} 数值越大，则表明其集聚度越高；E_{ij} < 1，则区域 j 在 i 行业存在相对劣势。

由表 13.1 可知，相较于长三角区域，上海第一产业的农林牧渔业及第二产业的工业、建筑业，其集聚度均较低；上海第三产业除去住宿餐饮业的集聚度较低外，其他产业如批发零售业、交通运输及仓储邮政业和金融业的区位熵指数均高于 1，表明上海应重点发展第三产业。

表 13.1
上海 2004—2016 年行业区位熵（相较于长三角）

资料来源：依据 2017 年《上海统计年鉴》《江苏统计年鉴》《浙江统计年鉴》和《安徽统计年鉴》进行测算。

年份	农林牧渔	工业	建筑业	批发和零售	交通运输仓储邮政	住宿餐饮	金融
2004	0.13	0.97	0.63	0.97	1.30	1.08	1.79
2005	0.13	0.94	0.65	1.12	1.30	1.08	1.72
2006	0.13	0.92	0.68	1.22	1.27	1.06	1.66
2007	0.13	0.88	0.63	1.28	1.20	1.04	1.67
2008	0.13	0.86	0.65	1.37	1.14	0.96	1.62
2009	0.12	0.81	0.66	1.39	1.02	0.88	1.75
2010	0.11	0.86	0.67	1.41	1.14	0.90	1.65
2011	0.11	0.85	0.64	1.44	1.09	0.81	1.70
2012	0.11	0.82	0.65	1.48	1.08	0.82	1.71
2013	0.10	0.79	0.62	1.44	1.08	0.82	1.71
2014	0.10	0.77	0.60	1.39	1.12	0.85	1.81
2015	0.08	0.74	0.59	1.38	1.15	0.80	1.95
2016	0.08	0.71	0.59	1.36	1.17	0.75	1.96

江苏则在第一产业和第二产业的区位熵指数较高（表 13.2），而第三产业的批发零售业、交通运输及邮政仓储业、住宿餐饮业及金融业的区位熵都在 0.9 左右，存在一定集聚，但相较而言，集聚程度较低。就整体来说，江苏各产业发展相对平均。显然，在长三角区域内，江苏在农林牧渔业及工业、建筑业的集聚程

年份	农林牧渔	工业	建筑业	批发和零售	交通运输仓储邮政	住宿餐饮	金融
2004	1.12	1.09	1.04	1.08	0.85	0.91	0.69
2005	1.07	1.09	1.02	1.04	0.90	0.95	0.62
2006	1.08	1.08	0.99	0.99	0.91	1.00	0.64
2007	1.10	1.08	1.00	1.00	0.93	0.98	0.70
2008	1.08	1.07	1.01	1.00	0.98	1.04	0.67
2009	1.08	1.08	1.02	1.00	1.00	1.09	0.68
2010	1.05	1.05	1.01	1.00	1.00	1.00	0.74
2011	1.07	1.03	1.02	0.99	1.05	1.05	0.76
2012	1.08	1.03	1.02	0.96	1.06	1.08	0.82
2013	1.07	1.03	1.02	0.91	1.02	0.98	0.88
2014	1.07	1.02	1.01	0.91	1.00	0.94	0.91
2015	1.10	1.04	1.01	0.90	0.99	0.91	0.89
2016	1.08	1.04	1.01	0.89	0.97	0.91	0.90

表 13.2

江苏 2004—2016 年 行业区位熵（相较于长三角）

资料来源：同表 13.1。

度要高于其在第三产业的集聚度，表明江苏在长三角协同合作中，可以有方向性地进行产业承接与产业分工。

浙江则在第二产业及第三产业的批发零售业、住宿餐饮业的区位熵指数较高（表 13.3），存在一定集聚；但其农林牧渔业及交通运输、仓储邮政业较分散。这表明浙江在长三角协同合作中，可以在第二产业及批发零售业、住宿餐饮业进行产业承接与产业分工。

安徽在第一产业、第二产业及第三产业的住宿餐饮业的区位熵指数较高

表 13.3

浙江 2004—2016 年 行业区位熵（相较于长三角）

资料来源：同表 13.1。

年份	农林牧渔	工业	建筑业	批发和零售	交通运输仓储邮政	住宿餐饮	金融
2004	0.86	1.03	1.10	1.02	0.81	1.00	1.06
2005	0.91	1.02	1.07	0.97	0.80	0.99	1.20
2006	0.89	1.02	1.07	0.95	0.84	0.96	1.22
2007	0.83	1.04	1.08	0.92	0.88	1.01	1.15
2008	0.81	1.05	1.04	0.88	0.88	1.00	1.24
2009	0.83	1.04	1.01	0.88	0.93	1.00	1.20
2010	0.84	1.03	1.00	0.89	0.91	1.10	1.22
2011	0.84	1.03	0.99	0.93	0.90	1.07	1.21
2012	0.82	1.03	0.98	0.96	0.90	1.05	1.12
2013	0.83	1.01	1.01	1.08	0.95	1.16	0.98
2014	0.82	1.03	1.04	1.10	0.96	1.23	0.86
2015	0.80	1.04	1.04	1.11	0.97	1.25	0.80
2016	0.82	1.05	1.04	1.13	1.00	1.29	0.75

年份	农林牧渔	工业	建筑业	批发和零售	交通运输仓储邮政	住宿餐饮	金融
2004	2.45	0.68	1.26	0.77	1.42	1.16	0.47
2005	2.47	0.74	1.34	0.76	1.32	1.06	0.56
2006	2.51	0.78	1.40	0.77	1.24	1.00	0.58
2007	2.57	0.82	1.45	0.73	1.22	0.97	0.53
2008	2.55	0.86	1.42	0.69	1.13	0.90	0.57
2009	2.44	0.91	1.40	0.70	1.12	0.86	0.52
2010	2.40	0.98	1.41	0.67	1.00	0.91	0.47
2011	2.25	1.04	1.40	0.63	0.93	0.92	0.47
2012	2.16	1.08	1.38	0.64	0.92	0.87	0.50
2013	2.14	1.12	1.35	0.63	0.95	0.94	0.63
2014	2.16	1.12	1.33	0.65	0.95	0.93	0.63
2015	2.12	1.09	1.35	0.67	0.92	1.02	0.66
2016	2.14	1.10	1.36	0.67	0.90	1.02	0.69

表 13.4

安徽 2004—2016 年行业区位熵（相较于长三角）

资料来源：同表 13.1。

（表 13.4），存在一定集聚；但其批发零售业及交通运输、仓储邮政业及金融业较分散。这表明安徽在长三角协同合作中，可以在工、农业上进行产业承接与产业分工。

进一步分析，我们用专业化指数[①]来度量地区之间的产业结构差异。根据测算结果，整个长三角城市群的专业化分工指数均值由 2000 年的 0.362 增加至 2016 年的 0.583，反映出城市职能互补性增强的变化趋势，城市间的横向联系不断提高。将长三角城市群 KSI 指数前 20 位的城市关系分布采用 ARC GIS 绘制（图 13.2），更清晰地发现从 2000 年到 2016 年上海与其他长三角城市之间的产业差异度明显提高，整个城市群的专业分工性增强。

图 13.2

2000—2016 年长三角城市群 SIK 指数前 20 位的城市关系分布

注：图形采用 ARC GIS 绘制。

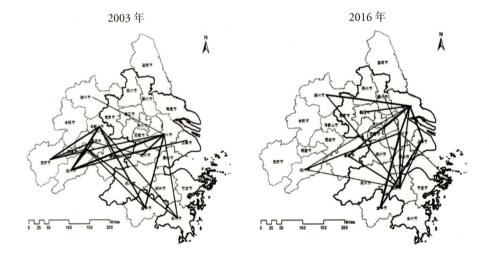

2003 年   2016 年

---

① 依据克鲁格曼在《地理与贸易》中提出的专业化指数测算方法：$S_{ik} = \sum_j \left| \dfrac{E_{ij}}{\sum_j E_{ij}} - \dfrac{E_{kj}}{\sum_j E_{kj}} \right|$；表示城市之间的产业结构差异性。KSI 指数在 0—2 之间，指数越大，表明产业差异越大。

从产业职能的空间演进来看，制造业区域梯度转移明显，第三产业区域集聚度提高。产业的职能强度[①]反映，2003 年前后，制造业还是上海市的优势产业，但到 2016 年，上海的制造业已梯度转移（图 13.3）。与此同时，2000—2016年，上海在长三角区域的一般性服务业[②]及高级生产性服务业[③]一直保持职能优势，集聚度较高。而且，近几年在其他服务业[④]方面也逐渐形成优势，集聚度增强（图 13.4）。

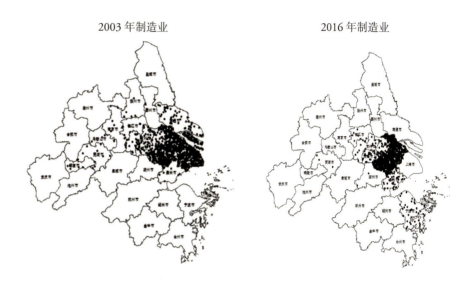

2003 年制造业　　　　　　　　　　2016 年制造业

图 13.3
长三角地区制造业职能的空间演进

注：图形采用 ARC GIS 绘制。

　　在此发展过程中，长三角地区仍然存在一定程度的产业同构现象，产业分工协同有待加强。根据 2016 年长三角三省一市各行业占比情况（表 13.5），表明三省一市主要产业为批发零售业、金融业、房地产业、交通运输仓储业为代表的第三产业及以电子、汽车、化工、机械、医药为代表的制造业。长三角地区大多数城市都把电子、汽车、机械、化工、医药等产业作为未来发展主导产业（李清娟，2006）。这将导致资源浪费、配置效率低下，使得特色产业集群竞争力分散或弱化，为产能过剩埋下了诸多风险隐患（嵇尚洲，2013）。

　　另外，长三角地区核心城市经济发展的集聚效应欠缺，经济贡献度不高。长三角城市群地域面积居世界六大城市群第二，但区域人口却远超其他城市群，成

---

① F_{ij} 为产业的职能强度，取值范围在 0—1 之间；T_{ij} 为产业的职能规模，NLQ_{ij} 为改进的区位熵指数：

$$F_{ij} = \frac{T_{ij}}{\sum_i T_{ij}}; \ T_{ij} = NLQ_{ij} \times E_{ij}; \ NLQ_{ij} = \frac{E_{ij}}{\sum_{ij} E_{ij}} - \frac{\sum_i E_{ij} \sum_j E_{ij}}{\sum_{ij} E_{ij} \sum_{ij} E_{ij}}$$

② 包括交通运输、仓储及邮政业，批发和零售业，科学研究、技术服务和地质勘查业。

③ 包括信息传输、计算机服务和软件业，金融业，租赁和商业服务业。

④ 包括住宿和餐饮业，房地产业，水利、环境和公共设施管理业，居民服务和其他服务业，教育，卫生、社会保障和社会福利业，文化、体育和娱乐业，公共管理和社会组织。

图 13.4
长三角地区服务业
职能的空间演进

注: 图形采用 ARC GIS
绘制。

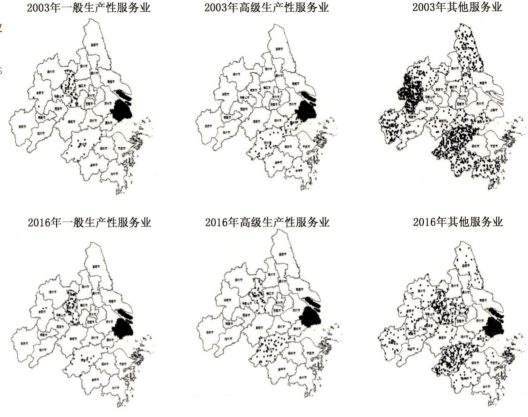

为世界六大城市群中人口最多的城市群。进一步分析发现: 长三角区域人口密度为 714 人每平方千米,仅次于日本太平洋沿岸城市群的 2 000 人每平方千米,以及英国城市群的 811 人每平方千米;但长三角的人均 GDP 为 1.9 万美元(见图13.5),远落后于日本太平洋沿岸城市群的 4.8 万美元与英国城市群的 5.5 万美元,成为世界六大城市群的末尾。对比各大城市的 GDP 国内占比情况,发现上海仅为 3.64%,远远不及纽约的 13.45%、伦敦的 21.52%、巴黎的 25.44%,更不及东京的 68.86%。

2. 社会·民生。

(1)长三角地区是国内高等教育的聚集地,但整体上缺乏国际竞争优势。长三角地区高等教育资源丰富,985 院校有 8 所,占全国的 20.5%;但国际排名不前,知名度不高。虽然,长三角地区就教育建设达成一系列区域合作协议[①],也成立了一系列区域组织[②];但由于顶层设计科学性的欠缺,长效联动机制的未果,组织机构协调力的缺乏,以及利益相关者的不作为,致使各省市之间学科的建设与

[①] 如签署了《长三角地区毕业生就业工作组织合作协议书》《长三角数字教育资源合作建设协议》《长三角地区中等职业教育实训基地共享框架协议》《长三角基础教研联动发展协议》。

[②] 如长三角高校合作联盟、长三角高校图书馆联盟、长三角高校新媒体联盟等。

表13.5　2016年长三角地区三省一市各行业占比情况

江　苏	比重（%）	浙　江	比重（%）	上　海	比重（%）	安　徽	比重（%）
批发和零售业	9.82	批发和零售业	12.18	金融业	16.91	批发和零售业	7.28
金融业	7.90	金融业	6.46	批发和零售业	14.62	金融业	5.93
房地产业	5.64	房地产业	5.52	房地产业	7.54	电气机械和器材制造业	4.81
计算机、通信和其他电子设备制造业	4.61	电气机械和器材制造业	3.85	汽车制造业	5.04	房地产业	4.61
租赁和商务服务业	4.54	交通运输、仓储和邮政业	3.76	交通运输、仓储和邮政业	4.39	交通运输、仓储和邮政业	3.39
化学原料和化学制品制造业	4.29	纺织业	3.45	计算机、通信和其他电子设备制造业	4.38	非金属矿物制品业	2.68
电气机械和器材制造业	4.19	化学原料和化学制品制造业	3.08	化学原料和化学制品制造业	2.12	化学原料和化学制品制造业	2.40
交通运输、仓储和邮政业	3.73	汽车制造业	2.63	通用设备制造业	2.11	计算机、通信和其他电子设备制造业	2.39
公共管理、社会保障和社会组织	3.44	电力、热力生产和供应业	2.55	电气机械和器材制造业	1.75	通用设备制造业	2.18
信息传输、软件和信息技术服务业	3.21	通用设备制造业	2.51	住宿和餐饮业	1.38	汽车制造业	2.16
教育	3.19	住宿和餐饮业	2.37	电力、热力生产和供应业	0.96	电力、热力生产和供应业	2.08
通用设备制造业	2.21	计算机、通信和其他电子设备制造业	1.88	专用设备制造业	0.95	农副食品加工业	2.00
黑色金属冶炼和压延加工业	2.19	橡胶和塑料制品业	1.60	黑色金属冶炼和压延加工业	0.95	住宿和餐饮业	1.88
居民服务、修理和其他服务业	1.98	纺织服装、服饰业	1.43	石油加工、炼焦和核燃料加工业	0.89	有色金属冶炼和压延加工业	1.74
汽车制造业	1.90	金属制品业	1.42	烟草制品业	0.79	橡胶和塑料制品业	1.71
卫生和社会工作	1.85	化学纤维制造业	1.41	橡胶和塑料制品业	0.75	专用设备制造业	1.65
纺织业	1.75	有色金属冶炼和压延加工业	1.38	金属制品业	0.74	黑色金属冶炼和压延加工业	1.50
住宿和餐饮业	1.70	黑色金属冶炼和压延加工业	1.26	铁路、船舶、航空航天和其他运输设备制造业	0.65	煤炭开采和洗选业	1.44
金属制品业	1.56	非金属矿物制品业	1.09	医药制造业	0.59	金属制品业	1.28
专用设备制造业	1.56	专用设备制造业	0.97	食品制造业	0.51	纺织服装、服饰业	1.08
合计	71.26	合计	60.79	合计	68.03	合计	54.17

资料来源：同表13.1。

世界六大城市群人口密度（人/平方千米）

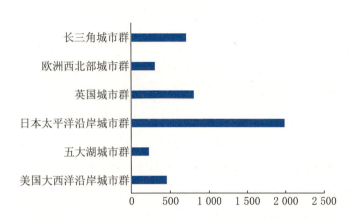

长三角主要城市人均GDP（美元）

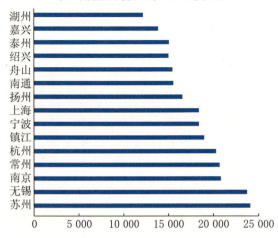

图 13.5
世界六大城市群人口密度及
长三角城市人均 GDP

资料来源：《中国统计年鉴》（2017）。

发展存在恶性竞争，从而导致国际声誉不佳。

（2）区域合作稳步开展，但医疗资源不均等问题突出。长三角已开展了区域性合作：如 2011 年长三角医联工程，2016 年成立的长三角城市医院协同发展战略联盟、长三角干细胞产业联盟、长三角城市群协同发展学科联盟。但区域医疗资源的不均等（图 13.6）使得上海集聚了 18% 的全国百强医院，在区域医疗保障体系壁垒下，跨行政区的医疗资源整合将面临极大的困难。

（3）综合交通体系建设成果显著，但行政壁垒致使要素流动成本高。在交通设施方面，长三角地区基本形成了较为完善的铁路、公路、航空、水运的综合交通运输体系。2016 年全社会客运量达到 34.25 亿人次，占全国的 17.8%；铁路、公路、航空、水运分别占比 16.4%、79%、2.6%、1.9%。长三角地区 2016 年货运量达到 87.1 亿吨，占全国的 19.8%；铁路、公路、航空、水运分别占比 2.1%、61.4%、36.4%、0.1%。高速公路网络是长三角的交通基础之一，苏浙沪皖三省一市高速公路已基本实现省域范围内的"一卡通"。但由于区域行政分割，使得省与省之间仍然实行以省划界、分省收费的管理体制，造成了相对较高的人员、物资流动成本，影响四地跨城通勤效率。

图 13.6
长三角地区高校及医疗资源
分布

资料来源：国家统计年鉴相关数据的披露。

高校资源分布

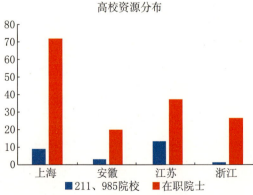

医疗资源分布

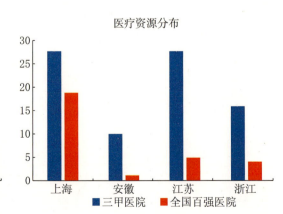

3. 空间·环境。

长三角在经济发展过程中，区域环境污染严重：太湖水污染、江浙沪的酸雨污染、雾霾、海平面问题。在此基础上，区域政府认识到问题的严重性，并加快了区域合作步伐，制定了一系列行为规范：如《太湖流域片省际边界水事协调工作规约》《太湖流域水环境综合治理总体方案》《长三角地区重点行业大气污染限期治理方案》《长三角区域落实大气污染防治行动计划实施细则》；开展了一系列区域合作行动：如出台《长三角两省一市环境合作平台建设工作计划》《长三角地区企业环境行为信息评级标准》《长三角城市环境保护合作宣言》，成立长江三角洲地区环境安全与生态修复研究中心，以及长三角区域大气污染防治协作小组及预报中心等。但长三角区域的跨行政区域特点，使得环境、经济利益复杂化，本位主义、地方主义思想盛行，区域环境治理难以实现协同治理。

13.2　区域一体化发展的国际经验

促进长三角区域合作创新，要充分借鉴区域一体化发展的国际经验，特别是那些以全球城市为核心的全球城市区域发展经验。

1. 纽约经验。

美国大西洋沿岸城市群以纽约为核心城市，面积为 13.8 平方千米，拥有 6 500 万人，人均 GDP 6.2 万美元，包含波士顿、华盛顿、费城、巴尔的摩等主要城市。随着城市的过度发展及政府的管控不当，纽约城市群一度出现了核心城市空间发展过度，郊区化的现象严重，土地浪费，产业结构混乱，环境遭到破坏等问题。1929 年，非官方、非营利的纽约地区规划协会成立。该组织就纽约城市群提供专门规划设计服务，通过三次重要调整（表 13.6），形成了比较完善的城市群布局体系。其中，纽约是核心，成为金融与贸易中心；波士顿原本主导产业是为中小企业风险投资的金融行业，经过调整逐渐成为区域高科技中心、科研中心；华盛顿则是政治、金融中心；费城主要发展电子科技与国防军工；巴尔的摩则主导矿产、航海等。各个城市逐步形成自己的独特定位，发展各自优势产业，城市群之间存在良好的分工关系。

表 13.6
纽约城市群三次重大规划推进表

资料来源：尹广萍：《长三角区域产业一体化研究》，上海交通大学硕士学位论文，2009 年。

时　间	背　　景	主　题	目　　的	效　果
1929 年	城市规模扩大，人口数量显著增加	再中心化	交通枢纽"郊区化"布局，引导居民向周边扩散转移	实际效果与预期存在差距
1968 年	低密度的郊区在纽约都市圈蔓延	都市圈"再聚集"	复兴旧城，重建都市圈交通网络	"逆城市化"，导城市空心化
1996 年	纽约国际金融中心地位受到威胁，社会分化，生态环境破坏	协调经济、环境和社会发展	同等重视经济与环境、公平，实施植被、劳动力、机动性、中心和管理五大战役	实现了纽约城市群的可持续发展

2. 伦敦经验。 英国城市群以伦敦为核心城市，面积 4.5 万平方千米，拥有 3 650 万人口，人均 GDP 为 5.5 万美元，包括伯明翰、利物浦、曼彻斯特、利兹等主要城市。在伦敦城市群的发展过程中也不可避免地发生了城市问题：如不断变更行政关系，各县市各自为政，产生了恶性竞争、矛盾不断；各城市的经济发展状况不一，行政壁垒严重等问题日益严重。为解决伦敦城市群发展中的问题，1937 年英政府成立了"巴罗委员会"；1986 年大伦敦议会撤销，成立伦敦规划咨询委员会，专门负责城市规划工作，但其影响有限；2000 年大伦敦府重新成立，协调各城市规划，有效引导了伦敦城市群的发展方向和城市定位。随后逐渐形成新的格局：伦敦的制造业向周边转移，主要集聚金融、保险、专业管理等第三产业；次级中心伯明翰，深化技术革新，调整产业结构，大力发展配套物流、会展、创意产业等现代生产服务业；曼斯特、鲁尔区各大城市等老工业区，进行产业转型，结合传统特色产业与现代化产业，建设现代化新兴工业城市。

3. 东京经验。 日本太平洋沿岸城市群以东京为核心城市，面积为 3.5 万平方千米，有 7 000 万人口，人均 GDP 为 4.8 万美元，包括千叶、横滨、静冈、名古屋、大阪、神户等主要城市。随着经济的高速增长，东京出现严重的"大城市病"问题，人口失控、空气污染、资源短缺等问题日益严重。在此背景下，日本政府非常注重制定区域规划，东京城市群整备局作为协调机构，代表政府负责整个东京城市群的协调发展规划；经过五次规划调整（表 13.7），东京城市群形成明确合理的产业分工：东京作为经济与政治中心，主导金融、信息、科教等产业；神奈川为工业与物流中心；千叶为商务与货运中心。

上述三大发达国家城市群在城市发展与融合中虽然都不可避免的出现各种各样问题，但其发展过程也为上海建设卓越的全球城市提供了宝贵经验：第一，强化政府在区域规划的主导作用，成立专门的区域发展规划机构；第二，实现错位发展，建立良好的职能和分工，核心城市集聚金融、专项管理服务等第三产业，工业逐渐向次级中心转移。

表 13.7
东京城市群五次重大规划推进表

资料来源：尹广萍：《长三角区域产业一体化研究》，上海交通大学硕士学位论文，2009 年。

时 间	名 称	背 景	内 容
1958 年	《第一次首都圈建设规划》	限制东京的无序扩张	仿照 1944 年大伦敦规划，建立卫星城市并调整东京城区的建设
1968 年	《第二次首都圈建设规划》	缩小地区差异，实现均衡发展	调整和优化东京城市空间结构，改造东京中心城区，加强对城外区域的开发建设
1976 年	《第三次首都圈建设规划》	改变人口和产业向内部过度集中	逐步疏解中心区的部分中枢职能到周边地区
1986 年	《第四次首都圈建设规划》	进一步疏解东京城市的人口和产业压力	将东京"一极集中"的地域结构改变为"多心多核"的地域结构规划
1999 年	《第五次首都圈建设规划》	应对老龄化、全球化、信息化	培育业务核心城市，加强交通、通信等基础设施的改造，进行都市空间职能重组

13.3　促进长三角区域合作创新

上海融入长三角更高质量一体化发展中建设卓越的全球城市，要积极主动地促进长三角区域合作创新。长三角区域合作创新应秉持如下三大原则：第一，加强区域发展顶层设计，促进三省一市规划协同，保证规划引导的有效性。第二，促进专业化发展和错位发展，加强产业分工协作，实现资源优化配置。第三，市场主导，政府引导，协同推进区域合作创新。

1. 大力发展总部经济。城市群的发展越来越体现出核心城市与周边城市的协同发展。核心城市具有人才、资本、科研、法律、咨询等高端要素集聚的特点，而周边城市相对来说具有显著的劳动力及土地等资源要素的成本优势。总部经济的发展协同核心城市与周边城市的资源禀赋，调动城市群内的资源配置，强化了核心城市首位功能的同时，促进城市群内不同城市的特色发展，实现共赢。

总部经济对协同发展的作用也被许多学者看好，如张武晴（2018）认为总部集聚不仅能够共享基础设施、获取上下游关联资源、提高产业协同性等正外部效应，更重要的是，能够便捷地获取研发、金融、法律、推广、信息、人力资源等优质的生产性服务资源；李新宁（2018）也认为总部经济具有资源配置功能、辐射效应功能、管理服务功能等，从而有利于形成完善的专业服务体系，优化城市经济结构，提高城市发展的综合竞争力。

但上海的总部经济发展并不乐观。根据《财富》2018 年全球 500 强企业排行榜，上海仅有七家[①]，占整个中国上榜企业 120 家的 5.83%，前 100 强中仅有上汽集团一家，可谓量少且质不优。比较而言，纽约有 17 家全球 500 强企业[②]，全国占比为 13.49%，不仅量多，且其上榜公司与其国际金融中心地位相匹配，包含一大批如摩根大通、花旗、大都会人寿、摩根士丹利、美国纽约人寿保险公司、高盛、美国教师退休基金会、国际资产控股公司等金融巨头。又如，总部经济发展比较好的城市如东京、伦敦、巴黎、北京等，其拥有的全球 500 强企业数分别为 35、14、16、54（全国占比分别为 67.31%、66.67%、57.14%、45%），并集聚了国内主要的大型企业（图 13.7）。

[①]　具体名单及排名如下：上海汽车集团（36）、中国宝武钢铁（162）、交通银行（168）、中国太平洋保险（220）、上海浦东发展银行（227）、绿地控股（252）、中国远洋海运集团（335）。

[②]　具体名单及排名如下：威瑞森电信（37）、摩根大通（47）、花旗（76）、大都会人寿（136）、百事公司（144）、辉瑞制药（187）、美国国际集团（207）、摩根士丹利（249）、美国纽约人寿保险公司（258）、高盛（259）、美国教师退休基金会（319）、美国运通公司（327）、时代华纳（379）、国际资产控股公司（400）、Travelers Cos. 公司（407）、菲利普—莫里斯国际公司（411）、二十一世纪福克斯（416）。

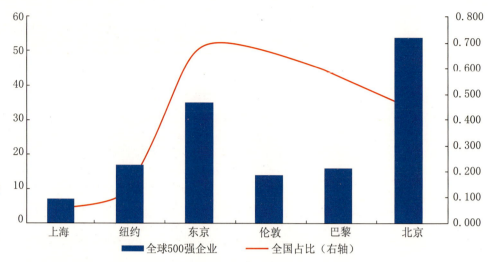

图 13.7
六大城市中 2018 年全球
500 强企业分布

资料来源：《财富》2018 年全球
500 强企业排行榜。

上海需大力集聚金融、航运、科创、智能制造等行业的领军企业，更要积极扶持本土先进金融企业与科创企业成为全球行业领军企业。一方面，上海需立足国际金融中心建设，积极扶持本土金融公司做大做强，走出国门的同时，为巩固其金融中心地位更需要吸纳国内领先互联网金融公司的行政总部落户上海；另一方面，上海需依据其丰富的科研资源，积极吸纳智能制造等企业的研发总部集聚上海，为科创中心的建设奠基。

2. 明确区位优势，深化产业分工。长三角区域分工已有较好基础，特征业已显现。上海更加综合、鲜明的优势是创新能力、服务业发展水平、科技人才的汇聚；江苏是制造业最密集的地区，尤其是先进制造业；浙江民营经济发达，片区经济与块状经济实力较强；安徽则有较为充足的劳动力资源，新兴产业发展迅猛。[1] 在此基础上，要聚集某些重点领域，促进进一步深化产业分工。

（1）加速金融、航运及软件业的水平分工，凸显需求经济。由于产品差别、消费者偏好差异、需求的重叠及规模经济等原因，使得同一产业不同产品在空间上分离（魏后凯，2007）体现为专业化水平分工。在金融业协同发展上，深化上海金融中心为中大型企业融资的功能，拓展引导南京、杭州、合肥区域金融中心为中小型区域融资的功能，实行差异化发展；在航运业协同发展上，凸显上海港独特地理位置，强化其世界航运、高端航运咨询及航运服务的发展，而两翼港口群则主导国内航运及航运物流的发展；在软件业协同上，倡导江苏、浙江、安徽依据地方企业需要，开拓行业应用及企业管理类软件市场，上海则主导系统集成类软件市场，避免恶性竞争、实现双赢。

（2）推进生物医药、电子信息及汽车的产业链分工，凸显研发经济。价值链理论及产业间分工理论、产业内分工理论的进一步发展，使得产品分工理论应运

---

① 参见《21 世纪经济报道》，2018 年 6 月 25 日，第 9 版。

1. 金融业

现状：（1）上海在中国的金融中心地位基本确立，形成了陆家嘴等产业集聚；南京互联网金融中心初现规模。（2）区域金融发展无序。南京重点打造河西金融集聚区、新街口金融商务区和江北新区新金融示范区三大金融中心。合肥正加快构建多层次、广覆盖、现代化的金融服务体系；宁波打造长三角南翼区域金融中心；长三角 25 个地级市中，有 16 个城市提出要建"金融中心"。

问题：区域内恶性竞争严重，缺乏有序分工；金融市场体系不完善。

对策：加强金融业水平分工，鼓励并支持南京建设成为互联网金融中心，将杭州—宁波打造成为长三角南翼区域金融中心；为中小企业融资提供渠道，在上交所设立科创板并试点注册制，完善金融市场体系；另一方面，吸引金融业总部落户上海，为其建设国际金融中心助力。

2. 航运业

现状：（1）长三角区域港口资源丰富、地位重要。2016 年全球百大集装箱港口中，长三角港口占据 5 席，上海港和宁波舟山港分列第一和第四位，其总箱量在百大港口总量中占比 13.17%。2016 年全球港口货物吞吐量前十大港口中，中国占据 7 席，其中长三角港口占据 3 席，宁波—舟山、上海和苏州分别位列第一、二和第四位。（2）上海国际航运中心"一体两翼"的港口战略组合格局基本形成。以上海港为主体、江苏和浙江港口群为两翼，形成了布局合理、分工明确、干支衔接、功能协调的区域港口体系。

问题：（1）全球高端航运服务功能较弱，长三角航运服务要素的集聚效应尚未完全显现，域内航运服务集聚功能简单、结构单一；（2）城市间分工协作不够，低水平同质化竞争严重，港口与城市一体化发展的协同体制机制有待进一步完善；（3）港口在高效化运营、信息化管理、智慧化操作方面与国际大港相比仍有一定差距，港口自主研发的具有领先水平的科技成果较少；（4）国际枢纽港的全球控制力不强，长三角国际枢纽港的国际航运要素吸引力还存在明显差距。

对策：强化水平分工。上海重点布局航运咨询、航运金融、航运仲裁、航运保险、船舶管理、船舶登记等航运高端服务产业集聚；舟山重点布局港口物流、大宗商品储运等沿海航运基本服务产业带；南京则重点布局港口物流、港机制造等沿江航运基本服务产业带。

3. 软件业

现状：（1）长三角地区成为中国软件业的顶梁支柱。根据国家工信部数据，我国软件产业已经形成"四足鼎立"之势，2016 年软件业收入中东北地区、环渤海地区、长三角地区及西三角地区的占比分别为 9%、24.5%、32%、15.2%、10%。长三角区域共有国家软件产业基地 3 个（南京、上海、杭州），国家火炬计划软件产业基地 10 个（上海软件园，江苏软件园，无锡软件园，苏州、南京、常州、如皋、武进、杭州高新软件园，合肥软件产业基地），占全国重量的 23%。（2）长三角区域内部软件业发展不均衡。根据 2017 年全国软件业收入排行榜，江苏以 9 500 万元位居第二，浙江与上海则分居第五、六位；总体而言，江苏独占鳌头。（3）具有鲜明的发展特色。江苏绝大多数是应用软件，电力、电信、广电、电子等行业软件以及信息安全、企业管理软件比较突出；上海软件产业表现出外包出口发达、大企业突出和系统集成份额大等三大特点；浙江以行业应用软件和系统集成为主体，以民营投入占主导地位。

问题：企业间合作较少，且主要还停留在政府层面、民间组织的合作，三地之间的竞争关系大于合作关系。

对策：深化软件业水平分工，发挥三省一市各自比较优势，上海主导系统集成，江苏和浙江主导行业应用及企业管理软件，避免恶性竞争，并在此基础鼓励收购、兼并与重组，实现相关领域做大做强。

资料来源：巩丽娟（2016）；周迪（2016）；陈晓峰（2014）；闫彦明（2010）；汪传旭（2017）；李智慧（2010）；罗芳（2012）；刘博、徐乐灵（2016）；史一兵（2016）；袁倩（2017）。

而生。根据产业链的微笑曲线理论，产业增加值更多的体现在两端，即研发设计与品牌营销。杨锐、夏彬（2013）明确指出，通过产业链上的组织经济法则，实现产业链成本结构的变化及相互关联的产业结构变化，使得产业链获得了动态效率。生物医药业、电子信息、软件业及汽车业均是长三角地区三省一市的主要产业，且各自均有不同的发展特点。上海作为科研机构及各类企业聚集地，可主导研发设计端与品牌销售端，而江苏、浙江、安徽区位成本较低，劳动力资源丰富且相对廉价，可根据自身发展特点主导原材料提供、生产组装或物流运输等。

3. 政策鼓励飞地经济。科技转化是科技创新的重要环节。如何提高科技转化率，成为提高科技创新能力的重要突破口（杜伟锦等，2017）。长三角地区是中国科研机构密集地区，科研成果也很多。2017 年长三角地区专利申请量占全国专利申请总量的 32.4%，每万人发明专利拥有量为 22.85 件，远高于全国 9.8 件的平均水平。[①] 按每万人口发明专利拥有量排名，长三角区域三省一市均处于前十行列。但科技转化率并不高，从而导致了长三角区域科创能力相对薄弱。这在很大程度上是没有利用好长三角区域的科研机构资源，实现科技转化的畅通。特别是上海昂贵的土地租金、劳动力成本，使不少科研成果难以当地产业化，使初创企业望而却步。大力发展飞地经济，实现科技成果的异地转化，为区域内产业合作提供了新思路。刘志彪（2017）认为发展飞地经济，有利于加速飞出地的产业结构调整和升级，有助于腾笼换鸟、凤凰涅槃，同时也有利于加快相对落后一方的飞入地的经济发展水平提高，其总体上的作用，则是缩小地区发展的不均衡态势，提高中国经济增长的潜在能力和现实表现。

飞地经济最重要的两个特征就是产业关联与优势互补（付桂军、齐义军，2013）。长三角区域内，区域中心上海及副中心南京、杭州、合肥等城市科研基础优越，在政策引导与利益共享原则下，促进中心城市、副中心城市向周边城市，中心城市向副中心城市推进科创企业的产业飞地建设，不仅有利于科技转化

---

① 参看凤凰网相关报道：http://zj.ifeng.com/a/20180420/6517807_0.shtml。

1. 生物医药

现状：（1）生物医药逐渐成为长三角区域经济增长的新动力。目前，我国生物医药产业已初步形成以长三角、环渤海为核心，珠三角、东北等地区快速发展的产业空间格局。长三角地区生物医药企业创新能力和参与国际化水平最高，拥有许多的跨国生物医药企业，在研发设计、产业化、外包服务和国际交流等方面具有较大优势，特别是拥有最多的生物医药产业园区，形成以上海为中心的生物医药产业集群。（2）"一核两翼"的生物医药产业格局基本形成。一核即为上海市，两翼为江苏与浙江。上海市集聚了世界生物医药产业前十强中大部分企业，已经形成了以中科院药物所、国家基因组南方中心为主的"一所六中心"研发体系，成为长三角地区乃至我国生物医药技术研发与成果转化的中心；江苏省制造业基础雄厚，是我国生物医药制造业领域的领军者，生物医药产业成长性最好、发展最为活跃的地区之一；浙江省也将生物医药列入大力培养的高科技产业，在部分领域具备国内先进水平。

问题：缺乏世界领先企业，产业布局未考虑区域整体发展，重复建设问题依然存在，发展未形成合力。

对策：深化生物医药产业链分工。上海市专注以基础研究、医药难题、专利药为药物研发领域；江苏、浙江和安徽则更注重医疗器械、常规生物医药产品的生产制造。将大型医药企业总部吸纳至上海，便利参与全球化生物医药产业竞争。

2. 汽车产业

现状：（1）长三角是国内汽车产业的重要地。由于较高的产品质量和强大的跨国公司技术背景，长三角地区的汽车产业集群成为全国知名度最高的汽车产业集群之一，并且在消费者的心目中享有较高的美誉度；（2）长三角汽车产业基本形成"1 + 7"多核心、M 型集聚格局，区域内已形成上海—苏州—无锡—常州—镇江—泰州—扬州为核心的跨省级行政区汽车产业集聚连绵。安徽形成了芜湖、合肥为独立核心的汽车产业集聚区；江苏形成了南京、盐城为独立核心的汽车产业集聚区；浙江主要形成杭州、绍兴为核心的汽车产业集聚区，及宁波、台州为独立核心的汽车产业集聚区。（3）三省一市在发展汽车产业上各具特色。上海的创新能力和服务业发展水平优势明显，是目前中国最大的轿车生产基地，拥有全国三大汽车集团之一的"上汽集团"；浙江汽车工业基本依靠民企；江苏先进制造业密集，也形成密集的汽车工业园区；安徽创新资源丰富，同时劳动力资源充沛，有国内知名自主发展的车企奇瑞与江淮。

问题：相较世界领先水平，研发能力较弱，国际领先车企缺乏；产业低水平重复建设与恶性竞争仍然存在，资源浪费严重。

对策：深化汽车产业链分工，发挥三省一市各自比较优势，上海主要集结各大企业总部及研发部门，相关零部件的生产及制造可布局在上海周边或长三角其他城市。

资料来源：许琦敏（2018）；赵培（2015）；唐闻佳（2018）；张永庆、许志彪（2017）；张来春（2007）；胡森林（2017）；杨海艳（2018）。

率的提高，更有利于区域内科创实力的提高，为上海建设科创中心开创新道路。

　　4. 突破区域行政壁垒，畅通要素流动。交通设施、环境保护作为区域内的公共物品，文化教育、公共卫生、社会保障作为区域内的公共服务，是市场之手够不着的失灵地带，需要政府这只有形的手进行干预。一方面，从区域一体化角度出发，统筹规划交通设施、教育资源、医疗卫生及生态环境的空间布局；另一方面，建立与完善长三角区域内社会保障体系，为区域内人才流动解决后顾之忧。只有突破行政壁垒，构建区域内互联互通、协同治理的机制，才能畅通域内市场、要素的自由流动，从而主力区域经济一体化，为上海构建卓越的全球城市夯实基础。

参│考│文│献

[1] 赵雪娇：《城市群发展中分工的深化与抑制》，浙江大学博士学位论文，2018 年。

[2] 王春萌：《空间分工对区域经济增长的影响研究》，华东师范大学博士学位论文，2017 年。

[3] 韩佳：《长江三角洲区域经济一体化发展研究》，浙江大学博士学位论文，2008 年。

[4] 武婷：《长三角城市群产业同构中利益冲突的实证研究》，南京航空航天大学硕士学位论文，2008 年。

[5] 范国强：《长三角科技创新合作机制与路径研究》，中国浙江省委党校硕士学位论文，2017 年。

[6] 孙桂英：《长三角主导产业的空间结构演化研究》，哈尔滨工业大学硕士学位论文，2014 年。

[7] 周振华：《伦敦、纽约、东京经济转型的经验及其借鉴》，《科学发展》2011 年第 10 期，第 3—11 页。

[8] 李江帆：《中国第三产业的战略地位与发展方向》，《财贸经济》2004 年第 1 期，第 65—73 页。

[9] 李勇坚：《中国服务业改革 40 年：经验与启示》，《经济与管理研究》2018 年第 1 期，第 23—32 页。

[10] 李慧：《泛长三角城市区域产业结构、产业集群与梯度转移，合肥工业大学硕士学位论文，2010 年。

[11] 彭震伟：《长三角全球城市区域发展与上海全球城市建设》，《科学发展》2016 年第 9 期，第 95—104 页。

[12] 顾朝林，陈璐：《从长三角城市群看上海全球城市建设》，《地域研究开发》2007 年第 1 期，第 1—5 页。

[13] 林衡博：《产业梯度转移的实证研究》，暨南大学硕士学位论文，2005 年。

[14] 李新宁：《全球价值链视野下总部经济治理研究》，《技术经济与管理研究》2018 年第 5 期，第 113—118 页。

[15] 张武晴：《推动总部经济高质量发展的战略思考》，《科学发展》2018 年第 6 期。

[16] 唐珏岚：《长江经济带战略下上海总部经济发展研究》，中国上海市委党校硕士学位论文，2017 年。

[17] 李清娟：《长三角产业同构向产业分工深化转变研究》，《上海经济研究》2006 年第 4 期。

[18] 黄晶：《产业内垂直分工》，暨南大学博士学位论文，2009 年。

[19] 赵增耀、沈能：《垂直专业化分工对我国企业价值链影响的非线性效应》，《国际贸易问题》2014 年第 5 期。

[20] 孙海鸣、刘乃全：《长江三角洲地区未来整体发展战略的思考》，《毛泽东邓小平理论研究》2005 年第 3 期。

[21] 张永庆、许志彪：《长三角地区生物医药产业链分工模式研究》，《科技和产业》2017 年第 5 期。

[22] 楚明钦：《长三角产业区域分工与合作》，《云南财经大学学报》2016 年第 1 期。

[23] 张晓兰：《东京和纽约都市圈经济发展的比较研究》，吉林大学博士学位论文，2013 年。

[24] 王佼：《世界典型城市群内部协调发展机制研究及对京津冀协同发展机制建设的启示》，对外经济贸易大学硕士学位论文，2016 年。

[25] 付桂军、齐义军：《飞地经济的研究综述》，《经济纵横》2013 年第 12 期。

［26］ 胡晓东、刘祖云：《区域行政与长三角一体化》，《南京工业大学学报（社会科学版）》2006 年第 12 期。

［27］ 程竹汝等：《论长三角经济一体化进程中的地方政府职能》，《政治与法律》2008 第 12 期。

［28］ 巩丽娟：《长三角区域合作中的行政演进》，《行政论坛》2016 年第 1 期。

［29］ 嵇尚洲：《长三角产业同构的效应、发展及演化》，《华东经济管理》2013 年第 6 期。

［30］ 魏后凯：《大都市区新型产业分工与冲突管理——基于产业链分工的视角》，《中国工业经济》2007 年第 2 期。

［31］ 杨锐、夏彬：《全球化条件的产业链分工与联结密度：电子设备业例证》，《改革》2013 年第 7 期。

［32］ 杜伟锦等：《科技成果转化政策演进及区域差异分析》，《科学学与科学技术管理》2017 年第 2 期。

［33］ 刘志彪：《飞地经济：合作机制设计最重要》，《人民政协报》2017 年 6 月 22 日。

［34］ 付桂军、齐义军：《飞地经济研究综述》，《经济纵横》2013 年第 12 期。

［35］ 周迪：《长三角城市群金融资源空间流动研究》，《上海经济研究》2016 年第 12 期。

［36］ 陈晓峰：《长三角生产性服务业集聚的水平测度与效率评价——兼以金融业为例的实证分析》，《工业技术经济》2014 年第 2 期。

［37］ 闫彦明：《区域经济一体化背景下长三角城市的金融辐射效应研究》，《上海经济研究》2010 年第 12 期。

［38］ 汪传旭：《一带一路国家战略下长三角航运中心布局研究》，《科学发展》2017 年第 4 期。

［39］ 李智慧：《上海国际航运中心建设问题研究》，硕士学位论文，上海师范大学，2010。

［40］ 罗芳：《长三角港口群协同发展研究》，博士学位论文，吉林大学，2012。

［41］ 刘博、徐乐灵：《上海国际航运中心发展现状及对策建议》，《港口发展》2016 年第 1 期。

［42］ 史一兵：《上海市软件行业协会第六届理事会工作报告》，《软件产业与工程》2016 年第 3 期。

［43］ 袁倩：《长三角软件产业协同发展的政府推进研究》，硕士学位论文，燕山大学，2017。

［44］ 许琦敏：《"同一健康"引领长三角生物医药研发"高频共振"》，《文汇报》2018 年 8 月 7 日。

［45］ 赵培：《从地方集聚到区域集群网络：以长三角生物医药产业为例》，硕士学位论文，华东师范大学，2015。

［46］ 唐闻佳：《助力长三角诞生更多"全球新中国造"生物医药》，《文汇报》2018 年 6 月 5 日。

［47］ 张来春：《长三角城市群汽车产品价值链分工研究》，《上海经济研究》2007 年第 11 期。

［48］ 胡森林：《长三角城市群汽车企业的空间集聚与发展绩效》，硕士学位论文，华东师范大学，2017。

［49］ 杨海艳：《长三角一体化助力新能源汽车产业集群成形》，《第一财经日报》2018 年 6 月 4 日。

14

建设卓越全球城市与
服务"一带一路"

以"共商、共建、共享"为核心理念的"一带一路"国际合作将对现有全球城市网络体系格局的空间范围、要素流动、形成机制、文化价值等方面产生重要影响，也为上海实现全球深度连接进而配置更多战略要素资源，提升全球城市竞争力提供了新的历史性机遇。面向正在快速崛起的"一带一路"城市网络体系，上海应该发挥"'一带一路'流动空间的势能高地""新兴城市融入全球经济的门户接口""国内国外两个扇面的旋转中枢""新型全球治理体系的交流平台"等四个方面的角色定位，深化与"一带一路"沿线城市合作交流，全面提升上海的全球城市能级。

Under the core principle of achieving shared growth through co-discussion and co-building, the Belt and Road international cooperation initiative will assert a profound influence on various aspects of the existing global city network, such as the spatial extent, production factor mobility, formulation mechanism, cultural value, etc. And this initiative will also lead to a historical opportunity for Shanghai to forge a solid link with the world and to be in a position of deploying more strategic factor resources, and thus for Shanghai to raise its global competitiveness. In a time of rapidly growing cities network along the Belt and Road, Shanghai needs to take full advantage of its positioning as "the energic highland of Belt and Road floating space, the portal connector for newly-developed cities to integrate into the global economy, the pivotal point of connection for national and foreign interaction, the exchange platform of a whole new global governance system", in order to deepen its cooperation with cities along the Belt and Road and develop its comprehensive strengths as a global city.

五年多来,"一带一路"倡议已经从理念倡议转变为实际行动,在政策沟通、设施联通、贸易畅通、资金融通、民心相通方面均取得了重大突破,对现有全球城市网络体系格局产生重要影响。"一带一路"节点城市将会成为世界城市网络崛起的新板块,形成独具特色的"一带一路"城市网络体系。上海在建设卓越全球城市过程中,既要发挥服务国家"一带一路"建设中的桥头堡的作用,又要利用"一带一路"建设契机提升城市能级和核心竞争力。

14.1 "一带一路"对世界城市网络体系的潜在影响

　　"一带一路"作为全球化进程的新发展,拥有世界上跨度最长、最具发展潜力的经济大走廊。"一带一路"建设将有助于沿线城市成为新的国际投资和经济要素流动方向,围绕欧亚大陆"世界岛"为核心形成新的城市网络体系,对世界城市网络体系产生重大影响。

14.1.1 世界城市网络体系的现状

　　全球化进程的深化,对世界城市体系结构变化产生重大影响。跨国公司迅速发展并在全球布局产业链,在很大程度上克服了资源和生产错配、市场和供给错配以及国际贸易壁垒等交易成本的影响,同时带动了各种资源要素的全球流动与配置,形成新国际分工体系。伴随着基于现代信息通信技术的全球互联互通的深度发展,世界城市体系进入"流动空间"基础上的世界城市网络时代(Castells,1996),从而改变了世界城市体系结构,形成多层城市网络(邵明伟、金钟范,2017)。

　　在基于"流动空间"的世界城市网络中,城市的规模大小、经济实力、行政等级等传统因素的重要性急剧下降,资本、人才、信息、创新等各种战略要素的流动构成了节点城市之间联系的纽带,并且战略要素资源的"空间跳跃性配置"和"全球性配置"成为常态。节点城市中战略要素资源的流量、流速与质量决定了该城市在整个城市网络中的角色地位(屠启宇,2013)。全球城市作为世界城市网络体系的核心节点,通过全球网络连接和枢纽通道发挥全球资源配置作用,引导周边地区和城市进入世界市场,因而在全球经济协调与组织中扮演超越国家界限的关键角色(上海发展战略研究所课题组,2018)。随着全球化进程的深化,全球城市的内涵也不断丰富,从起初强调全球城市对全球资源配置和全球经济网络的控制和管理功能,到掌控经济、文化、科技等软硬实力的国际影响力,再到加入幸福感、生态绿色和创新创意等理念，并形成了"全球城市体系""全球城市区域"等不同理论（周振华，2007）。"全球城市"的竞争也从原来以争夺经济流量枢纽功能为取向，转向将创新创意作为同等重要的高端功能予以重视。

由于过去经济全球化是发达国家主导，因此世界城市网络体系形成了以美、欧、日"大三角"为核心的基本格局，并且呈现明显的海洋经济特征（图14.1）。

图 14.1
全球城市网络体系（2010 年）

资料来源：GaWC，http://www.lboro.ac.uk/gawc/visual/globalcities2010.pdf。

当前世界经济正在面临着全球经济复苏分化、新兴经济体和城市快速崛起、新型全球化和治理体系正在重构以及新一代科技革命和产业变革的影响，必将对现有的世界城市网络体系产生冲击。

1. 全球经济复苏分化明显。根据世界银行 2018 年 6 月发布的《全球经济展望》预测，2018、2019 两年全球经济将分别增长 3.1% 和 3%。根据国际货币基金组织 2018 年 4 月发布的《世界经济展望》报告，2018、2019 两年世界经济增速都将达到 3.9%，但 10 月调低至 3.7%。无论是发达经济体还是发展中经济体，整体上仍延续了复苏增势，但是分化趋势明显。根据各国最新统计数据，美国经济有望延续向好态势，GDP 增速达到为 3% 左右；欧洲经济呈增长放缓迹象，受到脱欧影响的英国 GDP 增长率或将仅为 1.4%；日本经济则出现衰退，一季度 GDP 环比折年率为 −0.6%。受发达经济体的结构性顽疾、政治上的不确定性以及地缘政治紧张等因素影响，全球经济复苏的基础仍不稳固。

2. 经济全球化进入新阶段。全球范围内保护主义、内顾倾向抬头，民粹主义和孤立主义等思潮兴起，"逆全球化"力量明显增强，世界面临的不确定性上升。美国等经济全球化的最大受益者正在成为自由贸易的阻挠者，以"华盛顿共识"

表 14.1

"一带一路"（65国）经济指标预测

资料来源：中国国际经济交流中心：《"一带一路"：文明交流互鉴的连心路　共同美好生活的圆梦路》，2017年。

指　　标		2015 年	2017 年	2027 年
GDP	2015 年不变价（亿美元）	230 963	249 440	394 850
	占全球比重（%）	31.1	31.8	38.2
固定资本形成	2015 年不变价（亿美元）	78 028	90 053	13 0577
	占全球比重（%）	43	46	50
人口	总人口（亿人）	45.7	46.5	49.6
	占全球比重（%）	62.3	62.0	60.4
就业	总就业（亿人）	21.8	22.2	23.6
	占全球比重（%）	64.5	64.2	62.7

和美元体系为内核的经济全球化逐渐式微。与之形成鲜明对比的是，中国成为经济全球化和贸易自由化的主导力量，世界进入多极主导的全球化发展新阶段。此外，作为全球最大的两大经济体，中美间的贸易摩擦有可能对于经济全球化下形成的全球供应链格局产生颠覆性影响，传统的生产资料和要素流动方式面临更多调整，有可能影响现有的世界城市网络体系。

3. 新兴经济体的快速崛起。从 2008 年开始到 2017 年，中国的 GDP 增量年均占全球增量平均 30% 以上，中国的 GDP 占全球的份额从 5% 提升到了 15%，成为世界发展的主要带动力量。2017 年发展中国家经济增长 4.3%，2018 年将加快至 4.6%，是发达经济体 2% 增速的两倍以上。按购买力平价计算，1980 年发达经济体与发展中经济体的经济总量之比是 64∶36，2007 年转变为 50∶50，预计到 2018 年将扭转为变为 41∶59，新兴经济体正在成为主导力量。

4. 技术革命重构全球价值链。新一轮科技革命和产业变革呈现多领域、跨学科、群体性突破新态势，正在向经济社会各领域广泛深入渗透，以分享经济、信息经济、生物经济、绿色经济、创意经济、智能制造经济为阶段性重点的新兴经济业态正逐步形成。全球将进入一个空前的创新密集和产业振兴时期，煤炭、石油、钢铁和耐用消费品制造等行业的全球化布局正在放缓，而依托互联网创新的金融、电子商务、服务外包、共享经济等行业均保持了强劲的增长态势，全球经济形态、经济表征与产业链接方式产生颠覆性变化。

14.1.2　"一带一路"将改变世界城市网络格局

"一带一路"倡议自 2013 年被提出以来，五年多来已取得了丰硕进展。截至 2018 年 8 月，中国在"一带一路"沿线 65 个国家、93 个港口和城市总投资已经超过 1 万亿。中国与 101 个国际组织和国家签署了 108 份"一带一路"合作协议，与所在国建立了 80 多个产业园区，与"一带一路"相关国家的贸易已接近全部贸易额的 30%（国家发改委，2018）。"一带一路"的推进实施将改变资源、要素、贸易以及资本、人才、信息等各种传统和战略要素的流动格局，对世界城市网络体系格局产生重大影响。

1. 扩大世界城市网络的空间范围。国际自由贸易主导下的经济全球化，由于国际海运的运费优势，国际贸易 80% 以上通过海运完成，因而临近太平洋、大西洋的沿海城市更容易融入全球经济一体化，发展成为世界城市网络体系的重要节点。现有世界城市网络的布局基本围绕以全球贸易—投资流向的"美、欧、日"大三角沿海区域（屠启宇、苏宁，2016），但全球城市对于各大陆板块的"腹地"影响有限（图 14.2）。

图 14.2
全球夜景图（2017 年）

资料来源：NASA，http://www.bjp.org.cn/picture/0/17070222054 81792243.jpg。

"一带一路"倡议尤其是"丝绸之路经济带"的提出，使得中亚、南亚、西亚、东欧甚至部分非洲等内陆"塌陷地区"的城市可以进入世界城市网络体系范围，形成世界城市网络的新板块。作为世界上跨度最长、最具发展潜力的经济大走廊，"一带一路"覆盖全球 65 个国家、40 多亿人口、GDP 总量 25 万亿美元左右，30 万城镇人口以上城市有 974 个，100 万城镇人口以上大城市有 274 个（屠启宇，2018）。"一带一路"建设将有助于沿线城市成为新的国际投资和经济要素流动方向，围绕欧亚大陆"世界岛"为核心形成新的城市网络体系，实现全球经济发展的陆海平衡。

根据全球化及世界城市研究网络（Globalization and World Cities Research Network，GaWC）的世界城市排名，2012 年，"一带一路"沿线国家和地区进入 GaWC 排名中的城市有 65 个（共 307 个），其中 Alpha 级别城市有 11 个，Beta 级别的城市有 23 个，Gamma 级别的城市有 12 个。到 2016 年，"一带一路"沿线国家和地区共有 81 个（共 361 个）城市进入世界城市网络，其中 Alpha 级别

地区	年份	合计	全球城市 α++	第一梯队世界城市			第二梯队世界城市			第三梯队世界城市			准世界城市	
				α+	α	α-	β+	β	β-	γ+	γ	γ-	高度自足	自足
中亚	2000	1	0	0	0	0	0	0	0	0	0	0	1	0
	2016	3	0	0	0	0	0	0	0	0	0	0	1	2
西亚	2000	15	0	0	0	0	1	1	1	0	4	3	2	3
	2016	26	0	1	1	2	0	5	3	2	3	0	3	6
南亚	2000	11	0	0	0	0	0	0	0	2	2	0	4	1
	2016	19	0	0	1	1	1	1	6	1	2	0	2	4
东南亚	2000	9	0	1	0	3	1	0	0	0	1	0	2	1
	2016	14	0	1	2	2	1	1	0	0	0	1	2	4
东欧	2000	10	0	0	0	1	3	1	0	0	1	3	1	0
	2016	16	0	0	2	0	4	2	0	1	1	1	2	3
北非	2000	3	0	0	0	0	0	0	0	1	0	0	1	1
	2016	3	0	0	0	0	1	0	0	1	1	0	0	0

表 14.2
"一带一路"沿线主要国家世界城市的变动

资料来源：苏宁、杨传开：《"丝路城市"："一带一路"沿线城市节点的特征与发展意义》，《世界经济研究》2017 年第 8 期。

城市有 16 个，Beta 级别的城市有 33 个，Gamma 级别的城市有 29 个（苏宁、杨传开，2017；见表 14.2）。进入 GaWC 世界城市榜单的中国城市从 2000 年的 6 个城市增加到 2016 年的 33 个，其中，香港、北京、上海、台北、广州 5 个城市已上升为 Alpha 级全球城市，深圳、成都、天津 3 个城市跻身 Beta 级全球城市，杭州、青岛、大连、重庆等 12 个城市位列 Gamma 级全球城市（GaWC，2016）。

此外，受基础设施能力等各方面因素影响，目前"一带一路"沿线区域的诸多枢纽性城市的对外联通和经贸往来能力均处于初级阶段。未来，随着国际投资贸易流在"一带一路"区域的落地和拓展加速，"一带一路"沿线城市的整体规模、个体能级、连接程度等均具有很大的成长性。随着"一带一路"的深入推进，相信未来将有更多的节点城市进入世界城市网络体系，包括中国在内的"一带一路"沿线 65 个国家的 300 多个城市，将大大扩展世界城市网络的空间范围，丰富全球城市连接的数量和深度。

2. 改变世界城市网络的要素流向。进入 21 世纪以来，发达国家消费市场趋于稳定，在全球经济中的地位逐步下降。而以新兴经济体为代表的发展中国家发展迅速崛起，需求市场规模越来越大。与此同时，全球贸易保护主义将大大提升贸易成本，未来的竞争要求使得贴近需求市场比降低生产成本更加重要，将会引发全球供应链格局变动和新一轮全球产业向新兴市场国家转移。麦肯锡（MGI，2012）研究认为，2000—2010 年全球经济重心以每年 140 公里的速度向亚洲移动。"一带一路"倡议将加快推动全球生产要素和消费重心由发达国家转向新兴国家，要素流动方向也将由发达国家向发展中国家的单向流动转向发展中国家向发达国家、发展中国家与发展中国家的多向流动，并且进一步向"一带一路"沿线的欧亚大陆腹地区域转移。此外，上海等新兴全球城市，在现有世界城市体系中作为跨国企业进入本地市场的窗口，"点入度"显著高于"点出度"，对外影响力有限。但在"一带一路"城市网络体系中，上海将积极服务中国企业走出去水平，大大提升上海的"点出度"水平，有望成为"领头雁"和"一带一路"资源配置中心。

3. **完善世界城市网络的形成机制。**世界城市网络形成的基础是由航空、通信、物流、金融等发达的基础设施构建起来的"流动空间"（马学广、李贵才，2011）。纽约、伦敦和东京等城市因其对投资贸易、信息沟通、人力资本等流动空间的管理和控制能力决定了其在世界城市网络格局中处于核心地位，而其他城市只是处于一般节点位置。此外，全球资源配置的主体仍然是大型全球性企业，中小企业处于被支配地位，参与度有限。"一带一路"倡议的实施，尤其是欧亚大陆基础设施的互联互通和城市之间的密切往来，将使得各种制约战略要素资源流动的障碍逐渐削减甚至消除，驱动"一带一路"沿线城市之间贸易、资金、信息和人口等流动量的上升，战略要素资源的可流动性和流动频率大幅增强，"一带一路"沿线的中小城市也能参与全球竞争，成为世界城市网络形成和演化的润滑器和助推器。此外，贸易自由化和便利化的发展，以及电子世界贸易平台（Electronic World Trade Platform，EWTP）等新型科学和技术的成熟，使得中小企业也可以参与到全球资源配置中来，完善了世界城市网络的形成机制。

4. **增加世界城市网络的文化价值。**现有的全球城市主要是基于经济全球化带来的经济利益形成的，覆盖不同宗教、民族，具有多元性和包容性，并且越来越强调人力资本和创新资源的聚集。"一带一路"建设以"五通"为重点领域，除了贸易畅通、资金融通等经济全球化发展的重点之外，还注重政策沟通、设施联通、民心相通，注重民间的文化交往。"一带一路"倡议基于丝绸之路文化理念，追求不同文明、不同宗教秉持开放、包容心态平等对话，可以强化世界城市网络的文化联系，增加世界城市网络的文化价值。世界多个国家均承认丝路的文化价值，"一带一路"建设将使得昔日欧亚大陆上位于世界文明中心的城市重新崛起。丝绸之路发源地是在中国，主张通过和平和贸易的方式使得沿线国家受益，这种开放、平等的文化理念在日趋封闭、保守的当前世界局势下显得更为重要。

5. **重构世界城市网络的价值链分工。**伴随世界城市网络体系形成的是全球产业链和价值链分工，并呈现价值分布不均衡的典型特征。发达国家企业掌控核心技术与品牌，逐步集中在核心环节等附加值高的活动上而获得全球价值链领导者和治理者地位。发展中国家的企业为获得参与全球化的机会，只能凭借廉价、低级要素优势承接发达国家企业剥离出来的非核心、低附加值环节。发达国家跨国公司通过对全球价值链的治理控制了发展中国家的要素市场和需求市场，实现了对于发展中国家的价值链锁定，收获了新增价值的绝大部分。发展中国家或地区想突破价值链锁定，有两种路径：在现有全球价值链基础上实现产业升级，或者独立于现存全球价值链体系，重构发展中区域价值链（邵明伟、金钟范，2017）。"一带一路"倡议为重构发展中国家区域价值链提供了可靠的理论和现实基础，可以突破发达国家跨国公司价值链锁定，促进发展中国家和城市实现跨越式发展。

　　6. 丰富世界城市网络的发展内涵。"一带一路"倡议是当代中国提供给世界的最大公共产品，是构建人类命运共同体的中国方案。"一带一路"倡议强调"共商、共建、共享"，全球各个国家不论大小、贫富，均共同享有全球经济发展的成果，共同打造命运共同体。"一带一路"的贸易畅通与资金融通建设的目的，在于提高贸易便利化程度，消除投资与贸易壁垒，推进货币稳定体系、投融资体系与信用体系的建设。而这些建设正是节点城市价值创造、价值传递和价值增值得以实现的最重要支撑。而且，"一带一路"倡议正在全力推进的民心相通建设，将通过文化交流、人才交流、媒体合作等加强对节点城市的认知和认同，并对形成节点城市与关键利益相关者之间长期稳定的合作关系具有决定性影响。"一带一路"建设是全领域的合作，有利于实现城市之间的包容增长和平衡普惠发展，丰富了世界城市网络的发展内涵。

　　此外，改革开放40多年，中国发生了重大变革，经济实力和综合国力有了很大提升，近10亿人口摆脱了贫困，国内生产总值以年均9.8%的速度增长，人民生活水平有了质的改善。中国建立了充满活力的社会主义市场经济体制，坚持走和平发展的道路。中国改革开放在各个领域所取得的成就和发展经验吸引了全世界的关注，中国城市的发展经验对"一带一路"沿线国家节点城市融入世界城市网络具有的借鉴意义和参考价值。"一带一路"建设为全球城市治理提供了不同的选择方案，为全球城市提供了多元化的发展方向。

14.2　"一带一路"城市网络体系与上海地位

　　"一带一路"的本质在于推动区域内城市国际网络发展（邵明伟、金钟范，2017）。分布于"一带一路"沿线的城市被称为"丝路城市""丝路节点城市""国际贸易支点城市"。"一带一路"沿线不同规模、性质和类型的节点城市被一些交通、商贸等主干道及支线联通，构成多支交错的轴状、带状或网状的开放性区域系统，正在形成相对独立的丝绸之路城市网，并呈现以伦敦、莫斯科和北京为三边的非规则三角形形态（倪鹏飞、丁如曦，2017）。"一带一路"城市网络体系与世界城市网络即相互联系，又有所区别。世界城市网络是由"多带""多路""多网""多节点"组成的网络体系，而以"一带一路"沿线城市为节点的"丝路城市网络"是其中的组成部分（图14.3、图14.4）。

图 14.3
全球民航航线图

资料来源：http://map.variflight.com/。

1. "一带一路"城市网络体系有其自身的特点。 从发展阶段上看，"一带一路"沿线大多是新兴经济体和发展中国家，沿线国家人均 GDP 仅为世界平均水平的 46.4%，其中有 27 个中等偏下和低收入国家，其人均 GDP 不足 2 000 美元，不足世界平均水平的 18.3%。即使是所在国最发达的城市也存在着基础设施落后、产业和社会事业发展水平低等问题，与全球其他城市的关联性较弱，处于世界城市网络体系的边缘地带。

从发展诉求上看，"一带一路"沿线城市进入发展上升期，无论从发展经济、改善民生，还是从应对金融危机后影响、加快转型升级的角度看，各城市融入全球经济体系，共享世界经济市场、投资、贸易、环境发展的愿望比以往更加强烈。根据世界银行《2016 年全球营商环境报告》，全球实行的 283 项营商改革中，撒哈拉以南非洲占比超过 1/4。沿线各节点城市由于"一带一路"倡议和中国发展的带动而联系更加紧密。

从空间结构上看，"丝路城市"一般具有空间区位优势，城市之间地理相邻

图 14.4
中国城市与"一带一路"城市航线图

资料来源：http://map.variflight.com/。

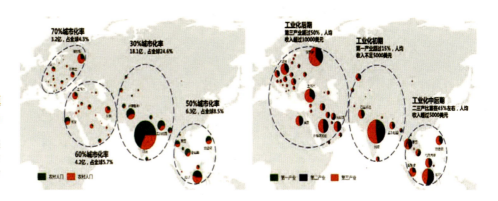

图 14.5
"一带一路"沿线国家的城镇化率与产业结构（2015 年）

资料来源：杨保军、陈怡星、吕晓蓓、朱郁郁：《"一带一路"战略下的中国全球城市趋势展望》，《城市建筑》2017 年第 4 期。

且文化相融，是所在区域主要枢纽节点，能够集聚、辐射国际国内要素，并与区域内外多层次、不同等级城市进行频繁互动。在城市的体系上，"一带一路"沿线城市网络的地理中心是网络的边缘，而地理的边缘则是网络的中心，呈现出一张"中心是边缘、边缘是中心""两端已成网，中间带轴状"的城市网络图景（倪鹏飞、丁如曦，2017；刘悦等，2017）。

专栏 14.1 "一带一路"城市节点体系

邓智团等（2018）对"一带一路"沿线 93 个国家（不包括中国）的 252 个城市进行了综合评价，围绕伙伴关系指数、区域影响指数、成长引领指数以及"五通"指数，划分了 14 个重要节点城市、11 个次要节点城市、21 个一般节点城市、130 个潜在节点城市。其中，莫斯科的分值最高，与汉堡、曼谷、首尔、柏林、科隆、新加坡、吉隆坡、圣彼得堡、慕尼黑、雅加达、苏黎世、伦敦、巴黎等均为重要节点。但总体来看，丝路节点城市综合指数得分普遍偏低，尤其是"区域影响指数"和"设施联通"指数表现欠佳。以"丝路节点城市"为抓手和支点，以点带面撬动全局发展，有利于加快"一带一路"倡议落地。

"一带一路"节点城市体系

节点类型	城 市 名 称
重要节点（14 个）	莫斯科、汉堡、曼谷、首尔、柏林、科隆、新加坡、吉隆坡、圣彼得堡、慕尼黑、雅加达、苏黎世、伦敦、巴黎
次要节点（11 个）	孟买、新西伯利亚、克拉斯诺亚尔斯克、叶卡捷琳堡、格拉斯哥、乌法、鄂木斯克、萨马拉、阿拉木图、釜山、下诺夫哥罗德
一般节点（21 个）	曼彻斯特、东京、罗马、胡志明市、河内、伯明翰、阿姆斯特丹、班加罗尔、米兰、马尼拉、龙仁、金边、金奈、海得拉巴、伊斯坦布尔、西约克、加尔各答、卡拉奇、光州、大田、仁川
潜在节点（130 个）	里昂、乌兰巴托、迪拜、哥本哈根、华沙、布达佩斯、维也纳、巴塞罗那、开罗、雅典等

资料来源：屠启宇：《国际城市发展报告（2018）》，社会科学文献出版社 2018 年版。

从战略作用上看，"丝路城市"有对内对外的双重功能。一方面，"丝路城市"是所在国的主要发展节点和"中心地"，对于国内、区域内部的发展起到重要的"支撑点"作用（苏宁、杨传开，2017）；另一方面，"丝路城市"是所在区域与外部联系和经贸互动的主要门户和枢纽区域，通过自身与外部的贸易、投资、金融、交通运输等连接网络促进区域的国际化（屠启宇，2016），成为沿线国家融入全球经济体系的接入口。

"一带一路"节点城市可以自成体系，以"政策沟通、设施联通、贸易畅通、资金融通、民心相通"为基础，具备成为"一带一路"城市网络体系的内在逻辑。此外，"一带一路"城市网络体系与全球城市网络的评价标准并不完全相同，比如东京在"一带一路"节点城市体系只属于一般节点（邓智团等，2018）。

2. 放在世界城市网络体系的框架内，"一带一路"节点城市的层级偏低。一方面，基础设施等硬件联通度偏低限制了要素流动，庄德林等（2018）以香港、北京和上海等10个"一带一路"节点城市以及纽约、伦敦和巴黎等5个全球城市为样本，对"一带一路"节点城市功能性机构的集聚能力进行了对标分析（表14.3），结果表明"一带一路"节点城市样本均未进入第一层级；另一方面，经济实力和影响力较弱，使得节点城市之间、节点城市与全球城市之间的要素流动，尤其是高端要素流动需求不足，刘悦等（2017）对"一带一路"沿线主要65个

表 14.3
10 个"一带一路"节点城市和 5 个全球城市功能性机构集聚能力排名

资料来源：庄德林、罗碧静、陈信康：《"一带一路"节点城市功能性机构集聚能力评价》，《技术经济》2018 年第 3 期。

城市	功能性机构集聚能力排名	分项排名（得分）				
		城市战略资源丰裕度	全球互联互通保障力	功能性机构运营便利度	功能性机构雇员生活宜居度	城市创新力
伦敦	1（87.61）	1（22.81）	3（10.22）	3（16.59）	2（21.72）	1（16.27）
纽约	2（84.47）	2（21.71）	4（10.18）	1（16.79）	4（20.10）	2（15.70）
巴黎	3（82.34）	5（20.42）	7（8.70）	4（16.42）	1（21.86）	4（14.94）
东京	4（78.30）	7（18.56）	5（9.92）	5（15.34）	3（20.20）	5（14.27）
香港	5（76.95）	3（20.86）	1（10.61）	2（16.76）	6（17.88）	9（10.83）
新加坡	6（74.62）	6（19.43）	8（8.45）	6（14.70）	5（18.30）	6（13.75）
首尔	7（71.09）	9（17.04）	9（8.41）	7（13.11）	7（16.90）	3（15.63）
北京	8（67.51）	4（20.47）	2（10.30）	8（12.48）	13（13.18）	7（11.08）
上海	9（61.07）	8（17.65）	6（9.06）	13（9.64）	10（13.75）	8（10.97）
吉隆坡	10（59.37）	10（16.49）	11（6.85）	10（11.16）	9（14.93）	10（9.95）
莫斯科	11（57.01）	15（12.64）	12（6.70）	9（11.40）	8（16.42）	11（9.85）
伊斯坦布尔	12（53.11）	13（14.93）	13（6.51）	12（9.76）	12（13.48）	12（8.44）
曼谷	13（52.66）	14（13.78）	10（6.93）	11（9.89）	11（13.72）	13（8.34）
雅加达	14（48.62）	12（15.01）	14（6.46）	14（8.34）	14（11.42）	15（7.39）
孟买	15（45.26）	11（15.23）	15（6.19）	15（7.27）	15（9.10）	14（7.47）

国家的 80 个节点城市的城市竞争力进行了测度，结果表明"一带一路"沿线城市的科创指数得分偏低，城市提升创新升级能力难度较大。

在"一带一路"城市网络体系中，上海可与香港、新加坡等城市同属于第一层级，相对于沿线其他城市具备"势能差"。根据庄德林等（2018）的研究，上海在市场吸引力、全球交通便利度等方面具有明显优势，在金融资源配置力、研发能力、商业服务业支持度等方面排名靠前，但是在城市体系等级、城市声誉、全球信息沟通便利度、政府保障能力、环境宜居度和生活成本等方面存在明显劣势（表 14.4）。

表 14.4
上海在 15 个城市功能性机构集聚能力分项排名

资料来源：庄德林、罗碧静、陈信康：《"一带一路"节点城市功能性机构集聚能力评价》，《技术经济》2018 年第 3 期。

分项指标（上海排名）		上海排名（得分）
城市战略资源丰裕度（8）	市场吸引力	1（8.03）
	金融资源配置力	7（2.81）
	城市体系等级	12（2.68）
	城市声誉	14（4.14）
全球互联互通保障力（6）	全球交通便利度	2（5.85）
	全球信息沟通便利度	12（3.21）
城市创新力（8）	智力资本	9（5.36）
	研发能力	8（5.61）
功能性机构运营便利度（13）	商业服务业支持度	8（2.91）
	总部集聚度	11（2.11）
	城市政府保障力	13（4.62）
功能性机构雇员生活宜居度（10）	环境宜居度	11（2.25）
	公共服务丰裕度	9（6.63）
	交通便利性	9（2.80）
	生活成本	14（2.07）

14.3　服务"一带一路"中建设卓越全球城市

"一带一路"倡议给上海建设卓越的全球城市带来了城市能级跃升和全球竞争力提升的新机遇。上海需要借助"一带一路"倡议实现全球深度连接，提高作为全球城市的"点出度"水平，更好地参与全球城市竞争与合作。

14.3.1　服务"一带一路"中的上海定位

面向正在快速崛起的"一带一路"城市网络体系，上海应该发挥"'一带一路'流动空间的势能高地""新兴城市融入全球经济的门户接口""国内国外两个扇面的旋转中枢""新型全球治理体系的交流平台"等四个方面的角色定位，带动"一带一路"沿线节点城市更好地融入全球经济体系。

1. "一带一路"流动空间的势能高地：发挥上海在"一带一路"城市网络体系中的"势能差"优势，推动"一带一路"沿线资本、人才、信息、科技、创新等各种战略要素在上海聚集，构建联系紧密的"一带一路"流动空间；深化上海与沿线节点城市的网络深度连接和要素流动，以上海作为"一带一路"城市网络体系的核心枢纽，引领战略要素资源流动的方向、规模和速度。

2. 新兴城市融入全球经济的门户接口：作为新兴全球城市的"领头雁"，利用上海的优势和经验，带动沿线节点城市融入新型全球经济体系；将沿线城市和市场作为重点方向和优先领域，推动以中国为总部的跨国企业"走出去"，提高"点出度"水平，积极提升上海作为全球城市在"一带一路"沿线城市的影响力。

3. 国内国外两个扇面的旋转中枢：以上海为"旋转门"，构建东西双向、陆海联动的开放新体系，一方面增强上海在内陆开放扇面的参与度和影响力，深化与长三角区域、长江经济带沿线等城市，统筹协调国内城市参与"一带一路"建设，避免重复竞争和资源浪费；另一方面，充分利用中国国际进口博览会等机会，增强上海在全球范围内的可达性和影响力，继续吸引国外企业来华拓展市场，进一步巩固提升上海的门户枢纽地位。

4. 新型全球治理体系的交流平台：面对发展不平衡、贫困、气候变化、环境污染等人类可持续发展问题，践行"一带一路""共商、共建、共享"的发展理念，在整体规划、基础设施和公共服务配置、改善生态环境等方面开展城市治理

图 14.6
上海迈向卓越的全球城市与服务"一带一路"倡议的任务关系

资料来源：根据《上海市城市总体规划（2017—2035年）》《中共上海市委关于面向全球面向未来提升上海城市能级和核心竞争力的意见》《上海服务国家"一带一路"建设发挥桥头堡作用行动方案》《推进共建丝绸之路经济带和21世纪海上丝绸之路的愿景与行动》等文件整理。

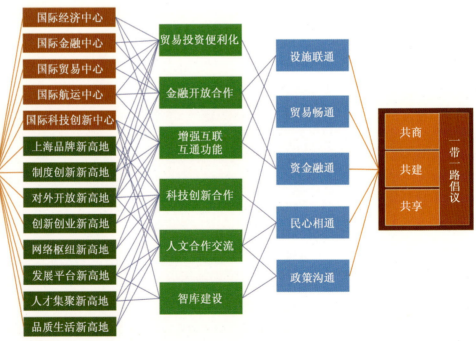

合作交流，通过提供区域乃至全球公共产品，积极探索全球治理新模式。

2017 年以来，上海相继发布了《上海市城市总体规划（2017—2035 年）》《中共上海市委关于面向全球面向未来提升上海城市能级和核心竞争力的意见》《上海服务国家"一带一路"建设发挥桥头堡作用行动方案》等文件，对于上海服务国家"一带一路"建设发挥桥头堡作用、提升城市能级和核心竞争力做出了明确部署，形成了上海建设卓越全球城市与服务"一带一路"的总体框架（见图 14.6）。

14.3.2　行动方略及重点领域

在建设卓越全球城市与服务"一带一路"的总体框架下，要进一步明确行动方略及重点领域，注重在以下几方面加强交流与合作。

1. 强化国际产能合作。中国已是近 130 个国家的最大贸易伙伴和最大出口市场，"一带一路"建设将充分激发中国以及西亚、中亚、东南亚、北非、中东欧等不同区域的体量优势、资源禀赋优势、区位优势、产业优势和协同优势，全面促进区域内贸易创造。将中国优势产能、欧洲发达国家关键技术与第三国发展需求相结合，通过扩大开放形成连贯统一的要素市场、资本市场、服务市场、技术市场等，将能够在"一带一路"区域容纳更大规模的分工并促进专业化水平，实现生产率的大幅提升。上海推进与"一带一路"沿线节点进行国际产能合作并不是要将落后产能转移至"一带一路"沿线城市，而是要加强先进产能合作，推进"经验—理念—规划—建设—运营—管理—技术—文化"全产业链"走出去"，以上海为龙头提升"一带一路"城市体系在全球价值链中的地位。上海推进与"一带一路"沿线节点进行国际产能合作，首先要进一步推动贸易和投资自由化、便利化，建设高质量外资集聚地和高水平对外投资策源地，加快形成面向全球的贸易、投融资、生产、服务网络。其次，积极利用全球产业链第四次跨国转移的机遇，以轻纺、家电等轻工业为重点建设国际产业转移技术、资本和人才服务中心，以能源装备、智能制造装备、生物医药与医疗器械、特种设备装备制造等领域为重点深化跨境经贸合作区发展，搭建国际产能合作平台，与沿线国家（地区）在园区规划、设计、运营、管理模式等方面实现合作共享。此外，加强上海自贸试验区与沿线国家自贸区的对接，选择重点城市复制推广上海自贸试验区制度和经验，形成辐射"一带一路"的高标准自由贸易试验区网络，降低国际产能合作的制度成本。

2. 开展城市交流合作。现有的"一带一路"合作更多地是在中央政府的指导下，以大型国有企业为主体，进行海外投资和合作。地方政府层面，虽然参与的积极性较高，但是存在着重复定位和抓手有限等问题，除了友好城市等人文层面的交流交往，缺少实质性的务实合作。"一带一路"合作应以中央政府与地方政府上下联动互为支撑，拓展"一带一路"框架下城市群结对合作，探索以城市群和大都市群为空间单元，在整体规划、基础设施和公共服务配置、改善生态环境等方面开展合作交流。上海作为全国改革开放的排头兵和创新发展的先行者，处于"一带一路"城市节点体系的核心，应承担"一带一路"城市合作中心的历史使命和责任担当。一方面，作为国内城市层面参与"一带一路"合作的领头雁，推进国内城市差异化定位和资源有效整合，避免重复竞争和资源浪费。另外，可打造"一带一路"城市合作联盟和平台，引入多元化的城市合作主体，统筹考虑不同城市在诉求，让沿线不同性质、能力、类型和规模的城市均能共享"一带一路"红利。

3. 积极发展普惠贸易。随着国际上贸易保护主义的影响，以鼓励公平、平等和自由贸易为原则的 WTO 体系影响逐渐减弱，亟须建立新的全球贸易体系。与此同时，以"网上丝绸之路"为代表的跨境电商迎来爆发式增长，"一带一路"沿线国家之间有望率先形成以跨境电子商务为主体的下一代惠普贸易体系。惠普贸易体系以跨境物流、跨境支付、电子认证、在线交易、信用体系等为支撑，以跨境电子商务、数字产品和数字贸易为主要形式，由发展中经济体与中小企业作为主要参与者、推动者和受益者。上海可以以上海自贸试验区为载体，积极推动跨境电子商务国际规则的制定，集聚培育一批全球领先的跨境电子商务企业，推动跨境电商企业在"一带一路"重要节点城市建立国际物流中心、结算中心、跨境电商平台，推动以人民币作为跨境支付和结算货币，积极建立普惠型贸易体系。

4. 主动参与全球治理。"一带一路"倡议是在全球新旧力量发生变革的背景下提出的，本身蕴含着全球治理新理念。国际社会对全球平等和可持续发展的呼声日益高涨，现有全球治理体系难以适应世界经济格局新变化，也不能提供充足的全球公共品来迎接全球和区域性挑战，迫切要求变革全球经济治理体系。"一带一路"倡议以"责任共同体""命运共同体""利益共同体"为基石，摒弃几个超级大国掌控的国际格局，以"共商、共建、共享"为行动原则，推动建立国家之间、区域之间、跨区域之间的新型全球治理框架。而城市等非国家主体参与全球治理已经成为全球治理的发展趋势（汤伟，2013），"一带一路"倡议的推进为城市创新性地参与全球城市治理体系提供了空前的历史机遇。为提高上海的国际影响力，一方面可充分发挥其城市治理的经验，着力构建和维护规则透明、鼓励创新、政策稳定的营商环境，弘扬市场契约精神和企业家精神，通过国际合作积极参与各国城市和产业的升级改造；另一方面，可通过提供应对气候变化、基础设施融资制度、贸易投资便利化、能源安全、金融风险与稳定互助等涉及全球治理方面的公共产品或者制度方案，推动创新全球城市治理体系的形成机制。

　　随着全球新一轮数字革命加速和产业革命发展，惠普贸易体系发展的时机已经成熟。根据阿里研究院发布的《网上丝绸之路大数据报告》显示，阿里巴巴旗下全球速卖通平台用户覆盖全球 220 多个国家和地区，海外买家累计突破 1 亿，"一带一路"沿线国家用户占比达 45.4%。以上海为龙头的长三角地区，物流、支付、信用等电子商务体系非常发达，菜鸟网络更是在打造 EWTP 体系，服务全球的中小企业和消费者，推动建设惠普贸易体系具有先天优势。

　　近年来非洲的电子商务发展尤其迅速。一方面，非洲人口从 1960 年以来每 15 年翻一番，目前已超过 12 亿人口，平均年龄 18 岁，互联网红利尚存。截至 2017 年 12 月，非洲互联网用户达到 4.5 亿多，移动支付更是跳过 PC 时代，直接来到了手机时代，约 3 亿非洲人拥有手机钱包，比拥有银行账户的人还多。麦肯锡预计，在 2025 年，网络将覆盖非洲 50% 的人群。随着互联网渗透的加剧，非洲网上购物将有望达到零售业 10% 的份额。另外一方面，具备非洲特色的电商模式也在形成，成立于 2012 年的非洲本土第一大 B2C 电商平台 Jumia，2017 年在非洲范围内的访问量超过 5.5 亿次，网站成交金额从 2016 年的 3.58 亿欧元增长到 2017 年的 5.07 亿欧元。中国商人创办的 B2C 电商平台 Kilimall 已经开通肯尼亚、尼日利亚、乌干达三个站点，自建了移动支付体系 LipaPay，支持多国货币交易以及手机钱包 M-pesa 支付，并且在道路网络不健全的非洲，主要采用摩托车和自行车进行最后一公里配送。

资料来源：根据界面新闻《到非洲去：在非洲做电商，他比马云早了十年》、IT 时报《在非洲做电商，我是这样活下来的》等媒体报道整理。

　　5. **提升标准服务能力。** 在经济全球化过程中，发达国家的城市之所以在全球城市网络中占主导地位，很大程度上是因为发达国家的标准占全球生产体系中占主导地位。随着中国企业越来越多的沿着"一带一路"走出去，越来越多的"一带一路"项目采用中国标准和中国设备，但与此同时中国标准与发达国家标准之间的摩擦也越来越多。根据针对在喀麦隆投资的中国企业调查结果，中国的工程标准虽然达到已经世界一流水平，但是监理市场仍然由欧美国家垄断，使得中国企业承包工程仍处于弱势地位。中国服务和标准伴随着中国工程"走出去"的迫切性要求也越来越高。中国企业"走出去"应以重大基础设施项目为纽带，推动设计、咨询、规划、运营、服务、金融、管理等上下游环节延伸，推动产业链式发展。上海可以打造"一带一路"中国标准服务平台，应该积极主动推进中国标准国际化，将中国标准翻译成多国语言推动，提升在国际标准组织的领导地位，同时积极参与国际标准制定，推动更多行业标准、管理标准成为国际标准，提升中国软实力。

　　6. **开展民间人文交往。** 强化民间人文合作、推动民心相通是"一带一路"建设的重点之一。上海可依托国际文化大都市建设，与沿线城市共同精心打造一批"一带一路"文化交流品牌项目，深入开展沿线国家的文化艺术、科学教育、宗教历史、体育旅游、卫生健康等领域交流合作，共同举办形式多样、丰富多彩的文化论坛、展览、演出活动，共同举行文化年、艺术节、电影周和旅游推介活动，支持各国青年往来、学术往来、志愿者派遣、非政府组织交流。上海还可以开展智库领域的交流与合作，围绕"一带一路"开展双边或多边联合研究，共同举办有关研讨活动、发布研究报告，为推进"一带一路"建设建言献策。与此同时，根据全球人才流动大趋势，上海还应该提前考虑加强全球顶尖人才流动与引进，探索移民政策改革，吸引高级技术人才移居上海。

7. 提供国际投融资服务。根据中国国际经济交流中心的预测分析，随着"一带一路"投资将进入加速期，基础设施升级、数字技术升级、人力资本投资、公共安全与医疗、气候变化与生态监测、跨区域或洲际通道建设等领域的投资需求快速增加，未来10年大约将创造250万亿美元的投资总需求。根据亚洲基础设施开发银行的测算，亚洲国家每年在基建领域的财政投入约覆盖近6 000亿美元的投资需求，每年融资需求缺口约为1 800亿美元。而目前已经建立的亚投行、金砖国家新开发银行、丝路基金等新型融资机构依然难以满足巨大的融资缺口。未来"一带一路"将形成规模巨大的全球多边投融资市场体系，包括以亚投行为主的银行信贷支持体系、主权财富基金、特别提款权融资、公共产品融资债券、公私合作PPP模式等融资方式将快速发展。上海可以国际金融中心建设为依托，推动"一带一路"投融资中心建设，与人民币国际化紧密结合，打造人民币跨境支付和清算中心。一方面，积极扩大沿线国家人民币交易、支付、结算的范围和规模，推动沿线国家政府和信用等级较高的企业及金融机构在上海发行熊猫债等人民币债券产品，支持境内外优质企业利用上海资本市场发展，为"一带一路"项目建设提供资金支持。另一方面，建立"一带一路"风险和信用评价体系，加强与沿线各国征信管理部门、征信机构和评级机构之间的跨境交流与合作，培育"一带一路"信用评价机构。

8. 切实维护海外利益。随着"走出去"战略的实施，大量的中国企业和公民到海外开展投资、经营、旅游等各类活动，中国的海外利益日益增长。根据商务部、国家统计局、国家外汇管理局发布的《2017年度中国对外直接投资统计公报》显示，截至2017年底，中国对外直接投资存量为1.8万亿美元，排名升至全球第二位，在境外近200个国家和地区设立企业超过3万家，在海外劳务人员约100万人，其中"一带一路"沿线是重点领域。而"一带一路"沿线城市普遍面临着地缘政治风险与大国博弈挑战，由此引发的债务违约、外汇大幅波动、投资被国有化、环境恶化等风险都有可能对国内投资者带来重大损失。据商务部不完全统计，从2010年，共发生涉及中国企业机构的境外安全事件超过

350 起。作为服务中国企业"走出去"的桥头堡，上海同样应该成为中国企业海外利益保护的"大后方"，切实维护中国企业在海外的投资利益。上海可发展为"一带一路"海外利益维护中心，一方面针对存在地区安全风险的国别城市，可以上海自贸试验区为依托，进一步完善负面清单制度，在自贸试验区内建立专业化的中国安保公司，为海外投资项目提供武装安保、海外安全管理、出国人员培训、驻地安防等服务。另一方面，切实提高知识产权、海外投资、国际海事和商事等涉外领域司法和仲裁的国别专业化水平，打造"一带一路"国际仲裁服务中心。

14.3.3　发展路径及对策建议

上海抓住"一带一路"倡议带来的重大契机，在服务"一带一路"建设中打造卓越的全球城市，要有清晰的发展思路及切实可行的对策措施。

1. 深化沿线城市合作交流，全面提升全球城市能级。充分利用"一带一路"倡议重构世界城市网络体系的战略机遇，深化与"一带一路"沿线城市在生产、贸易、资本、文化方面的网络对接，成为沿线城市融入新型全球化的门户和传递全球城市流动空间的势能高地，引领"一带一路"城市体系发展，提升上海在全球价值链的地位。

2. 推广上海改革开放经验，鼓励本地企业"走出去"。总结和宣传上海改革开放的发展经验和制度优势，在具备条件和意愿的城市或者区域开展复制和推广试点，降低上海与"一带一路"沿线城市合作的制度成本。发挥上海本地领军企业的资本优势和长三角地区制造企业的技术优势，加大政策、资金、税收等方面支持力度，推动上海企业沿着"一带一路"城市进行跨境园区布局和国际产能合作投资，构建上海与新兴市场联动发展的研发、生产、贸易和消费网络，抢占新型全球供应链制高点。充分发挥上港集团等企业建设和运营经验，鼓励企业参与沿线产业园区、港口、机场和国际通道等重大基础设施规划、建设和运营管理，构筑通畅安全高效的海上运输通道和贸易物流网络。

3. 强化基础设施互联互通，建设综合网络枢纽。提高上海与"一带一路"沿线城市互联互通水平，是交通、金融、能源、信息、文化等领域的互联互通，是上海与"一带一路"沿线城市实现空间流的前提。打造以上海为核心的全方位、多层次、复合型的"一带一路"城市互联互通网络，可抵消逆全球化趋势的影响及其对目前世界城市网络的冲击，提升上海全球城市的门户枢纽地位。将上海打造成为"一带一路"综合网络枢纽城市，应首先推动"海上丝绸之路"建设，加强与上海国际航运中心联动，积极开辟和拓展上海至非洲、南亚等区域和国家和海上航线，以印度洋、非洲东部和地中海等地区重点港口群建设为重点，畅通国际海洋运输大通道。积极探索"冰上丝绸之路",推进上海经北冰洋至欧洲地区的航线开通。加快推动"空中丝绸之路"建设,加密上海至欧洲、南亚、东南亚等地区的航线网络,落实"中非区域航空合作计划",形成覆盖亚非欧大陆的航空网络体系,提升上海航空枢纽航线的网络覆盖面和通达性。积极推动"陆上丝绸之路",以"一带一路"城市内陆港建设为重点,促进国际运输便利化,提升长三角铁路网与中欧、中亚铁路网的协同水平,强化空港、海港、陆港的衔接水平,大力发展多式联运。加快推动"网上丝绸之路"发展,硬件基础设施联通不畅的现实下,信息成为"一带一路"城市连接的最重要要素,积极布局建设智能化的新一代信息基础设施,以信息化提升上海城市服务能级,推动建立"一带一路"城市和企业级别的信息数据港,使上海成为"一带一路"信息中心。

4. 带动长三角地区参与"一带一路"建设。上海要进一步发挥龙头带动作用,推动长三角地区实现更高质量一体化发展,共同打造长三角世界级城市群,融入"一带一路"城市网络之中。通过积极推动长三角基础设施一体化,加快推进综合交通运输体系,增强城市的网络便捷性和通达性,增强与"一带一路"城市网络的连通性。通过打造区域一体化市场,积极推动长三角产业协同发展,依托长三角地区的先进制造业体系,发展服务经济和总部经济,加强与"一带一路"城市间的要素资源流动性。通过整合区域科研力量,与世界顶级科研机构对接与合作,建设成为体系完善、资源丰富、创新能力强、最具全球影响力的科技创新区域,促进与"一带一路"城市的合作。

5. 强化区域协同合作,提升内陆地区开放水平。发挥对内对外两个扇面的中枢作用,构建双向开放枢纽,推动海陆联动发展,增强上海在内陆开放扇面的参与度和影响力。深化与长江经济带沿线城市的交流合作,推动沿长江通关便利化和内河港口的协同发展,推动长江经济带绿色发展。加强与西安、成都、郑州等内陆开放高地的经贸和产业交流合作,加强与中欧通道铁路运输城市的联系,共同推动铁水联运和跨境运输发展,加强上海海关与内陆口岸的通关合作。加强与满洲里、二连浩特、霍尔果斯等沿边开放节点的交通联系和经济交流,与陆上丝绸之路的重要口岸和交通枢纽城市开展更广泛的合作。

参 | 考 | 文 | 献

[1] Castells, M., 1996, *Network Society*, Oxford: Blackwell.

[2] Friedmann, J., 1986, "The World City Hypothesis", *Development and Change*, Vol.17（1）:69—83.

[3] Globalization and World Cities（GaWC）Research Network, The World According to GaWC 2000—2016, http://www.lboro.ac.uk/gawc/gawcworlds.html.

[4] Dobbs, R. et.al., 2012, Urban world: Cities and the Rise of the Consuming Class, McKinsey Global Institute, June.

[5] Sassen, S., 1991, *The Global City*, Princeton: Princeton University Press.

[6] 邓智团、刘玉博、屠启宇、杨传开：《丝路节点城市：识别撬动"一带一路"建设的支点》,《国际城市发展报告（2018）》, 社会科学文献出版社 2018 年版。

[7] 樊德良、徐培炜：《"一带一路"语境下的中国全球城市发展路径思考——以深圳为例》,《城市建筑》2017 年第 4 期。

[8] 国家发改委：《国家发改委主任何立峰："一带一路"建设 5 年来取得丰硕成果》,《中国经济》2018 年 9 月 19 日, http://news.sina.com.cn/c/2018-09-19/doc-ifxeuwwr6056613.shtml。

[9] 刘悦、李白鹭、李佳智：《"一带一路"倡议下的世界城市竞争力》,《城市发展研究》2017 年第 8 期。

[10] 马学广、李贵才：《全球流动空间中的当代世界城市网络理论研究》,《经济地理》2011 年第 10 期。

[11] 倪鹏飞、丁如曦：《城市网络促"一带一路"地区共同繁荣》,《经济参考报》2017 年 5 月 8 日。

[12] 上海发展战略研究所课题组：《增强上海全球城市吸引力、创造力和竞争力研究》,《科学发展》2018 年第 116 期。

[13] 邵明伟、金钟范：《"一带一路"城市国际网络建设研究——基于跨国公司及其价值链理论视角》,《海派经济学》2017 年第 1 期。

[14] 苏宁、杨传开：《"丝路城市"："一带一路"沿线城市节点的特征与发展意义》,《世界经济研究》2017 年第 8 期。

[15] 汤伟：《"一带一路"与城市外》,《国际关系研究》2015 年第 4 期。

[16] 唐子来、李粲：《全球视野下上海城市发展战略思考》,《上海城市规划》2017 年第 4 期。

[17] 屠启宇：《"世界城市"：现实考验与未来取向》,《学术月刊》2013 年第 1 期。

[18] 屠启宇：《国际城市发展报告（2018）》, 社会科学文献出版社 2018 年版。

[19] 杨保军、陈怡星、吕晓蓓、朱郁郁：《"一带一路"战略下的中国全球城市趋势展望》,《城市建筑》2017 年第 4 期。

[20] 中国国际经济交流中心：《"一带一路"：文明交流互鉴的连心路 共同美好生活的圆梦路》, 2017 年。

[21] 周海蓉、张云伟、崔园园：《上海建设全球城市的核心功能与非核心功能研究》,《科学发展》2018 年第 110 期。

[22] 周振华：《崛起中的全球城市——理论框架与中国模式研究》, 格致出版社、上海人民出版社 2007 年版。

[23] 庄德林、罗碧静、陈信康：《"一带一路"节点城市功能性机构集聚能力评价》,《技术经济》2018 年第 3 期。

[24] 庄德林、许基兰、陈信康：《"一带一路"倡议与中国节点城市营销战略》,《青海社会科学》2018 年第 2 期。

[25] 庄德林、杨羊、陈信康：《长江经济带城市网络空间结构的特征——基于上市公司组织关系视角的分析》,《城市问题》2016 年第 5 期。

图书在版编目(CIP)数据

全球城市发展报告:增强全球资源配置功能. 2019/
周振华,张广生主编. —上海:格致出版社:上海人
民出版社,2019.6
ISBN 978 - 7 - 5432 - 3004 - 0

Ⅰ.①全… Ⅱ.①周… ②张… Ⅲ.①城市-发展-
研究报告-世界- 2019 Ⅳ.①F299.1

中国版本图书馆 CIP 数据核字(2019)第 056574 号

责任编辑 忻雁翔
封面装帧 人马艺术设计·储平

全球城市发展报告 2019:增强全球资源配置功能
周振华 张广生 主编

出 版	格致出版社	
	上海人众出版社	
	(200001 上海福建中路 193 号)	
发 行	上海人民出版社发行中心	
印 刷	上海中华印刷有限公司	
开 本	889×1194 毫米 1/16	
印 张	27.75	
字 数	729,000	
版 次	2019 年 6 月第 1 版	
印 次	2019 年 6 月第 1 次印刷	

ISBN 978 - 7 - 5432 - 3004 - 0/F · 1225
定 价 218.00 元